中国职工状况研究报告

（2019）

ANNUAL REPORT ON THE STATUS OF CHINESE WORKERS (2019)

顾　问／屈增国　刘向兵　彭恒军
主　编／燕晓飞
副主编／信卫平

社会科学文献出版社
SOCIAL SCIENCES ACADEMIC PRESS (CHINA)

《中国职工状况研究报告（2019）》
编写委员会

顾　　　问　屈增国　刘向兵　彭恒军

主　　　编　燕晓飞

副　主　编　信卫平

编写组成员　王珊娜　牟婷婷　纪雯雯　肖　竹　张佳楠
李洪坚　吴　麟　汪　鑫　信卫平　柯希嘉
赵明霏　闻效仪　郭宇强　郭　鹏　唱　斗
曹　荣　窦学伟　颜　峻　燕晓飞

前言

2019年，是新中国成立70周年。70年来，在中国共产党的领导下，新中国从封闭落后迈向开放进步，从温饱不足迈向全面小康，从积贫积弱迈向繁荣富强。作为新中国的建设者和社会变革的推动者，中国职工队伍也在不断发展壮大，从1952年的1580万人增加到2017年的36311万人。70年来，特别是改革开放40年来，中国职工队伍作为社会的脊梁，不断承受着中国经济社会发展变革中所带来的冲击和考验，源源不断地为中国的社会主义建设输送着劳动和智慧。与此同时，中国社会快速的发展变革也深深地影响着中国职工队伍并使其结构发生了重大变化。

党的十九大报告指出："经过长期努力，中国特色社会主义进入了新时代，这是我国发展的新的历史方位。"在新时代下，全面、准确认识中国职工队伍现状，把握中国职工状况发展变化趋势，对于新时代产业工人队伍建设改革，构建和谐劳动关系，推动经济社会可持续发展，全面建成小康社会，具有重要的理论和实践意义，《中国职工状况研究报告》的出版就是适应了这个伟大时代的需要。《中国职工状况研究报告（2019）》通过构建中国职工状况指数，从职工就业、职工收入分配、职工养老保险、职工安全生产、职工职业卫生、职工集体劳动争议、职工话语权等方面对新时代中国职工状况进行深入的分析研究，同时结合多视角的深度专题调查研究，力求全面、准确、立体、生动地反映出新时代中国职工的整体状况。

《中国职工状况研究报告（2019）》是继《中国职工状况研究报告（2017）》《中国职工状况研究报告（2018）》出版面世后推出的又一新的年度报告。《中国职工状况研究报告（2017）》《中国职工状况研究报告（2018）》出版后一直受到社会各界的广泛关注，国内各大门户网站都从不同视角进行了详细的报道；学界专家充分肯定《中国职工状况研究报告》系列化研究成果的学术价值和社会价值，一致认为以往的研究成果在印证党的十九大报告中提出的社会主要矛盾转换的判断，改革开放以来中国职工队伍两次结构性变革的标志以及进入新时代正在面临的又一次结构性变革的分析与判断都具有重要的社会意义，也为进一步深入研究中国职工状况奠定了扎实基础。

《中国职工状况研究报告（2019）》在原有研究报告框架的基础上，在内容和结构上做了补充与调整，以便更准确、全面地反映新时代中国职工队伍的基本特征。《中国职工状况研究报告（2019）》全书分为五个部分。

第一部分阐述了中国职工队伍70年的发展历程，并从劳动者的主力军、社会财富的创造者、经济建设的核心力量、社会变革的推动者、中华民族伟大复兴的中流砥柱等方面论述了中国职工队伍的历史贡献。同时，课题组继续测算了2018年“中国职工状况指数”，通过研究分析发现中国职工状况的均衡性指标出现了积极性变化。

第二部分是与中国职工状况相关的职工收入分配、就业、养老保险、职业安全、职业卫生、集体劳动争议、职工话语权等年度专题报告，力求更加全面地反映2018年度中国职工的整体状况。

第三部分为专题报告，是课题组对在2018年度围绕中国职工队伍出现的热点问题进行的专题调研，由“劳动生产率差异：产业工人队伍建设改革的逻辑起点”“平台劳动者的就业状况、身份认定与权益保障”“我国农民工群体的基本状况、趋势及农民工政策的演进”“外出农民工就业质量的变化趋势及特征分析”四篇文章组成。这一部分应该说是对有关工人运动方面热点问题的深入研究。

第四部分为调研报告，由“共享经济发展进程中职工就业新特征与新趋势”“大连市金普新区职工状况及满意度调研报告”“去产能行业职工生活状况调查”三篇文章组成。以上三篇文章应该说是，对近年来随着经济形势的变化以及产业转型升级所带来的新问题的探讨。

第五部分为2018年中国职工状况大事记，对2018年国内所发生的有关中国职工方面的大事做了简要记述。

《中国职工状况研究报告》是中国劳动关系学院的重点攻关项目。由于《中国职工状况研究报告》为每年连续编写，因此各年度的报告、数据均可用于连续观察、研究比较，用以判断中国职工状况的发展趋势，既可以为政府部门决策、各级工会开展维权服务提供参考依据，又能为社会机构研究人员、工会工作者、高校教师、研究生等在研究、教学及学习时提供多角度信息和分析资料。

本书在写作过程中，中国国防邮电工会主席屈增国、中国劳动关系学院党委书记刘向兵、中华全国总工会网络工作部副部长彭恒军作为课题顾问对课题组的工作给予全面指导和鼎力支持，中国劳动关系学院科研处闵敏、张楠、陈邓海协助主编做了大量的组织协调工作，在此一并表示衷心感谢！

感谢社会科学文献出版社的编辑及相关工作人员的大力支持及其为本书的出版付出的努力！

由于水平和资料有限，本书在编写和组织中难免会有一些缺憾和不足，一些研究结论和观点也需要进一步论证，恳请广大同仁、读者给予批评指正，以便我们在今后的研究中加以总结和改进。

《中国职工状况研究报告》编写委员会

2019 年 8 月 29 日

目　录

Ⅰ　总报告

Ⅱ　分报告

Ⅲ　专题报告

Ⅳ　调研报告

Ⅴ　大事记

总 报 告

General Report

2018年中国职工总体状况

燕晓飞　柯希嘉*

摘　要： 中华人民共和国成立70年来，中国职工队伍为社会主义国家的建设、改革开放和新型工业化做出了巨大的贡献，也默默承担着中国经济社会转型发展的阵痛。本文从劳动者的主力军、社会财富的创造者、经济建设的核心力量、社会变革的推动者、中华民族伟大复兴的中流砥柱等方面论述了中国职工队伍的历史贡献。同时，通过对“中国职工状况指数”的研究分析，发现2017年中国职工状况的三项指标出现了同时上升的变化，特别是均衡性指标结束了连续五年下降的情况。

关键词： 中国职工　历史贡献　职工状况指数

---

* 燕晓飞，中国劳动关系学院科研处处长兼劳动关系与工会研究院院长，教授，主要研究领域为劳动收入、劳动就业和劳动者教育培训；柯希嘉，中国劳动关系学院讲师，主要研究领域为公司治理、劳动经济学。

一　新中国成立70年来中国职工队伍的历史贡献

工人阶级是中国的领导阶级，广大职工是中国社会主义事业的建设者。70 年来，中国职工队伍为新中国的建立、社会主义国家的建设、改革开放和新型工业化贡献了劳动和智慧，挥洒着辛勤的汗水，也默默承担着中国经济社会转型发展的阵痛。中国职工队伍对中国的发展进步做出了巨大的历史贡献。

（一）中国职工队伍是社会劳动者的主力军

中国职工队伍伴随着新中国的成立不断发展壮大，成为中国劳动者队伍中的主力军。新中国成立前夕，中国职工队伍主要集中在铁路、矿山、海运、纺织、造船等行业，毛泽东估算当时中国职工队伍人数约为 200 万人。[①] 虽然他们人数不多，但他们是中国先进生产力的代表，是近代中国最进步的阶级，作为革命运动的领导力量，他们受到帝国主义、军阀、资产阶级的压迫，所以他们特别能战斗。

1978 年中国开始了改革开放，中国经济实现了突飞猛进的发展，中国职工队伍也迅速发展壮大。全国总工会提供的数据显示，1978 年中国职工人数已达到 0. 95 亿人。改革开放以来，随着我国经济体制改革不断深化，社会主义市场经济体制逐步建立，以及对社会主义市场经济中职工的概念的理解与认识也在不断突破原有观念的束缚，职工队伍的人员结构发生了重大变化。

一方面，在 20 世纪 90 年代我们突破了只有全民所有制和集体所有制单位就业人员才是职工的观念束缚，强化了以工资收入为主要生活来源的属性，将所有社会劳动者，即从业人员中以工资收入为主要生活来源的工薪劳动者队伍界定为社会主义条件下的职工队伍。因此职工队伍中非公有制单位

---

① 陆学艺：《中国社会阶层结构变迁 60 年》，《中国人口·资源与环境》2010 年第 7 期。

职工比例增大，1985 年全国职工人数是 1.2357 亿，其中全民所有制职工占 73%，集体所有制职工占 26%，非公所有制形式职工仅占 1%。到 2002 年，全国城镇在岗职工 10558 万人，其中国有单位职工 6924 万人，集体单位职工 1071 万人，其他单位职工为 2563 万人，非公有制单位职工占比提高到 24.3%。[①]

另一方面，在 21 世纪初我们突破了城乡户籍制度的束缚，强化了职工与用人单位建立或存在事实劳动关系的属性，农民工成为职工队伍的重要组成部分。在 2003 年 9 月召开的中国工会第十四次全国代表大会上，农民工加入工会被首次写入大会报告中。报告首次提出“一大批进城务工人员成为工人阶级的新成员”，将进城务工人员定义为工人阶级队伍的新成员。从而在职工概念上突破了城乡之间的户籍束缚。至此，中国职工具有两个明确的属性，一是以工资收入为主要生活来源，二是与用人单位建立了劳动关系或事实上的劳动关系，而职工就是同时具有这两个属性的体力劳动者和脑力劳动者。从目前的统计口径来看，我国的职工队伍主要由城镇非私营单位就业人员、城镇私营单位就业人员和外出农民工构成。2017 年，我国城镇全部就业人员为 42462 万人，扣除私营企业主 1827.5 万人、个体工商户户主 4323.3 万人，据此推算 2017 年我国职工队伍人数为 36311.2 万人[②]，其中外出农民工为 17185 万人，占当年职工队伍人数的 47.3%。中国职工真正成为中国劳动者队伍的主力军。

（二）中国职工队伍是社会财富的主要创造者

中国的基本经济制度是以社会主义公有制为主体，多种所有制经济共同发展。中国职工队伍在不同经济发展时期始终发挥着核心作用，是社会财富的主要创造者，是中国经济社会建设的主力军。

中国职工队伍无论是在新中国成立之初、三大社会主义改造时期，还是

---

① 国家统计局：《中国统计年鉴（2017）》，中国统计出版社，2017。

② 2017 年城镇私营企业主、个体工商户户主的人数根据《中国统计年鉴（2018）》中的数据推算所得。

社会主义全面建设时期和改革开放时期，都是国家的主要建设者。中国从贫穷落后的农业国，逐步建立起当今世界门类最为齐全的国民经济体系离不开广大职工队伍的默默付出与无私奉献。当前，中国经济社会面临全面转型升级，更需要中国职工队伍提供劳动保障和智力支持。新中国成立 70 年来，我国经济规模不断扩大，综合国力与日俱增，对世界经济增长的贡献大幅提升，国际地位和影响力显著增强。国民经济持续快速增长，经济总量连上新台阶。

新中国诞生时，经济基础极为薄弱。1952 年，我国国内生产总值仅为 679 亿元，人均国内生产总值为 119 元。经过长期努力，1978 年我国国内生产总值增加到 3679 亿元，占世界经济的比重为 1.8%，居全球第 11 位。改革开放以来，我国经济快速发展，1986 年经济总量突破 1 万亿元，2010 年达到 41.21 万亿元，超过日本并连年稳居世界第二位。党的十八大以来，我国综合国力持续提升。近三年，我国经济总量连续跨越 70 万亿元、80 万亿元和 90 万亿元大关，2018 年达到 90.03 万亿元，占世界经济的比重接近 16%。对世界经济增长的年均贡献率为 18% 左右，仅次于美国居世界第二位。2018 年，我国人均国民总收入达到 9470 美元，高于中等收入国家平均水平，在世界银行公布的人均 GNI 排名中，2018 年中国排名第 71 位（共计 192 个经济体），比 1978 年（共计 188 个经济体）提高 104 位。包括中国职工队伍在内的广大劳动者是中国经济取得举世瞩目成就的创造者。

（三）中国职工队伍是社会主义现代化经济体系建设的核心力量

中国职工队伍在中国共产党的领导下，在一穷二白的基础上，建立起门类齐全的现代化经济体系，实现了由一个贫穷落后的农业国成长为世界第一工业制造大国的历史性转变。新中国现代化建设为我国经济的繁荣、人民生活的富裕安康，以及世界经济的发展做出了卓越贡献。中国职工队伍是中国经济建设的核心力量。

中华人民共和国成立 70 年来，中国工业增加值从 1952 年的 120 亿元增加到 2018 年的 305160 亿元，增长 2542 倍，年均增长 12.6%。改革开放以后，我国工业焕发了巨大的生机和活力，经济规模迅速壮大。1992 年我国工业增加值突破 1 万亿元大关，2007 年突破 10 万亿元大关，2012 年突破 20 万亿元大关，2018 年突破 30 万亿元大关，按不变价格计算，2018 年比 1978 年增长 56.4 倍，年均增长 10.6%。我国工业国际影响力发生历史性变化。世界银行数据显示，按现价美元测算，2010 年我国制造业增加值首次超过美国，成为全球制造业第一大国，自此以后连续多年稳居世界第一位，2017 年我国制造业增加值占世界的份额高达 27.0%，成为名副其实的“世界工厂”，成为驱动全球工业增长的重要引擎。我国在经济领域的举世成就离不开广大职工群众的努力奋斗，中国职工队伍在中国现代化经济体系建设中始终发挥着核心力量。

（四）中国职工队伍是社会变革的推动者

中国职工队伍作为新中国成立、改革开放和现代化建设的推动者，在新中国解放和发展生产力等方面做出了突出贡献和无私奉献。正如习近平指出的：“在当代中国，工人阶级和广大劳动群众始终是推动我国经济社会发展、维护社会安定团结的根本力量。那种无视我国工人阶级成长进步的观点，那种无视我国工人阶级主力军作用的观点，那种以为科技进步条件下工人阶级越来越无足轻重的观点，都是错误的、有害的。”① 我们要清醒地认识到职工队伍的地位和作用，正是因为他们的巨大贡献和无可替代的作用，决定了他们无愧为社会主义现代化的主要建设者、社会财富的主要创造者这一称谓。

与此同时，中国职工队伍承担了国有企业改革的社会成本，并为此做出了巨大牺牲。20 世纪 90 年代中期，随着市场经济体制的逐步建立，国企冗员问题日益突出，减员增效成为国企解困的重要方式。1998～2002 年，有 2023 万名国有企业职工离开自己的工作岗位，成为下岗职工，再加上 1998

① 习近平：《在庆祝“五一”国际劳动节暨表彰全国劳动模范和先进工作者大会上的讲话》，《人民日报》2015 年 4 月 29 日。

年以前累积的下岗人员，国有企业下岗职工人数总量达到 2715 万人。[①] 正是这些下岗职工的付出，使国有企业改革能够得以顺利推进，从而提高了国有企业的整体素质和效益。2008 年国际金融危机爆发后，也正因为广大职工能够顾全大局，不惜牺牲个人利益，发扬吃苦耐劳、默默奉献的主人翁精神，将个人利益和集体利益、国家利益，眼前利益和长远利益结合起来，为社会主义现代化事业做出了不可磨灭的贡献，推动中国改革开放、社会变革不断前行。为此，2009 年底美国《时代周刊》将中国工人群体评为年度风云人物，该刊认为，中国经济增长率顺利实现“保八”，在世界经济体中继续保持最快的发展速度，并带领世界走向经济复苏，这些功劳首先要归功于中国千千万万勤劳坚韧的普通工人，他们对中国和世界经济的贡献“无法估量”。[②]

（五）中国职工队伍是实现中华民族伟大复兴的中流砥柱

新中国成立 70 年来，中国职工队伍在中国共产党的坚强领导下，迎难而上，开拓进取，奋力前行，从封闭落后迈向开放进步，从温饱不足迈向全面小康，从积贫积弱迈向繁荣富强，创造了一个又一个人类发展史上的伟大奇迹，中华民族迎来了从站起来、富起来到强起来的伟大飞跃，中国职工队伍正阔步走在中华民族伟大复兴的新征程上，是实现中华民族伟大复兴的中流砥柱。

改革开放以来，随着中国职工队伍群体不断扩大和中国经济实力的不断提升，中国有能力不断积极融入国际社会，并在国际事务中发挥愈加重要的作用。1980 年 4 月和 5 月，我国先后恢复了在国际货币基金组织和世界银行的合法席位；2001 年加入世界贸易组织，以更加积极的姿态参与国

① 国家统计局：《就业规模不断扩大　就业形势长期稳定——新中国成立 70 周年经济社会发展成就系列报告之十九》，国家统计局网站，http：//www. stats. gov. cn/tjsj/zxfb/201908/t20190820_ 1692213. html，2019 年 8 月 20 日。

② 央视《新闻周刊》：《中国工人登上时代周刊折射历史转捩》，新浪网，http：//news. sina. com. cn/c/sd/2009 - 12 - 28/102919352655. shtml，2009 年 12 月 28 日。

际经济合作。自2003年以来，我国与亚洲、非洲、大洋洲、南美洲、欧洲等国家和地区先后建设自贸区，目前已与25个国家和地区达成了17个自贸协定，促进了我国与世界各国的互利共赢。党的十八大以来，我国积极推动共建“一带一路”，得到160多个国家和国际组织的积极响应；倡议构建人类命运共同体，积极参与以WTO改革为代表的国际经贸规则制定，在全球治理体系变革中贡献了中国智慧，展现了大国担当。中国职工队伍同全国人民一道朝着“两个一百年”的伟大目标和中华伟大复兴奋勇前进。

70年来，我国经济社会发展取得辉煌成就，中国职工队伍发扬“自力更生、艰苦奋斗”的精神，涌现出一大批劳动模范和大国工匠，在中国共产党领导下，他们始终走在时代前列，积极投身社会主义革命、建设、改革伟大实践，辛勤劳动、诚实劳动、创造性劳动，创造了功勋卓著、彪炳史册的人间奇迹，也造就了劳模精神、劳动精神和工匠精神这一宝贵财富。同时也为新中国建立门类齐全的工业体系和经济社会体系奠定了坚实基础，为新中国国际地位的提升做出了不可磨灭的贡献。在2019年5月举行的“一带一路”国际技能大赛上，中国职工充分发挥技术能力，发扬顽强的拼搏精神，最终在18个比赛项目中共获得10金4银3铜的好成绩，获得奖牌榜第位。[①] 进入新时代以来，党和政府非常关心职工队伍的建设。2017年6月19日，中共中央、国务院印发了《新时期产业工人队伍建设改革方案》，对产业工人队伍建设改革专门进行谋划和部署。改革方案明确提出，要把产业工人队伍建设作为实施科教兴国战略、人才强国战略、创新驱动战略的重要支撑和基本保障，要造就一支有理想守信念、懂技术会创新、敢担当讲奉献的宏大的产业工人队伍。广大职工不忘初心、牢记使命，继承传统、砥砺前行，正在为实现中华民族伟大复兴的中国梦做出更大贡献。

---

① 人力资源和社会保障部：《“一带一路”国际技能大赛在重庆圆满落幕》，人力资源和社会保障部网站，http：//www. gov. cn/xinwen/2019 -05/31/content_ 5396339. htm，2019年5月31日。

二　中国职工状况指数及相关性分析

通过构建中国职工状况指数来全面系统地反映中国职工的总体状况，不仅可以考查中国职工队伍结构性发展变化的情况和未来演化趋势，而且可以发现影响及阻碍中国职工状况进一步改善的因素。这种研究方法上的创新不仅仅是一般意义上的量化分析，而是从多元化角度对中国职工状况进行综合量化分析，为深入研究中国职工状况提供了新视角。①

（一）中国职工状况指数整体情况

课题组通过运用逐级等权法并结合历史数据，测算了 2005～2017 年中国职工状况指数。2005～2017 年中国职工状况指数显示，中国职工状况呈现总体平稳、小幅波动的走势（见图 1）。

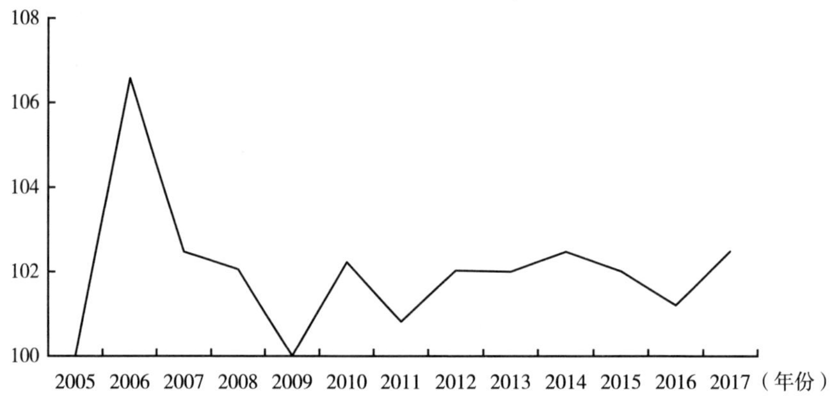

图 1　2005～2017 年中国职工状况指数

2017 年，中国职工状况指数从 2016 年的 101.21 提高到 102.48（见表 1），这是中国职工状况指数自 2014 年以来连续 2 年小幅下降后的首次提高。

① 中国职工状况指数的编制方法课题组已在《中国职工状况研究报告（2017）》中做了详细说明，该研究报告已于 2017 年由社会科学文献出版社出版发行。

表1　2005～2017年中国职工状况指数及总体性指标、增长性指标和均衡性指标

年份	中国职工状况指数	总体性指标	增长性指标	均衡性指标
2005	100.00	100.00	100.00	100.00
2006	106.57	101.88	107.97	109.88
2007	102.47	101.72	106.36	99.34
2008	102.06	100.94	106.07	99.18
2009	100.01	101.57	101.90	96.56
2010	102.23	101.43	108.29	96.96
2011	100.82	100.99	107.39	94.09
2012	102.03	101.88	107.83	96.39
2013	102.00	103.95	107.37	94.66
2014	102.47	104.14	108.63	94.63
2015	102.01	104.36	108.59	93.09
2016	101.21	104.93	106.39	92.31
2017	102.48	105.46	107.01	94.97

总体性指标、增长性指标和均衡性指标在2005～2017年间的运行同样较为平稳（见图2）。

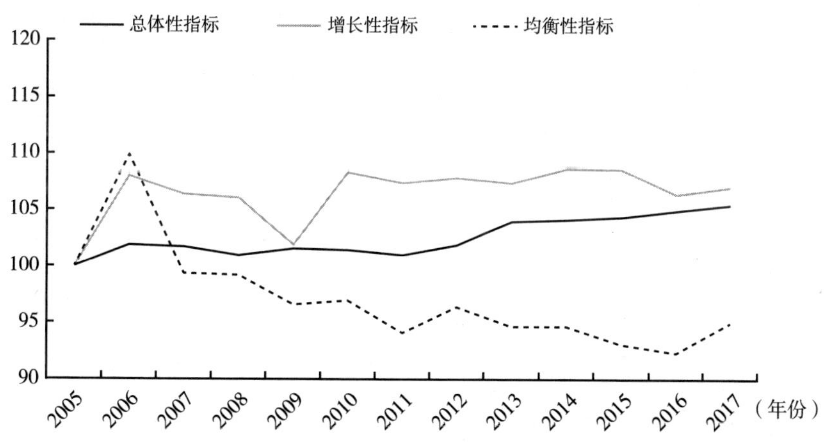

图2　2005～2017年中国职工状况指数总体性、增长性和均衡性指标

2017年，总体性指标、增长性指标和均衡性指标比2016年均略有上升。其中总体性指标从2016年的104.93增长到2017年的105.46；增长性指标从 2016 年的 106. 39 上升到 2017 年的 107. 01；均衡性指标从 2016 年的 92. 31 上升到 2017 年的 94. 97。通过比对数据发现，导致中国职工状况指数 2017 年上升的原因除了总体性指标和增长性指标小幅上涨外，从 2012 年持续下降的均衡性指标也在 2017 年出现了上涨。

（二）中国职工状况指数的各个具体指标情况

中国职工状况指数由总体性指标、增长性指标和均衡性指标三个维度构成，每个维度指标又包含若干具体指标，这些指标综合反映了中国职工状况。

1. 总体性指标

中国职工状况指数的总体性指标由登记失业率、就业率、企业部门劳动报酬增加值占比、职工恩格尔系数、职业病累积患病率、基本养老保险人均养老金占城镇居民人均可支配收入比率和城镇职工基本养老保险制度赡养率 7 项具体指标构成。

从总体性指标看，2005 ~ 2017 年中国职工状况基本保持稳定向上的趋势，总体性指标从 2005 年的 100 上升至 2017 年的 105. 46，整体波动不大（见图 3）。

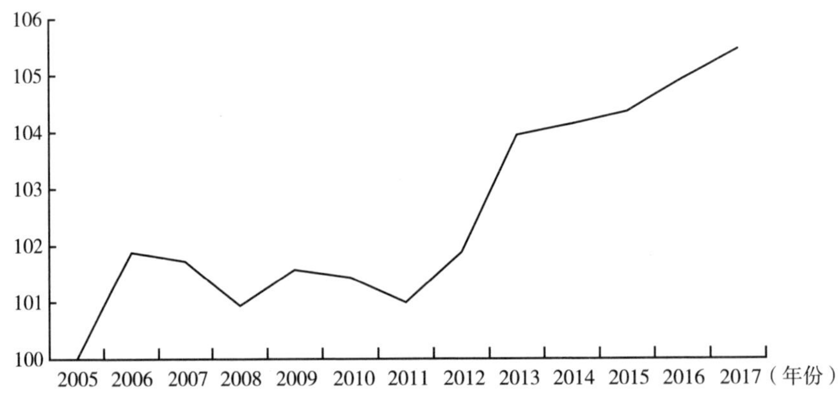

图 3　2005 ~ 2017 年各总体性指标运行趋势

2017 年与 2016 年相比，就业率、企业部门劳动报酬增加值占比、职工恩格尔系数、职业病累积患病率和基本养老保险人均养老金占城镇居民人均可支配收入比率 5 项指标的指数化评分有所提高（见图 5 ~ 图 9），而登记失业率、城镇职工基本养老保险制度赡养率 2 项指标的指数化评分有所下降（见图 4 和图 10）。

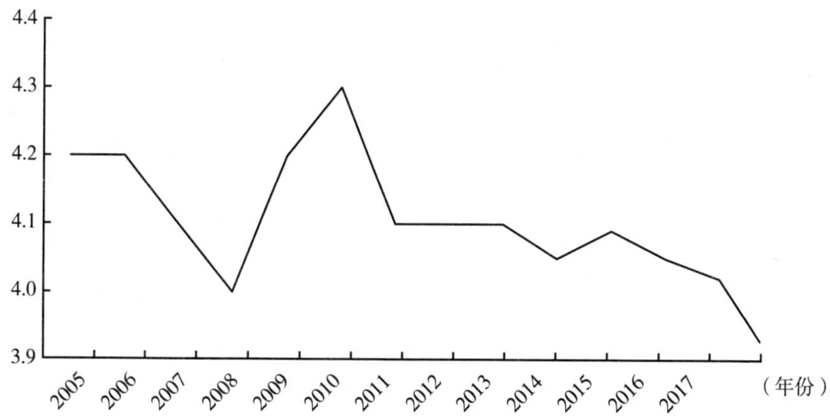

图 4　2005 ~ 2017 年登记失业率（指数化后）

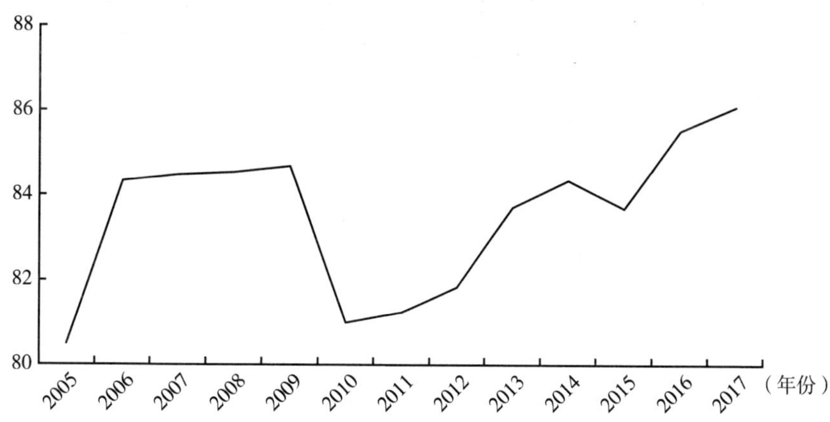

图 5　2005 ~ 2017 年就业率（指数化后）

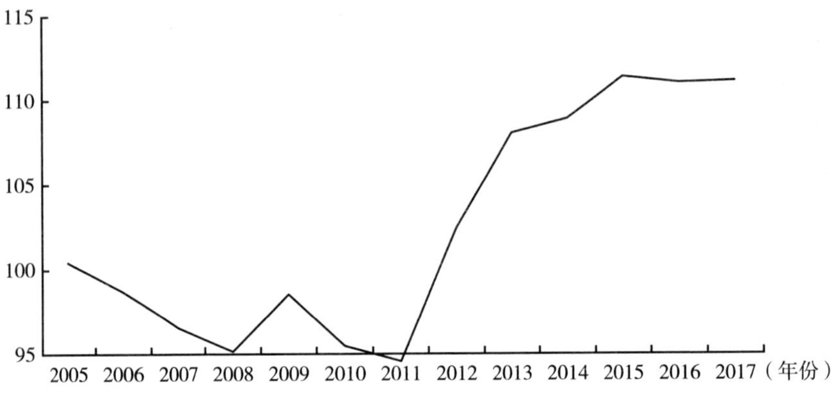

图 6　2005～2017 年企业部门劳动报酬增加值占比（指数化后）

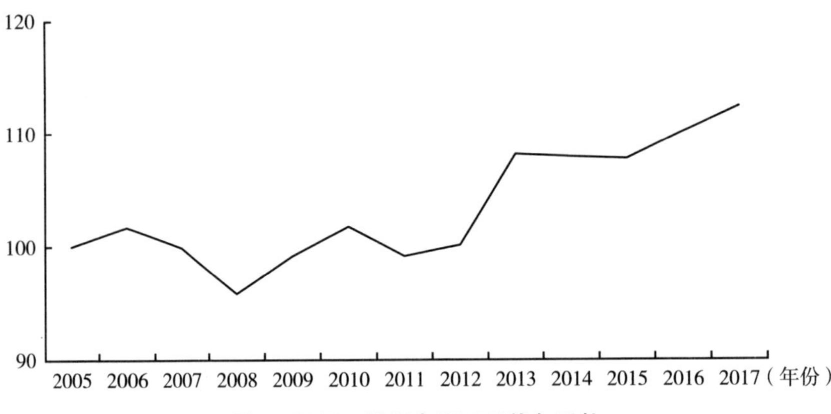

图 7　2005～2017 年职工恩格尔系数

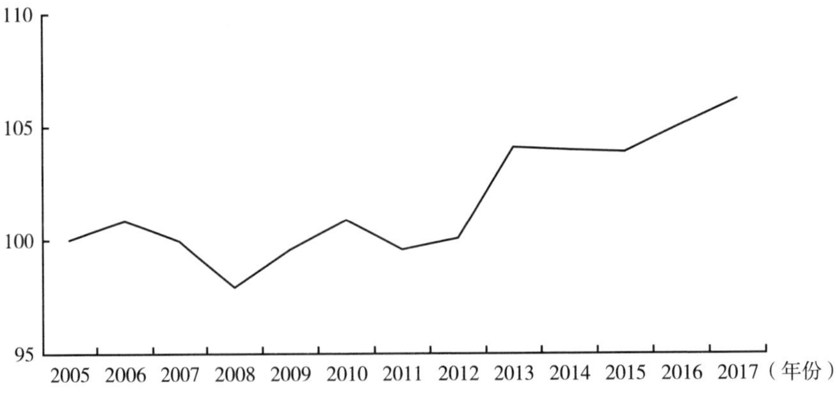

图 8　2005～2017 年职业病累计患病率（指数化后）

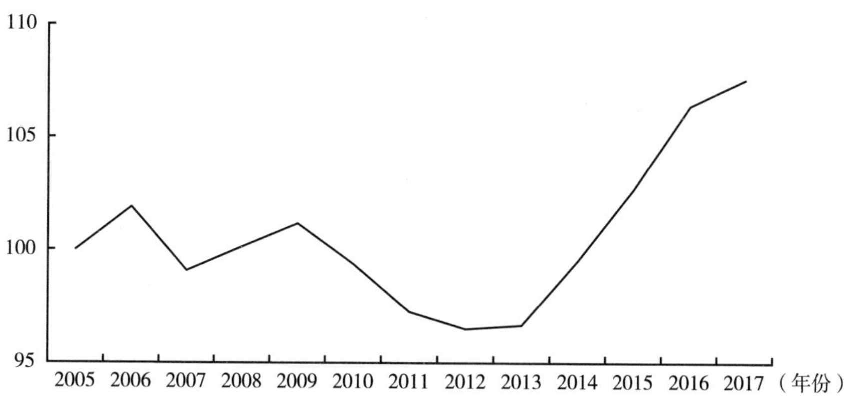

图 9　2005～2017 年基本养老保险人均养老金占城镇居民人均可支配收入比率（指数化后）

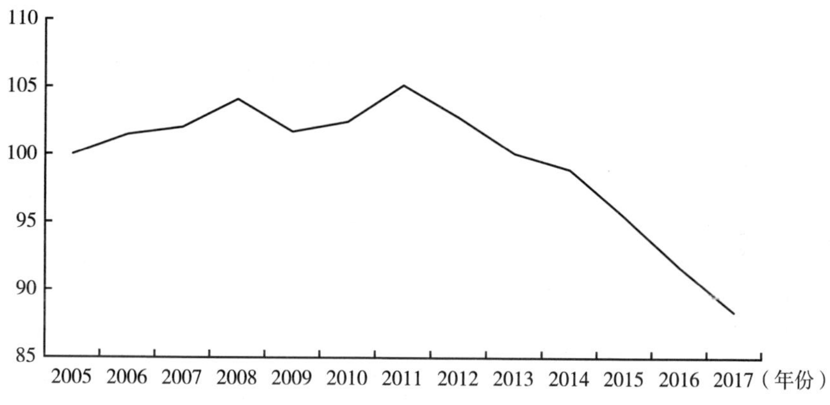

图 10　2005～2017 年城镇职工基本养老保险制度赡养率（指数化后）

2. 增长性指标

中国职工状况指数的增长性指标由就业人员增长情况、城镇新增就业人数情况、职工平均工资、职工最低工资、人均养老金增长率 5 项指标构成。从增长性指标看，2005～2017 年增长性指标呈波动上升状态（见图 11），由 2005 年的 100 上升到 2017 年的 107.01，是三项维度指标中上升幅度最高的指标。

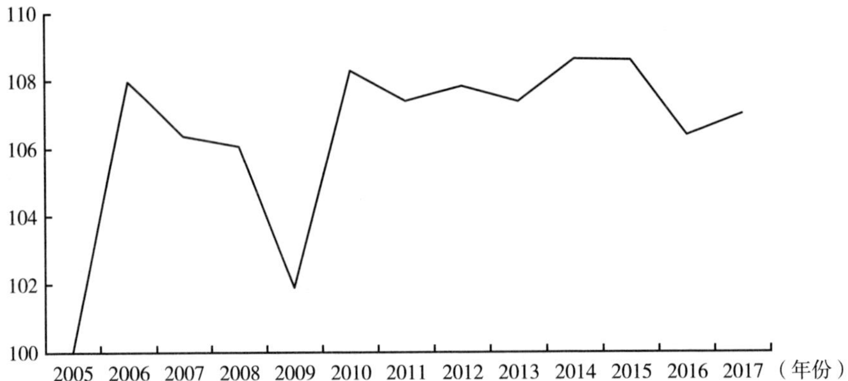

图 11　2005～2017 年增长性指标运行趋势

2017 年与 2016 年相比，就业人员增长情况、城镇新增就业人数情况、职工平均工资、职工最低工资 4 项指标指数化评分均有所上升（见图 12～图 15），而人均养老金增长率一项指标指数化评分有所下降（见图 16）。

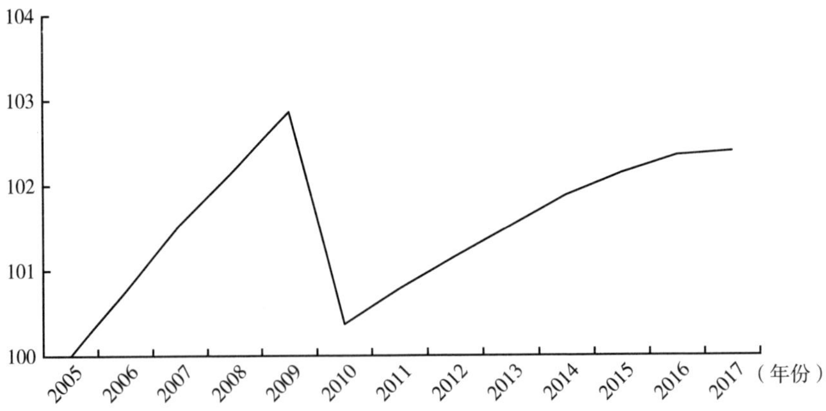

图 12　2005～2017 年就业人员增长（指数化后）

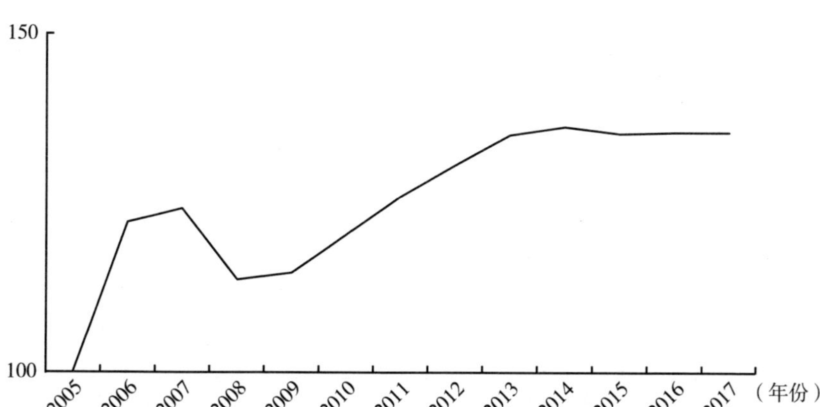

图 13　2005～2017 年城镇新增就业人数（指数化后）

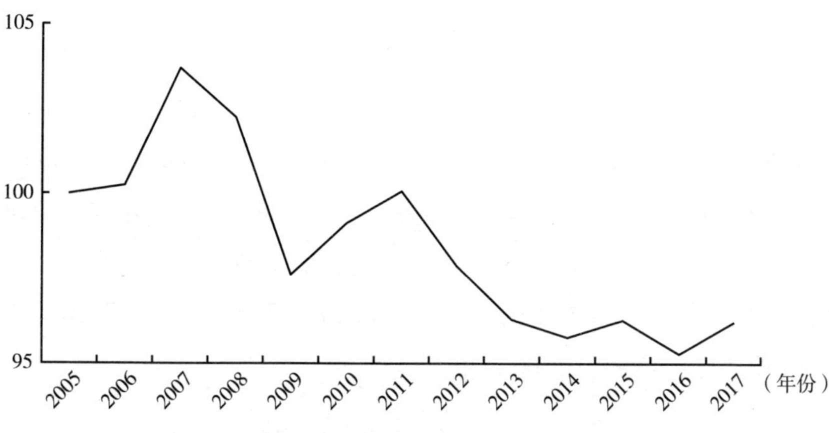

图 14　2005～2017 年职工平均工资（指数化后）

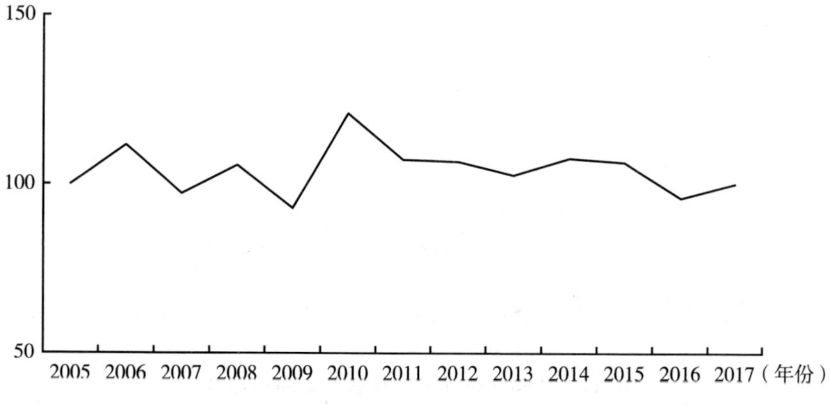

图 15　2005～2017 年职工最低工资（指数化后）

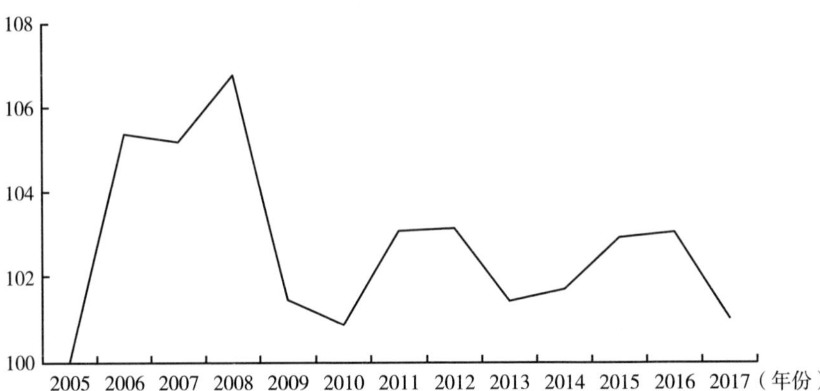

图 16　2005～2017 年人均养老金增长率（指数化后）

3. 均衡性指标

中国职工状况指数的均衡性指标由各地区城镇登记失业率离散系数、各地区职工平均工资离散系数、最低工资与平均工资比值、各地区城镇职工基本养老保险制度赡养率离散系数 4 项指标构成。从均衡性指标看，2005～2017 年，反映中国职工状况均衡性发展的指标呈波动下降的趋势（见图 17），均衡性指标从 2005 年的 100 下降到 2017 年的 94.97，除 2006 年为 109.88 外，其余年份均在 100 以下。

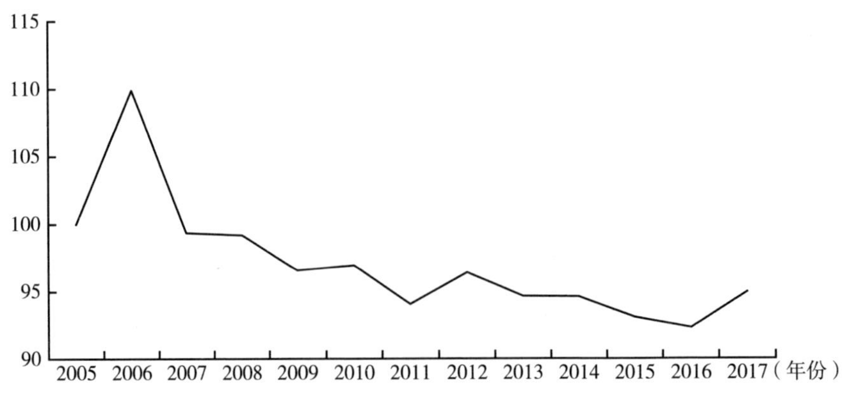

图 17　2005～2017 年均衡性指标运行趋势

2017 与 2016 年相比，各地区城镇登记失业率离散系数、各地区职工平均工资离散系数、各地区城镇职工基本养老保险制度赡养率离散系数 3 项指数化评分比均有所上升（见图 18、图 19 和图 21）。只有最低工资与平均工资比值这一项指标指数化评分均比 2016 年有所下降（见图 20）。

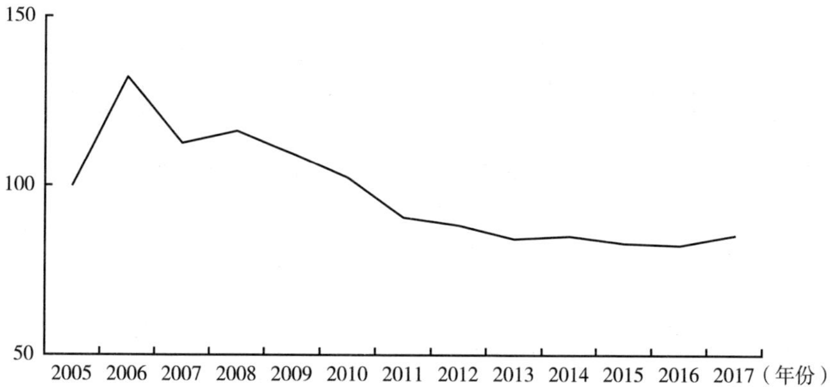

图 18　2005～2017 年各地区城镇登记失业率离散系数

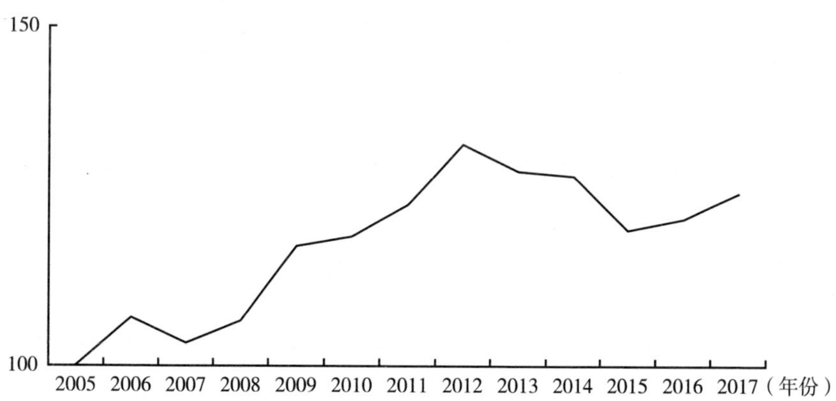

图 19　2005～2017 年各地区职工平均工资离散系数

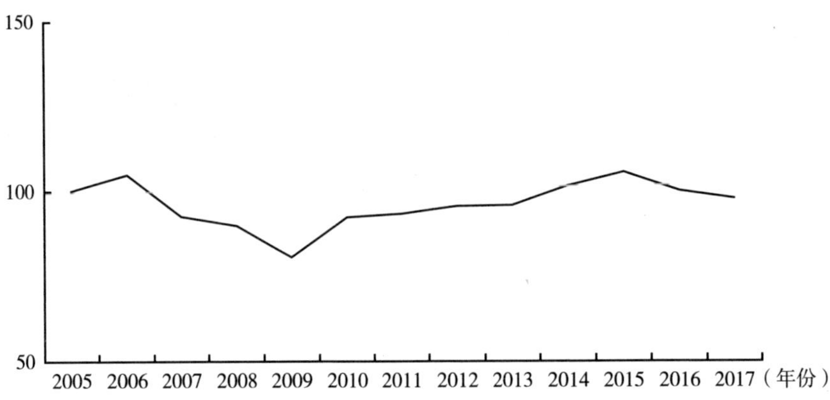

图20　2005～2017年最低工资与平均工资比值（指数化后）

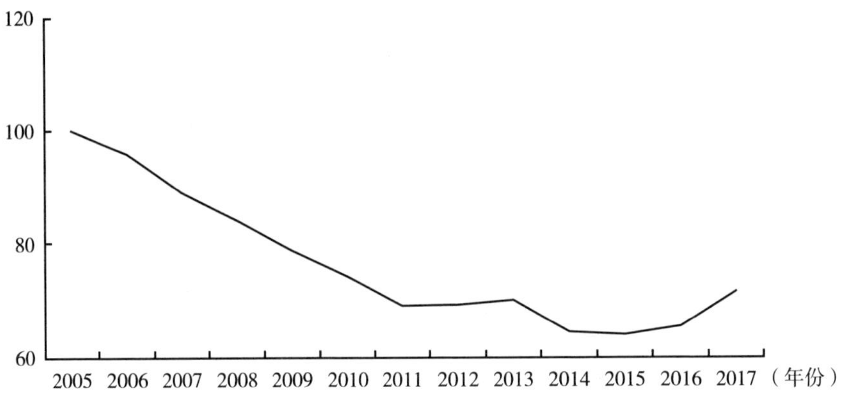

图21　2005～2017年各地区城镇职工基本养老保险制度赡养率离散系数

（三）影响中国职工状况走势的基本因素分析

从对中国职工状况指数2013～2017年的走势分析，可以得出以下判断。

1. 总体性指标保持平稳状态

总体性指标从2013年的103.95稳步增加到2017年的105.46。从总体性指标涉及的7项指标看，只有城镇职工基本养老保险制度赡养率、登记失业率这2项指标出现了持续下降；而就业率、职业病累积患病率、企业部门劳动报酬增加值占比、职工恩格尔系数指标有所改善4项指标基本养老保险人均养老金占城镇居民人均可支配收入比率近几年有明显提高。

2. 增长性指标也表现出平稳状态

增长性指标从2013年的107.37小幅波动至2017年的107.01。从增长性指标涉及的5项指标看，就业人员增长情况、城镇新增就业人数情况2项指标有明显增长，职工最低工资、人均养老金增长率2项指标保持较为平稳的状态，只有职工平均工资指标出现了先上升后回落的情况。

3. 均衡性指标表现为持续下降后的反弹状态

2013~2017年均衡性指标分别为94.66、94.63、93.09、92.31和94.97，表现为持续下降后的反弹状态。从均衡性指标涉及的4项指标来看，除最低工资与平均工资比值一项指标出现上涨回落的变化外，各地区城镇登记失业率离散系数、各地区职工平均工资离散系数、各地区城镇职工基本养老保险制度赡养率离散系数3项指标都呈现下降后的回升状态。其中2017年各地区城镇登记失业率离散系数是5年来首次上升，而各地区职工平均工资离散系数、各地区城镇职工基本养老保险制度赡养率离散系数已经是连续两年上升。

三　新时代中国职工队伍发展建设面临的新情况与新问题

（一）就业总量矛盾有所缓解，就业结构矛盾突出，职工转换就业的能力压力增大

2018年，随着我国劳动年龄人口继续减少，全国就业人员总量结束数十年来持续上升态势首次出现下降，就业总量矛盾有所缓解。但是，由于产业结构和行业结构调整加快，就业结构矛盾明显，职工转换就业的能力压力增大。

1. 当前职工队伍就业方面的新情况

（1）全国就业人员总体规模结束持续上升态势首次出现下降。伴随劳动年龄人口继续减少，全国就业人员规模结束数十年来持续上升态势首次出现下降，2018 年比上年度减少 54 万人，预计未来还会有所下降。人口老龄化加剧，劳动年龄人口占总人口比例和就业人口比例均继续下降，对经济发展和社会保障带来一定的挑战。

（2）全国就业结构矛盾日益凸显，第三产业就业人员占比不断提升。城镇化持续推进，求人倍率持续上升，城镇新增就业保持较大规模，城镇就业人口继续增加，城镇登记失业率保持下降态势，调查失业率同比略低于往年，就业总量矛盾有所缓解。但进入 2019 年，城镇调查失业率略有上升，就业压力有所加大。在求职市场中，高校毕业生和白领等中高端求职难度有所上升，就业结构矛盾明显。第三产业就业人员占比持续提高，增速明显，成为吸纳就业的主要场所。在城镇单位就业人员中，制造业仍是吸纳就业人数最多的行业，占比达 26.3%，由于中国向美国出口的主要为制造业产品，因此需要高度重视中美贸易摩擦对制造业职工就业可能带来的冲击。就业的行业结构调整明显，不同行业工作岗位的消失和创造加快，迫切要求职工转换就业能力。政府不断优化营商环境，减税降费，城镇私营个体就业规模和占比持续提升。但与此同时，外企、港澳台企业和国有单位就业人员规模继续下降。

（3）青年失业率问题凸显，农民工总量增速降到近年来最低水平。青年失业率高于平均失业率，高校毕业生规模持续扩大，就业面临较大压力。在失业人员中，大专以上学历的人员因毕业后未工作原因而失业的“慢就业”现象有所增加。青年失业会导致工作经验和就业能力提升中断，容易产生逐渐被劳动力市场边缘化的风险，造成犯罪和社会稳定问题，值得高度关注。农民工总量增速降至近年历史最低点，增速低于 1%，随着农村剩余劳动力减少以及农民工年龄结构的变化，未来或将出现农民工总量下降情况。农民工就业出现“逆城镇化”和返乡潮，乡村就业增加，2018 年进城农民工比上年减少 204 万人，下降 1.5%。上一次出现农民工大规模返乡现象是在 2008 年金融危机期间。

（4）劳动力供给持续减少，人工成本上升较快，平均工作时间有所下降，灵活就业规模较大。城镇非私营单位、私营单位和农民工名义工资增长速度比 2017 年均有所回升，均高于同期 GDP 增速，反映劳动力供给持续减少，人工成本上升较快。非私营单位就业人员平均工资水平较高，与私营单位就业人员和农民工等职工群体差距持续扩大。近年来，职工周内平均工作时间总体上有所下降，处于标准工时的职工比例增加，加班职工比例略有下降，仍有超过三成的职工每周工作时间超过 48 小时。在企业经营承压的背景下，部分互联网企业一方面冻结招聘甚至裁员，另一方面要求员工实行 996 工作制，侵害职工权益，引起部分职工的抵制。在全国就业人员身份构成中，自营劳动者和家庭帮工等灵活就业群体比例有所下降，但仍占四成左右，具有学历水平偏低，年龄偏大，女性比例较高等特点。劳务派遣、劳务外包和近年快速发展的平台就业等各类灵活就业规模较大，给劳动者权益保护带来了挑战。

2. 职工就业面临的挑战

（1）全球经济放缓和国内经济下行压力加大对就业的影响。就业需求作为产品和服务的派生需求，经济发展对就业具有决定性影响。当前国际经济周期下行，贸易保护主义抬头等因素加剧了世界经济不确定性；中国作为全球产业分工的重要组成部分，受到全球经济放缓影响，国内消费增速减慢，有效投资增长乏力，出口面临不确定性，部分企业的产品和服务需求下降，经营面临困难，企业将会采取裁员等措施应对。

（2）中美贸易摩擦仍然持续并具有不确定性。2018 年以来，美国开始向来自中国的出口商品征收关税，美国对来自中国的出口商品征收关税的范围和税率不断加码。虽然中美双方保持着磋商和谈判，但是仍存在较多的不确定因素，如果贸易战升级和持续，将影响我国部分出口企业的发展，进而对就业产生负面影响。

（3）技术进步、产业结构调整和产业转移对就业的影响。受劳动年龄人口下降，农民工总量增速放缓甚至下降，平台经济等服务业兴起等因素影响，部分制造业招聘难度加大，用工成本上升，将对就业产生不利影响。一方面部分企业将使用机器人、人工智能等各类技术替代劳动力；另一方面随着我国的劳动力成本优势逐渐下降，部分企业将向其他国家和地区进行转移，使部分岗位丢失。此外，产业结构调整将导致就业结构变化，劳动者结构性失业风险增加。

（4）供给侧改革过程中的阵痛依然持续。供给侧改革对释放实体经济活力具有重要和长远意义，但是在推进钢铁、煤炭等行业去产能和处置“僵尸企业”过程中，将对部分相关行业的人员就业产生影响，就业安置压力加大。同时，近年我国加强了环保、生产安全方面的监管，部分不合规企业受此影响，面临停工停产甚至关闭，使相关企业职工就业面临冲击。

（二）职工队伍各群体的年平均工资增速均呈现上升状态，职工收入地区、行业的不均衡情况仍很明显

2018 年，我国职工队伍各群体的年平均工资增速均呈现上升状态，不仅城镇单位职工、外出农民工的年平均工资增速继续保持较快增长，城镇私营单位职工的年平均工资的增速连续 5 年下降的趋势也得到了抑制，扣除物价因素后，增速比上年加快了 1.1 个百分点。2018 年我国职工收入分配方面出现以下新的变化。

1. 供给侧结构性改革深入推进为职工收入持续增长奠定了坚实基础

一是供给侧结构性改革深入推进，钢铁、煤炭等行业去产能效果明显，高耗能、高污染行业转型升级加快，企业效益大幅改善。上述行业平均工资增幅均高于全行业平均工资增长水平。二是伴随制造业向中高端加快迈进，2018 年装备制造业投资增长高于全国投资平均水平，相关行业就业人员年平均工资水平增长速度也较快。三是基础设施建设进一步加强，交通运输业新建扩建里程大量增加，带动行业平均工资增长。2018 年，城镇非私营单位的交通运输、仓储和邮政业年平均工资增长 11.4%，增幅比上年提高 2.5 个百分点。四是创新投入力度持续加大，2018 年全国研究与试验发展经费

支出增长 11.6%，科技领域实行“放管服”改革，针对科研人员的收入分配政策逐渐生效，调动了科研人员的积极性，科技创新成果丰硕，科技成果转化率显著。2018 年，城镇非私营单位科学研究和技术服务业就业人员年平均工资增长 14.4%，高于全国平均工资增幅 3.4 个百分点。

2. 中国职工工资增长对全球平均工资水平的影响显著

根据国际劳工组织在《2018～19 全球工资报告》中估算，2017 年全球工资增速不仅低于 2016 年，而且降至 2008 年以来的最低增长率，远低于全球金融危机前水平。按实际价值计算的全球工资增幅已从 2016 年的 2.4% 下降至 2017 年的 1.8%。中国是人口大国，其工资的快速增长对全球平均工资水平有显著影响，如果将中国排除在外，全球工资实际增长率则是从 2016 年的 1.8% 下降到 2017 年的 1.1%，中国将全球劳动者的年工资增长率拉高了 6 个～7 个百分点。为此国际劳工组织指出，目前普遍的共识是缓慢的工资增长已经成为实现全球可持续经济增长的阻碍，提高工资仍然是全球要面临的挑战之一，而中国已成为推动 21 世纪经济增长的强劲动力。

3. 企业部门劳动报酬占比上升的溢出效应对我国经济结构的优化起到了重要的推动作用

自 2012 年起，企业部门劳动者报酬占比已连续 5 年波动上升。企业部门劳动报酬占比上升的溢出效应对我国经济结构优化也起到了重要的推动作用。与最低的 2011 年相比，2012～2016 年，企业部门劳动者报酬占比分别提高了 3.01 个、5.14 个、5.47 个、6.41 个和 6.28 个百分点，相当于劳动者报酬在这 5 年分别增加了 9721.2 亿元、18466.8 亿元、21483.5 亿元、26130.6 亿元和 27593.4 亿元，按照居民最终消费占可支配收入比重 64% 计算，等于 5 年增加了 66173.1 亿元的市场消费需求，这对我国经济结构从投资拉动到消费拉动的转型起到了重要的作用。但是也注意到，2016 年企业部门劳动者报酬占比为 42.16%，这一比例与我国全社会劳动者报酬占比相比较还是偏低的，根据资金流量表的数据计算，2016 年我国全社会劳动者报酬占比为 51.80%，高出企业部门劳动者报酬占比 9.64 个百分点，因此现阶段还不能得出在初次分配领域企业部门职工收入水平过高的判断。

4. 当前中国职工收入地区、行业的不均衡情况仍很明显

从2017年各地区职工收入情况看，全国31个省份城镇单位职工的年平均工资为74318元，比上一年增加了6749元，同比名义平均工资增长10.0%，各地区年平均工资的中位数为67727元；全国城镇私营单位就业人员的年平均工资为45761元，比上年增加了2928元，同比名义增长6.8%，各地区年平均工资的中位数为40023元。由于东、中、西及东北地区的发展仍不均衡，本文依据波士顿矩阵图分析方法，将2017年各地区的职工年平均工资水平做了一个基本定位，2017年与2016年相比较，只有个别省份的位置发生了变化。进一步分析发现，四川、新疆、宁夏、陕西、内蒙古、辽宁、黑龙江7个省份，无论是城镇单位就业人员还是城镇私营单位就业人员的年平均工资都已经连续两年位于工资水平及其增长速度均低于全国平均水平的双低区。

2018年，国民经济各行业间的收入差距依旧过大。城镇非私营单位在国民经济19个大行业中，收入最高的信息传输、软件和信息技术服务业与收入最低的农、林、牧、渔业之间的差距已达到4.05倍。各行业内部，城镇非私营单位与城镇私营单位职工的收入差距最大的是电力、热力、燃气及水生产和供应业，其倍数关系为2.26倍。2018年，城镇单位行业间的职工年均收入离散系数（0.3334）大于同年各地区职工年均收入离散系数（0.2469），表明行业间的收入差距仍大于地区间的收入差距。而同年城镇私营单位行业间的职工年均收入离散系数（0.1892）也大于同年各地区职工年均收入离散系数（0.1879），表明2018年与2017年相比较，城镇私营单位行业间的收入差距已经开始大于地区间的收入差距了。

（三）当前职工队伍养老保险喜忧参半

2017年末，全国参加城镇职工基本养老保险人数为40293万人，比上年末增加2364万人，其中参保职工29268万人，参保离退休人员11026万人，分别比上年末增加1441万人和922万人。具体有以下几个变化。

1. 我国职工养老保险参保情况没有明显改善

在养老保险覆盖面方面，我国职工养老保险参保情况没有明显改善、地区间不平衡状况仍然十分突出。2017 年从全国范围来看，总覆盖人数继续增加，但增长速度略有下降。观察各个省份的参保率数据可以发现，部分省份波动较为剧烈。经济落后省份和农民工等群体扩面参保方面未取得实质性进展，需要进一步的政策支持和激励。

2. 转移接续相关政策出台

在机关事业单位与企业养老保险并轨方面，有关转移接续的相关政策出台，有利于该项工作继续推进。2017 年 1 月 12 日，人力资源和社会保障部、财政部发布关于《机关事业单位基本养老保险关系和职业年金转移接续有关问题的通知》，这一通知的出台为机关事业单位与企业之间人员流动奠定了政策基础，有助于推进机关事业单位养老保险的并轨工作。

3. 全国制度抚养比继续恶化

地区间差距仍然较大，部分省份已经“穿底”。中央调剂金方案的出台，有助于提高养老保险统筹层次。2017 年 3 月，国务院在《关于 2016 年中央和地方预算执行情况与 2017 年中央和地方预算草案的报告》中提出，将在推动各项相关工作的基础上，研究制订基本养老保险基金中央调剂制度方案。2017 年 9 月 14 日，人力资源和社会保障部、财政部发布《关于进一步完善企业职工基本养老保险省级统筹制度的通知》（人社部发〔2017〕72 号），明确提出“在推进各项相关改革工作的基础上，研究制订基本养老保险基金中央调剂制度方案”。

4. 划转国有资本充实社保基金取得重要进展

划转国有资本充实社保基金为解决历史遗留问题、进一步降低缴费率奠定基础，有望为其他支柱的发展腾出空间。截至 2017 年末，全国社保基金理事会已先后与广西、北京、河南、云南、湖北、上海、陕西、安徽、山西 9 个省份签署基本养老保险基金委托投资合同，合同总金额 4300 亿元，委托期限均为 5 年，均采取承诺保底收益合同版本，实际到账资金 2731.5 亿元。

5. 企业年金发展仍十分滞后

《企业年金办法》出台有望促进企业年金市场发展，助力构建多层次养老保险体系。2017 年，参加企业年金的职工总人数仅占参加城镇职工基本养老保险职工总人数的 8%。值得注意的是，2015 年参保人数比上年增长率只有 1%，2016 年和 2017 年为 0.39% 和 0.26%。换句话说，最近三年企业年金参保人数基本处于不增长的停滞状态。2017 年 12 月 18 日，人力资源和社会保障部、财政部联合发布《企业年金办法》，表明政府对推动企业年金发展的决心。在基本养老保险降低缴费率的大背景下，我国应尽快、严格划分不同支柱的界限，配合税收优惠等措施，大力支持企业年金发展，探讨将来引入自动加入机制的可能性、进一步扩大企业年金覆盖面，缩小企业职工与机关事业单位职工在补充养老保险方面的待遇差距。

（四）安全生产形势呈现“三下降两好转”的良好态势，部分行业、地区、时段的生产安全仍不乐观

2017 年全国安全事故总量下降，较大事故下降，重特大事故下降，大部分行业领域、大部分地区安全状况好转，安全生产形势呈现“三下降两好转”的良好态势。

1. 全国安全生产形势持续好转

事故总量、较大事故同比持续下降，重特大事故得到有效遏制。2017 年，全国发生各类事故 52988 起，死亡 37852 人，同比减少 10217 起 5210 人，分别下降 16.2% 和 12.1%；全国发生较大事故 613 起，死亡 2332 人，同比减少 136 起 522 人，分别下降 18.2% 和 18.3%；全国发生重大事故 24 起，死亡 306 人，同比减少 4 起 91 人，分别下降 14.3% 和 22.9%；特别重大事故 1 起，死亡 36 人，同比减少 3 起 137 人，分别下降 75.0% 和 79.2%，是近 10 年来重大、特大事故最少的年份。

2. 大部分行业领域事故总起数和死亡人数呈现持续下降态势

大部分地区安全形势稳定。2017 年，煤矿，金属非金属矿山，烟花爆竹，冶金机械八行业，铁路、道路、水上、航空运输，农业机械，渔业船舶

等行业领域均实现了事故总起数和死亡人数“双下降”；金属非金属矿山，烟花爆竹，冶金机械八行业，渔业船舶，铁路、航空运输全年未发生特大事故，发生重特大事故的行业领域较2016年减少2个；农业机械未发生较大以上事故，民航继续保持了安全飞行记录。在32个省级统计单位中，有28个单位事故起数和死亡人数同比“双下降”，有26个单位较大事故起数和死亡人数同比“双下降”或持平，吉林、上海、安徽、福建、湖北、广西、海南、重庆、四川、西藏、甘肃、青海、宁夏、新疆和新疆生产建设兵团15个单位未发生重特大事故，发生重特大事故的单位较2016年减少6个。

3. 全国事故总量仍然偏大

部分行业领域安全状况不乐观。2017年，尽管事故总量实现连续“双下降”，但仍然偏多，全年发生5.3万起事故，平均每天仍有145起事故发生，造成104人死亡，安全风险仍然偏高，安全生产形势依然严峻。2017年交通运输业事故起数和死亡人数均居第1位，分别占81.3%和73.9%；建筑业事故起数和死亡人数同比分别上升2.0%和1.0%；化工事故死亡人数上升17.8%。

4. 地区安全状况不平衡

重特大事故仍然时有发生，部分时段事故较为频发多发。2017年，江苏、广东和浙江事故总量较大，广东、云南、山东和四川较大事故较多，陕西发生了特别重大事故，湖南重大事故多发。虽然全年重特大事故同比下降，实现了历史最好水平，但重特大事故尤其是特别重大事故仍然时有发生。2017年发生重大事故24起，死亡306人。特别是2017年8月10日，陕西安康市宁陕县发生1起特别重大事故，造成36人死亡。现阶段重特大事故发生概率并不低，防范和遏制重特大事故仍然任重道远。2017年第二、第三季度安全生产形势较严峻，其中第二季度事故起数最多，第三季度事故死亡人数居各季度之首。从月度趋势分析看，3月事故起数最多，其次为4月和5月。5月发生4起重大事故。

（五）职业病新发病例和发病率两项指标总体上升的趋势已经扭转，职业性尘肺病和职业中毒需重点关注

2005～2018年，我国职业病新发病例总体呈现先上升后下降的趋势，

2016 年新发病例首次突破 3 万人，2018 年有所下降，为 23497 人。我国的职业病构成以职业性尘肺病（含其他呼吸系统疾病，后同）、职业中毒居前两位。

1. 职业病新发病例和发病率两项指标总体上升的趋势已经扭转

2005～2018 年，国家卫生健康委员会的统计数据显示，职业病新发病例总体呈现先上升后下降的趋势。2010 年职业病新发病例突破 2 万人，为 27240 人。2016 年新发病例首次超过 3 万人，为 31798 人，2017 年和 2018 年均比 2016 年有所下降，分别为 26756 人和 23497 人，不断上升的趋势已经有所扭转。2005～2018 年每 10 万人的发病率波动范围是 3.89～8.32 人。其中 2011 年发病率最高，每 10 万人为 8.32 人。2018 年发病率每 10 万人为 5.41 人，较 2017 年稍有下降，这是继 2016 年连续两年回落。

2. 职业性尘肺病和职业中毒是当前位居职工职业病发病人数前两位的职业病

2007 年，职业性尘肺病新发病例超过 1 万人，为 10963 人；2010 年职业性尘肺病新发病例突破 2 万人，为 23812 人；2016 年职业性尘肺病新发病例最高，为 28088 人。2018 年职业性尘肺病（含其他呼吸系统疾病）发病人数较 2017 年减少 3266 人，为 19524 人。2005～2018 年职业性尘肺病病例占职业病发病总人数的比例维持在一个较高的水平。最低时为 2005 年的 75%，最高时为 2015 年的 90%。2018 年职业性尘肺病病例所占比例为 83%，较 2017 年稍有降低，其他职业病（除职业性尘肺病及其他呼吸系统疾病外的 9 大类职业病总和）所占比例为 17%。职业中毒发病人数仅次于职业性尘肺病。数据显示，2005～2018 年职业中毒发病人数占职业病发病总人数的比例呈现先下降后上升的趋势。2005～2015 年职业中毒构成比例从 16.3% 下降到 3.2%，2018 年较 2017 年稍有回升，为 5.7%。

3. 煤炭行业、开采辅助活动行业、有色金属矿采选业是当前职业病发病人数最多的行业

2006～2016 年数据显示，煤炭行业、开采辅助活动行业、有色金属矿采选业是职业病发病人数最多的行业。其中，煤炭行业职业病发病人数远远高出其他行业，居于首位。2006～2016 年煤炭行业职业病发病人数呈现上升

的趋势。2010年的新发职业病病例首次突破1万人，为13968人。2011~2016年职业病发病人数均在1万人以上。2006~2009年以及2013年有色金属矿采选业职业病发病人数居第二位；2010~2012年和2014~2016年有色金属矿采选业职业病发病人数居第三位；2014~2016年开采辅助活动发病人数居第二位。

（六）劳动争议案件数量趋于稳定，案件类型更加集中，平台经济等新用工形式中的劳动争议成为热点

2018年是《劳动争议调解仲裁法》施行10周年，10年来劳动争议案件数量经过一段时间的大幅上涨后，近几年逐步趋于稳定；案件类型更加集中，主要涉及劳动报酬，社会保险，解除、终止劳动合同等方面。但随着共享经济的发展，出现了很多新的劳动用工形式，劳动争议处理面临一些新的问题。

1. 职工队伍劳动争议方面出现的新变化

（1）案件数量略微增加，全国劳动关系整体和谐。2018年，全国各地劳动人事争议调解仲裁机构共处理争议182.6万件，同比增加9.7%；涉及劳动者217.8万人，同比增加9.4%，低于2016年的9万人；涉案金额402.6亿元，同比下降3.3%，劳动争议案件涉案金额连续三年下降。虽然劳动争议案件数量、涉案人数都有一定增加，但是涉案总金额处于下降趋势，劳动争议状况总体平稳。劳动争议案件和涉案人数的增加可能与2018年我国宏观经济状况以及新业态用工方式变化有关。

（2）案件类型高度集中，利益之争仍是主要矛盾。2017年受理劳动争议案件数共78.53万件。对比2016年，主要的劳动争议类型排序没有变化，仍然是劳动报酬，解除、终止劳动合同，社会保险的争议排在前三位，占2017年劳动争议总数的81%。经济利益之争仍是最主要的劳资矛盾。预测在未来较长一段时间内，劳动争议案件类型排序的基本格局不会有太大变化，仍将保持这种状况。

（3）政策引导发挥作用，仲裁案件处理效能提高。2017年，劳动争议

仲裁的效能得到有效提升。一是仲裁调解结案率明显高于仲裁裁决，且仲裁调解结案的比例逐年增加，调解成功率的持续提高，表明鼓励调解的政策导向逐渐发挥效用。二是终局裁决的大量使用，提高了仲裁案件处理的效能。这说明一裁终局已经在劳动者申述过程中得到广泛认可，劳动者能够更加理性维权，不再盲目扩大申述项目和金额。

（4）结案胜诉占比不变，双方部分胜诉仍是主流。2017 年，在劳动争议仲裁当期结审案件中，用人单位胜诉 8.99 万件，占 11.3%；劳动者胜诉 25.98 万件，占 32.65%；双方部分胜诉及其他 44.6 万件，占 56.05%。相比往年，劳动争议仲裁结审案件胜诉情况未发生太大变化，劳动者单方胜诉率近 3 倍于用人单位单方胜诉率，而双方部分胜诉仍是主要形式，占五成以上。

（5）劳动争议热点涉及网约工身份认定困难和年休假制度实施情况，总体来讲不容乐观。随着共享经济的不断深入发展，许多劳动者不再受雇于某一固定组织，劳动者流动快，劳资双方的劳动关系难以认定，劳动争议处理难度加大。不同于一般的民商事法律关系，劳动关系的建立固然要尊重双方当事人的意思自治，但这种意思自治要受到劳动法律法规的严格限制。劳动关系的认定属于强制性规范的范畴，不能仅凭当事人书面约定而排除。因此，共享经济下的平台企业与劳动者的劳动关系确认需要结合劳动者的具体工作内容以及双方是否存在从属关系予以确定。2018 年是《职工带薪休假条例》实施十周年，中国的职工仍面临带薪休假不休、少休，未休年休假补贴不能领取等诸多问题。有近半数群体因为工作太忙而无法享受带薪休假，四成群体在没有享受带薪休假情况下未能获得补偿；在带薪休假满意度方面，仅有四成职工对带薪休假制度感到满意。案例仲裁结果显示，非经劳动者书面且因个人原因提出不休年休假，不等同于其放弃年休假补偿。

2. 在劳动争议处理方面的创新举措

（1）打破部门壁垒，流程化繁为简。各地在劳动争议处理中，改变传统的接单后再分流的工作模式，创新采取一站式服务方式，打破了部门之间的职责壁垒和空间阻隔，涉及多个部门的可以第一时间联调联办，省去了各部门之间的协调环节，使争议处理流程化繁为简，提高争议处理效率。

（2）强化调解作用，从源头化解争议。调解被认为是将劳动争议化解在基层和萌芽状态的最有效手段，它具有灵活高效、履行率高、保密性强等特点，在促进劳资和谐与社会稳定中发挥着重要作用。

（3）加强裁审衔接，提高办案效率。在《关于加强劳动人事争议仲裁与诉讼衔接机制建设的意见》的有效推动下，各地进一步创新劳动争议案件裁审衔接机制，发挥仲裁与诉讼两种制度优势，合力构建和谐劳动关系。

（4）工会法院联动，创新诉调对接。工会一直在劳动争议处理工作中承担重要的角色，在各级劳动争议处理机构不断提高争议处理效能的情况下，一些地方法院与工会合作成立“劳动争议诉调对接工作室”，将调解工作室直接建到法院。透过这一机构既能高效、快捷的解决劳动争议问题，又能有效缓解法院案多人少的压力。

（5）增强信息化程度，提升处理质效。正如信息化可以改变人们的生活方式，信息化同样可以为法治政府建设赋能，优化司法业务和流程，为新时代社会主义法治创造新工具、注入新动能。在司法实践中，已经初步形成了人与科技深度融合的司法运行新模式。劳动争议处理的信息化，有效提高了案件处理的效率和质量。

（6）加强信用体系建设，增加企业违法成本。人社部充分发挥信用监管作用，进一步指导督促各地贯彻落实等级评价、社会公布等信用制度，会同银行、航空、铁路等部门，实行守信联合激励和失信联合惩戒机制，加大对严重失信行为的打击处罚力度，让失信的经营者“一处失信，步步难行”。

（七）职工队伍议题媒体报道逐渐成为劳资利益协调机制的有机组成部分，形成两类“主流媒体”并存的格局

通过对2000～2018年的《工人日报》进行历时性观察，以及对2018年《工人日报》和《新京报》报道的比较分析，职工队伍议题媒体报道方面呈现以下新的变化。

1. 职工队伍议题媒体报道逐渐成为劳资利益协调机制的有机组成部分

在中国特色和谐劳动关系治理模式中，以“文件政治”的视角进行逻辑推演，媒体的利益表达与协调功能渐被强调，被视作劳资利益协调机制的有机构成。然而，作为嵌入具体时空政经结构的一种社会机制，媒体在“实然”层面的作为，需要立足具体经验事实进行观察。因而，观察媒体实际如何报道职工议题具有特定意义。

职工议题是指涵盖职工群体的收入、就业、社会保障、职业安全、职业卫生、劳动关系等诸方面状况的议题。中国职工议题的媒体报道状况，可从两方面展开研究，一是在当前媒体空间中，诸项职工议题是否得以呈现；二是在具体议题报道中，职工群体能否实现利益表达。对此，可采用“职工议题的媒介能见度”和“职工群体的媒介话语权”两个相应的衡量指标。其中，前者主要是指媒体对具体职工议题的呈现频度；后者侧重于职工群体在具体报道中能否发声。

2. 当前职工队伍议题媒体报道，已形成两类“主流媒体”并存的格局

当前的主流媒体一是“偏于政治权威性、影响力”的“传统主流媒体”，二是“偏于社会公信力、影响力”的“新主流媒体”。考虑数据的连续性、研究的可行性和样本的典型性，本文选择《工人日报》和《新京报》为个案，通过对2000～2018年的《工人日报》进行历时性观察，以及比较分析2018年《工人日报》和《新京报》的报道，探讨不同类型主流媒体对职工议题报道状况。

（1）将“职工议题的媒介能见度”划分为“低、较低、中等、较高、高”5个等级，通过统计媒体文章题名中出现特定“关键词”的数量进行探究。此次考察分析了“工资”“讨薪/欠薪”“就业”“失业”“社保”“养老保险”“工伤”“安全生产”“职业病”“尘肺病”“劳动争议”“劳动合同”12个关键词，涵盖收入、就业、保障、职业安全、职业卫生、劳动关系6个主题。研究发现，传统主流媒体对职工议题的报道同时具有两个鲜明特征，即重点突出基本议题和低度呈现风险议题。职工议题的媒介能见度在主流媒体中总体上可描述为“结构性偏向”，而鉴于新闻生产与社会控制的关

系，不同类型的主流媒体间还存在具体区别。例如，会依据功能定位强调不同议题，以及对风险议题的呈现度有所不同。

（2）考察具体新闻框架进行内容分析，寻求测量职工群体的媒介话语权。职工群体在媒介话语空间中是否自主、能动地表达其利益、意见和思想，即能否进行“主体性表达”是探究的重点。这需要具体分析媒体是否报道他们最为关心的主题、是否以他们作为消息来源、是否将他们当成报道主角、是否引述他们的负面/不满话语。此次选择“工资”“就业/失业”“讨薪/欠薪”3项关于职工基本权益的具体议题，比较分析2018年《工人日报》和《新京报》的相关报道。研究发现，不同类型的主流媒体在职工议题建构上，尽管会因议题性质而存在微观分际，但是报道主题、报道主角、消息来源、话语引述上的“共通原则”更为明显，职工群体的媒介话语权可整体描述为“低度的主体性”。

能否在媒体空间中进行利益表达以及表达是否充分，事关职工群体切身利益；尤其是在诸项职工议题上，其真实诉求能否得到全面而深刻的呈现，关乎基本劳动权益保障，以及进一步实现体面劳动的愿景。主流媒体在此方面均有一定作为，但尚应进行更系统的努力。

（八）农民工群体的结构、流向发生了深刻的变化，农民工保障和市民化进程仍待加强

农民工群体已经成为我国产业工人的主体。近10年来，伴随着我国经济社会的转型，农民工群体状况发生了深刻变化，国家有关农民工政策的重心也相应发生了转变。国家统计局连续11年发布的《农民工监测调查报告》，对我国农民工基本状况进行了跟踪调查。课题组通过对《农民工监测调查报告》的数据的整理、分析，对近10年来我国农民工群体状况、趋势进行了分析并得出如下判断与基本结论。

1. 农民工的总量仍在增加

2008～2018年农民工群体的结构发生了深刻变化。这主要表现在三个方面，一是外出农民工增速显著下降，说明经过改革开放40年持续不断地

劳动力转移，农村可供转移的剩余劳动力越来越少，原来持续不断的劳动力输出已经难以为继。二是新生代农民工成为主体。2016 年，新生代农民工占比已经超过 50%，占据主体地位，这意味着新生代农民工的特征已经对农民工的整体特征具有关键性影响。三是农民工老化现象的加剧。2009～2018 年，15～25 岁的农民工占比由 41.6% 下降到了 2.4%，而 50 岁以上的农民工占比则由 4.2% 上升到了 22.4%。这意味，当老一代农民工退出劳动力市场，后续的农民工将难以补充上来，农民工的总量将会最终逐年减少。

2. 农民工流动方向发生了深刻的变化

改革开放以来，尤其是 20 世纪 90 年代以来，“离土又离乡”的跨地区流动是农民工流动的主要形式；而 2008～2018 年，农民工流动方向逐渐由东部地区转向中西部地区，本地农民工不断增长，省内就业呈增长趋势。近些年来，东部地区经济结构逐渐调整，劳动密集型企业日益向中西部地区转移；与此同时，中西部地区与东部地区农民工收入增速差异在减小，而东部城市生活成本日益增加，这些都可能是促进农民工流动方向变化的原因。

3. 农民工的权益保障有所提高，但仍需加强

2008～2018 年，在农民工的基本权益保障方面，尤其是在工时和拖欠工资状况方面有了较大的改善。但是，国家统计局的《农民工监测调查报告》数据也显示，2009～2016 年有超过半数以上农民工未签订劳动合同，而建筑业的劳动合同未签订率严重偏高，远远超过其他行业。2009～2014 年农民工社会保险缴纳率总体不高，只有工伤保险的缴纳比例相对较高，而总体上参保率没有明显提高。

4. 农民工城市融入意愿增强，但融入能力仍需提升

一方面进城农民工的归属感有所提升。从近三年的数据看，外出农民工融入所在城市的意识在增强，认同感在增加，认为自己是“本地人”的农民工占比在增长。另一方面农民工的文化、技能等素质还有待提升，农民工的受教育程度仍集中在初中水平，其职业化水平、专业化水平还不高。因此，从农民工自身来说，融入城市的能力还需要提升。

5. 国家农民工政策转向全面推进农民工融入城市

农民工融入城市的身份壁垒将逐渐被打破，但市场性门槛仍然存在。改革开放以来，我国农民工政策经历了一系列的变化，逐渐朝着促进农民工市民化的方向发展。党的十八大以来，我国农民工政策这种转向更为明显，越来越积极地推行户籍制度改革，力图打破农民工融入城市的身份壁垒，推动农民工平等享有城市的公共服务，建立基本公共服务的“全覆盖”“均等化”。这些政策的实施，有利于打破身份壁垒。但是，也应同时看到，身份壁垒的打破，只是意味具备了融入的可能，要真正实现市民化，还需要有公共资源和农民工自身能力等方面的支撑。

分 报 告

Sub-reports

2018年中国职工就业状况研究报告

李洪坚*

摘　要： 2018年，劳动年龄人口继续减少，全国就业人员数量结束数十年来持续上升的态势首次出现下降，求人倍率持续上升，就业总量矛盾有所缓解，工资水平增速提升。职工就业的产业和行业结构调整较快，就业结构矛盾明显，迫切要求职工转换就业能力。青年失业率较高，高校毕业生和白领等求职市场求职难度有所上升。农民工总量增速降至近10年的低点，就业出现"逆城镇化"和返乡潮。自营劳动者、家庭帮工、劳务外包工和平台就业人员等各类灵活就业人员规模较大。过半职工存在加班现象，部分企业实施"996"工作制。未来，劳动力减少和城镇化发展，国家系列宏观战略、稳定企业发展和促进就业的政策出台实施，有利于保障职工就业，然而全球经济放缓和国内经济下行压力加大，中美贸易摩擦

* 李洪坚，中国劳动关系学院讲师，主要研究领域为就业和劳动力市场政策、人力资源管理。

持续升级，以及技术进步、产业结构调整和产业转移，供给侧改革中的阵痛等因素对就业的挑战不可小觑。应对就业领域的挑战，需要从稳定就业需求，提升各类群体就业积极性，通过完善就业服务提升劳动者就业适应性，以及平衡政府、企业和劳动者的责任和提升劳动力市场安全性等多方面着手。

关键词： 职工 就业 劳动年龄

2018 年以来，经济全球化遭遇波折，多边主义受到冲击，国际金融市场震荡，特别是中美经贸摩擦升级给我国部分企业生产经营、市场预期带来了不利影响，新老矛盾交织，经济运行稳中有变。同时，我国不断深化供给侧结构性改革，实施创新驱动发展战略，新型技术及产业快速发展，新型城镇化建设持续推进，劳动力市场处于转型过程中，这些变化对职工就业产生重要影响，关系职工的切身利益。

一 中国职工就业状况

（一）登记失业率降至近十年的最低点

2015 年以来，登记失业率持续保持下降态势。2018 年登记失业率为 3.80%，较 2017 年降低了 0.1 个百分点，降至 2005 年以来的最低位（见图 1）。2019 年 6 月进一步降至 3.61%。城镇登记失业人员反映的是有非农业户口，在一定劳动年龄内（16 周岁至退休年龄），有劳动能力，无业而要求就业，并在当地劳动保障部门进行失业登记的人员。登记失业是行政记录数据，失业人员在需要申领失业保险或到公共就业服务机构寻找工作时才会主动去登记，客观上存在部分失业人员未进行失业登记的情况，同时登记失业只针对城镇居民，而不包括农民工。登记失业率持续下降，反映了政府对失业人员再就业工作的高度重视，城镇公共就业服务质量的提高，登记在案的城镇失业人员持续下降。

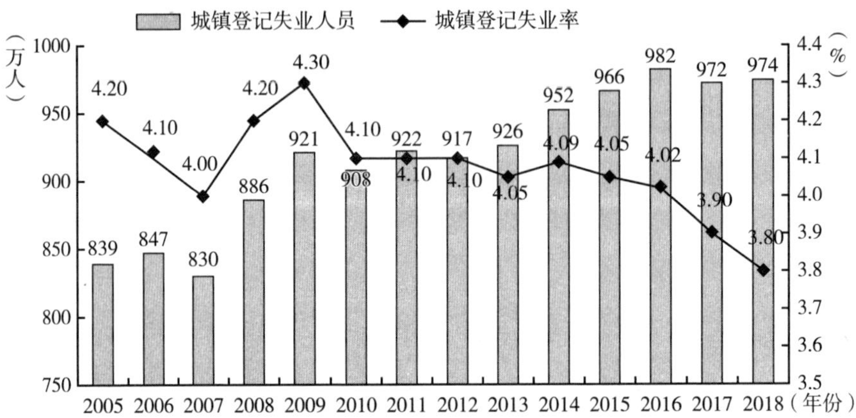

图1　2005～2018年城镇登记失业人数及登记失业率变化情况

数据来源：人力资源和社会保障部网站。

（二）调查失业率在预期控制目标范围内

2018年末，全国城镇调查失业率为4.9%。2019年1～7月，各月全国城镇调查失业率均低于5.5%的预期控制目标，但是较2018年同期均有所上升。其中，2019年7月全国城镇调查失业率水平是近三年同期最高的，达到5.3%。调查失业率数据来自家庭入户调查，其调查口径与国际接轨的，进城农民工等城镇常住人口也被纳入调查范围，因此更能准确地反映就业和失业情况。从数据来看，可以发现相对2018年，2019年调查失业率有所上升，就业压力有所增加；5月以后的调查失业率均为近三年同期的最高水平（见图2）。

（三）劳动年龄人口及其占总人口比例持续下降

劳动年龄人口是反映潜在劳动力供给数量的重要指标。2018年末，全国16～59岁（含不满60周岁）的劳动年龄人口89729万人，比上年减少470万人。延续了自2013年以来劳动年龄人口数量持续下降的态势。劳动

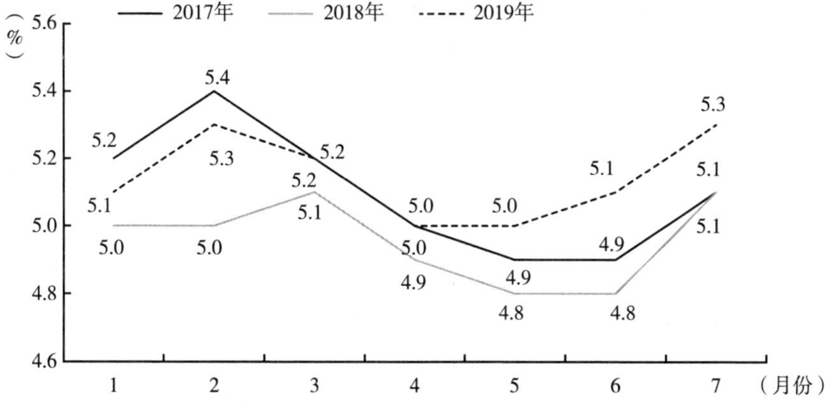

图2 2017～2019年1～7月全国城镇调查失业率

数据来源：国家统计局网站。

年龄人口的持续减少，导致劳动力供给减少，造成部分地区、部分行业招聘难问题更为突出和劳动力成本持续上升。

与此同时，我国劳动年龄人口占人口总量的比例也在下降。2018年末，16～59岁人口数占总人口数的比例为64.3%，比2017年末的64.9%有所下降，比2013年末的68.7%下降更为明显（见图3）。① 劳动年龄人口占人口总量比例下降的重要原因是人口老龄化。近年来，我国60岁及以上人口数量和占总人口比例持续上升，2011年末为18499万人，占总人口比例的13.7%，而2018年末达到24949万人，占总人口比例的17.9%。劳动年龄人口比重下降，意味着平均每位劳动年龄人口需要抚养的非劳动年龄人口（包括老年人和儿童等）增多，人口抚养比即人口负担系数上升。

（四）就业人员规模首现下降，就业人口比持续下降

2018年末，全国就业人员77586万人，比2017年末减少54万人（见图4），这也是近四十年来就业人员规模首次下降。这意味劳动年龄人口经

① 国家统计局发布的2014～2018年《国民经济和社会发展统计公报》，国家统计局网站。

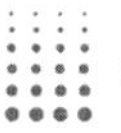

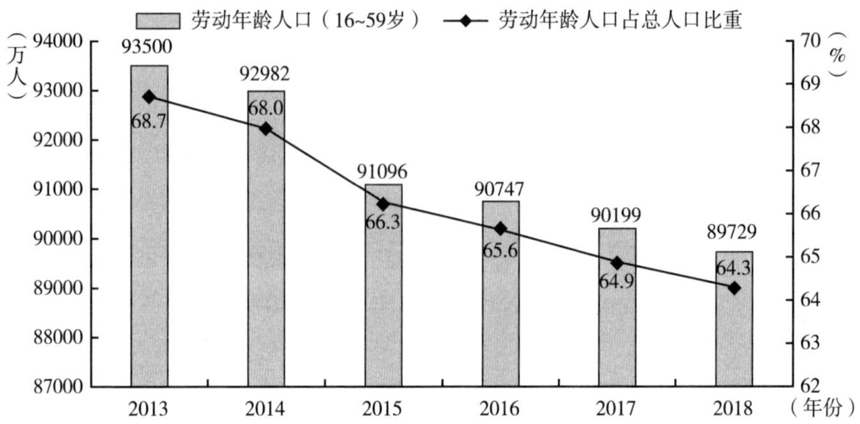

图 3　2013 ~ 2018 年劳动年龄人口及其占总人口比重变化情况

数据来源：国家统计局发布的 2014 ~ 2019 年《国民经济和社会发展统计公报》。

过连续 7 年下降，最终传递到就业人员规模上，这将成为一个重要的拐点，预计未来一段时间就业规模还会有所下降。如果说劳动年龄人口下降，减少的是潜在劳动力供给，对财富创造的影响是潜在的可能性，而就业人员规模反映的则是真实的正在就业创造财富人员数量，因此将对经济发展和社会保障带来重要挑战。

图 4　2008 ~ 2018 年全国就业人员数及占人口比重

数据来源：国家统计局网站。

与此同时，全国就业人员占人口比重继续下降，2018 年为 55.60%，比上年下降 0.25 个百分点。就业人口比下降主要受两方面因素影响，一是近年就业人员规模继续扩大，但增幅十分有限；二是人口总量保持增长。2018 年，我国人口自然增长率为 3.8‰，2018 年末全国总人口 139538 万人，比上年末增加 530 万人。就业人口比反映实际创造财富的人口占消费财富人口的比重，是人口红利的重要体现。就业人口比下降，反映我国人口红利逐渐消失，将对经济发展产生负面影响。

（五）劳动力市场供求结构矛盾突出

公共就业服务机构的求人倍率（岗位空缺与求职人数的比率）呈现稳步上升态势。中国人力资源市场信息监测中心对 100 多个城市的公共就业服务机构市场供求信息进行统计分析的数据显示，近年来劳动力市场中的求人倍率总体呈现稳步上升态势。2018 年达到了 1.25 倍（见图 5），比 2017 年提高了 9 个百分点。由于到公共就业服务机构求职的劳动者以普通劳动者为主，如制造业工人、生活服务业服务人员等。求人倍率不断上升，意味着相关企业招聘难的情况将会加剧。

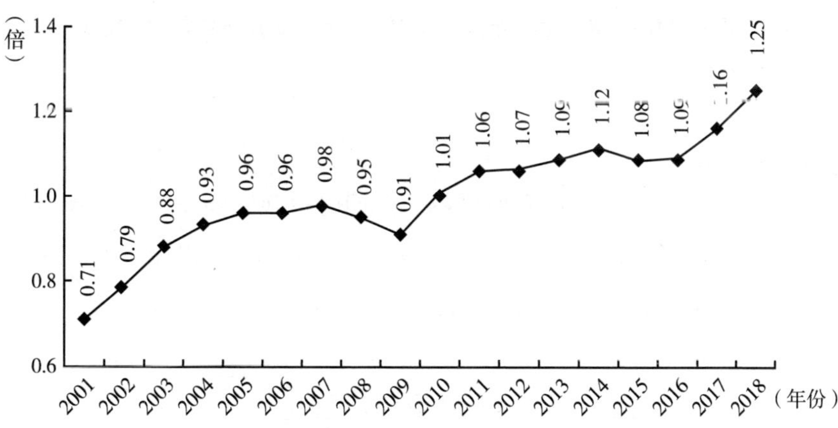

图 5　2001～2018 年劳动力市场求人倍率变化情况

数据来源：人力资源和社会保障部网站。

与此同时，高校毕业生和白领等中高端求职市场的求职难度有所上升。中国人民大学中国就业研究所与智联招聘联合发布中国就业市场景气（CIER）指数显示，2018 年四个季度的指数分别为 1.91、1.88、1.97 和 2.38（见图6），总体而言，与2017 年相比，2018 年就业市场景气程度明显回落。2019 年第一季度，受到春节后职场“跳槽热”和高校毕业生“春季招聘期”等因素影响，CIER 指数出现回落，下降至 1.68，低于上年同期 1.91 水平；第二季度为 1.89，与上年同期 1.88 基本持平。

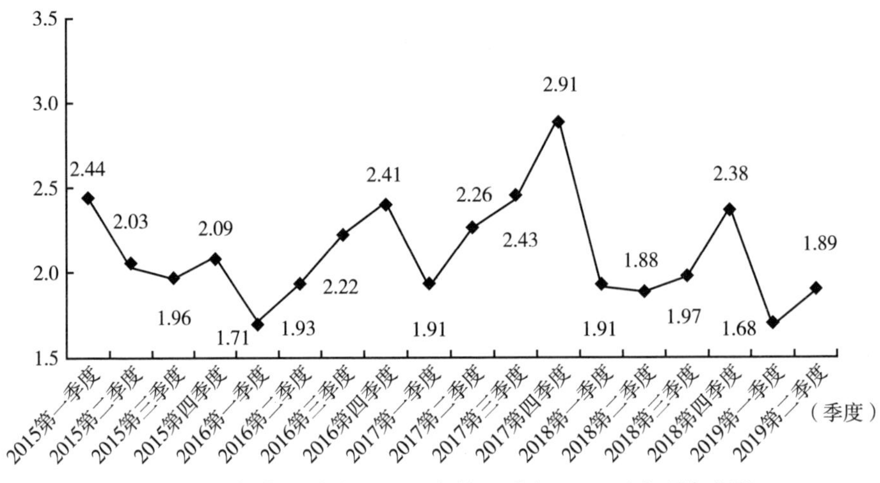

图 6　2015 年第一季度至 2019 年第二季度 CIER 市场景气指数

劳动年龄人口数量持续下降，公共就业服务机构监测的求人倍率数据上升，CIER 市场景气指数也大于 1，反映劳动力市场在总体上招聘需求多于求职申请，就业的总量矛盾有所缓解。但同时也观测到调查失业率有所上升，CIER 指数也相对往年有所回落，反映出劳动力市场和就业存在结构性矛盾，即一方面存在大量的失业人员，另一方面企业存在招聘困难。

二　就业规模和结构变化情况

（一）职工就业的产业和行业变动明显

随着产业结构的优化，就业的产业结构也发生了深刻的变化。近年来，第一产业就业人员占比呈现持续下降趋势，从2001年的50.0%下降至2017年的27.0%；第二产业就业人员占比呈现先增加后减少的趋势，2001～2012年呈现持续上升的态势，由22.3%上升至30.1%，之后几年持续下降，到2017年第二产业就业人员占比回落至28.1%；第三产业就业人员占比呈现持续快速的上升趋势，从2001年的27.7%上升至2017年的44.9%。从数据可知，第三产业就业人员处于持续快速扩张趋势，第一产业就业人员规模在不断缩小，这个趋势体现了我国城市化进程的加速。

从细分行业看，制造业依然是城镇单位就业人员占比最高的行业。2017年，在城镇单位就业人员行业构成中，从业人数最多的依然是制造业，占比为26.3%；其次是建筑业，占比为15%；再次是教育业，占比9.8%。鉴于制造业就业的重要影响，而中国向美国出口的主要为制造业产品，因此需要高度重视中美贸易摩擦对制造业职工就业可能带来的冲击。

就业的行业结构调整明显，岗位的消失和创造加快，迫切要求职工转换就业能力。近年来，在城镇单位中就业人员下降比较大的也是制造业，2017年比2013年减少了622.5万人；其次是建筑业，减少278.7万人；然后是采矿业，减少181万人。批发和零售，农、林、牧、渔，住宿和餐饮，电力、热力、燃气及水生产和供应等行业也有一定程度的减少。与此同时，就业人员增加较多的行业分别为公共管理、社会保障和社会组织，共计增加158.6万人；金融业增加了150.9万人；参加卫生和社会工作的人员增加了127.9万人；租赁和商务服务业增加了100.7万人，房地产业增加了71万人。信息传输、软件和信息技术服务，教育和科学研究和技术服务等行业的就业人数也有一定增加。

（二）城镇就业规模扩大，城镇就业人口比例略有回升

城镇新增就业保持较大规模，城镇就业人员规模不断扩大。2015～2018年，我国城镇新增就业人数分别高达1312万人、1314万人、1351万人和1361万人，连续多年保持在1300万人以上。2019年1～7月，全国城镇新增就业867万人，完成全年计划近80%。城镇新增就业主要解决城镇化过

程中从农村转移到城镇的劳动力，以及新进入劳动力市场的应届毕业生等青年群体就业，这是就业工作的重要监测指标，这一指标完成良好，反映当前就业形势在总体上稳定。

2018 年末，城镇就业人员 43419 万人，比 2017 年增加 957 万人。城镇就业人员规模扩大是在城镇化率持续上升的背景下发生的。我国城镇化率在 2011 年超过了 50%。2018 年末全国城镇常住人口为 83137 万人，比上年末增加 1790 万人；乡村常住人口 56401 万人，比 2017 年末减少 1260 万人。城镇常住人口占总人口比重为 59.58%，比上年末提高 1.06 个百分点。总体而言，从农村走向城镇的人口和家庭，通常就业能力和家庭经济条件较强。在常住人口城镇化率不断提高、城镇人口快速增长，城镇就业人员规模持续扩大的同时，城镇就业人员占城镇人口比重并没有明显提升，2018 年末为 52.23%，较 2017 年提升 0.03 个百分点，结束前几年的持续下降趋势。

（三）城镇私营个体就业数量和占比持续提升

2017 年，城镇私营个体就业规模继续提升，合计达 22674.7 万人，比 2016 年增加 1964.7 万人，占城镇就业人员比例为 52.2%，比 2016 年提升了 3.5 个百分点。股份有限公司就业人员也有所上升，2017 年末从业人员达到 1846 万人，比上年增长 22 万人。与此同时，国有企业、城镇集体单位、股份合作单位、联营单位、有限责任公司、港澳台投资单位和外商投资单位的从业人员数均有所下降，下降幅度较大的有城镇集体企业、股份合作单位和联营企业，降幅均在 10% 以上。

私营个体就业规模增加与近年政府采取优化营商环境、减税降费、着力解决民营企业融资难融资贵问题、鼓励和促进大众创业等措施有较大关系。外商投资和港澳台投资单位的从业人员下降与近年我国劳动力成本、房地产和原材料价格上升、中美贸易摩擦、部分外资企业和港澳台企业开始转移到东南亚等成本更为低廉的国家或地区等因素有关，这是我国产业转型升级的必然过程。国有单位就业人数下降与 2016 年以来我国实施“去产能”和清理“僵尸企业”等供给侧结构性改革政策实施有关，很多大型钢铁、煤矿企业属于国有企业，去产能政策实施导致部分相关企业职工分流安置。

（四）青年失业和高校毕业生就业值得关注

青年失业率高于平均失业率。2019 年 7 月，全国城镇调查失业率为 5.3%，就业主体人群（25～59 岁）的人口调查失业率是 4.6%，16～24 岁的青年群体的调查失业率虽然没有公布，但显然要高于 5.3%，这一点从个别省份公布的数据也可以得到证明。例如，国家统计局四川调查总队数据显示，2019 年上半年，该省失业人口失业率与年龄段呈反比走势。具体情况是，16～24 岁失业率最高，为 8.2%；25～39 岁失业率为 5.0%；40～59 岁失业率为 4.7%。青年是劳动力市场中最为脆弱的群体之一，青年失业导致工作经验和就业能力提升中断，容易产生逐渐被劳动力市场边缘化的风险，造成犯罪和社会稳定问题，形成“啃老”现象并对家庭及消费产生负面影响。

青年就业中的高校毕业生就业值得关注。近年高校毕业生规模持续扩大，就业压力较大。2018 年首次超过 800 万人，达到 820 万人，2019 年更是达到 834 万人。从相关数据中发现，高校毕业生就业出现“慢就业”的问题，即毕业后退出劳动力市场一段时间的现象。2017 年在高校毕业后未工作的毕业生中，在大专学历中的毕业生中占 31.7%，在本科学历的毕业生中占 47.4%，在研究生学历的毕业生中占 51.7%，其中本科和研究生学历的毕业生毕业后未工作的比例有所上升。①

（五）农民工总量增速降至近年低点，就业呈“逆城镇化”

2018 年，农民工总量为 28836 万人，比上年增加 184 万人，增长 0.6%；农民工增量比上年减少 297 万人，总量增速明显比上年回落 1.1 个百分点，为国家统计局自 2008 年公开发布农民工调查报告以来监测到的最

① 国家统计局人口和就业统计司、人力资源和社会保障部规划财务司：《中国劳动统计年鉴（2018）》，中国统计出版社，2018。

低点，也是增速首次低于1%。农民工数量增速下降，延续了近年来下降趋势，这与城镇化的发展和人口年龄结构的变化、农村剩余劳动力减少密切相关。未来，随着越来越多农民工因年龄增长退出劳动力市场，以及新增的年轻农民工减少，此消彼长，将会出现农民数量绝对下降的情况。2018 年，农民工平均年龄为40.2 岁，比上年提高0.5 岁，50 岁以上农民工所占比重为22.4%，比上年提高1.1 个百分点，近五年呈逐年提高的趋势。

农民工在乡村就业数量增加，进城农民工减少，呈现“逆城镇化”特征。2018 年，在本地就近就业的农民工为11570 万人，比上年增加103 万人，增长0.9%；到外地就业的外出农民工17266 万人，比上年增加81 万人，增长0.5%。在外出农民工中，进城农民工为13506 万人，比上年减少204 万人，下降1.5%。[①] 2018 年农民工返回乡村就业增加，到城镇就业减少，与近年经济增速下行，城镇高质量就业机会减少有关，也与2017 年党的十九大以来提出的乡村振兴战略有关。近年来，农村人口减少、发展电子商务、农产品价格有所提升、允许农村土地经营权流转，以及鼓励农民工回乡创业等一系列政策的出台，部分资本和企业进入乡村承包土地进行经营，农民可以土地承包权入股，并在企业就业。

（六）不同地区登记失业率差异有所下降

2017 年，不同省份的登记失业率差异有所缩小。由于各省经济发展和劳动力市场状况发展不平衡，使不同省份的登记失业率存在差异。进入21 世纪以来，不同省份城镇登记失业率的差异呈现出一个先缩小后扩大的U 形曲线。2017 年比2016 年的城镇登记失业率地区间离散系数有所缩小。

从31 个主要省份的登记失业率数据来看，2017 年失业率最高的6 个省份分别是黑龙江（4.2%），四川和湖南（均为4.0%），上海、福建和宁夏（均为3.9%）。失业率最低的4 个省份依次是北京（1.4%）、广西（2.2%）、海南（2.3%）、广东（2.5%）（见图7）。

---

① 国家统计局：《2018 年农民工监测调查报告》，国家统计局网站，http://www.stats.gov.cn/tjsj/zxfb/201904/t20190429_1662268.html，2019 年4 月29 日。

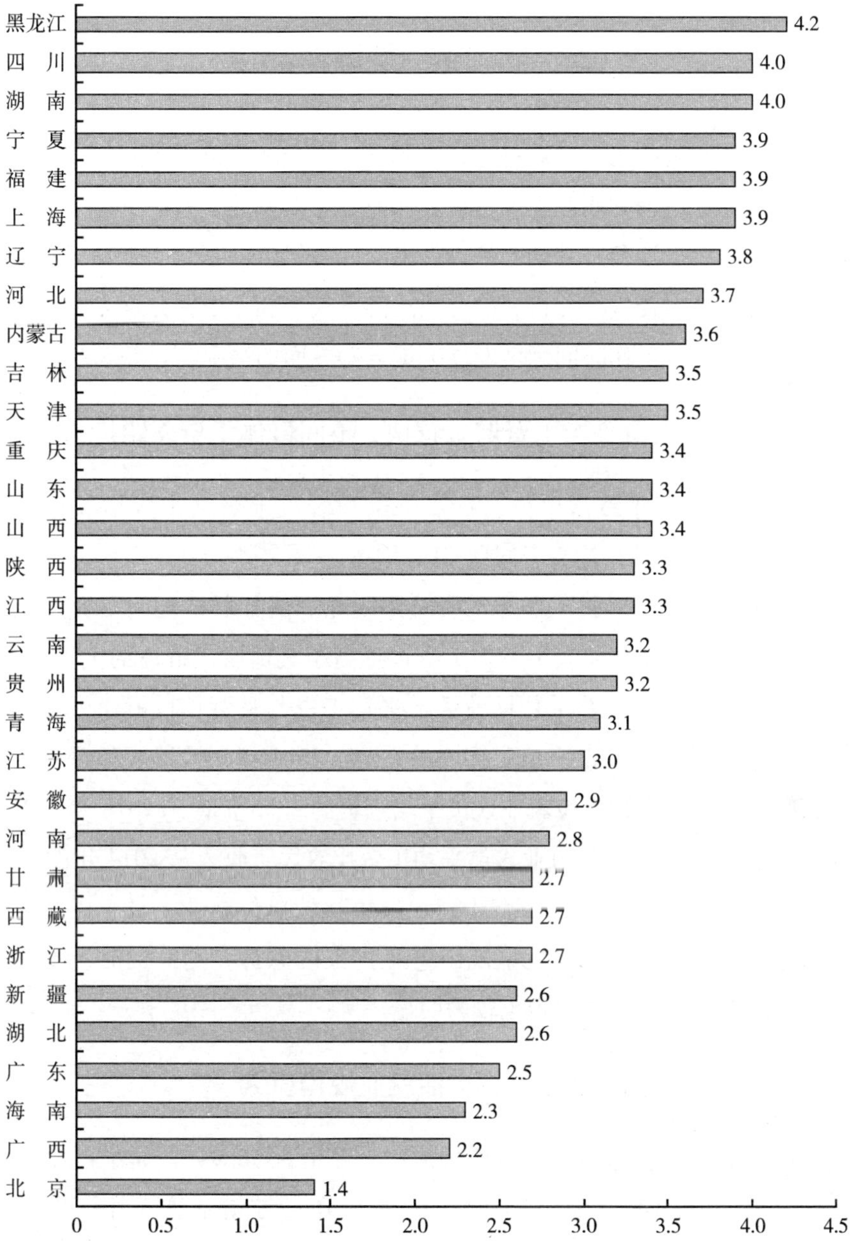
黑龙江 4.2
四川 4.0
湖南 4.0
宁夏 3.9
福建 3.9
上海 3.9
辽宁 3.8
河北 3.7
内蒙古 3.6
吉林 3.5
天津 3.5
重庆 3.4
山东 3.4
山西 3.4
陕西 3.3
江西 3.3
云南 3.2
贵州 3.2
青海 3.1
江苏 3.0
安徽 2.9
河南 2.8
甘肃 2.7
西藏 2.7
浙江 2.7
新疆 2.6
湖北 2.6
广东 2.5
海南 2.3
广西 2.2
北京 1.4
0 0.5 1.0 1.5 2.0 2.5 3.0 3.5 4.0 4.5

图7 2017年各省和直辖市城镇登记失业率

数据来源：国家统计局，《中国统计年鉴（2018）》。

三　职工就业质量情况

高质量就业是职工提升获得感、幸福感、安全感的重要保障，就业质量包括劳动报酬、培训和职业发展，社会保障、工作条件、就业稳定性和劳动权益保护等方面，涉及一系列的指标，由于社会保障、职业安全和职业卫生等内容，有专题报告进行分析，结合数据的可获得性，本部分重点关注工资收入、就业身份、工作时间和就业能力提升等方面的情况。

（一）就业人员平均工资增长较快，不同群体工资差距扩大

2018 年，城镇非私营单位、私营单位和农民工名义工资增长速度比 2017 年度均有所上升，均高于同期 GDP 增速。

近年来，不同类型职工群体工资差距明显，部分群体之间工资差距扩大。城镇非私营单位就业人员平均工资远远高于其他职工群体的工资水平，2009 年以来，城镇非私营单位就业人员平均工资与私营单位就业人员平均工资的差距经历了一个先缩小后扩大的态势。2014 年，城镇非私营单位就业人员平均工资是私营单位就业人员平均工资的 1. 55 倍，到 2018 年扩大到 1. 66 倍；城镇非私营单位就业人员平均工资比农民工收入从 2014 年的 1. 64 倍扩大到 2018 年的 1. 85 倍（见图 8）。城镇私营单位就业人员工资与农民工收入总体上差距不大，但也呈现出差距扩大的态势。与此同时，不同地区、不同行业职工的工资差距也较为明显。

（二）雇员比例有所上升，灵活就业规模巨大

2017 年，在全国就业人员身份构成中，雇员占 56. 9%，雇主占 2. 8%，自营劳动者占 37. 4%，家庭帮工占 3. 0%。在城镇就业人员中，雇员占 73. 1%，雇主占 3. 9%，自营劳动者占 20. 2%，家庭帮工占 2. 8%。目前，在全国就业人口中有 9766. 26 万人为自营劳动者或家庭帮工。就业身份也称为就业地位，反映了劳动者经济风险的程度以及个人与工作岗位之间的联系

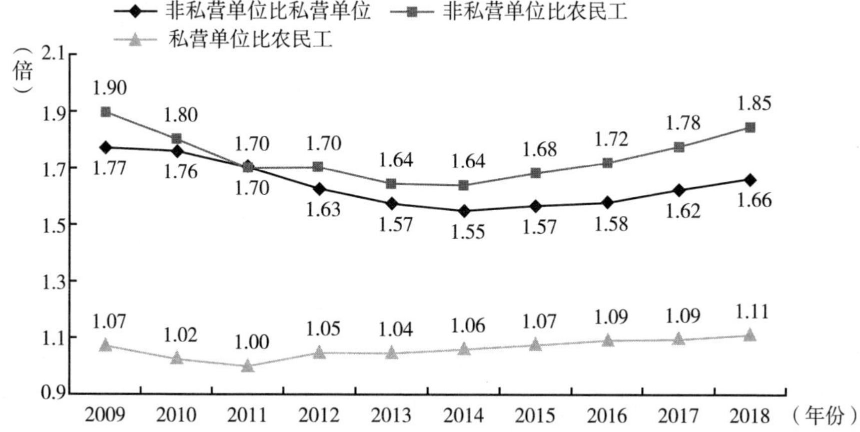

图 8　2009～2018 年不同职工群体年平均工资比较

数据来源：国家统计局网站。

程度。雇员的风险比较低，就业岗位较为稳定，可以受到相关劳动法律的保护；自营劳动者和家庭帮工则需要承担市场的风险，属于灵活就业。[①] 一般而言，随着经济的发展，雇员的比例会逐渐提高。从数据来看，我国近年就业身份结构的变化，也反映出这一趋势。这些变化与城镇化和经济发展，以及农村中农业产业化、土地流转后企业经营增多等因素有关。

从自营劳动者的特征来看，在就业人口中学历水平越低成为自营劳动者和家庭帮工等灵活就业人员的可能性越大，初中及以下学历人员占全国自营劳动者的比例达到 86.1%。可见，大部分自营劳动者由于文化水平较低，缺乏专业职业技能，因此其就业质量通常较低。

从自营劳动者的年龄来看，除去 16～19 岁年龄段外，随着年龄增长，成为自营劳动者和家庭帮工的可能性越大。这可能与人随着年龄增长，缺乏技能并且学习能力减弱有关，他们只能游离于主流劳动力市场之外，成为打零工等自谋生路的自营劳动者。

① 2011 年人力资源和社会保障部劳动科学研究所将“灵活就业”界定为：劳动时间、收入报酬、工作场地、社会保险、劳动关系等几方面（至少一方面）不同于建立在工业化和现代工厂制度基础上的、传统的主流就业方式的各种就业形式的总称。

从自营劳动者的性别来看，女性的比例比男性稍高，但差别不大。2017年，在男性中只有21.1%的比例为自营劳动者，1.2%为家庭帮工；在女性中有18.9%的比例为自营劳动者，5%为家庭帮工。自2012年以来，其他各年份的情况与此类似，均是女性在自营劳动者中所占比例相对较高。

在灵活就业人员中，除了大量的自营劳动者和家庭帮工外，还有大量的劳务派遣和劳务外包等人员。随着平台经济的崛起，出现了一大批介于雇佣劳动者和自营劳动者之间的新兴就业形式。这种有别于传统就业的灵活就业形式，由于雇主规避责任以及劳动法律法规滞后于现实发展，在劳动者的工资收入、社会保险、就业稳定性等方面都缺乏保障，虽然在一定程度上增加了劳动力市场的灵活化，但对劳动者的权益保护带来了挑战。

（三）过半职工存在加班现象，部分企业实施“996”工作制

2012～2017年，城镇就业人员周平均工作时间呈现先上升后下降再上升的趋势，2013年和2014年达到峰值46.6小时，2015年陡然下降至45.5小时，2016年和2017年保持持续上升趋势，2017年回升到46.2小时，从2018年部分月度调查数据显示，2018年城镇就业人员周平均工作时间比2017年略有下降或基本持平，2019年不同月份工作时间波动较大（见图9）。

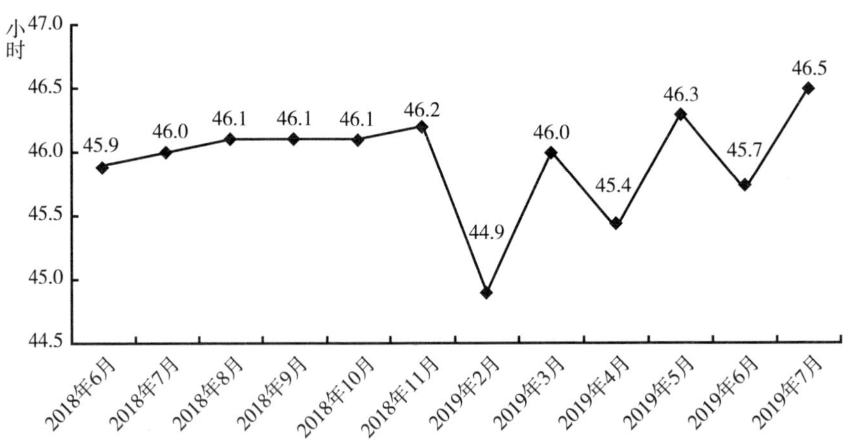

图9　2018年6月至2019年7月就业人员周平均工作时间

数据来源：根据《中国劳动统计年鉴2018》和国家统计局网站数据整理。

从就业质量角度来看，员工工作时间不足和大量加班都是就业质量低下的表现，工作时间不足属于非充分就业，超时加班则会影响劳动者的休息和健康，是侵犯劳动者权益的表现。从城镇就业人员工作时间的分布情况可以发现：近年来周工作时间不足 40 小时的就业人员比例有所下降；处于标准工时 40 小时的就业人员比例有所上升；加班情况虽然比 2014 年有较大好转，但加班现象仍较为突出，2017 年有 50.3% 的城镇就业人员周平均工作时间在 41 小时及以上，有 31.2% 的就业人员在 48 小时及以上（见表 1）。

表 1　2012～2017 年城镇就业人员周平均工作时间分布情况

单位：%

年份	39 小时及以下	40 小时	41～47 小时	48 小时及以上
2012	9.8	37.1	20.3	32.8
2013	10.3	36.0	19.9	33.9
2014	10.0	36.1	20.2	33.7
2015	9.4	42.8	17.3	30.4
2016	7.7	42.4	18.4	31.5
2017	7.2	42.4	19.1	31.2

数据来源：《中国劳动统计年鉴（2018）》。

在经济下行背景下，这两种情况会大量并存：一方面由于企业订单不足，减少加班，工作时间会有所下降；另一方面，部分企业会停止招聘甚至裁员，而要求在职员工加班，以度过困境。2019 年，一些互联网企业提出了“996”工作制，即工作时间为早上 9 点至晚上 9 点，一周工作 6 天。与此同时，部分互联网企业进行裁员或停止招聘，或调低工资增长。有相关报道，网易、滴滴等互联网平台均有裁员计划。[①] 就业质量下降，引起部分互联网企业职工抵制，提出“996、ICU”的口号，即工作 996、生病 ICU。

① 李明珠：《互联网公司裁员潮剑指高管，保饭碗技能 get 多少才够?》，《证券时报》2019 年 8 月 27 日。

“996”工作制一天的工作时间为12小时，再考虑上下班的交通通勤时间，则个人生理活动时间和个人自由支配时间将十分有限。这种工作制度无疑侵害了劳动者的合法权益，高强度的工作必然影响职工的健康和工作生活平衡。显然，“996”工作制是与《劳动法》相违背的，企业单方面修改劳动时间，侵犯了劳动者合法权益。

北京等大城市的工作时间相对更长，职工工作压力更大。《2018年全国时间利用调查公报》显示，就业工作活动的参与者平均每天时间为7小时41分钟，居民与就业工作相关交通活动的参与者平均每天时间为66分钟。[①] 从北京就业的人群来看，平均每天工作时间为8小时34分钟；交通时间为1小时29分钟，与10年前相比，北京“上班族”工作时间增加近一小时，2008年北京“上班族”日平均工作时长为7小时38分钟。[②] 可见，在北京等大城市，职工工作生活不平衡的情况更为普遍和突出。

（四）学历水平持续提升，职业技能培训有待加强

技能、终身学习和职业发展是职工就业质量的重要方面。近年来，就业人员的学历水平持续提升，2015～2017年，初中及以下文化学历就业人员比例有所下降，高中、中职和职高学历的比例在上升，大专以上学历就业人员的比例从17.47%提升到18.23%。

职业教育和培训有待进一步加强。当前初中及以下文化学历的就业人员超过六成，大力发展职业教育和在职培训是提升职工就业能力的关键。然而，自2000年以来，职业院校毕业生总体上呈现略微下降，然后上升，再下降发展的态势。与高校扩招及毕业生人数不断增长相比，职业教育发展则略显式微，在生源和师资的数量和质量等方面都存在一定的困难。与职业教

① 国家统计局：《2018年全国时间利用调查公报》，国家统计局网站，http：//www.stats.gov.cn/tjsj/zxfb/201901/t20190125_1646796.html，2019年1月25日。

② 国家统计局北京调查总队：《北京人的一天——2018年北京市居民时间利用调查报告》，北京统计局网站，http：//www.bjstats.gov.cn/tjsj/sjjd/201903/t20190315_418806.html，2019年3月15日。

育相比，社会人员培训的发展相对较好，2000 年以来社会人员培训数量持续上升，到 2012 年达到峰值，此后则呈现一定的下降。与此同时，很多企业由于担心员工流动等原因，对职工重使用，轻培养，对职工在职培训不愿投入。但是，随着《新时期产业工人队伍建设改革方案》《关于推行终身职业技能培训制度的意见》等一系列政策文件的出台，相信未来职工职业技能培训工作将会有较大提升。

四　职工就业面临机遇、挑战和政策建议

当前，在党和政府保经济增长和稳就业政策的共同作用下，我国就业形势总体保持稳定。未来一段时间，我国职工就业在面临机遇的同时，挑战也不容小觑，因此需要采取有效措施应对。

（一）职工就业面临的机遇

1. 劳动年龄人口下降和城镇化发展有利于缓解就业总量矛盾

人口结构的变化，使当前和未来一段时间内劳动年龄人口持续减少，劳动力市场中需要解决的就业人员将有所减少。同时，我国新型城镇化扎实推进，在城镇化过程中，会产生大量的就业岗位，特别是在服务业方面产生大量需求。供求关系的变化，将会大大缓解就业的压力，并在一定程度上推动工资水平的稳步上升。

2. 一系列国家宏观战略实施和稳定企业发展政策出台有利于稳定就业需求

国家推进西部开发、东北振兴、中部崛起、东部率先发展、京津冀协同发展的战略部署取得明显进展，长江经济带生态优先、绿色发展格局不断巩固，粤港澳大湾区建设迈出实质性步伐，港珠澳大桥建成通车。对外开放全方位扩大，共建“一带一路”取得重要进展。市场准入负面清单制度全面实行，简政放权、放管结合、优化服务改革力度加大。[①] 政府继续进行大规

① 李克强在第十三届全国人民代表大会第二次会议上做的《政府工作报告》。

模减税降费，降低企业成本。其中，降低社会保险费率，直接降低了人工成本，有利于企业稳定和扩大就业需求。

3. 各级政府出台一系列针对性的就业政策对促进就业具有重要作用

2019 年，李克强总理在政府工作报告中首次将就业优先政策置于宏观政策层面，强化各方面重视就业、支持就业的导向。2019 年 5 月，国务院成立就业工作领导小组统筹协调全国就业工作，研究解决就业工作重大问题。实施职业技能提升行动，大力发展职业教育，缓解就业结构性矛盾。加强对灵活就业、新就业形态的支持。针对各类重点人群，也出台了相应的就业促进政策。例如，采取税收减免等方式，鼓励企业招用农村贫困人口和长期失业人员，针对青年失业问题实施 3 年百万青年见习计划。

（二）职工就业面临的挑战

未来，职工就业仍然面临着一系列的挑战和影响。

1. 全球经济放缓和国内经济下行压力加大对就业的影响

就业需求是产品和服务的派生需求，经济发展对就业具有决定性影响。当前，国际经济周期下行、贸易保护主义抬头等因素加剧了世界经济发展的不确定性，2019 年 6 月 4 日世界银行发布《全球经济展望》，将 2019 年全球经济增长预期下调 0. 3 个百分点至 2. 6%，中国作为全球产业分工的重要组成部分，受到全球经济放缓影响，部分企业的产品和服务需求将会下降。在国内，消费增速减慢，有效投资增长乏力，出口面临不确定性，就业人员规模下降，国内生产总值增长速度持续回落，2017 年增速为 6. 76%，2018 年为 6. 6%，2019 年上半年增速为 6. 3%，部分企业的产品和服务需求下降，经营面临困难，将会采取裁员等措施应对。

2. 中美贸易摩擦仍然持续，具有较大的不确定性

2018 年以来，美国开始向来自中国的出口商品征收关税，此后美国对来自中国的出口商品征收关税的范围和税率不断加码。目前中美双方虽然保持磋商和谈判，但是仍存在较多不确定因素，如果贸易摩擦升级和持续，将对我国部分出口企业的发展产生影响，进而对就业产生影响。

3. 技术进步、产业结构调整和产业转移对就业的影响

受劳动年龄人口下降、农民工总量增速放缓甚至下降、平台经济等服务业兴起等因素影响，部分制造业招聘难度加大，用工成本上升，将对就业产生不利影响。一是部分企业将使用机器人、人工智能等各类技术替代劳动力。例如，高速公路推广 ETC 将使部分收费站工作人员失去就业岗位。二是随着我国的劳动力成本优势逐渐下降，部分企业将向其他国家和地区进行转移，也使部分岗位丢失。三是产业结构调整导致就业结构变化，劳动者结构性失业风险增加。新型技术快速发展所产生的新职业面临人才不足问题，有媒体报道称我国人工智能人才缺口超过 500 万人，供求比仅为 1∶10①。

4. 供给侧结构性改革过程中的阵痛

供给侧结构性改革对释放实体经济活力具有重要和长远意义，但是在推进钢铁、煤炭等行业去产能和处置“僵尸企业”过程中，会对部分相关行业的人员就业产生影响，就业安置压力加大。近年来，我国加强了对环保和生产安全等方面的监管，部分不合规企业受此影响，面临停工停产甚至关闭，使相关企业职工就业面临冲击。

（三）政策建议

1. 多措并举，稳定就业需求

进一步挖掘减税降费空间，加强服务型政府建设，不断改善营商环境，坚定支持和促进民营经济的发展，发扬企业家精神，完善知识产权和财产权保护，稳定内资和吸引外资，激发市场潜力和创业热情。整治房地产乱象，强化金融监管，坚决遏制经济脱实向虚，推动实体经济发展。合理推进产业转型升级的节奏，建立重大项目就业评估机制，将保障就业数量和质量情况纳入地方政绩考核并加大权重，千方百计稳定就业需求。

2. 挖掘就业供给潜力，提升各类就业群体的劳动参与率

就业是财富的重要源泉，随着劳动年龄人口下降，要稳定就业规模，就

---

① 彭景晖、刘博超：《人工智能人才缺口大，且看专家怎么说》，《光明日报》2018 年 2 月 4 日。

需要提升劳动参与率和就业率。创造就业机会，提升就业质量，完善公共服务，发展婴幼儿照护和老年人养老服务，鼓励和支持包括青年、女性和残疾人等各类劳动者更多参与就业；在保障老年劳动者权益的基础上，完善相关政策法规，鼓励有条件有意愿的老年人参与就业。

3. 完善就业服务，缓解结构性就业矛盾

随着技术进步和产业转型，职业的消亡和产生都在加速，未来很多劳动者不但需要变换工作，甚至需要变换职业，“终身学习”将是一种常态，因此就业部门要加强研究，做好职业需求预测，并及时向社会发布，减少劳动力市场信息不对称造成的市场失灵现象，引导高校、培训机构、从业人员及时做出合理的决策和调整。提前做好因产业转型而面临就业转型就业群体的研判，制定针对性政策，帮助相关劳动者提前做好能力转换和提升，适应未来产业发展。以就业需求为导向，加强对就业培训资金和项目评估，确保各类培训项目就业促进效果。

4. 平衡责任，强化劳动力市场安全性

合理平衡政府、企业和劳动者的责任，在采取包容审慎监管的原则，支持新业态、新模式发展的基础上，应牢牢守住民生底线，维护新业态从业人员合法权益，根据各类新情况，调整和完善已有劳动法律体系；加强政府投入，强化用工单位责任，有效利用市场机制，修改相关法规，引进强制商业保险等，完善包括自营劳动者、新业态从业人员在内的各类灵活就业人员的社会保障体系，从而确保各类劳动者在面临失业、意外伤害、疾病等各类风险时有所保障。鼓励和支持各级工会加强对各类就业群体的工会组织化建设，依法维护职工权益，构建职工互助保障体系，发挥工会在就业促进和服务方面的辅助作用。

2018年中国职工收入分配状况研究

信卫平*

摘　要： 2018年，我国供给侧结构性改革继续深化，企业经营环境持续改善、经济效益较快增长，各项收入分配政策效果开始显现，使职工队伍中不同群体的收入水平均保持稳定增长。为了更准确地描述全体职工收入水平，本报告测算了2008~2017年我国城镇职工全口径加权平均工资。通过对经济增长、劳动生产率增长与职工收入增长变动趋势的分析，发现近10年来职工收入增长率与经济增长率实现了同步增长，但劳动生产率增长率出现低于职工收入增长率的情况，这一变化将会在未来一段时期对职工收入增长产生影响。本报告认为，当前职工收入分配领域存在的突出问题是不同地区、行业、所有制间存在的收入差距呈继续扩大的趋势。针对2018年我国职工队伍在收入分配方面出现的新变化，提出了相应的政策建议。

关键词： 职工加权平均工资　劳动生产率　收入差距　最低工资

一　2018年全国职工收入分配的总体状况

（一）职工收入增长与经济增长

2018年，我国经济社会发展面临着复杂严峻的国际环境和艰巨繁重的

---

* 信卫平，中国劳动关系学院教授，主要研究领域为收入分配理论、劳动关系与职工状况等。

改革任务，在党中央、国务院的决策部署下，一系列稳增长、促改革、调结构、惠民生、防风险政策措施效果明显，国民经济运行稳中有进，就业形势总体稳定，企业经营环境持续改善、经济效益较快增长，激发重点群体活力的各项收入分配政策开始发力，使城镇职工收入继续保持稳定增长。

国家统计局每年从三个口径公布全国职工的年均收入水平，即城镇非私营单位就业人员年平均工资（又称城镇单位就业人员年平均工资）、城镇私营单位就业人员年平均工资和农民工人均月收入。因此，我国职工队伍目前由以下三个群体构成，即城镇非私营单位就业人员（又称城镇单位就业人员）、城镇私营单位就业人员和农民工。

2018 年，全国城镇非私营单位就业人员年平均工资为 82461 元，比 2017 年的 74318 元增加了 8143 元，同比增长 11.0%，增速比上年加快了 1.0 个百分点，剔除物价因素，实际增长 8.7%。全国城镇私营单位就业人员年平均工资为 49575 元，比 2017 年的 45761 元增加了 3814 元，同比增长 8.3%，增速比上年加快 1.5 个百分点，剔除物价因素，实际增长 6.1%。全国农民工年平均工资为 49284 元，比 2017 年的 45660 元增加了 3624 元，同比增长 7.9%，增速比上年加快了 1.4 个百分点，剔除物价因素，实际增长 5.7%（见图 1）。

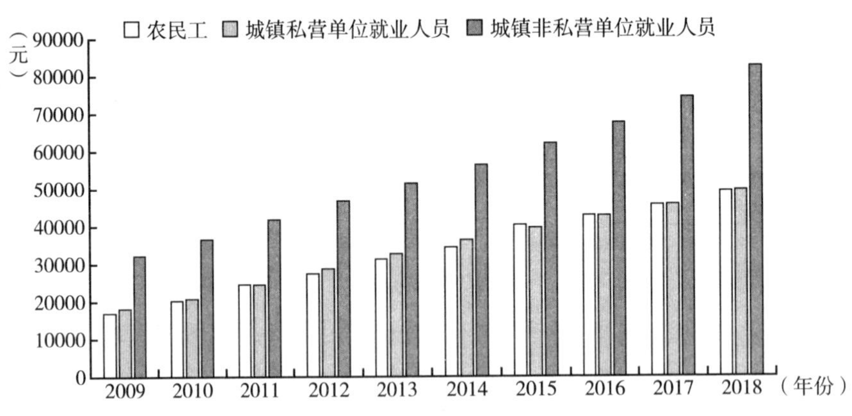

图 1　2009～2018 年全国职工年平均工资水平

数据来源：国家统计局：《中国统计年鉴（2018）》，中国统计出版社，2018；国家统计局：《2018 年城镇非私营单位就业人员年平均工资 82461 元》《2018 年城镇私营单位就业人员年平均工资 49575 元》《2018 年农民工监测调查报告》，国家统计局网站。

10 年来，我国城镇非私营单位就业人员的年平均工资一直高于城镇私营单位就业人员和农民工的年平均工资。尽管在这一期间，城镇私营单位就业人员和农民工年平均工资名义增长率高于同期城镇单位就业人员年平均工资增长率，但二者的差距始终未能明显缩小。2009 ~ 2018 年，城镇私营单位就业人员和农民工年平均工资从相当于城镇非私营单位就业人员年平均工资水平的 56.44% 和 52.74，分别增长到 60.12% 和 59.77%，10 年仅增加了 3.68 个和 7.03 个百分点。2018 年二者的工资水平仅相当于 5 年前城镇单位就业人员的年平均工资。

将 2009 ~2018 年我国经济增长与职工收入增长率进行比较可以看到，10 年来，城镇非私营单位就业人员年平均工资与经济增长基本同步，并呈现出两个明显的阶段性特征。2009 ~2014 年，我国城镇私营单位就业人员与农民工的年平均工资增长率分别达到 14.86% 和 15.11%，超过了同期年均 13.10% 的经济增长率；而城镇非私营单位就业人员的年平均工资增长率为 11.81%，低于同期经济增长率。2015 ~2018 年，我国经济增长波动下行，城镇私营单位就业人员与农民工的年平均工资增长率分别为 7.79% 和 6.93%，比前一阶段下降了 7.07 个和 8.18 个百分点，下降幅度大于经济增长率的下降幅度。同期，城镇非私营单位就业人员的年平均工资增长率仅下降 1.85 个百分点。

由此，可以得出如下判断：经济增长的波动对城镇私营单位职工和外出农民工收入水平的影响要远大于对城镇单位职工收入水平的影响（见表 1）。

表 1　2009 ~2018 年经济增长率与就业人员年平均工资实际增长率比较

单位：%

职工类型	2009 年	2010 年	2011 年	2012 年	2013 年	2014 年	2015 年	2016 年	2017 年	2018 年
农民工	6.5	15.5	15.0	8.9	11.0	16.8	6.6	4.3	4.8	5.7
私营单位就业人员	7.4	10.5	12.3	14.0	10.9	9.0	7.2	6.0	5.0	6.1
非私营单位就业人员	12.8	9.9	8.5	9.0	7.3	7.1	8.5	6.7	8.2	8.7
GDP 增长率	9.4	10.6	9.5	7.9	7.8	7.3	6.9	6.7	6.9	6.6

数据来源：国家统计局：《中国统计年鉴（2018）》，中国统计出版社，2018；国家统计局：《2018 年城镇非私营单位就业人员年平均工资 82461 元》《2018 年城镇私营单位就业人员年平均工资 49575 元》《2018 年农民工监测调查报告》，国家统计局网站。

（二）2008～2017年城镇单位职工年加权平均工资

自我国市场化改革以来，我国职工队伍结构中非公有制单位职工、农民工的比重日益增大，职工队伍发生了较大的变化。2000年我国城镇全部就业人员为21274万人，其中城镇单位就业人员为19138万人，占城镇全部就业人员的89.96%；私营企业就业人员为1268万人，占城镇全部就业人员的5.96%。2017年我国城镇全部就业人员为42462万人，其中城镇单位就业人员为17643.8万人，占城镇全部就业人员的比重降至41.55%；私营企业职工则增加到13327万人，占当年城镇全部就业人员的31.39%。[①] 如果考虑到17185万外出农民工的因素，这个比例会更高。

由于职工队伍人员结构的变化且不同群体之间的年平均收入差距较大，用什么指标来代表全体职工的年平均收入水平就显得非常重要。在私企职工、农民工占比超过50%的今天，如果再沿用城镇单位就业人员的年平均工资代表全体职工的收入水平，就难以准确反映全体职工实际的年平均收入水平了。

为此，课题组今年继续测算了2008～2017年的城镇单位职工加权平均工资，并以此代表城镇单位全体就业人员年平均工资水平（见表2）。

表2　2008～2017年的城镇单位职工加权平均工资

单位：元，%

年份	城镇单位就业人员年平均工资	城镇私营单位就业人员年平均工资	城镇单位职工年加权平均工资	城镇单位就业人员年平均工资加权后下降幅度
2008	28898	17071	25399	12.11
2009	32244	18199	27946	13.33
2010	36539	20759	31529	13.71
2011	41799	24556	36210	13.37
2012	46769	28752	40795	12.77
2013	51483	32706	45610	11.41

① 国家统计局2001～2018年《中国统计年鉴》，中国统计出版社。

续表

年份	城镇单位就业人员年平均工资	城镇私营单位就业人员年平均工资	城镇单位职工年加权平均工资	城镇单位就业人员年平均工资加权后下降幅度
2014	56360	36390	49363	12.41
2015	62029	39589	53450	13.83
2016	67569	42833	57595	14.76
2017	74318	45761	62030	16.53

注：测算只就城镇非私营单位就业人员和城镇私营单位就业人员的年平均工资进行加权平均，没有包括外出农民工。

数据来源：国家统计局2009～2018年《中国统计年鉴》，中国统计出版社。

城镇单位就业人员年平均工资加权后，平均下降13.42%，加权后的职工平均工资基本上可以真实地反映出当年度全体职工的平均收入水平。① 为此课题组一直认为，在考察经济活动时，用加权平均工资来代表城镇单位全体就业人员的平均工资水平，可以更准确地衡量现阶段城镇单位全体就业人员实际收入水平，这对国家宏观经济政策制定、各级工会维权工作都是很重要的参数依据。②

2019年4月1日，国务院办公厅印发了《降低社会保险费率综合方案》，其中第三条"调整社保缴费基数"中明确提出："调整就业人员平均工资计算口径。各省应以本省城镇非私营单位就业人员平均工资和城镇私营单位就业人员平均工资加权计算的全口径城镇单位就业人员平均工资，核定社保个人缴费基数上下限，合理降低部分参保人员和企业的社保缴费基数。"这样，城镇单位职工社会保险费的缴费基数就从之前规定的以非私营单位职工平均工资作为缴费基数，调整为将城镇非私营单位和城镇私营单位就业人员平均工资加权计算的全口径平均工资作为核定职工缴费基数上下限

① 以2016年为例，城镇单位职工年加权平均工资为57595元，扣除约23%的五险一金等职工本人负担的费用，每月实际到手的收入应为3695.7元，与全国总工会在《第八次中国职工状况调查》中调查得到的2016年"职工上月从单位获得的到手全部货币收入平均值3608.4元"非常接近。李玉赋：《第八次中国职工状况调查》，中国工人出版社，2017。

② 燕晓飞主编《中国职工状况研究（2017）》《中国职工状况研究（2018）》，社会科学文献出版社，2017～2018。

的指标，降低工资水平缴费基数可减轻职工缴费负担。

以上述计算的2017年加权平均工资为例，2017年城镇非私营单位职工月平均工资为6193元，原个人缴费基数下限为3716元，如某职工月工资水平为3100元，需按缴费基数下限3716元计算缴费金额。计算口径调整后，全口径城镇单位就业人员加权月平均工资为5169元，个人缴费基数下限相应降低到3101元，该职工就可按3101元计算缴费金额。前后对比，月缴费基数减少615元，个人缴费比例8%，月缴费负担相应减轻49.2元。如其所在企业以个人缴费基数之和确定单位缴费基数，则企业每月缴费基数也相应减少615元，企业缴费负担也可进一步减轻。

（三）初次分配中职工劳动收入份额的变动趋势

近年来，我国经济发展已经由高速增长阶段转向高质量发展阶段，相对于经济结构转型、经济增速减缓，企业职工工资收入的增长过程一直是社会关注的重点。因此，如何判断企业职工工资水平的“高与低”，以及收入增长的“快与慢”，不仅是我国改革进程中所面临的一个重要理论问题，也是一个亟待回答的现实问题，直接关乎改革的最终目的是什么以及几亿名职工的切身利益。课题组认为，职工工资水平高低主要看其劳动收入份额在初次分配中的比重。

在资金流量表中，非金融企业部门是由主要从事市场性货物生产或提供非金融市场性服务的非金融企业构成，该部门的劳动者每年新创造的增加值占我国当年GDP的60%上下。通过测算该部门劳动者报酬在初次分配中的占比变化，可以考察企业职工收入水平的变化。为此，课题组对2000～2016年资金流量表中非金融企业部门（以下简称企业部门）的数据进行了分析和计算。2000～2016年企业部门职工劳动报酬在初次分配中的占比情况大体分为两个阶段。

第一阶段为2000～2011年，这一时期劳动者报酬在初次分配中的占比呈下行的趋势，从2000年的45.24%下降到2011年的35.88%，下降了9.36个百分点（见图2）。同期，生产税净额占比从15.50%上升到21.05%，上升了

5.55 个百分点；企业营业盈余占比从 33.45% 上升到 34.51%，上升了 1.06 个百分点；企业财产收入占比从 5.82% 上升到 8.56%，上升了 2.74 个百分点。企业部门中各要素报酬这种此消彼长的变化，反映了这一时期企业部门在收入分配中劳动、资本、政府三者关系的变化。总体来看，劳动报酬占比的持续下降是这一阶段的主要特征，劳动报酬减少的份额有 60% 转为政府税收收入，其余 40% 转为企业收入。

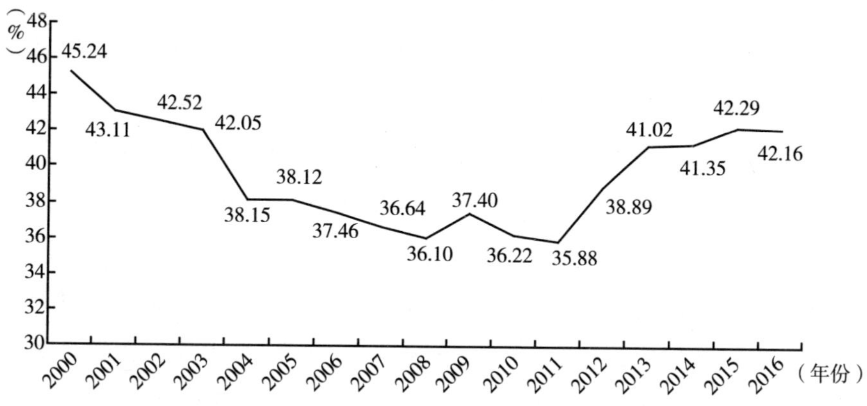

图 2　2000～2016 年企业部门劳动报酬占部门增加值的比重

数据来源：根据国家统计局 2001～2018 年《中国统计年鉴》数据计算所得。

第二阶段为 2012～2016 年，这一时期劳动报酬占比开始回升，从 2011 年的 35.88% 上升到 2016 年的 42.16%，上升了 6.28 个百分点，扭转了企业部门劳动者报酬占比自 2000 年以来持续下降的势头；企业营业盈余占比从 2011 年的 34.51% 下降到 32.32%，下降了 2.19 个百分点；生产税净额占比从 2011 年的 21.05% 下降到 2016 年的 17.07%，下降了 3.98 个百分点。这一阶段的主要特征是劳动报酬占比连年持续上升，其中 63.4% 是由于生产税净额下降所致，34.9% 是由于企业营业盈余下降所致。

总之，企业部门初次分配领域的这种变化实际上是党的十八大以来党和政府提出的提高劳动报酬在初次分配中的比重的政策以及各种减税措施实施的结果，也是近年来劳动力市场供求变化的反映。

企业部门劳动报酬占比上升的溢出效应对我国经济结构优化起到了重要

的推动作用。尽管 2016 年企业部门劳动者报酬占比还没有达到 2000 年的水平，但与最低的 2011 年相比，2012～2016 年企业部门劳动者报酬占比分别提高了 3.01 个、5.14 个、5.47 个、6.41 个和 6.28 个百分点，相当于劳动者报酬在这 5 年分别增加了 9721.2 亿元、18466.8 亿元、21483.5 亿元、26130.6 亿元和 27593.4 亿元，按照居民最终消费占可支配收入比重 64% 计算，等于 5 年增加了 66173.1 亿元的市场消费需求，这对我国经济结构从投资拉动到消费拉动的转型起到了重要的作用。

国际劳工组织在《2016～2017 年全球工资报告》中通过对 1995 年和 2014 年 133 个样本国家（地区）劳动收入份额变动情况的研究发现，有 91 个国家（地区）出现下跌，32 个国家（地区）上涨，另外 10 个国家（地区）保持稳定，所估算的劳动收入份额中位数从 1995 年的 55% 下降到 2014 年的 53%，下降了 2 个百分点。研究表明，劳动收入份额的下降虽然不是普遍的，但俨然已经成为一种全球性趋势。而且，下降与国情无关，既有发达经济体国家，也有新兴经济体国家。国际学术界一致的看法是，劳动收入份额下降造成的总需求不足是导致 2008 年国际金融危机爆发的重要原因。

国际劳工组织在分析劳动收入份额下降对中国经济的影响程度时指出：当中国经济中劳动份额下降 1 个百分点时，会导致家庭消费比例下降 0.412 个百分点，投资比例没有受到影响，净出口比例会上升 1.986 个百分点。即劳动份额的降低，例如把工资降低到平均劳动生产率以下以获得竞争力，这可能会给国内消费（国内交易的产品和服务）带来负效应，必须通过净出口的大量增加来抵消其对总需求的消极影响。在近几年中，中国政府通过扩大内需来促进经济重新达到平衡的政策使国民收入分配中的劳动份额增加了。为此，国际劳工组织指出：各国（地区）能否通过一些长期性政策巩固近期劳动收入份额增长的势头，这将成为我们未来关注的问题。

进一步分析表明，2016 年企业部门劳动者报酬占比为 42.16%，这一比率与我国全社会劳动者报酬占比相比较是偏低的，根据资金流量表的数据计算，2016 年我国全社会劳动者报酬占比为 51.80%，高出企业部门劳动者报酬占比 9.64 个百分点，比上年提高了 0.36 个百分点。综上所述，课题组认为现阶段还不能得出在初次分配领域企业部门职工收入水平过高的判断。

（四）职工实际平均工资增长与经济增长、劳动生产率增长的趋势

目前，我国有 4 亿多职工，工资是他们的主要收入来源。分析职工平均工资水平及增长是了解其收入状况和生活水平变化的关键。正如党的十九大报告指出：坚持在经济增长的同时实现居民收入同步增长、在劳动生产率提高的同时实现劳动报酬同步提高。考察职工工资水平的增长趋势，还需要考虑经济增长和劳动生产率这两个因素，也才可以更加准确地判断职工收入增长的快与慢。为此，课题组测算并分析了我国近 10 年的经济增长、劳动生产率与职工平均工资三者之间的变动趋势。

2008 ~2017 年我国职工实际平均工资和经济增长、劳动生产率的增长趋势。劳动生产率以劳动者的实际人均 GDP 衡量，经济增长速度为按不变价格计算的第二、第三产业 GDP 增长率，职工的平均工资以全口径城镇就业人员实际加权平均工资计算。课题组通过对职工实际平均工资和经济增长、劳动生产率三者之间关系的分析，得出以下判断。

1. 职工实际平均工资和经济的增长基本实现了同步增长

2017 年，实际加权平均工资指数为 254.60，经济增长指数为 265.78（见图 3），二者在这 10 年间分别增加了 154.6% 和 165.8%，同期劳动生产率增加了 120%，低于平均工资和经济的增长。

2. 劳动生产率增长低于经济增长率

课题组研究发现，这种情况是在近几年才出现的，如果将考察的时间延长 20 年后发现，职工劳动生产率指数始终高于经济增长指数。近年来，我国经济增长率呈现下降的趋势，劳动生产率由于某些行业产能严重过剩、资本边际收益递减、企业生产经营成本上升等因素的作用，出现了比经济增长更快的下降，二者之间的差距逐渐拉大。

3. 职工平均工资增长率快于劳动生产率的增长

2017 年，劳动生产率指数为 221.5，低于同期实际平均工资指数。进一

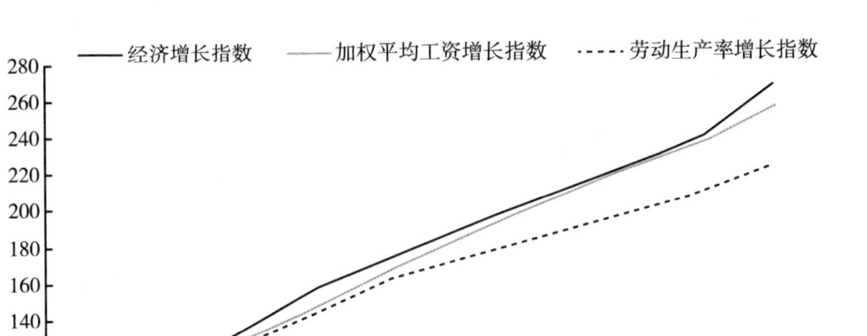

图 3　2008～2017 年职工实际平均工资和经济增长、劳动生产率的增长趋势

数据来源：根据国家统计局 2009～2018 年《中国统计年鉴》数据计算所得。

步分析表明，2008～2011 年实际平均工资指数为 142.98，劳动生产率指数为 140.87，二者基本是同步增长，2012～2017 年二者拉开了差距，劳动生产率的年均增长率从 12.18% 下降到 6.42%；实际平均工资的年均增长率从 12.55% 下降到 8.74%，劳动生产率的年均增长率下降的更快些。

实际平均工资增长率快于劳动生产率增长率为劳动报酬占比从 2012 年开始持续上升做出了解释。但是，劳动生产率从 2012 年增速减缓的原因不能用劳动报酬上升来解释，而是需要从城镇化进程加快对劳动力市场的影响、资本边际收益递减、企业生产成本上升、部分行业产能过剩、经济效益下降等方面来解释。

（五）中国工资增长对全球工资趋势的影响

国际劳工组织在《2018～2019 全球工资报告》中估算，2017 年全球工资增速不仅低于 2016 年，而且降至 2008 年以来的最低增长率，远低于全球金融危机前水平。按实际价值计算的全球工资增幅已从 2016 年的 2.4% 下降至 2017 年的 1.8%。由于中国是人口大国，其工资的快速增长对全球平均工资水平有显著影响。因此报告指出：如果将中国排除在外，全球工资实际增长率则是从2016年的1.8%下降到2017年的1.1%。中国将全球劳动者的年平均工资增长率拉高了0.7个百分点（见图4）。

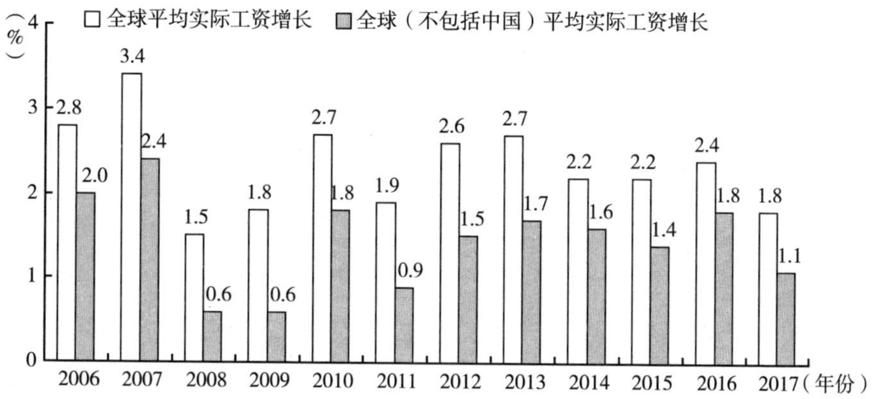

图4　2006～2017年全球实际工资年均增长率

数据来源：国际劳工组织《2018～2019全球工资报告》。

为此，国际劳工组织指出：目前普遍的共识是缓慢的工资增长已经成为实现全球可持续经济增长的阻碍，提高工资仍然是全球要面临的挑战之一，而中国已成为推动21世纪经济增长的强劲动力。

二　2018年地区间的职工收入分配状况

（一）2018年全国各地区间的城镇非私营单位职工收入状况

2018年，我国城镇非私营单位职工的年平均工资水平由高到低依次是东部、西部、中部和东北地区，分别为93253元、75755元、68969元和65411元，平均工资最高地区是最低区域的1.43倍，与上年持平。从增长率看，由高到低依次为中部（12.7%）、西部（10.9%）、东部（10.0%）和东北地区（9.9%），其中中部地区、西部地区、东北地区的增长率均比上年有所加快，东部地区微降0.1个百分点。

从各地区来看，2017年全国城镇非私营单位职工的年平均工资为74318

元，比上一年增加了6749元，同比增长10.0%，各地区年平均工资的中位数为67727元。由于东、中、西及东北地区的发展仍不均衡，依据波士顿矩阵图分析方法，笔者将2017年各地区的城镇非私营单位职工年平均工资状况做了一个基本定位（见表3）。

表3　2017年各省城镇非私营单位就业人员年平均工资水平波士顿矩阵

	2017年城镇非私营单位就业人员年平均工资增长速度高于全国平均水平	2017年城镇非私营单位就业人员年平均工资增长速度低于全国平均水平
2017年城镇非私营单位就业人员年平均工资高于全国平均工资	双高区 浙江、青海	基高增低区 北京、上海、西藏、天津、广东、江苏
2017年城镇非私营单位就业人员年平均工资低于全国平均工资	基低增高区 云南、湖北、安徽、广西、甘肃、河北、山西、河南	双低区 贵州、宁夏、重庆、四川、山东、新疆、福建、海南、内蒙古、陕西、湖南、吉林、江西、辽宁、黑龙江

表3分出四个区域，将各省份按条件置于四个区域内，双高区表示工资水平和增长速度均高于全国平均水平；基高增低区表示工资水平高于全国平均水平，但其增长速度低于全国平均水平；基低增高区表示工资水平低于全国平均水平，但其增长速度高于全国平均水平；双低区表示工资水平和其增长速度均低于全国平均水平。

2017年与2016年相比较，城镇非私营单位就业人员年平均工资水平高于全国平均水平的省份由上年度的7个增加到8个，个别省份的位置发生了变化，其中上海、广东从双高区进入基高增低区，青海从基低增高区到了双高区；在年平均工资水平高于全国平均水平的省份中，青海和西藏为西部地区，其余均位于为东部地区；年平均工资水平低于全国平均水平的省为23个，比上年度减少1个，其中基低增高区的地区从2016年的9个减少到2017年的8个，其中云南、湖北、广西、河南4个省份职工年平均工资水平连续两年增速超过了全国平均水平。双低区的数量没有发生变化，仍为15个，其中宁夏、重庆、福建、内蒙古、陕西、辽宁6个省份职工年平均工资水平连续三年在双低区，四川、新疆、海南、吉林和黑龙江5个省份则连续两年在双低区，这一情况应引起全社会及各地区政府的高度重视。

2017年，全国有23个省份城镇非私营单位职工年平均收入水平低于全国平均工资水平，其职工年平均收入累计占比为65.75%；有8个省份年平均收入水平高于全国平均工资水平，其职工的年平均收入累计占比为34.25%。收入最高的为北京（131700元），最低的为河南（55495元），北京是河南的2.37倍，大部分省份城镇单位职工年平均工资在60000~70000元。

从职工年均收入增速来看，2017年有29个省份职工平均工资增长率超过了当年我国GDP增长率（6.9%）①。比2016年增加了10个省份。扣除物价因素，2017年有23个省份职工平均实际工资增长率超过了当年我国GDP增长率，比2016年增加了7个省份。

从职工年均收入的增加额来看，2017年比上年度增加额最多的是北京、上海和青海，分别增加了11772元、9860元和9112元；最少的是黑龙江，人均增加3632元（见表4）。

表4　2016年和2017年各省份城镇非私营单位就业人员人均收入及排序

省　份	城镇非私营单位就业人员年平均工资(元)			名义平均工资增长率(%)		各省份在全国的排序		
	2017年	2016年	比上年度增加	2017年	2016年	2017年	2016年	变动情况
北　京	131700	119928	11772	9.82	7.66	1	2	1
天　津	94534	86305	8229	9.53	7.76	4	4	0
河　北	63036	55334	7702	13.92	8.67	25	28	3
山　西	60061	53705	6356	11.84	3.67	29	29	0
内蒙古	66679	61067	5612	9.19	6.88	18	17	-1
辽　宁	61153	56015	5138	9.17	7.04	28	27	-1
吉　林	61451	56098	5353	9.54	8.81	26	26	0
黑龙江	56067	52435	3632	6.93	7.27	30	30	0
上　海	129795	119935	9860	8.22	9.86	2	1	-1

① 国家统计局《2017年国民经济和社会发展统计公报》，国家统计局网站，http://www.stats.gov.cri/tjsj/zxfb/201802/t2018228.1585631.html，2018年2月28日。

续表

省份	城镇非私营单位就业人员年平均工资(元)			名义平均工资增长率(%)		各省份在全国的排序		
	2017年	2016年	比上年度增加	2017年	2016年	2017年	2016年	变动情况
江　苏	78267	71574	6693	9.35	8.12	7	7	0
浙　江	80750	73326	7424	10.12	9.99	5	5	0
安　徽	65150	59102	6048	10.23	7.19	21	21	0
福　建	67420	61973	5447	8.79	7.54	17	15	-2
江　西	61429	56136	5293	9.43	10.22	27	25	-2
山　东	68081	62539	5542	8.86	9.2	14	14	0
河　南	55495	49505	5990	12.10	9.03	31	31	0
湖　北	65912	59831	6081	10.16	10.05	19	19	0
湖　南	63690	58241	5449	9.36	11.24	23	22	-1
广　东	79183	72326	6857	9.48	9.94	6	6	0
广　西	63821	57878	5943	10.27	9.24	22	23	1
海　南	67727	61663	6064	9.83	7.05	16	16	0
重　庆	70889	65545	5344	8.15	8.26	10	11	1
四　川	69419	63926	5493	8.59	8.51	12	12	0
贵　州	71795	66279	5516	8.32	11.02	9	9	0
云　南	69106	60450	8656	14.32	15.00	13	18	5
西　藏	108817	103232	5585	5.41	5.50	3	3	0
陕　西	65181	59637	5544	9.30	8.44	20	20	0
甘　肃	63374	57575	5799	10.07	8.75	24	24	0
青　海	75701	66589	9112	13.68	9.00	8	8	0
宁　夏	70298	65570	4728	7.21	8.60	11	10	-1
新　疆	67932	63739	4193	6.58	6.02	15	13	-2

注：西藏数据没有区分私营单位。

从各地区职工年均收入的排序看，有18个省份的位置没有变化，5个省份的位置上升，8个省份的位置下降，其中上升最快的省份为云南，比上年度上升了5位，这是该省自2014年以来连续第4年上升；下降的省份分别比上年度下降了1～2位。总体来看，2017年各省份位置变化幅度不大。

2017 年，全国各地城镇非私营单位职工年均收入的离散系数为 0. 2469（见图 5）。2000 ~ 2017 年的离散系数在 2002 年达到 0. 3900 的最高值，此后便呈波动下降趋势，2012 年下降到 0. 2332 的最低值。2013 ~ 2017 年，离散系数又呈现缓慢波动上升趋势，地区间职工年均收入倍数从 2000 年的 2. 68 倍下降到 2017 年的 2. 37 倍。2000 ~ 2017 年，我国地区间城镇单位职工的年均收入差距总体呈下降趋势。

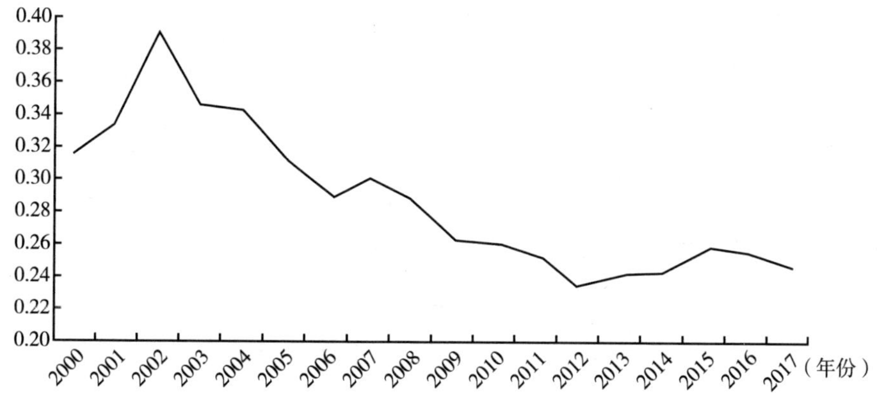

图 5　2000 ~ 2017 年全国各地区城镇单位职工年均收入离散系数变化情况

数据来源：根据国家统计局 2001 ~ 2018 年《中国统计年鉴》数据计算所得。

（二）2018年全国各地区的城镇私营单位就业人员收入状况

2018 年，我国城镇私营单位就业人员年平均工资水平由高到低依次是东部、西部、中部和东北地区，分别为 55230 元、43842 元、41047 元和 37071 元，平均工资最高地区是最低地区的 1. 49 倍，比上年略有扩大。从增长率看，由高到低依次为东部（9. 2%）、西部（6. 3%）、中部（8. 8%）和东北地区（6. 9%），各地区的增长率均比上年有所提高。

2017 年全国城镇私营单位就业人员的年平均工资为 45761 元；比 2016 年增加了 2928 元，同比增长 6. 8%，各省份年平均工资的中位数为 40023 元。依据波士顿矩阵图分析方法，将 2017 年各省份的城镇私营单位职工年平均工资状况做了一个基本定位（见表 5）。

表 5　2017 年各省城镇私营单位就业人员年平均工资水平波士顿矩阵

	2017 年城镇私营单位就业人员年平均工资增长速度高于全国平均水平	2017 年城镇私营单位就业人员年平均工资增长速度低于全国平均水平
2017 年城镇私营单位就业人员年平均工资高于全国平均工资	双高区 北京、广东、上海、山东、浙江	基高增低区 天津、重庆、江苏、福建
2017 年城镇私营单位就业人员年平均工资低于全国平均工资	基低增高区 海南、贵州、江西、湖北、湖南、河南、吉林	双低区 安徽、云南、四川、新疆、宁夏、广西、河北、甘肃、陕西、内蒙古、青海、辽宁、黑龙江、山西

注：目前城镇私营单位就业人员年平均工资缺少西藏的数据。

2017 年与 2016 年相比较，年平均工资水平高于全国平均水平的 9 个省份没有发生变化，只是其中广东省从基高增低区到了双高区。这 9 个省份除重庆外，均位于为东部地区。年平均工资水平低于全国平均水平的 21 个省份也没有发生数量变化，只是云南、甘肃、青海 3 个省从基低增高区到了双低区，双低区的湖南到了基低增高区。

2017 年，增速高于全国平均水平的省份从上年的 13 个减少为 12 个，基低增高区的海南、贵州、江西、湖北、河南、吉林 6 个省份职工年平均工资水平连续两年增速超过了全国平均水平。双低区的安徽、四川、新疆、宁夏、广西、河北、陕西、内蒙古、辽宁、黑龙江、山西 11 个省份职工年平均工资水平连续两年增速低于全国平均水平，这一情况应引起全社会及各地方政府的高度重视。

综合上述分析，四川、新疆、宁夏、陕西、内蒙古、辽宁、黑龙江 7 个省份，无论是城镇非私营单位就业人员还是城镇私营单位就业人员的年平均工资都已经连续 2 年位于双低区。

2017 年，全国有 21 个省份城镇私营单位职工平均收入水平低于全国平均工资水平，其职工年平均收入累计占比为 62. 19%。有 9 个省份城镇私营单位职工平均收入水平高于全国平均工资水平，其职工的年平均收入累计占比为37.81%。最高的为北京（70738元），最低的为山西（31745元），北京是山西的2.23倍。大部分的省份城镇私营单位职工年平均工资在35000~41000元。

从私营单位职工年均收入的增速来看，2017年有12个省份职工平均工资增长率超过了当年我国GDP的增长率（6.9%）。其中最高的为海南（12.21%），最低的为内蒙古（1.42%）。值得注意的是，2017年有22个省份职工平均工资增长率低于2016年，这一比例远多于城镇非私营单位。若扣除物价因素，2017年只有7个省份私营单位职工的实际平均工资增长率超过了当年我国GDP的增长率，其中内蒙古的实际平均工资增长率为-0.18%。

从私营单位职工年均收入的增加额来看，2017年比2016年增加额最多的是广东，人均增加5111元，增长率为10.60%；最少的是内蒙古，人均增加512元，增长率为1.42%，仅为广东的10%。总体来看，2017年大多数省份的增加额低于上年。

从各地区职工年均收入的排序看，有7个省份的位置没有变化，12个省份的位置上升，11个省份的位置下降，其中上升最快的地区是湖北，比上年度上升了4位；下降较快的地区为内蒙古，比上年度下降了6位（见表6）。

表6 2017年和2016年各省份城镇私营单位就业人员人均收入及排序

省份	城镇私营单位就业人员年平均工资(元)			名义平均工资增长率(%)		各省份在全国的排序		
	2017年	2016年	比上年度增加	2017年	2016年	2017年	2016年	变动情况
北京	70738	65881	4857	7.37	12.25	1	1	0
天津	59740	57216	2524	4.41	7.24	2	2	0
河北	38136	36507	1629	4.46	7.11	19	18	-1
山西	31745	30501	1244	4.08	1.01	30	29	-1
内蒙古	36626	36114	512	1.42	1.7	25	19	-6
辽宁	35654	34615	1039	3.00	2.37	27	24	-3
吉林	33209	30184	3025	10.02	8.68	28	30	2

续表

省份	城镇私营单位就业人员年平均工资（元）			名义平均工资增长率（%）		各省份在全国的排序		
	2017 年	2016 年	比上年度增加	2017 年	2016 年	2017 年	2016 年	变动情况
黑龙江	32422	30533	1889	6.19	6.81	29	28	-1
上海	52038	47177	4861	10.30	12.97	4	6	2
江苏	49345	47156	2189	4.64	7.94	7	7	0
浙江	48289	45005	3284	7.30	9.04	9	9	0
安徽	41199	39110	2089	5.34	5.28	12	11	-1
福建	48830	46326	2504	5.41	6.78	8	8	0
江西	40310	36868	3442	9.34	10.62	14	17	3
山东	51992	48156	3836	7.97	10.43	5	4	-1
河南	36730	33312	3418	10.26	9.06	24	27	3
湖北	37142	34167	2975	8.71	10.04	22	26	4
湖南	36978	34582	2396	6.93	4.69	23	25	2
广东	53347	48236	5111	10.60	7.58	3	3	0
广西	38227	36089	2138	5.92	7.67	18	20	2
海南	45640	40675	4965	12.21	9.66	10	10	0
重庆	50450	47345	3105	6.56	7.08	6	5	-1
四川	40087	37763	2324	6.15	7.5	15	16	1
贵州	41796	39058	2738	7.01	8.36	11	12	1
云南	40656	38183	2473	6.48	9.05	13	14	1
陕西	37472	35676	1796	5.03	7.39	21	22	1
甘肃	37704	35685	2019	5.66	14.78	20	21	1
青海	36588	34908	1680	4.81	8.25	26	23	-3
宁夏	38982	37926	1056	2.78	4.42	17	15	-2
新疆	39958	38776	1182	3.05	3.13	16	13	-3

注：本表数据不包含西藏。

2017 年全国各地城镇私营单位职工年均收入的离散系数为 0.1879。从 2009～2017 年的离散系数波动情况来看，呈上升的趋势，这表明在 2009～2017 年，我国地区间城镇私营单位职工的年均收入差距呈现不断扩大的趋势（见图 6）。

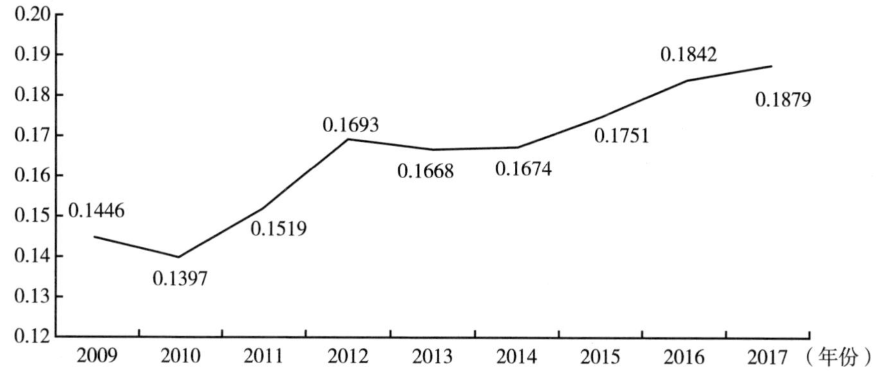

图 6　2009～2017 年地区间私营单位职工年均收入的离散系数变化状况

数据来源：根据国家统计局 2010～2018 年《中国统计年鉴》的数据计算所得。

目前，各省份城镇单位职工和城镇私营单位职工的收入差距仍较大，需要引起社会的高度重视。2017 年，城镇非私营单位职工和城镇私营单位职工收入差额最大的是上海，为 77757 元，前者是后者的 2. 49 倍；差额最少的是山东，为 16089 元，前者是后者的 1. 31 倍（见表 7）。

表 7　2017 年各省份城镇非私营单位和城镇私营单位就业人员年平均工资差额

单位：元

省　份	城镇非私营单位	城镇私营单位	差额
北　京	131700	70738	60962
天　津	94534	59740	34794
河　北	63036	38136	24900
山　西	60061	31745	28316
内蒙古	66679	36626	30053
辽　宁	61153	35654	25499
吉　林	61451	33209	28242
黑龙江	56067	32422	23645
上　海	129795	52038	77757
江　苏	78267	49345	28922
浙　江	80750	48289	32461

续表

省　份	城镇非私营单位	城镇私营单位	差额
安　徽	65150	41199	23951
福　建	67420	48830	18590
江　西	61429	40310	21119
山　东	68081	51992	16089
河　南	55495	36730	18765
湖　北	65912	37142	28770
湖　南	63690	36978	26712
广　东	79183	53347	25836
广　西	63821	38227	25594
海　南	67727	45640	22087
重　庆	70889	50450	20439
四　川	69419	40087	29332
贵　州	71795	41796	29999
云　南	69106	40656	28450
陕　西	65181	37472	27709
甘　肃	63374	37704	25670
青　海	75701	36588	39113
宁　夏	70298	38982	31316
新　疆	67932	39958	27974

注：本表数据不含西藏。

（三）各省份城镇职工加权年均收入水平

由于城镇非私营单位职工平均工资不能准确反映城镇单位全体职工收入水平，因此本文将 2017 年各省份的城镇非私营单位职工年平均工资与城镇私营单位职工年平均工资进行了加权平均，得出各省份的加权后的城镇单位职工年平均工资（见表 8）。

表 8　2017 年各省份城镇单位职工加权年平均工资

单位：元，%

省　份	城镇非私营单位职工平均工资	城镇私营单位职工平均工资	城镇非私营单位和私营单位职工加权平均工资	城镇单位职工平均工资加权后下降幅度
北　京	131700	70738	103742	21.23
天　津	94534	59740	83435	11.74
河　北	63036	38136	56113	10.98
山　西	60061	31745	53297	11.26
内蒙古	66679	36626	53444	19.85
辽　宁	61153	35654	52537	14.09
吉　林	61451	33209	51005	17.00
黑龙江	56067	32422	53096	5.30
上　海	129795	52038	89664	30.92
江　苏	78267	49345	62306	20.39
浙　江	80750	48289	63421	21.46
安　徽	65150	41199	54001	17.11
福　建	67420	48830	58256	13.59
江　西	61429	40310	53191	13.41
山　东	68081	51992	63369	6.92
河　南	55495	36730	49831	10.21
湖　北	65912	37142	56352	14.50
湖　南	63690	36978	58871	7.57
广　东	79183	53347	64841	18.11
广　西	63821	38227	53979	15.42
海　南	67727	45640	57409	15.23
重　庆	70889	50450	58132	18.00
四　川	69419	40087	62216	10.38
贵　州	71795	41796	64672	9.92
云　南	69106	40656	59323	14.16
陕　西	65181	37472	58484	10.27
甘　肃	63374	37704	55033	13.16
青　海	75701	36588	64482	14.82
宁　夏	70298	38982	55007	21.75
新　疆	67932	39958	52445	22.80
平均数	67569	45761	58773	13.02
中位数	67727	39958	57409	15.23
标准差	18352.68	11338.63	15699.74	14.46

注：本表数据不含西藏。

数据来源：根据国家统计局 2018 年《中国统计年鉴》的数据计算所得。

1. 各省份城镇单位职工加权平均工资

（1）加权平均后各地职工的年平均收入水平有所下降。2017 年，全国城镇单位职工的加权平均工资为 58773 元，比国家统计局公布的全国城镇职工的年平均工资水平 67569 元下降了 8796 元，降幅为 13.02%。从各省份看，降幅最大的是上海，从 129795 元下降到 89664 元，减少了 40131 元，降幅为 30.92%；降幅最小的地区是黑龙江，从 56067 元下降到 53096 元，减少了 2971 元，降幅为 5.30%。在 60000 元及以下的省份由原来的 1 个增加到 20 个，60001～70000 元的省份由原来的 18 个减少到 7 个，70001～100000 元的省份由原来的 8 个减少到 2 个，100001 元及以上的省份由原来的 2 个减少到 1 个。

（2）加权平均后各省份城镇职工年均收入差距均有所下降。从标准差变化看，2017 年各省份城镇非私营单位职工年平均工资标准差为 18352.68，加权平均后的平均工资标准差为 15699.74。各省份平均工资加权平均后其离散程度有所下降，这表明各省份城镇职工平均工资在考虑到私营单位职工平均收入水平后，其差距小于没有考虑到私营单位职工平均收入水平。年平均工资进行加权平均后最高的是北京（103742 元），最低的是河南（49831 元），北京是河南的 2.08 倍，比未加权的 2.37 倍下降了 29 个百分点。

（3）从中位数的变化看，2017 年各省份城镇非私营单位职工年平均工资的中位数为 67727 元，加权平均后的平均工资中位数为 57409 元，减少了 10318 元，降幅为 15.23%。中位数是从各地收入水平排序的位置上确定的，个别地区的高收入不会对此产生影响。因此，中位数更能准确地反映实际城镇职工整体收入水平的变动。

经过测算，各省份职工工资的中位数下降了 15.23%，平均工资水平整体下降 13.02%，从以 70000 元为主下降到以 60000 元为主。各省份职工收入高低的差距下降了 12.20%。因此，使用加权平均的城镇单位职工年平均工资可以更客观地反映各省份职工的年均收入水平。

2. 采用加权平均工资的依据

各地区职工年平均收入水平加权平均后，均出现了不同幅度的下降，其原因主要取决于两个因素。

（1）各地城镇私营单位职工年平均工资与城镇非私营单位职工年平均工资的倍数关系。倍数越大，表明当地城镇私营单位职工年平均工资与城镇非私营单位职工年平均工资差距越大。加权平均后的职工年均收入水平下降幅度自然就大。以上海和北京为例，两个城市都是特大城市，2017年上海城镇非私营单位职工年平均工资为129795元，而城镇私营单位职工年平均工资为52038元，后者为前者年平均工资的40.09%，两者的倍数关系为2.49倍；同年北京城镇非私营单位职工年平均工资为131700元，与上海几乎相同，而城镇私营单位职工年平均工资为70738元，后者是前者年平均工资的53.71%，两者的倍数关系为1.86倍。经过加权平均后，北京的城镇职工年加权平均工资为103742元；上海的城镇职工年加权平均工资为89664元，两地相差14078元。上海城镇非私营单位职工收入水平从年平均工资到年加权平均工资，下降了30.92%，北京下降了21.23%。由此笔者认为，使用年加权平均工资能更准确地反映各省份城镇职工的平均收入水平。

（2）各省份城镇非私营单位职工与城镇私营单位职工在城镇单位总数中的比例。例如，2017年江苏和广东两个劳动力大省的城镇非私营单位职工与城镇私营单位职工的比例分别为44.82∶55.18和44.49∶55.51，由于两省的城镇私营单位职工比重已超过55%，因此其职工工资加权平均后的工资水平变动就比较大，分别下降了20.39%和18.11%，分别排在当年降序的第6位和第8位。同年，黑龙江和山东的上述比例分别为87.43∶12.57和71.62∶28.32，其城镇私营单位职工占比较少，因此两省职工工资加权平均后的工资水平变动就比较小，分别下降了5.30%和6.92%，分别排在当年降序的第30位和第29位。

总之，通过计算各省份城镇就业人员的加权平均工资，可以使各省份职工平均收入水平得到更加客观、真实的反映，从而消除目前对全体职工收入水平高估的状况。而城镇私营单位职工低收入水平状况应该引起全社会，特别是各地方政府及工会组织的重视。

三　2018年国民经济各行业间的职工收入分配状况

2018 年，随着供给侧结构性改革深入推进和新旧动能加快转换，重点传统行业、新兴行业及部分服务行业职工的平均工资呈现出较快增长的态势。

（一）从总体收入水平看

2018 年，各行业收入差距依旧过大。城镇非私营单位在国民经济 19 个大行业中，职工年收入在 10 万元及以上的有 4 个，9 万 ~10 万元有 3 个，8 万 ~9 万元有 5 个，6 万 ~8 万元有 3 个，6 万元及以下有 4 个。同期，城镇私营单位在 18 个行业中①，职工年收入在 7 万元及以上的有 1 个，6 万 ~7 万元有 2 个，5 万 ~6 万元有 5 个，4 万 ~5 万元有 8 个，4 万元及以下有 2 个。② 如果将城镇私营单位职工收入最高的信息传输、计算机服务和软件业放在城镇非私营单位中，也只能排在第 13 位的位置，低于城镇非私营单位的批发和零售业，略高于采矿业。城镇私营单位职工收入水平普遍低于城镇非私营单位职工收入水平的状况表明，行业内部由于所有制类型不同导致收入差距非常明显。

（二）从各行业内职工年均收入差距看

城镇非私营单位职工与城镇私营单位职工收入差距最大的行业是电力、热力、燃气及水生产和供应业，其倍数关系为 2. 26 倍；差距最小的行业是

① 2012 年国家统计局取消了对城镇私营单位公共管理、社会保障和社会组织就业人员年平均工资数据的发布，原因是这一行业主要是由一些小的区域性行业协会构成，如寺庙管理委员会、种植养殖协会等，调查样本量小，代表性不足。

② 国家统计局：《2018 年城镇非私营单位就业人员年平均工资 82461 元》，国家统计局网站，http：//www. stats. gov. cn/tjsj/zxfb/201905/t20190514_ 1664748. html，2019 年 5 月 14 日；《2018 年城镇私营单位就业人员年平均工资 49575 元》，国家统计局网站，http：//www. stats. gov. cn/tjsj/zxfb/201905/t20190514_ 1664753. html，2019 年 5 月 14 日。

农、林、牧、渔业，其倍数关系为1.00倍。从中位数看，城镇非私营单位职工平均收入中位数为85147元，城镇私营单位职工平均收入中位数为47752元，相差37395元，两者的倍数关系为1.78倍，高于平均收入（1.66倍）的倍数。进一步分析发现，近10年来，城镇非私营单位各行业职工年均收入水平始终低于其中位数水平，而城镇私营单位各行业职工年均收入水平始终高于其中位数水平。这说明在城镇非私营单位各行业间的职工收入差距较大，职工收入高的只集中在几个高收入的行业，更多的行业收入水平相对较低；城镇私营单位各行业间的收入差距相对较小（见表9）。

表9　2018年城镇非私营单位和城镇私营单位就业人员分行业年平均工资差额

单位：元

行　业	城镇非私营单位	城镇私营单位	差额
农、林、牧、渔业	36466	36375	91
采矿业	81429	44096	37333
制造业	72088	49275	22813
电力、热力、燃气及水生产和供应业	100162	44239	55923
建筑业	60501	50879	9622
批发和零售业	80551	45177	35374
交通运输、仓储和邮政业	89380	50547	38833
住宿和餐饮业	48260	39632	8628
信息传输、软件和信息技术服务业	147678	76326	71352
金融业	129837	62943	66894
房地产业	75281	51393	23888
租赁和商务服务业	85147	53382	31765
科学研究和技术服务业	123343	61876	61467
水利、环境和公共设施管理业	56670	42409	14261
居民服务、修理和其他服务业	55343	41058	14285
教育	92383	46228	46155
卫生和社会工作	98118	52343	45775
文化、体育和娱乐业	98621	44592	54029
公共管理、社会保障和社会组织	87932	—	—
平均	82461	49575	32886
中位数	85147	47752	37395
标准差	27491.04	9382.85	

（三）从离散系数变化情况看

2018 年，城镇非私营单位各行业职工平均年收入的离散系数为 0.3334，城镇私营单位各行业职工平均年收入的离散系数为 0.1892，表明城镇非私营单位行业职工年均收入的差距要大于城镇私营单位行业职工年均收入差距。从发展趋势看，2018 年城镇非私营单位各行业职工平均年收入的离散系数比上一年在增加，而城镇私营单位各行业职工年均收入的离散系数在减少，表明前者的差距这一年在扩大，后者的差距这一年在缩小。

2018 年城镇非私营单位行业间的职工年均收入离散系数（0.3334）大于同年各省份职工年均收入离散系数（0.2469），表明行业收入差距仍大于省份收入差距。而同年城镇私营单位行业职工年均收入离散系数（0.1892）也大于同年各省份职工年均收入离散系数（0.1879），与 2017 年相比，城镇私营单位行业间的收入差距已经开始大于省份间的收入差距了。

四　2018年全国职工最低工资状况

（一）2018年各省份最低工资调整情况

最低工资制度是目前世界各国普遍采用的一项劳动力市场政策，国际劳工组织将最低工资定义为工资结构中的低限，目的是保护处于工资分配最低端的工人取得劳动报酬的合法权益。最低工资作为一个全球性政策工具，已在国际劳工组织 90% 的成员中实施。

中国最低工资制度始于 1993 年原劳动部发布《企业最低工资规定》，首次提出我国将实施最低工资标准制度。1994 年《中华人民共和国劳动法》确立了最低工资制度的法律地位，最低工资制度开始在我国正式实施。2004 年原劳动和社会保障部又通过了《最低工资规定》，以取代 1993 年的《企业最低工资规定》。

最低工资制度在我国实施的时间不长且起点较低，因此了解我国最低工资制度的实施情况主要从两个方面来考察，一是最低工资标准调整的频率，二是最低工资标准调整的幅度。

1. 最低工资标准调整的频率

关于最低工资标准调整的频率，2004 年原劳动和社会保障部通过的《最低工资规定》中明确规定："最低工资标准每两年至少调整一次。"与 1993 年的《企业最低工资规定》中"每年最多调整一次"相比较，有了较大改变，明确规定了各地区最低工资标准调整的下限。

总体来看，1993～2018 年，中国各省份根据各自的实际情况，对最低工资标准不断进行调整，但调整的频率存在着较大差异。

综合 1993～2018 年各省份对最低工资调整的情况，最低工资标准调整次数最多的是北京和上海，每年都对最低工资标准进行调整。而调整次数最少的是西藏，只有 6 次。[①] 有 18 个省份的调整达到或超过了 13 次，做到平均两年调整一次的要求。其他 13 个省份的调整略低于 12 次，这些省份主要集中在中西部和东北地区。

若从 1993～2018 年历年各省份调整最低工资的次数看，2004 年颁布的《最低工资规定》是一个重要转折点，在此之前每个省份平均调整 4.45 次，平均 2.47 年调整一次。2004 年之后每个省份平均调整 9.13 次，平均 1.64 年调整一次，高于《最低工资规定》中规定的"最低工资标准每两年至少调整一次"的要求。在"十二五"期间，我国各省份最低工资标准的调整频率达到最高，为平均 1.41 年调整一次。但是，在执行《最低工资规定》时，仍有个别省份出现连续 3 年未调整的情况，而近 3 年来，各省份最低工资标准的调整节奏也有明显放缓的迹象，2016 年只有 10 个省份调整了最低工资标准，2017 年有 20 个省份调整了最低工资标准，2018 年有 15 个省份调整了最低工资标准（见图 7），这种变化与近几年经济下行压力增大、企业盈利能力下降有关。

---

① 西藏是从 2004 年开始实施最低工资制度的。

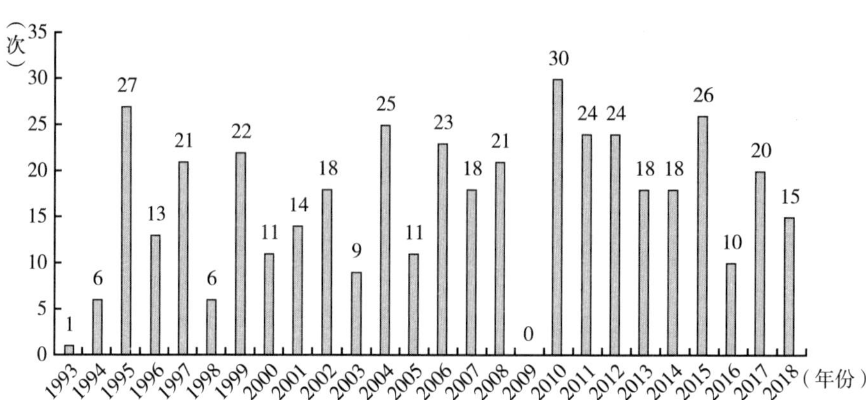

图7　1993～2018年全国最低工资标准调整情况（以省份为单位）

2016～2018年，各省份根据本地实际情况对职工最低工资标准进行了调整（见表10）。三年均进行调整的省份有北京、上海、江苏、山东、广东。三年中仅调整一次的地区有河北、山西、内蒙古、吉林、黑龙江、浙江、安徽、福建、江西、湖北、湖南、广西、重庆、四川、贵州、云南、西藏、陕西、甘肃、青海、宁夏、新疆22个省份。

表10　2016～2018年各省份职工最低工资标准调整情况

单位：元

地　区	2016年	2017年	2018年
北　京	1890	2000	2120
天　津	1950	2050	—
河　北	1380～1480～1590～1650	—	—
山　西	—	1400～1500～1600～1700	—
内蒙古	—	1460～1560～1660～1760	—
辽　宁	1020～1200～1320～1530	—	1120～1300～1420～1620
吉　林	—	1480～1580～1680～1780	—
黑龙江	—	1270～1450～1680	—
上　海	2190	2300	2420
江　苏	1400～1600～1770	1520～1720～1890	1620～1830～2020
浙　江	—	1500～1660～1800～2010	—
安　徽	—	—	1180～1280～1380～1550

续表

地 区	2016 年	2017 年	2018 年
福 建	—	1280 ~ 1380 ~ 1500 ~ 1650 ~ 1700	—
江 西	—	—	1470 ~ 1580 ~ 1680
山 东	1390 ~ 1550 ~ 1710	1470 ~ 1670 ~ 1810	1550 ~ 1730 ~ 1910
河 南	—	1420 ~ 1570 ~ 1720	1500 ~ 1700 ~ 1900
湖 北	—	1250 ~ 1380 ~ 1500 ~ 1750	—
湖 南	—	1130 ~ 1280 ~ 1430 ~ 1580	—
广 东	1210 ~ 1350 ~ 1510 ~ 1895 ~ 2030	1210 ~ 1350 ~ 1510 ~ 1895 ~ 2130	1410 ~ 1550 ~ 1720 ~ 2100
广 西	—	—	1300 ~ 1450 ~ 1680
海 南	1280 ~ 1330 ~ 1430	—	1520 ~ 1570 ~ 1670
重 庆	1400 ~ 1500	—	—
四 川	—	—	1550 ~ 1650 ~ 1780
贵 州	—	1470 ~ 1570 ~ 1680	—
云 南	—	—	1350 ~ 1500 ~ 1670
西 藏	—	—	1650
陕 西	—	1380 ~ 1480 ~ 1580 ~ 1680	—
甘 肃	—	1470 ~ 1520 ~ 1570 ~ 1620	—
青 海	—	1500	—
宁 夏	—	1480 ~ 1560 ~ 1660	—
新 疆	—	—	1460 ~ 1540 ~ 1620 ~ 1820

注：表中为月最低工资标准。

2 最低工资调整幅度

关于最低工资调整幅度，在2004年颁布的《最低工资规定》中没有对最低工资调整幅度做出具体的规定，但相关部委及国家发展纲要对各地最低工资下限做出了比较明确的规定。2006年中华全国总工会曾提出用3~5年的时间，逐步使最低工资标准达到各地平均工资水平的40%~60%。[①] 2011年发布的《人力资源和社会保障事业"十二五"规划纲要》明确指出，"十二五"期间"最低工资标准年均增长13%，绝大多数地区最低工资标准达到了当地城镇从业人员平均工资的40%以上。"2013年，国家发改委等部门

① 潘跃：《3至5年内达到当地平均工资的40%》，《人民日报》2006年5月19日。

在《关于深化收入分配制度改革的若干意见》中提出，要“根据经济发展、物价变动等因素，适时调整最低工资标准，到 2015 年绝大多数地区最低工资标准达到当地城镇从业人员平均工资的 40% 以上”。可见，最低工资标准达到当地城镇从业人员平均工资的 40%，是我们一直以来预期要达到的目标。但是，由于我国最低工资标准起点较低，如果按照规定的时间达到当地城镇就业人员平均工资的 40% 下限，则各地最低工资标准的年均增长率要高于当地就业人员平均工资增长率。

1993 年，我国开始实施最低工资标准，由于各省份开始实施的时间不同，因此各省份的年均增长率也有所不同，大多在 8% ~12% 的范围内。截至 2017 年，年均增长率最低的是广东（8.78%），最高的是甘肃（11.85%）（见表 11）。与同期全国城镇单位就业人员年均增长率 13.92% 相比低了不少。各地最低工资标准年均增长率低于城镇单位就业人员平均工资的年均增长率，因此尽管最低工资制度已经实施了 26 年，但各地的最低工资标准仍未能达到当初设定的 40% 目标。

表 11　2017 年各省份职工最低工资、城镇单位就业人员平均工资和加权平均工资情况

单位：元，%

地　区	初始年份最低工资标准	2017 年最低工资标准	最低工资标准年均增长率	城镇单位就业人员平均工资	城镇单位就业人员加权平均平均工资	最低工资与城镇单位就业人员平均工资比值	最低工资与城镇单位就业人员加权平均平均工资比值
北　京	210	2000	10.30	10975	8645	18.22	23.13
天　津	210	2050	10.91	7878	6953	26.02	29.48
河　北	140	1380	10.96	5253	4676	26.27	29.51
山　西	120	1400	11.81	5005	4441	27.97	31.52
内蒙古	140	1460	11.25	5557	4454	26.27	32.78
辽　宁	150	1020	9.10	5096	4378	20.02	23.30
吉　林	150	1480	10.97	5121	4250	28.90	34.82
黑龙江	150	1270	10.2	4672	4425	27.18	28.70
上　海	210	2300	10.49	10816	7472	21.26	30.78
江　苏	140	1520	11.45	6522	5192	23.31	29.28
浙　江	200	1500	9.16	6729	5285	22.29	28.38

续表

地 区	初始年份最低工资标准	2017年最低工资标准	最低工资标准名义年均增长率	城镇单位就业人员平均工资	城镇单位就业人员加权平均平均工资	最低工资与城镇单位就业人员平均工资比值	最低工资与城镇单位就业人员加权平均平均工资比值
安 徽	135	1150	10. 23	5429	4500	21. 18	25. 56
福 建	170	1280	9. 17	5618	4855	22. 78	26. 36
江 西	140	1180	10. 17	5119	4433	23. 05	26. 62
山 东	136	1470	10. 90	5673	5281	25. 91	27. 84
河 南	140	1420	11. 11	4625	4153	30. 70	34. 19
湖 北	140	1250	10. 46	5493	4696	22. 76	26. 62
湖 南	145	1130	9. 78	5308	4906	21. 29	23. 03
广 东	190	1210	8. 78	6599	5403	18. 34	22. 39
广 西	150	1000	9. 01	5318	4498	18. 80	22. 23
海 南	180	1280	8. 90	5644	4784	22. 68	26. 76
重 庆	150	1400	11. 22	5907	4844	23. 70	28. 90
四 川	125	1260	11. 07	5785	5185	21. 78	24. 30
贵 州	130	1470	11. 66	5983	5389	24. 57	27. 28
云 南	135	1180	10. 36	5759	4944	20. 49	23. 87
西 藏	445	1400	9. 22	9068	—	15. 44	—
陕 西	125	1380	11. 53	5432	4874	25. 41	28. 31
甘 肃	140	1470	11. 85	5281	4586	27. 84	32. 05
青 海	170	1500	10. 4	6308	5374	23. 78	27. 91
宁 夏	140	1480	11. 31	5858	4584	25. 26	32. 29
新 疆	150	1310	10. 35	5661	4370	23. 14	29. 98

注：工资数按月计算。

2017 年，最低工资与城镇单位就业人员平均工资比值较低的是北京，其月最低工资标准为 2000 元，而城镇单位就业人员月平均工资为 10975 元，最低工资仅为平均工资的 18. 22%；最低工资与平均工资比值最高的省份为河南，其月最低工资标准为 1420 元，城镇单位就业人员月平均工资为 4625 元，最低工资为平均工资的 30. 70%，这是全国唯一比值超过 30% 的地区。

由于目前使用城镇单位就业人员平均工资来代表城镇全体职工的收入水平会出现对城镇职工平均收入水平高估的情况，据此计算出来的各地最低工资标准对城镇职工平均工资比值就会被低估。为此，本文计算了各地最低工资标准对该地区城镇单位就业人员加权平均工资进行比较。结果显示，各地最低工资标准与该地区城镇单位就业人员加权平均工资的比值从 24.11% 增加到 28.15%，平均增加了 4.04 个百分点，有 7 个省份的最低工资标准比值超过了 30%。如果再考虑到农民工和非正规部门就业人员的工资水平，最低工资标准占比还会有所提高。

虽然最低工资标准与加权平均工资比值的数据略高于最低工资标准与城镇单位就业人员平均工资水平比值，但还是未能达到预期的目标。

为了分析全国最低工资标准实施以来的情况，笔者以历年最低工资标准全国各省份中位数代表全国最低工资标准，计算了 1995～2018 年全国最低工资标准与城镇职工月平均工资的比值，1995～2009 年最低工资标准与城镇职工月平均工资的比值持续下降，从 1995 年的 33.10% 下降到 2009 年的 18.61%，下降了 14.49 个百分点；2010～2015 年全国最低工资标准与城镇职工月平均工资的比值呈波动上升趋势，到 2015 年上升至 24.38%，比 2009 年增加了 5.77 个百分点；2016～2018 年全国最低工资标准与城镇职工月平均工资的比值再度出现回落，到 2018 年下降至 21.39%，比 2015 年下降了 2.99 个百分点。

（二）最低工资标准实施过程中存在的问题

我国自 1993 年开始实施最低工资制度，这对我国经济发展和社会稳定、保障收入公平性、保护弱势群体、促进公平正义的社会环境和劳动者体面劳动等均发挥了积极的作用。但是最低工资制度在实施的过程中，最低工资标准到底应该确定在什么样的水平上这一问题始终在困扰着我们。

目前最低工资标准在实施过程中，主要依据国际上的经验数据将最低工资水平确定在当地城镇从业人员平均工资的 40% 以上。这一点在中华全国总工会的《3～5 年内达到当地平均工资的 40%》（2006）、人社部和国家发改委等七部委的《促进就业规划（2011～2015）》（2011）、国家发改委等部门的《关于深化收入分配制度改革的若干意见》（2013）中都明确地设定了预期实现的目标和时间表，但是这些文件所设定的目标均未如期实现。

经过多年的实践应该意识到，由于各国的国情不同，最低工资标准到底应该确定在什么样的水平上并无一个统一适用的模式，同时随着各国经济发展阶段的转变标准也会不同，而最为关键的是实施最低工资标准的目的是什么，标准应是为实现预期目标服务的。

国际劳工组织认为，最低工资标准的设定是一种权衡行为：它应该以统计证据为基础，与社会伙伴进行充分协商，在此基础上做出决定。在确定最低工资标准时，要尽可能符合本国国情，主要包括劳动者及其家庭的实际需要、经济发展水平、生产力水平以及实现和维持高就业率的意愿程度。同时，为了保持这种相关性平衡，也需要对最低工资标准适时进行调整。

评估最低工资水平的统计指标是最低工资值与工资中位数的比值。即使在发达经济体中，最低工资在全职劳动者的收入中位数中所占比例差异很大，例如新西兰和法国这一比例约为60%，而日本、西班牙和美国只有不到40%，在欧洲，爱沙尼亚和捷克的这一比例分别是37%和38%，而在匈牙利、葡萄牙这一比例则达到60%以上；大多数国家的最低工资是工资中位数的45%～60%，整个欧洲最低工资的加权平均数是工资中位数的50%。各国最低工资水平的差异反映了各国最低工资决定机制的差异。

在新兴经济体中，最低工资与工资中位数比值的差异性表现得更为明显，例如越南和墨西哥最低工资是平均工资中位数的40%左右，而秘鲁、印度、巴西和哥斯达黎加的这一比值在68%～82%。新兴经济体最低工资与平均工资的比值明显高于发达国家的原因在于，新兴经济体中工资和收入的不平等程度要远高于发达经济体，高收入者的收入远高于中等收入者，造成工资中位数偏低，所以其最低工资与工资中位数的比值要高于发达经济体。

综上所述，由于各国的国情不同，在国际上最低工资占比并没有统一的标准，最低工资水平的高低主要取决于设立最低工资标准的初衷。我国在最初设立最低工资标准时，劳动力市场供大于求的情况非常严重，一些企业为了获取更高的收益，压低工资成本①，在一些地方甚至出现“血汗工资制”，

① 国际劳工组织认为：2007年中国城镇单位职工中劳动报酬低于最低工资标准的比率为29.8%，而农民工的比例相当于城镇职工的两倍。国际劳工局：《2010/11全球工资报告：危机时期的工资政策》，MBA智库网站，https：//doc.mbalib.com/view/5671837f1d41ccdbe15543c90b3cae53.html。

劳动者的权益受到了极大的损害，最低工资制度的适时出台并提出最低工资标准要达到当地城镇从业人员平均工资的40%以上的水平的目标，对保护劳动者体面劳动、保障劳动收入公平性、保护劳动力市场中的弱势群体以及促进公平正义的社会环境等方面均发挥了积极的作用。

随着我国进入新的发展阶期，适时修订我国最低工资的定位与目标，是解决上述问题的关键。各国在设定最低工资时，其定位和目标各有不同，大体包括以下几个方面，即维护低薪劳动者及其家庭赡养者最低限度的基本生活，维护社会所需要的劳动力持续再生产，促进经济和社会稳定运行，促进劳动者素质不断提升。

目前，低收入国家主要是通过实施最低工资标准来减少“有工作贫困”，为弱势劳动者提供社会保障。而高收入国家的最低工资标准调整大多是为了补偿通货膨胀的影响，这也是为什么发达经济体实际最低工资增长非常缓慢（或者甚至有所下降）的原因。

就我国目前情况而言，比较1993年的《企业最低工资规定》和2004年的《最低工资规定》在最低工资的定位和目标的差异上可以看到，《企业最低工资规定》最低工资的是：“为了适应社会主义市场经济发展的需要，保障劳动者个人及其家庭成员的基本生活、促进劳动者素质的提高和企业公平竞争。”而在《最低工资规定》制定最低工资的是：“为了维护劳动者取得劳动报酬的合法权益，保障劳动者个人及其家庭成员的基本生活。”可见，在1993年的《企业最低工资规定》中，最低工资的定位和目标是适应当时社会主义市场经济初建时期社会经济发展的需要，而在2004年的《最低工资规定》中则明确了制定最低工资是为了维护劳动者取得劳动报酬的合法权益，这种变化反映了两个规定出台时的不同的时代背景。从上述分析中我们看到，2004年《最低工资规定》颁布以后，各地最低工资标准调整的频率明显加快，从之前的全国各地平均2.47年调整一次缩短到1.64年调整一次。

但是，从2004年《最低工资规定》颁布至今已有15年的时间了，这期间我国经济社会发展已经发生了重大变化，中国特色社会主义已进入新时代，我国社会主要矛盾已经转化为人民日益增长的美好生活需要和不平衡不充分的发展之间的矛盾。当前，在职工收入领域更加突出的问题是收入水平的不平衡，《最低工资规定》也应该适时进行修订。

五　结论与建议

（一）我国职工收入分配方面的新变化

1. 供给侧结构性改革深入推进为职工收入持续增长奠定了坚实基础

2018 年我国职工队伍各群体的年平均工资增速均有上升，不仅城镇非私营单位职工、外出农民工的年平均工资增速继续保持较快增长，城镇私营单位职工的年平均工资增速连续 5 年下降的趋势也得到了抑制，扣除物价因素后，增速比上年加快了 1.1 个百分点。2018 年我国职工年均收入保持较快增长的原因主要有以下几点。①

（1）供给侧结构性改革深入推进，钢铁、煤炭等行业去产能效果明显，高耗能、高污染行业转型升级加快，企业效益大幅改善。2018 年在规模以上工业企业中，石油和天然气开采业、非金属矿物制品业、黑色金属冶炼和压延加工业、化学原料和化学制品制造业等的行业利润比上年分别增长 4.4 倍、43%、37.8%和 15.9%，这些行业的就业人员平均工资增长速度也较快。以城镇非私营单位为例，上述四个行业平均工资分别增长 18.6%、13.6%、18.5%和 13.4%，增幅均高于全行业平均工资增长水平。

（2）伴随制造业向中高端加快迈进，2018 年装备制造业投资增长高于全国投资平均水平，相关行业就业人员年平均工资水平增长速度也较快。其中，通用设备制造业，专用设备制造业，铁路、船舶、航空航天和其他运输设备制造业，电气机械和器材制造业，计算机、通信和其他电子设备制造

① 《2018 年城镇单位就业人员平均工资较快增长——国家统计局人口和就业统计司副司长孟灿文解读 2018 年城镇单位就业人员平均工资数据》，国家统计局网站，http：//www.stats.gov.cn/tjsj/sjjd/201905/t20190514_1664731.html，2019 年 5 月 14 日。

业，仪器仪表制造业等行业城镇非私营单位平均工资分别增长 10.6%、14.0%、11.8%、11.0%、9.3%和 13.4%，增幅分别比上年提高 0.9 个、5.6 个、2.8 个、3.8 个、3.8 个和 4.6 个百分点。

（3）基础设施建设进一步加强，交通运输业新建扩建里程大量增加，带动行业平均工资增长。2018 年，城镇非私营单位的交通运输、仓储和邮政业年平均工资增长 11.4%，增幅比上年提高 2.5 个百分点。其中，铁路运输业、道路运输业、水上运输业、管道运输业、装卸搬运和仓储业平均工资分别增长 12.7%、10.7%、16.8%、20.9%和 21.9%，增幅分别提高 1.8 个、2.9 个、8.3 个、11.6 个和 11.9 个百分点。

（4）创新投入力度持续加大。2018 年全国研发费用支出增长 11.6%，科技领域实行“放管服”改革，且针对科研人员的收入分配政策逐渐生效，调动了科研人员的积极性，科技创新成果丰硕，科技成果转化率显著，为科研领域平均工资增长创造了条件。2018 年，城镇非私营单位科学研究和技术服务业就业人员年平均工资增长 14.4%，高于全国平均工资增幅 3.4 个百分点。

2. 职工队伍内部收入差距继续扩大

（1）国民经济各行业的职工收入差距继续扩大。我国国民经济各行业的收入差距主要表现为垄断行业、高新技术行业收入较高，竞争性行业收入较低。以城镇非私营单位职工为例，2018 年收入最高的信息传输、软件和信息技术服务业，金融业，科学研究和技术服务业三个行业的收入水平分别为全国平均收入水平的 1.79 倍、1.65 倍和 1.45 倍，比收入最低的农林牧渔业分别高出 111212 元、93371 元和 86877 元。年均收入最高行业是最低行业的 4.05 倍，高于上年的 3.65 倍。城镇非私营单位各行业职工平均年收入的离散系数为 0.3334，比上年度的 0.3166 又有所提高。

（2）城镇非私营和私营单位职工之间的年均收入差额继续扩大。从年平均工资差额看，2008 年城镇非私营和私营单位职工之间的年平均工资差额为 11827 元，2018 年增加到 32886 元，收入差额年均增长率达到 10.77%。从国民经济各行业整体看，2018 年私营单位职工年平均工资水平大体相当于非私营单位职工5年前的收入水平，其中与交通运输、仓储和邮政业和金融业相差10年，与采矿业相差9年，与科学研究、技术服务业和卫生和社会工作相差8年，与教育、文化、体育和娱乐业以及信息传输、软件和信息技术服务业相差7年。从年平均工资增长率看，制造业城镇非私营单位和私营单位职工10年来的年均收入增长率分别为12.14%和12.36%，但由于二者的收入差额相差5年，因此这种差额在短期内难以缩小。

（3）企业内部生产制造和生产、生活服务的一线职工收入处于收入分配最低端。从国家统计局提供的2018年规模以上企业职工分岗位年平均工资的数据可以看到，2018年规模以上企业职工的年平均工资为68380元，低于事业、机关和其他单位在内的全国城镇非私营单位职工（82461元）的年均收入水平；企业内部从事生产制造工作和生产服务工作岗位的一线职工的年平均工资分别为55148元和54945元，仅为社会平均水平的66.9%和66.6%。在企业五类岗位中，中层及以上管理人员收入最高，社会生产服务和生活服务人员收入最低。2018年岗位平均工资最高是最低工资的2.64，比上年略有缩小。

（二）政策建议

1. 高度关注职工队伍中收入差距扩大问题

就地区而言，缩小收入差距的重点是提高低收入地区职工年均收入增长率。综合波士顿矩阵定位分析，2017年四川、新疆、宁夏、陕西、内蒙古、辽宁、黑龙江7个省份，无论是城镇非私营单位还是城镇私营单位的就业人员年平均工资都已经连续2年位于双低区，这一情况应引起全社会及各地区政府的高度重视，如何在经济增长的同时提高这些省份的职工收入水平，使其跟上全社会发展的步伐，是这些省份亟待解决的问题。

就行业而言，国民经济各行业之间的收入差距主要表现在垄断性行业与竞争性行业、高新技术行业与传统行业之间。因此，打破行业和部门对资源的垄断，深化国有企业改革，加快混合所有制改革的进程，降低垄断行业的门槛，全面清理废除妨碍统一市场和公平竞争的各种规定和做法，“使市场在资源配置中起决定性作用”，使各类企业在公平有序的市场环境中进行竞争，从而缩小行业间的工资水平差距。

2. 适时修改最低工资标准，促进劳动者素质不断提高

目前，我国实施的《最低工资规定》是2004年颁布的，距今已有15年。这期间我国经济社会发生了巨大的变化，中国特色社会主义业已进入新时代，适时修改最低工资标准已成为当务之急。

（1）关于最低工资标准定位与目标要与新时代相适应，可将最低工资的定位与目标修改为：为了维护劳动者取得劳动报酬的合法权益，保障劳动者个人及其家庭成员的基本生活，促进劳动者素质不断提高和国家经济的高质量发展。最低工资的定位要体现一个国家在一定发展时期的经济社会发展战略。①

（2）确定我国现阶段合理的最低工资标准。根据目前世界各国最低工资标准制定与实施的情况看，由于国情不同，在国际上最低工资与工资中位数的比值并没有统一的标准，主要取决于各国设立最低工资标准的初衷。考虑到我国现阶段实际情况，合理的最低工资标准应该设定在一个范围内，笔者认为，这个范围的下限应当为35%，上限为60%。同时，除了目前设定的最低工资标准相当于城镇就业人员工资中位数的比例外，还可以从多个方面来衡量，例如最低工资标准与低收入行业平均工资的比例，最低工资标准与城镇居民低收入组的年均收入的比例，等等。

（3）在《最低工资规定》的修订中加入最低工资标准实施后的评估机制，并将其制度化。最低工资标准实施以来一直争议不断，其关键在于是否会对就业产生负面影响，目前国内缺少权威可信的调查研究。世界银行的一项研究指出："尽管不同文献提出的估算范围有很大差异，各方研究都在一点上达成共识，那就是最低工资对就业的影响通常很小，甚至微不足道（在一些情况下甚至有积极影响）"。② 国外最低工资制度实施的经验证明，设立科学、全面的评估机制对规范最低工资制度、合理调整最低工资标准起

① 日本在《日本劳动基准法》（1976）中专门设有技工培养一章的内容，目的是使最低工资法的定位包含提高劳动人口素质的目标。

② Kuddo, A.; Robalino, D.; Weber, M., *Balancing regulations to promote jobs: From employment contracts to unemployment benefits*（Washington, DC, World Bank Group, 2015）.

着重要的作用。建议在国家和地方层面建立最低工资标准的评估机制，有利于各地最低工资标准适度、持续、规范增长。国家统计局也认为："最低工资标准的提高为低工资群体提供托底保障，从而在一定程度上助推了城镇单位就业人员平均工资水平的增长。"①

参考文献

ILO, *Global Wage Report 2012/13—Productivity, Employment and Equity*, 2015.

ILO, *Global Wage Report 2014/15—Wage and income inequality*, 2015.

ILO, *Global Wage Report 2016/17—Wage Inequality in the Workplace*, 2017.

ILO, *Global Wage Report 2018/19—Measuring gender pay gaps and understanding what lies behind them*, 2018.

国际劳工局：《2013 年世界劳工报告——重塑经济和社会结构》，中国财政经济出版社，2014。

国家发改委 2004～2013 年《中国居民收入分配年度报告》，经济科学出版社、中国财政经济出版社。

国家发展和改革委员会就业和收入分配司、北京师范大学中国收入分配研究院 2016～2017 年《中国居民收入分配年度报告》，社会科学文献出版社。

国家统计局 2009～2018《中国统计年鉴》，中国统计出版社。

国家统计局：《中国劳动统计年鉴（2018）》，中国统计出版社，2018。

贾东岚：《国外最低工资》，中国劳动社会保障出版社，2014。

贾康等：《深化收入分配制度改革研究》，企业管理出版社，2018。

李实等：《中国收入分配演变 40 年》，格致出版社、上海人民出版社，2018。

李玉赋：《第八次中国职工状况调查》（报告卷），中国工人出版社，2017。

谭中和：《中国薪酬发展报告（2017）》，社会科学文献出版社，2018。

信卫平：《国际金融危机与中国最低工资标准》，《中国劳动关系学院学报》2010 年第 1 期。

信卫平：《探究劳动报酬之谜》，光明日报出版社，2014。

① 《2018 年城镇单位就业人员平均工资较快增长——国家统计局人口和就业统计司副司长孟灿文解读 2018 年城镇单位就业人员平均工资数据》，国家统计局网站，http://www.stats.gov.cn/tjsj/sjjd/201905/t20190514_1664731.html，2019 年 5 月 14 日。

2018年中国职工养老保险状况研究

郭 鹏*

摘 要： 十九大报告明确提出："按照兜底线、织密网、建机制的要求，全面建成覆盖全民、城乡统筹、权责清晰、保障适度、可持续的多层次社会保障体系。"本文拟在覆盖面、充足性和可持续性三个方面对职工养老保险体系进行研究的基础上，探讨影响我国多层次养老保险体系的发展情况及对构建多层次养老保险体系的建议。指出我国应以中央调剂金为过渡，逐步提高养老保险基金统筹层次，缓解地区间的不平衡状况。应抓住国有资本划转社保基金的政策契机，在厘清历史负债的前提下，把承担个人激励和积累的个人账户部分拆分开来。通过拆分，明确界定政府、企业和个人在养老保险中的责任与义务，实现从"统账结合"到统账分离的转变，让各个支柱充分发挥应有的作用。在拆分的基础上建立社会养老金制度，并利用第一支柱降费的契机，积极发展第二、第三支柱，构建多层次养老保险体系。

关键词： 缴费率 中央调剂金 多支柱

2017年，党的十九大顺利召开，十九大报告强调"加强社会保障体系建设"，明确提出"按照兜底线、织密网、建机制的要求，全面建成覆盖全

* 郭鹏，中国劳动关系学院副教授，主要研究领域为社会保障国际比较、养老保险。

民、城乡统筹、权责清晰、保障适度、可持续的多层次社会保障体系”。与党的十八大对社会保障“全覆盖、保基本、多层次、可持续”的十二字方针相比，党的十九大对社会保障较为明显地强调了多层次社会保障体系的建设。在养老保险方面，我国城镇职工养老保险制度长期处于第一支柱基本养老保险独大，第二支柱企业年金发展滞后，其他形式的保险方式缺位的状态。本文拟在覆盖面、充足性和可持续性三个方面对职工养老保险体系进行研究的基础上，探讨影响我国多层次养老保险体系的发展情况及对构建多层次养老保险体系的因素并提出建议。我国应以中央调剂金制度为过渡，逐步提高养老保险基金统筹层次、缓解地区间的不平衡状况；应抓住国有资本划转的契机，在厘清历史负债的前提下降低缴费率，并把承担个人激励和积累的个人账户部分拆分；建立社会养老金制度，并利用第一支柱降费契机，积极发展第二、第三支柱。通过拆分，明确界定政府、企业和个人在养老保险中的责任与义务，实现从“统账结合”到统账分离的转变，让各个支柱充分发挥应有的作用。

一　城镇职工养老保险参保现状

（一）总覆盖人数继续增加，但增长速度略有下降

2017 年末，全国参加城镇职工基本养老保险人数为 40293 万人，比上年末增加 2364 万人；其中参保职工 29268 万人，参保离退休人员 11026 万人，分别比上年末增加 1441 万人和 922 万人。[①] 尽管参保总人数继续保持增长，参保职工占城镇就业人口的比重也持续上升（见图 1），但 2017 年比 2016 年增速下降 0. 9 个百分点。

近年来，我国在城镇职工养老保险参保扩面方面进展均较为缓慢。结合各地区情况来看，应参保而没有参保的，往往是那些欠发达地区困难企业的

① 如不做特殊说明，本文数据均来源于各年度《人力资源和社会保障事业发展统计公报》。

职工和非正规就业人群。对于前者，如果没有降低缴费率等切实措施激励雇主为职工参保缴费，加之我国没有相应的严格监督惩罚机制，雇主逃避缴费义务的动机仍会十分强烈。对于后者，如果不对我国现行职工基本养老保险制度进行改革，很难真正吸引非正规就业人员参保。

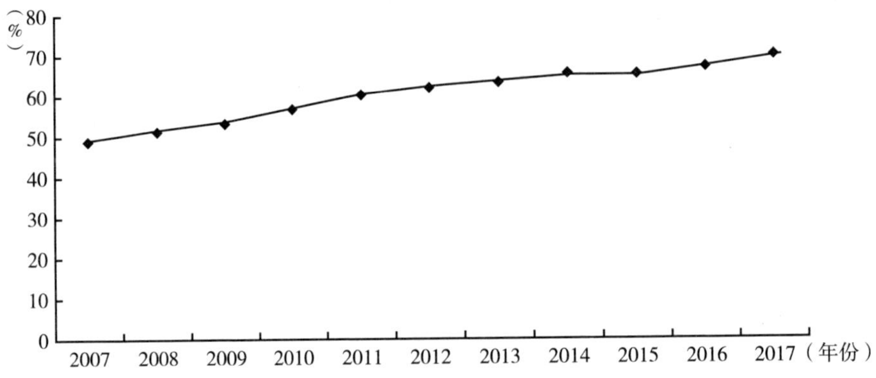

图 1　2007～2017 年在职职工参保人数占城镇就业人员数的比例

资料来源：根据国家统计局公布数据计算制作。

（二）地区间不平衡问题仍较突出，部分省份参保率波动剧烈

2017 年，各省份参保率超过全国平均水平的有 15 个（见图 2），比 2016 年减少 1 个。观察各个省份的参保率数据，可以发现部分省份波动较为剧烈。17 个省份参保率较 2016 年有所提高，其中四川参保率大幅上升，达到 40.47 个百分点，一跃而成为全国参保率最高的省份。其次是贵州和甘肃，参保率分别比上年增加 17.55 个和 15.91 个百分点，西藏紧随其后，参保率比上年增加 14.18 个百分点。有 14 个省份参保率较 2016 年下降，其中下降最多的是新疆和广东（见表 1）。

部分省份参保出现起伏较大的主要原因，一是部分省份调整了统计口径，有的省份调整了城镇私营企业和个体就业人员的统计口径，有的省份把原属于乡镇企业的规模以上非私营法人单位纳入城镇单位，导致城镇单位就业人数大幅度增加，存在上述情况的省份近年的参保率处于震荡调整阶段。

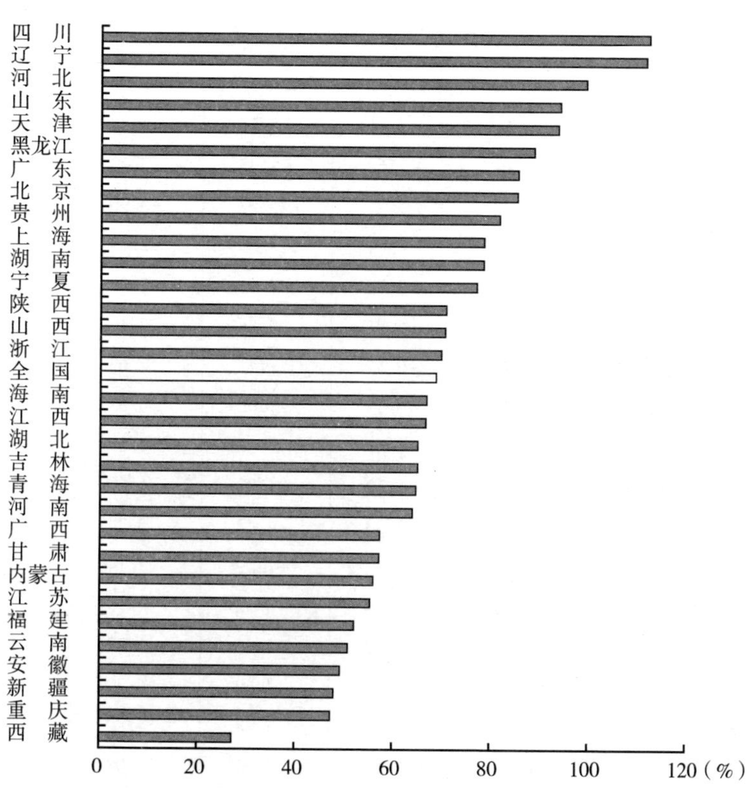

图2　2017年在职职工参保人数占城镇就业人数的比例

资料来源：根据国家统计局公布数据制作。

表1　2012~2017年全国及各省份参保率增长情况

单位：个百分点

省　份	2012年	2013年	2014年	2015年	2016年	2017年
北　京	6.13	1.18	-4.96	-5.01	2.21	-0.68
天　津	1.40	1.60	3.62	0.09	7.81	1.16
河　北	-1.32	-4.94	8.87	0.48	-0.72	11.53
山　西	-5.23	-2.99	0.67	0.65	0.15	-1.38
内蒙古	-4.32	-6.57	-5.21	6.92	6.18	-2.02
辽　宁	-2.61	-1.10	-2.91	8.27	8.14	8.09
吉　林	-4.78	-8.20	-0.95	-2.40	0.32	10.02
黑龙江	-3.98	1.99	6.00	13.76	-5.35	0.004

续表

省　份	2012 年	2013 年	2014 年	2015 年	2016 年	2017 年
上　海	-8.22	-9.73	-7.51	-3.36	-1.28	-4.17
江　苏	2.73	-19.36	-1.68	-1.33	-3.12	-0.91
浙　江	3.45	1.62	-5.05	-14.97	-5.90	0.86
安　徽	-1.60	-6.31	-6.04	-2.57	-2.73	3.89
福　建	-0.25	5.06	-2.00	-2.76	-2.23	-1.01
江　西	0.43	-4.47	-5.81	-2.54	7.10	0.78
山　东	1.91	-1.63	-0.35	2.41	2.63	1.75
河　南	1.34	-3.04	-3.15	-1.09	6.53	-4.94
湖　北	-2.25	-2.83	-6.56	0.06	2.01	7.25
湖　南	-0.53	-6.87	-6.12	-1.82	26.60	-0.89
广　东	-1.27	-27.06	3.53	-4.42	-5.74	-11.24
广　西	1.57	-2.81	-1.52	-1.09	7.14	0.62
海　南	-2.00	-4.62	-2.54	-0.52	-11.10	1.08
重　庆	-1.98	-4.88	-3.10	-4.05	1.27	-1.65
四　川	-0.41	-11.39	-3.00	-14.60	6.72	40.47
贵　州	-3.62	-0.64	1.40	3.48	4.80	17.55
云　南	0.07	-0.61	0.18	15.05	9.08	-5.77
西　藏	1.58	-0.79	0.64	-1.94	0.39	14.18
陕　西	1.30	-7.75	-1.97	0.19	1.25	10.32
甘　肃	-1.37	-7.14	-1.92	-0.91	-0.39	15.91
青　海	1.12	0.07	1.05	2.53	10.95	-4.75
宁　夏	1.75	12.40	-6.73	-5.63	7.31	3.21
新　疆	-2.26	0.79	-4.65	-4.02	9.56	-21.37
全　国	1.89	1.29	1.72	-0.07	2.29	1.76

资料来源：根据国家统计局公布数据计算所得。

二是近几年关于提高养老保险统筹层次的政策预期不断增长，尤其是关于建立养老保险基金中央调剂制度，提高养老保险统筹层次的政策走向已经非常明确。在这一背景下，各个省份有足够强大的动力清除参保数据中的僵尸数据，例如参保不缴费的数据和断保数据，这会导致部分省份的参保情况在短期内出现较大幅度的变动。

（三）机关事业单位养老保险改革继续推进并出台相关转移接续政策

机关事业单位养老保险双轨制改革酝酿多年，未能取得实质性进展，直到2015年国务院公布了《关于机关事业单位工作人员养老保险制度改革的决定》（国发〔2015〕2号），此项改革终于破冰。为积极推进此项改革工作，我国还制定出台了《机关事业单位职业年金办法》（国办发〔2015〕18号）、《人力资源社会保障部 财政部关于贯彻落实〈国务院关于机关事业单位工作人员养老保险制度改革的决定〉的通知》（人社部发〔2015〕28号）等配套文件，意味着机关事业单位养老保险与城镇职工养老保险制度并轨进入实质性改革阶段。截至2016年底，机关事业单位参保人数为3666万人，占参保总人数的9.7%，比2015年增加1428万人，增长63.8%；比2011年底增加1558万人，年均增长11.7%。[①]

然而，由于历史原因，机关事业单位养老保险制度改革难度较大，仍需要多项配套措施的出台。经过2015~2016年的铺垫，2017年机关事业单位养老保险关系与企业养老保险关系的转移接续工作取得一定进展。2017年1月12日，《人力资源社会保障部财政部关于机关事业单位基本养老保险关系和职业年金转移接续有关问题的通知》发布，该“通知”规定：参保人员在同一统筹范围内的机关事业单位之间流动的，只转移基本养老保险关系，不转移基金；参保人员在机关事业单位养老保险制度内跨统筹范围流动的，在转移基本养老保险关系的同时，转移基金；参保人员从机关事业单位流动到企业的，在转移基本养老保险关系的同时，转移基金。

毫无疑问，这一通知的出台为机关事业单位与企业之间人员流动奠定了政策基础，有助于推进机关事业单位养老保险并轨工作。

---

① 人力资源和社会保障部社会保险事业管理中心：《中国社会保险发展年度报告（2016）》，中国劳动社会保障出版社，2017，第2页。

（四）农民工参保总体规模继续扩大，但参保人数占比没有实质性改善

2017 年，全国农民工总数为 28652 万人，比上年增加 481 万人，其中外出农民工 17185 万人。年末参加城镇职工基本养老保险的农民工人数为 6202 万人，比上年末增加 262 万人（见表 2）。

表 2　2011 ~ 2017 年农民工参保情况

单位：万人

年份	农民工总数	外出农民工	参保农民工
2011	25278	15863	4140
2012	26261	16336	4543
2013	26894	16610	4895
2014	27395	16821	5472
2015	27747	16884	5585
2016	28171	16934	5940
2017	28652	17185	6202

资料来源：各年度《人力资源和社会保障事业发展统计公报》。

2017 年，参加城镇职工基本养老保险的农民工总数占农民工总量的比例为 21.65%，占外出农民工的比例也仅有 36.09%（见图 3）。根据我国相关法律规定，农民工在务工地打工，应参加城镇职工养老保险制度。但在实践中，多数农民工并未参保，而是主动或者被动选择停留在城乡居民基本养老保险制度之中。这种参保情况在农民工之中较为普遍。一是这类群体参保意识不强，并不了解自己的相关权益。二是他们不确定自己在城市打工的具体年限。根据我国现行城镇职工基本养老保险待遇领取规定，参保职工只有缴费年满 15 年，才能领取城镇职工养老保险待遇。对预期缴费很难达到 15 年的农民工而言，这一政策的吸引力不够大。三是在我国现行转移接续制度中，关于城镇职工养老保险与城乡居民基本养老保险之间的转移接续规定，不利于农民工等特定群体。以上诸多原因导致多数农民工没有参加城镇职工养老保险制度的动力，而是选择参加户口所在地的城乡居民基本养老保险。

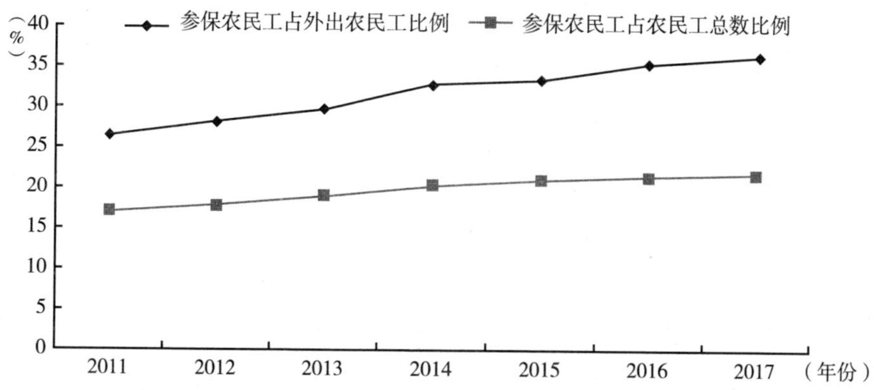

图3　2011～2017年参保农民工占比

资料来源：根据国家统计局公布数据计算制作。

二　职工基本养老保险基金情况

（一）基金当期继续收不抵支，财政补贴占比与上年基本持平

2017年，城镇职工基本养老保险基金总收入为43310亿元，比上年增长23.5%，其中征缴收入33403亿元，比上年增长24.8%；各级财政补贴基本养老保险基金8004亿元。全年基金总支出38052亿元，比上年增长19.5%。2017年末城镇职工基本养老保险基金累计结存43885亿元（见表3）。

表3　2011～2017年城镇职工养老保险基金收支情况

单位：亿元

年份	总收入	总支出	累计结余
2011	16895	12765	19497
2012	20001	15562	23941
2013	22680	18470	28269
2014	25310	21755	31800
2015	29341	25813	35345
2016	35058	31854	38580
2017	43310	38052	43885

尽管近几年来基金总收入略高于总支出，但如果剔除财政补贴等因素，职工基本养老保险金财务状况已然十分严峻。目前，各级财政补贴额度逐年上升，而且财政补贴占当年基金总收入的比率也在逐年攀升。从 2016 年开始，财政补贴占基金总收入的比率已连续两年超过 18%。最近三年的财政补贴增长率居高不下，2015 年比 2014 年同期增长 32.91%，2016 年比 2015 年增长 38.06%，2017 年略有下降，但仍然高达 22.93%。如果剔除财政补贴因素，基金缴费收入自 2014 年开始已连年小于待遇支出。

（二）全国制度抚养比继续恶化、地区间差距仍然较大

自 2011 年以来，职工基本养老保险抚养比逐年直线下降，2011 年为 3.16∶1，2017 年已经下降为 2.65∶1。值得注意的是，这一抚养比为参保抚养比。如果考虑遵缴率等因素，实际抚养比要低于这一水平。

如果从各省份具体情况来看，多数省份的情况并不乐观。目前，只有广东、北京、福建、西藏、山东、贵州、河南、江西和江苏 9 个省份的抚养比情况好于全国水平（见图 4）。与 2016 年相比，增加了江西。其中，最好的仍是广东，虽比上年的 9.25∶1 有所下降，但仍可以达到 8.29∶1；最差的仍是黑龙江，2017 年抚养比为 1.30∶1，与 2016 年相比变化不大。

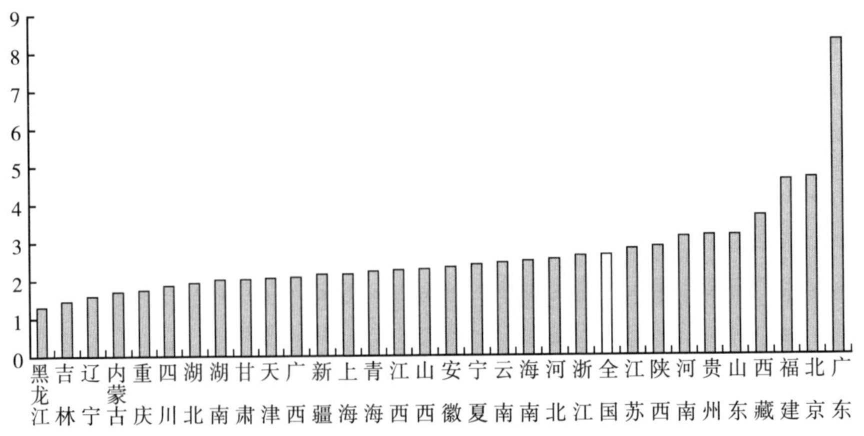

图 4　2017 年各省份职工基本养老保险抚养比情况

资料来源：根据国家统计局公布数据制作。

从各省份可支付的月数情况看，各地差异情况则更为显著。《中国养老金精算报告（2019～2050）》的估算数据和国家统计局公布的 2017 年各省份养老保险基金累计结余数据显示，广东养老保险基金累计结余最多，为 9245.10 亿元，可支付月数为 56.97 个月。情况最糟糕的是黑龙江，养老保险基金累计结余为 -486.20 亿元，与 2016 年 232 亿元的基金缺口相比，又增加了 254.20 亿元。辽宁、青海、湖北、吉林、河北、天津、陕西、广西、重庆、江西、河南、海南、内蒙古、上海和湖南 15 个省份的养老保险基金可支付月数小于 10 个月，与 2016 年相比增加了 5 个，全国共有 22 个省份可支付月份小于全国平均水平（13.44 个月）（见图 5）。基于各省份养老保险基金结余、抚养比、可支付月数等方面差距较大的现状，提高养老保险基金统筹势在必行。

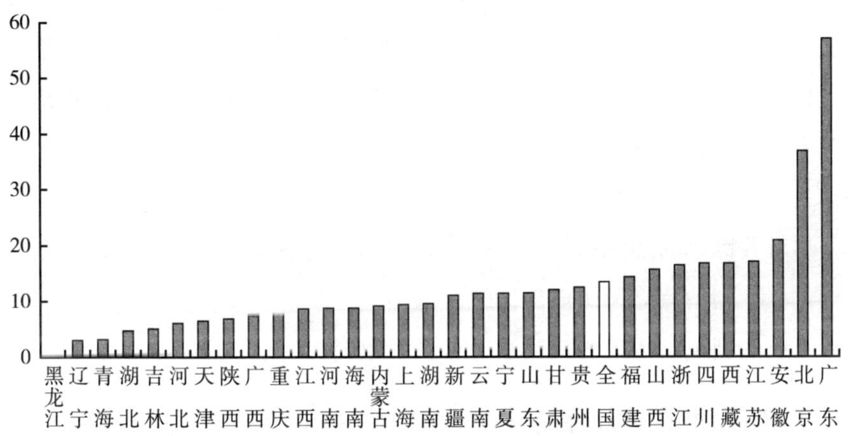

图 5　各省份基本养老保险基金可支付月数

数据来源：郑秉文：《中国养老金精算报告（2019～2050）》，中国劳动社会保障出版社，2019，第 131～132 页。

（三）中央调剂金制度建立，推动统筹层次逐步提高

早在 2007 年，原劳动保障部、财政部就下发了《关于推进企业职工基本养老保险省级统筹有关问题的通知》，旨在把城镇职工养老保险统筹层次

从市县级提高至省级。但直到2017年，仍有许多省份的城镇职工基本养老保险并没有实现真正意义上的省级统筹，只是建立了省级调剂金制度。

2017年，关于提高养老保险统筹层次的问题终于有了实质性进展。3月，财政部在“两会”做的《关于2016年中央和地方预算执行情况与2017年中央和地方预算草案的报告》中提出：“在推动各项相关该工作的基础上，研究制订基本养老保险基金中央调剂制度方案。”2017年9月14日，在《人力资源社会保障部财政部关于进一步完善企业职工基本养老保险省级统筹制度的通知》中明确提出：“在推进各项相关改革工作的基础上，研究制订基本养老保险基金中央调剂制度方案。”“各地要在基本养老保险制度、缴费政策、待遇政策、基金使用、基金预算和经办管理实现‘六统一’的基础上，积极创造条件实现全省基本养老保险基金统收统支。”同时规定：“各地要统一全省企业职工基本养老保险业务经办规程，加强对各级经办机构的业务指导，实现规范化、统一化管理。要以实现全省统一信息系统为目标，尽快完成包括企业职工基本养老保险在内的社会保险信息系统和数据向省级集中，推动信息的纵向互通、横向共享。健全完善线上线下公共服务体系，为参保人员提供更加便捷的服务。”

尽管我国目前还无法一步到位实现基本养老保险基金的全国统筹，但中央调剂金计划的建立无疑向全国统筹迈出了重要的一步。通知中对建立统一信息系统的规定，将成为提高统筹层次的重要支持。

（四）划转国有资本充实社保基金政策明朗，助力降低基本养老保险缴费率

早在20世纪90年代初期，企业职工养老保险制度改革之时，就有人提出要通过从国有资产中划出一部分解决老职工社会保险费积累不足的问题。

2001年，国务院发布《减持国有股筹集社会保障资金暂行办法》，但这一办法刚出台，股市就出现大幅下跌，因此被紧急叫停。其后，2004年10月，在党的十六届三中全会通过《关于完善社会主义市场经济体制若干问题的决定》中首次正式提出：“采取多种方式包括依法划转部分国有资产充

实社会保障基金。”国资委、财政部和社保基金理事会共同成立了“股权划拨研究领导小组”，但迟迟没有实质性进展。2009 年，经国务院批准发布了《境内证券市场转持部分国有股充实全国社会保障基金实施办法》。2013 年 11 月党的十八届三中全会《关于全面深化改革若干重大问题的决定》再次提出：“划转部分国有资本充实社会保障基金。”2016 年 3 月，国务院发布《全国社会保障基金条例》，明确规定全国社保基金主要来源包括中央财政预算拨款、国有资本划转等。党的十九大进一步对加强社会保障体系建设提出要求。《中共中央国务院关于深化国有企业改革的指导意见》和《国务院关于改革和完善国有资产管理体制的若干意见》分别对划转部分国有资本充实社保基金做出具体规定。2017 年 11 月，国务院下发《划转部分国有资本充实社保基金实施方案》，将划转比例确定为企业国有股权的 10%，并对今后进一步划转国有资本保持开放的态度。同时规定，划转的中央企业国有股权由国务院委托社保基金会负责集中持有，单独核算，接受考核和监督。划转的地方企业国有股权，由各省级人民政府设立国有独资公司集中持有、管理和运营；也可将划转的国有股权委托本省具有国有资本投资运营功能的公司专户管理。

划转国有资本充实社保基金政策的落地，有利于缓解我国职工基本养老保险基金当期收不抵支的压力，有利于解决因为历史遗留问题导致的名义缴费率虚高和职工缴费负担过重等问题，从而为进一步降低基本养老保险缴费率、为企业减负和为其他层次养老保险的发展打下了良好的基础。

（五）基本养老保险基金保值增值取得一定进展

2015 年，国务院公布了《基本养老保险基金投资管理办法》，其后各地纷纷委托全国社会保障基金理事会对其委托基金进行投资管理。2017 年末，全国社保基金权益 18302.03 亿元，其中基本养老保险基金权益总额 2819.01 亿元，委托省级的基本养老保险基金权益 2815.81 亿元。2017 年，基本养老保险基金投资收益额 87.83 亿元，投资收益率 5.23%。截至 2017 年末，全国社保基金理事会已先后与广西、北京、河南、云南、湖北、上海、陕西、安徽、山西 9 个省份签署基本养老保险基金委托投资合同，合同总金额

4300亿元，委托期限均为5年，均采取承诺保底收益合同版本，实际到账资金2731.5亿元。[①]

养老保险基金保值增值是促进基金可持续发展的重要环节，随着委托全国社保基金理事会对基本养老保险累计结余基金进行投资的省份不断增多，标志着我国在养老保险基金保值增值方面迈出了重要的一步，为下一步探索更加科学的保值增值方法积累了宝贵的经验。

三　职工养老保险待遇情况

（一）待遇增长率继续下降、调待方式和个人账户记账利率仍待规范

我国自2005年开始，根据国务院发布的《国务院关于完善企业职工基本养老保险制度的决定》，“根据职工工资和物价变动等情况”，适时调整企业退休人员基本养老金水平，当时规定的调整幅度为各省份当地企业在岗职工平均工资增长率的一定比例。在2016年以前，这一比率一直平均保持在10%以上，自2016年开始，这一比率下调至6.5%，2017年进一步下调至5.5%。由于之前的待遇调整方式更多地通过行政指令的方式公布，调待比率下降难免会造成普通职工的反对和担忧。此外，近年来由于经济下行、人口老龄化日益严峻等因素的影响，城镇职工养老保险基金面临严峻的挑战。在这一背景下，我国更应该规范退休人员养老金待遇调整方式，避免过多的行政干预，增加职工养老保险政策的可预期性，稳定广大职工队伍。

除基本养老保险待遇调整之外，2017年我国在个人账户记账利率方面有了重要进展。人社部联合财政部于2017年4月发布了《统一和规范职工养老保险个人账户记账利率办法》，对企业职工基本养老保险和职业年金个

① 《全国社会保障基金理事会基本养老保险基金受托运营年度报告（2017年度）》，全国社会保障基金理事会网站，http://www.ssf.gov.cn/yljjtzgl/201811/t20181126_7483.html，2018年11月26日。

人账户记账利率进行了规定。按照这一办法，2016 年和 2017 年的个人账户记账利率分别高达 8. 31% 和 7. 12%。显然，这一办法有利于提高职工参保的积极性，但如何维持个人账户较高的记账利率，又不给财政增加更大的负担，恐怕需要更进一步测算、论证与规范。

（二）职工基本养老保险替代率基本达标但与缴费率不匹配

根据国际劳工组织（ILO）1952 年公布的《社会保障最低标准公约》（102 号公约），缴费 30 年之后替代率应至少达到参考工资的 40%。ILO 在 1967 年公布的 128 号公约中，又把这一标准提高到 45%。考虑到我国社会职工平均工资与在岗职工平均工资的比例，我国职工基本养老保险的替代率水平基本达标。

按照 2016 年 45. 70% 的替代率，只需要 16. 32% 的缴费水平便可实现。如果考虑我国实际缴费基数与社会职工平均工资之间的差异以及社会职工平均工资与在岗职工平均工资之间的差异，企业和职工实际缴费率达到 25% 左右即可实现。因此，基本养老保险缴费率仍有一定的下降空间。由于我国城镇职工养老保险名义缴费率畸高，导致企业和职工逃避缴费、逃避参保动机均较为强烈。参保率不高，低报、瞒报工资现象普遍，同时覆盖面难以有效扩大、缴费基数不实，拉低了实际缴费率。只有逐步做实缴费基数，并在此基础上降低缴费率，才能捋顺缴费率和替代率、制度赡养率之间的关系，从而提高制度吸引力。

（三）职工基本养老保险待遇占城镇居民家庭人均可支配收入情况

与其他发达国家不同，在我国养老保险体系中其他支柱基本处于缺位状态，对基本养老保险的依赖程度非常高。近 5 年来我国城镇职工养老金待遇占城镇居民家庭人均可支配收入的比率连年上升，且有不断上升趋势（见图 6）。基本养老保险待遇是职工退休后最主要的收入来源。这种过度依赖导致我国养老保险领域的任何改革，都会产生极大的社会反响，人们对基本养老保险的期望过高，不利于基金稳健、可持续的发展。

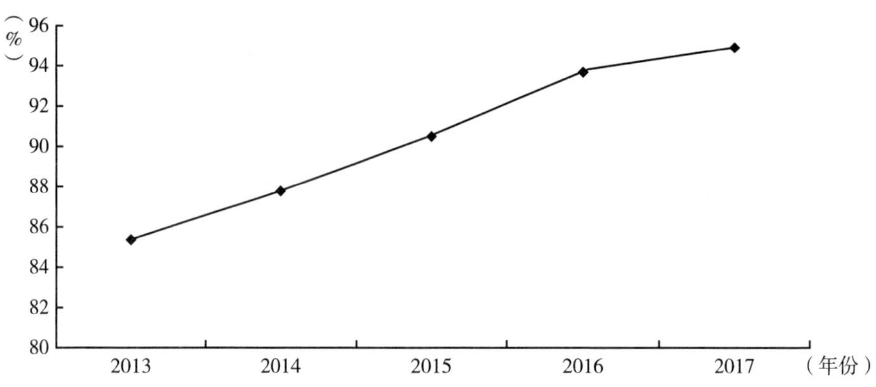

图 6　2013～2017 年人均养老金占城镇居民家庭人均可支配收入情况

数据来源：根据国家统计局网站相关数据制作。

四　职工养老保险多层次情况及建议

（一）第一支柱权责不明晰，亟待改革①

在我国现行养老保险体制下，第一支柱为城镇职工基本养老保险制度，采取“统账结合”的模式。统筹部分由企业缴费构成，承担社会共济功能；账户部分由个人缴费构成，但由于历史原因，账户和统筹部分的基金采取了混账管理的模式。多年来，我国职工养老保险制度在名义上以部分积累制存在，实际上却从未脱离现收现付制的本质。由于社会共济部分需要遵循公平原则，强调通过现收现付的方式，实现横向的代际再分配；而个人账户部分强调多缴多得，着重在于通过自我积累实现个人收入的纵向再分配。这种把承担社会共济功能的社会统筹部分和承担自我积累、激励功能的个人账户糅合在一起的做法，既没有清晰界定个人权益，也没有实现当时设定的部分积累制的改革初衷，更没有起到综合二者优点的作用，反而导致我国养老保险

① 郭鹏：《基本养老保险统账结合：历史变迁与改革建议》，《贵州社会科学》2017 年第 7 期。

制度改革难以为继，存在诸多问题。

我国应抓住国有资本划转的契机，在厘清历史负债的前提下，把追求公平性和社会共济性的社会统筹部分，与承担个人激励和积累的个人账户部分拆分开来。通过拆分，明确界定政府、企业和个人在养老保险中的责任与义务，实现从“统账结合”到统账分离的转变，让各个支柱充分发挥应有的作用。同时，应在拆分的基础上建立社会养老金制度。联合民政部、人社部和财政部等相关部门，逐步把城乡最低生活保障制度、城乡居民社会养老保险制度并入社会养老金制度，实现职工和居民在社会养老金制度领域的“起点公平”。对于拆分出的社会统筹部分，在剥离出社会养老金之后，应该以精算平衡为原则，构建常态化精算机制，增强养老保险制度财务可持续性。并借鉴国际经验，引入与人口结构变化、物价和工资增长等因素挂钩的待遇自动调整机制，规范养老金待遇调整方法。对个人账户部分应尽快明确个人账户的账户属性，通过技术手段而非行政命令的方式明确记账利率。

（二）第二支柱发展缓慢，参保增长率陷入停滞

截至2017年底，我国建立企业年金的企业有8.04万户，比上年增长5.4%；参加职工人数为2331万人，比上年增长0.26%；年末企业年金基金累计结存12880亿元。自2004年我国建立企业年金制度以来，参保职工人数以较快的比例增长。2007～2014年增长率均维持在两位数，2011年和2012年最高，分别达到18.13%和17.12%。尽管前几年参保人数增长率较高，但由于参保总职工数基数太小，2017年参加企业年金的职工总人数仅占参加城镇职工基本养老保险职工总人数的8%。值得注意的是，2015年参保人数比上年增长率只有1.00%，而2016年和2017年仅分别为0.39%和0.26%，近3年企业年金参保人数基本处于停止增长状态。

2017年12月18日，人社部和财政部联合发布《企业年金办法》，表明了政府推动企业年金发展的决心。《企业年金试行办法》自2004年颁布以来，在运行过程中出现了不少问题，该办法急需修订。此次修订一是把

“自愿”建立企业年金修改为“自主”建立，具备了半强制性的含义。二是新办法对企业和职工缴费比例进行了修改，逐步向职业年金缴费比例靠拢，缩小了企业职工与机关事业单位职工在第二支柱方面缴费方法和标准的差异。三是新办法对企业缴费的归属问题进行了规定，改变了多年来企业缴费归属不利于职工的状况，必将增强广大职工参保的积极性及与企业谈判、维护自己多层次养老权益的积极性。

在基本养老保险降低缴费率的大背景下，我国应尽快、严格划分不同支柱的界限，配合税收优惠等措施，大力支持企业年金的发展，探讨将来引入自动加入机制的可能性、进一步扩大企业年金覆盖面，缩小企业职工与机关事业单位职工在补充养老保险待遇方面的差距。

（三）第三支柱刚刚起步，仍需加大政策支持力度

2017 年 6 月，《国务院办公厅关于加快发展商业养老保险的若干意见》公布。该意见的目标是到 2020 年，“基本建立运营安全稳健、产品形态多样、服务领域较广、专业能力较强、持续适度盈利、经营诚信规范的商业养老保险体系，商业养老保险成为个人和家庭商业养老保障计划的主要承担者、企业发起的商业养老保障计划的重要提供者、社会养老保障市场化运作的积极参与者、养老服务业健康发展的有力促进者、金融安全和经济增长的稳定支持者”。尽管还需要更多的相关配套政策支持，但对于第三支柱长期缺位的养老保险体系来说，这一意见无疑是个好的开端。

2017 年 3 月，财政部做客中国政府网表示，对个人税收递延型商业养老保险试点涉及的相关政策和技术问题，已基本形成政策建议。这意味着有关第三支柱的税收优惠政策有望尽快出台，表明我国政府希望通过税收优惠等措施，鼓励建立更多样的个人养老方式。有助于改变我国养老保险第一支柱独大、第二支柱发展不健全、第三支柱缺位的状况，让政府、企业和职工合理承担相应的养老保险责任，构建多层次养老保险体系。

参考文献

郭鹏:《基本养老保险统账结合:历史变迁与改革建议》,《贵州社会科学》2017 年第 7 期。

人力资源和社会保障部社会保险事业管理中心:《中国社会保险发展年度报告(2016)》,中国劳动社会保障出版社,2017。

郑秉文:《中国养老金精算报告(2019 ~ 2050)》,中国劳动社会保障出版社,2019。

2018年中国职工职业安全状况研究

颜　峻*

摘　要： 2017年全国安全事故总量下降，较大事故下降，重特大事故下降，大部分行业领域、大部分地区安全状况好转，安全生产形势呈现“三下降两好转”的良好态势。大部分行业领域安全状况好转，煤矿、金属非金属矿山、烟花爆竹、工贸、道路运输、铁路运输、水上运输、航空运输、农业机械、渔业船舶10个行业领域实现事故数量和死亡人数“双下降”，铁路运输、航空运输、农业机械3个行业领域未发生较大以上事故；大部分地区安全状况好转，在32个省级统计单位中，有28个事故起数和死亡人数“双下降”。党的十八大以来的五年，是安全生产事业发展历程中极不平凡的五年，是安全生产工作务实推进、成效显著的五年，实现了事故总量、死亡人数、重特大事故“三个大幅下降”。

关键词： 职工　职业安全　统计与分析

一　2017年中国职工职业安全的总体状况

2017年，国内生产安全事故总体情况为，全国发生各类事故52988

* 颜峻，中国劳动关系学院副教授，主要研究领域为安全生产事故统计与分析，安全生产管理与技术。

起，死亡 37852 人，同比减少 10217 起 5210 人，分别下降 16.2% 和 12.1%。其中，亿元国内生产总值生产安全事故死亡人数 0.046 人，比上年下降 20.7%；工矿商贸企业就业人员 10 万人生产安全事故死亡人数 1.639 人，比上年下降 3.7%；道路交通事故万车死亡人数 2.06 人，比上年下降 1.9%；煤矿百万吨死亡人数 0.106 人，比上年下降 32%。虽然四项指标相对上年来说都在下降中，但就总体趋势来看，我国的生产安全总体趋势稳定在一个较低的水平（见图 1）。最终决定生产安全总体状况因素是社会生产力发展水平、经济发展水平、人口综合素质等多重因素。

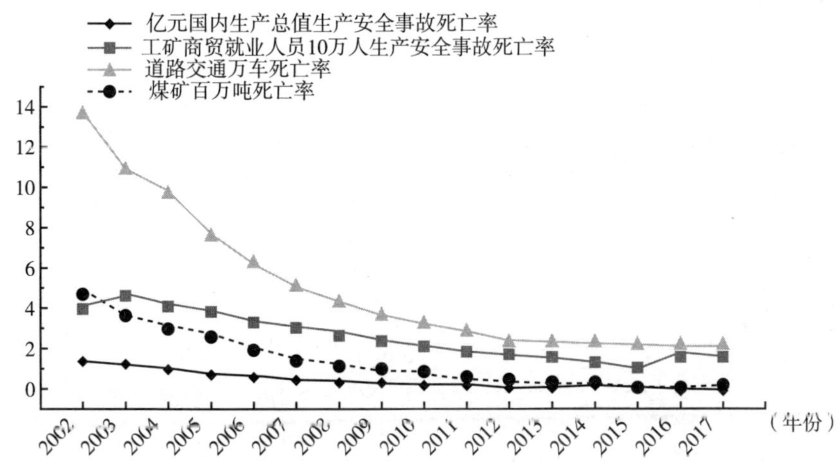

图 1　2002～2017 年生产安全事故总体性指标

2017 年，全国发生较大事故 613 起，死亡 2332 人，同比减少 136 起 522 人，分别下降 18.2% 和 18.3%；发生重大事故 24 起，死亡 306 人，同比减少 4 起 91 人，分别下降 14.3% 和 22.9%；发生特别重大事故 1 起，死亡 36 人，同比减少 3 起 137 人，分别下降 75.0% 和 79.2%。生产安全事故在各个方面都呈现下降至稳定的情况，其中特别重大事故的减少趋势最为明显，接近 80%；较大安全事故的减少最不明显。就整体而言，我国的生产安全总体趋势稳定且良好。

二 2017年中国职工职业安全的行业领域状况

（一）生产安全事故行业领域情况

2017年，农业机械，渔业船舶，煤矿，金属非金属矿山，烟花爆竹，冶金机械，铁路、道路、水上、航空运输等事故起数和死亡人数同比“双下降”；建筑业事故起数和死亡人数同比“双上升”。其中，农业机械发生事故829起，死亡130人，同比减少175起3人，分别下降17.4%和2.3%；渔业船舶发生事故172起，死亡181人，同比减少97起63人，分别下降36.1%和25.8%；煤矿发生事故219起，死亡375人，同比减少30起151人，分别下降12.0%和28.7%；金属非金属矿山发生事故407起，死亡484人，同比减少54起41人，分别下降11.7%和7.8%；化工发生事故218起，死亡271人，同比减少2起，增加41人，分别下降0.9%和上升17.8%；烟花爆竹发生事故33起，死亡55人，同比减少1起5人，分别下降2.9%和8.3%；冶金机械发生事故1735起，死亡1752人，同比减少103起94人，分别下降5.6%和5.1%；建筑业发生事故3594起，死亡3843人，同比增加71起37人，分别上升2.0%和1.0%；铁路运输发生事故1157起，死亡899人，同比减少133起33人，分别下降10.3%和3.5%；道路运输发生事故41554起，死亡26654人，同比减少9501起4842人，分别下降18.6%和15.4%；水上运输发生事故131起，死亡172人，同比减少65起31人，分别下降33.2%与15.3%；航空运输发生事故5起，死亡4人，同比减少5起15人，分别下降50.0%和78.9%。

在各行业领域事故中，交通运输业事故数量和死亡人数最多，分别占81.3%和73.9%；其次是建筑业事故数量和死亡人数，分别占6.8%和10.2%；商贸制造业事故数量和死亡人数分别占6.0%和8.6%；农、林、牧、渔业事故数量和死亡人数分别占2.2%和1.2%；采矿业事故数量和死亡人数分别占1.2%和2.3%；其他行业事故数量和死亡人数分别占2.6%和

3.8%。在2017年死亡人数中，交通运输业所占比重最大，是重点关注的一个行业；建筑业是除交通运输业以外行业中死亡人数最多的行业，与商贸制造业的死亡人数较接近；其他行业和农、林、牧、渔业的死亡人数相对较少；采矿业的死亡人数最少。

（二）生产安全较大事故行业领域情况

2017年，农业机械、铁路运输、航空运输未发生较大事故，渔业船舶、冶金机械、建筑业、道路运输和水上运输等较大事故数量和死亡人数同比“双下降”，煤矿、金属和非金属矿山、化工、烟花爆竹较大事故数量和死亡人数同比“双上升”。其中，渔业船舶发生较大事故9起，死亡46人，同比减少1起12人；煤矿发生较大事故26起，死亡104人，同比增加4起9人；金属和非金属矿山发生较大事故15起，死亡63人，同比增加8起33人；化工发生较大事故15起，死亡57人，同比增加4起21人；烟花爆竹发生较大事故5起，死亡25人，同比增加1起6人；冶金机械发生较大事故25起，死亡90人，同比减少1起7人；建筑业发生较大事故64起，死亡254人，同比减少11起21人；道路运输发生较大事故382起，死亡1411人，同比减少121起494人；水上运输发生较大事故9起，死亡40人，同比减少7起23人。在各行业领域较大事故中，交通运输业较大事故数量和死亡人数最多，分别占64.1%和62.6%；其次是商贸制造业，较大事故数量和死亡人数均占11.4%；建筑业较大事故数量和死亡人数分别占10.4%和10.9%；采矿业较大事故数量和死亡人数分别占6.7%和7.2%；农林牧渔业较大事故数量和死亡人数分别占1.8%和2.3%；其他行业较大事故数量和死亡人数分别占5.5%和5.7%。与2016年相比，交通运输行业有较大的下降；采矿业、商贸制造业有小幅上升的趋势，其他行业，或升或降，变化幅度不是特别明显。总体来看2017年比2016年呈现平稳下降的态势。

（三）生产安全重大事故行业领域情况

2017年，农业机械，渔业船舶，金属、非金属矿山，烟花爆竹，冶金机械，铁路、航空运输没有发生重大事故：化工、道路运输、生产经营性火灾重大事故同比“双上升”；煤矿和水上运输重大事故数量和死亡人数同比“双下降”；建筑业重大事故数量同比持平、死亡人数同比减少。其中，煤矿发生重大事故6起，死亡69人，同比减少3起60人；化工发生重大事故2起，死亡20人，同比增加2起20人；建筑业发生重大事故1起，死亡12人，同比起数持平，死亡人数减少1人；道路运输发生重大事故8起，死亡108人，同比增加1起8人；水上运输发生重大事故1起，死亡10人，同比减少2起34人；生产经营性火灾发生重大事故3超，死亡38人；其他行业发生2起，死亡30人，同比增加1起8人。

在各行业领域重大事故中，农林牧渔业没有发生重大事故，采矿业和交通运输业重大事故所占比重较大，事故数量占66.7%，死亡人数占67.3%。其中，交通运输业重大事故数量和死亡人数分别占41.7%和44.8%；采矿业重大事故数量和死亡人数分别占25.0%和22.5%；商贸制造业重大事故数量和死亡人数分别占8.3%和6.5%；建筑业重大事故数量和死亡人数分别占4.2%和3.9%；其他行业重大事故数量和死亡人数分别占20.8%和22.2%。与2016年相比，变化幅度最大的是农、林、牧、渔业，重大生产安全事故的数量和死亡人数是2016年的5倍左右，其他行业的重大生产安全事故数量和死亡人数也比2016年增加了较多；除了采矿业生产安全事故数量和死亡人数有明显的下降外，都与2016年几乎持平，这与2017年各行业的总体安全形势相同。

2017年重大事故与2016年总体情况相近，但农、林、牧、渔业的变化幅度最大，其重大事故死亡人数和事故数量都有较大增长；其他行业的死亡人数事故数量也有较大幅度的增长。在采矿业，2017年重大事故的死亡人数和事故数量有比较明显的下降；商贸制造业和建筑业的事故数量相同，死亡人数变化不大。

（四）生产安全特别重大事故行业领域情况

2017年，道路运输发生1起特别重大事故，死亡36人，事故数量同比持平，死亡人数增加 1 人；煤矿未发生特别重大事故，同比减少 2 起 65 人；建筑业未发生特别重大事故，同比减少 1 起 73 人。

三　2017年中国职工职业安全的全国各地区状况

（一）生产安全事故全国各地区情况

2017 年，在全国 32 个省级统计单位中，发生事故多的前 3 个单位依次是江苏发生 7170 起，广东发生 7044 起，浙江发生 3383 起；发生事故最少的前 3 个单位依次是新疆生产建设兵团发生 24 起，宁夏发生 256 起，海南发生 342 起。死亡人数最多的前 3 个单位依次是江苏死亡 4393 人，广东死亡 3726 人，浙江死亡 2715 人；死亡人数最少的前 3 个单位依次是新疆生产建设兵团死亡 26 人，西藏死亡 187 人，宁夏死亡 196 人。2017 年发生事故数量和死亡人数最多的是江苏，其次是广东；发生事故数量与死亡人数最少的是新疆生产建设兵团；从整体上看，各地区死亡人数以及事故数量两极分化严重。重庆每亿元死亡人数最多，上海的每亿元死亡人数最少（见图 2），各个地区的国民生产总值与死亡人数呈现负相关。

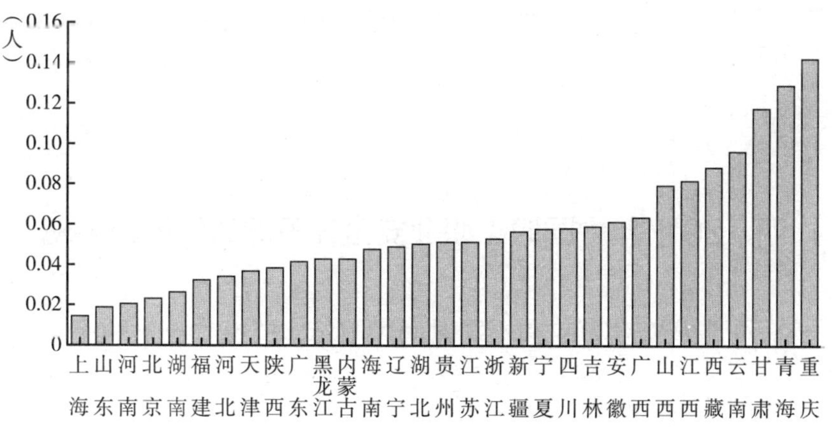

图 2　2017 年各地区生产安全事故每亿元死亡人数

（二）生产安全较大事故全国各地区情况

2017 年，新疆生产建设兵团未发生较大事故。在发生事故的单位中，较大事故数量最多的是广东和云南，各发生 44 起；发生事故数量最少的是青海和宁夏，各发生 6 起。死亡人数最多的是广东，死亡 176 人；死亡人数最少的是北京和青海各死亡 22 人。

（三）生产安全重大事故全国各地区情况

2017 年，有半数省级单位发生了重大事故：在全国 32 个省级统计单位中，吉林、上海、安徽、福建、湖北、广西、海南、重庆、四川、西藏、陕西、甘肃、青海、宁夏、新疆、新疆生产建设兵团 16 个单位没有发生重大事故，占 50%；在发生重大事故的 16 个单位中，湖南发生 3 起重大事故，河北、黑龙江、江西、河南、贵州各发生 2 起重大事故。从死亡人数上看，湖南死亡人数最多，达 40 人；其次是贵州，为 29 人。云南、江苏、山东、天津、辽宁、山西不仅具有相同的事故数量相同，而且死亡人数是所有地区里面最少的，湖南的重大事故数量和重大事故死亡人数都是最多的。

（四）生产安全特别重大事故全国各地区情况

2017 年，在全国 32 个省级统计单位中，陕西发生 1 起特别重大事故，死亡 36 人。

四　2017 年中国职工职业安全在不同时间段的表现

（一）生产安全事故在不同时间段的总体情况

从事故发生时间看，具有以下特征。

3 月发生事故数量最多，全国共发生 5001 起；7 月死亡人数最多，死亡 3593 人。2 月事故数量和死亡人数最少，全国共发生 3566 起，死亡 2487

人。事故起数和死亡人数在 3 月、7 月和 11 月有所增加，在其余月份减少。

二季度事故数量最多，三季度死亡人数最多；四季度事故数量最少，一季度死亡人数最少。事故数量全年呈现二季度增加，三、四季度减少的状况。事故死亡人数全年呈现二、三季度增加，四季度减少的状况。

从事故数量分析：一季度发生各类事故 12520 起，占全年事故总数的 23.6%；二季度发生各类事故 14037 起，占全年事故总数的 26.5%；三季度发生各类事故 13582 起，占全年事故总数的 25.6%；四季度发生各类事故 12090 起，占全年事故总数的 22.8%。

从死亡人数分析：一季度死亡人数共计 8692 人，占全年事故总数的 23.0%；二季度死亡人数共计 9989 人，占全年事故总数的 26.4%；三季度死亡人数共计 10177 人，占全年事故总数的 26.9%；四季度死亡人数共计 9186 人，占全年事故总数的 24.3%（见图 3）。

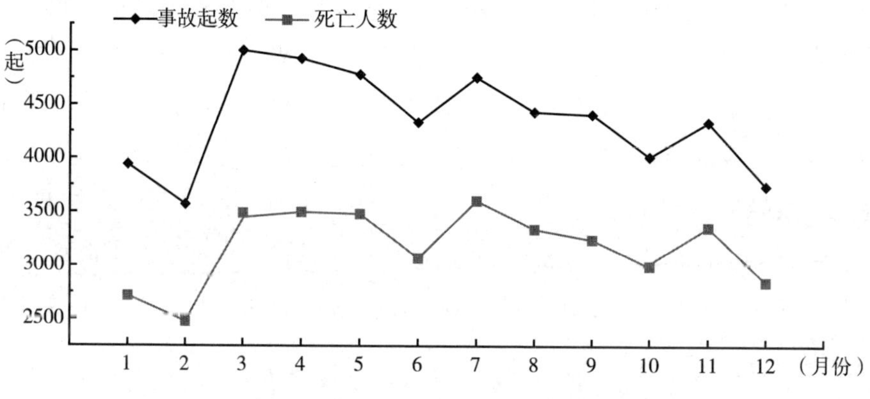

图 3　2017 年全国各个月份死亡人数和事故数量

（二）生产安全较大事故在不同时间段的总体情况

5 月较大事故和死亡人数最多，发生 66 起，死亡 241 人。2 月发生较大事故最少，发生 41 起；10 月死亡人数最少，死亡 152 人。较大事故数量和死亡人数全年波动变化较大，分别在 3 月、5 月、7～8 月和 11 月有所增加，其余月份有所减少。

三季度较大事故数量和死亡人数最多，一季度较大事故起数最少，四季度死亡人数最少。较大事故起数和死亡人数呈现二、三季度增加，四季度减少的态势。从较大事故起数分析：一季度发生各类较大事故141起，占23.0%；二季度发生各类较大事故163起，占26.6%；三季度发生各类较大事故167起，占27.2%；四季度发生各类较大事故143起，占23.3%。

从较大事故死亡人数看，一季度死亡人数共计552人，占全年死亡总数的23.7%；二季度死亡人数共计600人，占全年死亡总数的25.7%；三季度死亡人数共计635人，占全年死亡总数的27.2%；四季度死亡人数共计551人，占全年死亡总数的23.6%。与总体的生产安全事故情况相近，较大生产安全事故的数量与死亡人数的季度和月度的态势相同；对于季度数据来说，二、三季度较大安全生产事故数量和死亡人数相对较多，但总体来说四个季度的较大生产安全事故数量和死亡人数相差不大；与较大生产安全事故数量相同，第三季度的较大生产安全事故数量与死亡人数最多，其次是第二季度，第一季度的较大生产安全事故数量与死亡人数最少。就月度数据而言，较大生产安全事故的死亡人数与事故数量呈现波动状态，波峰集中在1月、3月、5月、7月和11月，波谷集中在2月、4月、6月、10月、12月。较特殊的是8月处于波峰，9月处在下降区；事故数量和死亡人数最多的是5月，事故数量最低的在2月，死亡人数最低的在10月。

（三）生产安全重大事故在不同时间段的总体情况

从事故发生时间看，具有以下特征。

5月发生重大事故最多，发生4起；8月、10月未发生重大事故；6月发生1起；其余8个月重大事故波动不大，波幅在2~3起之间。

二季度发生重大事故数量和死亡人数最多，四季度发生重大事故数量和死亡人数最少。重大事故数量和死亡人数呈二季度增加，三、四季度减少的态势。从事故数量分析：一季度发生重大事故7起，占29.2%；二季度发生重大事故 8 起，占 33.3%；三季度发生重大事故 5 起，占 20.8%；四季度发生重大事故 4 起，占 16.7%；

从死亡人数来看：一季度死亡人数共计 87 人，占 28.4%；二季度死亡人数共计 108 人，占 35.3%；三季度死亡人数共计 62 人，占 20.3%；四季度死亡人数共计 49 人，占 16.0%。

（四）生产安全特别重大事故在不同时间段的总体情况

从事故发生时间看，全年只有 8 月发生 1 起特别重大事故，死亡 36 人，其他月份未发生特别重大事故。

五　2017年全国职工职业安全状况特点及问题分析

1. 主要特点

2017 年，全国安全生产形势持续好转，主要表现出以下特点。

（1）事故总量同比持续下降。全国发生各类事故 52988 起，死亡 37852 人，同比减少 10217 起 5210 人，分别下降 16.2% 和 12.1%。

（2）较大事故同比持续下降。全国发生较大事故 613 起，死亡 2332 人，同比减少 136 起 522 人，分别下降 18.2% 和 18.3%。

（3）重特大事故得到有效遏制。全国发生重大事故 24 起，死亡 306 人，同比减少 4 起 91 人，分别下降 14.3% 和 22.9%。其中，特别重大事故 1 起，死亡 36 人，同比减少 3 起 137 人，分别下降 75.0% 和 79.2%，是近 10 年来重特大事故最少的年份。

（4）大部分行业领域呈现持续下降态势。煤矿，金属、非金属矿山，烟花爆竹，冶金机械，铁路、道路、水上、航空运输，农业机械，渔业船舶等行业领域均实现了事故总起数和死亡人数“双下降”；金属、非金属矿山，烟花爆竹，冶金机械，渔业船舶，铁路、航空运输全年未发生特大事故，发生重特大事故的行业领域较 2016 年减少 2 个；农业机械未发生较大以上事故，民航继续保持安全飞行记录。

（5）大部分地区安全形势稳定。在 32 个省级统计单位中，有 28 个单位事故数量和死亡人数同比“双下降”，有 26 个单位较大事故数量和死亡人数同比“双下降”或持平，吉林、上海、安徽、福建、湖北、广西、海南、重庆、四川、西藏、甘肃、青海、宁夏、新疆和新疆生产建设兵团 15 个单位未发生重特大事故，发生重特大事故的单位较 2016 年减少 6 个。

（6）多数月份事故同比下降。全年有 10 个月份事故数量和死亡人数同比“双下降”，9 个月份较大事故起数和死亡人数同比“双下降”，9 个月份重特大事故起数同比下降或持平。

2. 存在的问题

（1）事故总量仍然偏大。尽管事故总量实现连续“双下降”，但事故总量仍然偏大，全年发生 52988 起事故，平均每天有 145 起事故发生；死亡人数 37852 人，平均每天有 104 人死亡，安全风险仍然偏高，安全生产形势依然严峻。

（2）部分行业领域安全状况不乐观。交通运输业事故数量和死亡人数均居第 1 位，分别占 81.3% 和 73.9%；建筑业事故数量和死亡人数同比分别上升 2.0% 和 1.0%；化工事故死亡人数上升 17.8%。

（3）地区安全状况不平衡。江苏、广东和浙江事故总量较大，广东、云南、山东和四川较大事故较多，陕西发生了特别重大事故，湖南重大事故多发。

（4）重特大事故仍然时有发生。虽然全年重特大事故同比下降，实现了历史最好水平，但重特大事故尤其是特别重大事故仍然时有发生。2017 年发生重大事故 24 起，死亡 306 人。特别是 2017 年 8 月 10 日陕西安康市宁陕县发生 1 起特别重大事故，造成 36 人死亡。现阶段重特大事故发生概率并不低，防范和遏制重特大事故仍然任重道远。

（5）一些时段事故较为频发多发。二、三季度安全生产形势较为严峻，其中二季度发生事故最多，三季度因事故死亡人数居各季度之首。

从月度趋势分析看，3 月事故起数最多，其次为 4 月和 5 月。5 月发生 4 起重大事故。

六　2017年火灾情况

2017 年，全国火灾形势总体保持平稳，共接报火灾 28. 1 万起（不含森林、草原、军队、矿井地下部分及铁路、港航系统火灾，下同），死亡 1390 人，受伤 881 人，已经核查的直接财产损失 36 亿元，与 2016 年相比，分别下降 13%、12. 6%、19. 4% 和 12. 7%。其中，较大火灾 65 起，同比减少 2 起；重大火灾 6 起，同比增加 6 起；全年未发生特别重大火灾。

（一）城乡火灾总体下降，农村乡镇死亡人数相对较多

从分区域火灾对比看，城市（含县城）发生火灾 13. 1 万起，比上年下降 15. 2%；农村乡镇发生火灾 13. 1 万起，比上年下降 11%；开发区、旅游区等其他区域发生火灾 1. 9 万起，比上年下降 11. 6%。从火灾死亡人数分布看，农村乡镇火灾死亡 712 人，占总数的 51. 2%；城市火灾死亡 640 人，占总数的 46%；开发区、旅游区等其他区域火灾死亡 38 人，占总数的 2. 7%。在 6 起重大火灾中，城市 4 起，农村 2 起；在 65 起较大火灾中，农村 34 起，城市 29 起，其他区域 2 起。

（二）非重点单位火灾占九成，重点单位火灾比重小

从火灾发生单位看，发生在居（村）民住宅及小单位小场所等非消防安全重点单位的火灾共 25. 8 万起，死亡 1317 人，伤 810 人，直接财产损失 31. 5 亿元，分别占总数的 91. 8%、94. 7%、91. 9% 和 87. 6%；其中较大火灾 60 起占总数的 92. 3%，重大火灾 5 起占总数的 83. 3%。发生在消防安全重点单位的火灾共 2. 3 万起，死亡 73 人，伤 71 人，直接财产损失 4. 5 亿元，分别只占总数的 8. 3%、5. 3%、8. 1% 和 12. 4%。

（三）居（村）民住宅火灾死亡人数突出，老幼病残者居多

从火灾死亡人数场所看，居（村）民住宅发生火灾 12. 5 万起，死亡

1071 人，分别占总数的 44.3% 和 77.1%；商场市场、宾馆饭店、歌舞娱乐、学校医院、车站码头等人员密集场所发生火灾 2 万起，亡 144 人，分别占总数的 7.3% 和 10.4%。此外，厂房死亡 37 人，仓储场所死亡 19 人，交通工具死亡 16 人，工地死亡 12 人，农副业生产场所死亡 11 人，其他场所死亡 80 人。从死亡人员的构成看，未成年人和老年人共 714 人，占总数的 51.4%；残疾、瘫痪、精神病人共 487 人，占总数的 35%（因分别进行统计，两种分类存在交叉）。

（四）地下、化工等火灾下降，高层建筑火灾有所增加

地下建筑发生火灾 568 起，死亡 2 人，伤 1 人，直接财产损失 732.8 万元，与上年相比，数量、伤人和损失分别下降 17.6%、50% 和 2.8%，死亡持平，未发生较大以上火灾。石油化工企业发生火灾 317 起，消防队伍处置石油化工企业爆炸、燃烧事故 1579 起，与上年相比，分别下降 11.9% 和 16.5%。高层建筑发生火灾 6043 起，死亡 102 人，伤 87 人，直接财产损失 1.2 亿元，与上年相比，分别上升 12.1%、43.7%、52.6% 和 19.2%；其中发生较大火灾 6 起、重大火灾 2 起，分别增加 5 起和 2 起；8 起较大以上火灾共死亡 40 人，伤 24 人，致使高层建筑火灾伤亡增幅较大。此外，大型综合体全年未发生突出火情。

（五）电气系引发火灾主因，多数为电气线路问题

因电气原因引发的火灾占总数的 35.7%，其中电气线路问题占电气火灾总数的 62.2%，电器设备故障占 31.3%，其他电气方面原因占 6.5%；用火不慎占 22%，吸烟占 8%，自燃占 4.6%，生产作业占 4%，玩火占 3%，放火占 1.3%，雷击静电占 0.2%，原因不明确占 4.2%，其他原因占 17.1%。在 65 起较大火灾中，电气引发的有 35 起；在 6 起重大火灾中，电气引发的有 3 起。

（六）冬春季节火灾相对多发，夏秋季节明显回落

冬春季节天气寒冷、风干物燥、重大节日多，火灾发生概率高，共发生火灾 16.9 万起，死亡 874 人，伤 529 人，直接财产损失 21 亿元，分别占总

数的60%、62.9%、60%和58.3%。其中，较大火灾38起，占总数的58.5%；重大火灾3起，占总数的50%。夏秋降水增多，火灾相比冬春迅速回落，共发生火灾11.3万起，死亡516人，伤352人，直接财产损失15亿元，分别占总数的40%、37.1%、40%和41.7%。

（七）一天中10~20时火灾多发，凌晨发生火灾死亡较多

10~20时，由于是全天生产生活和用火、用电、用油、用气等的高峰期，发生火灾的概率比较大，每个时段（2小时）的火灾都在3万起左右，其余时段火灾相对较少。凌晨时分特别是4~6时为全天火灾最少的时段，但由于此时人员多处于睡眠状态，发生火灾往往难以及时发现、处置和逃生，凌晨0~6时的火灾只占全天的13.6%，但死亡人数占全天的43.4%，在较大火灾中占总数的64.6%，在重大火灾中占总数的50%。

（八）消防队伍处警任务增多，救援救助比重较大

从接处警情况看，全年消防队伍（含非现役专职消防队）共接警出动118.9万起，出动人员1311.5万人次，出动车辆224.8万辆次，分别比上年增加3.9%、5.8%和6.9%，共营救遇险被困人员15.7万人，抢救保护财产价值282.6亿元。从处警类别看，火灾扑救27.9万起，占总数的23.5%；抢险救援33.6万起，占28.3%；社会救助31万起，占26.1%；公务执勤1.7万起，占1.4%；其他出动24.7万起，占20.8%。在灭火救援战斗中，共有6名消防员牺牲，5人受伤。

七 对策及建议

（一）切实落实企业安全生产主体责任，完善企业安全生产责任制建设

企业是安全生产的责任主体，必须将安全生产责任制建立和落实作为做好安全生产工作的出发点和着力点来抓。企业应制定各级领导、各职能部

门、各级人员的安全生产责任制，明确规定各级单位的主要负责人是安全生产第一责任人，对本单位的安全生产负全面责任，分管领导对各自分管工作范围的安全生产负领导责任，各级人员在各自岗位上对安全生产负相应的责任，做到各有职守、各负其责。将年度安全生产总目标层层分解，明细到单位、班组和个人，签订安全目标责任书，形成层层有人抓，事事有人管，级级有人抓，层层有落实的管理体系。

（二）建立并落实安全生产风险分级管控和隐患排查治理双重预防机制

深入开展安全标准化建设工作，建立安全生产长效机制。安全标准化是运用系统工程原理，对安全生产的规章制度、操作规程、风险管理、人员培训和事故应急救援等进行全员、全过程、全方位和全天候管理，是安全生产管理的长效机制。企业在开展安全标准化工作中，应根据安全标准化规范的要求，重新建立安全管理组织机构和安全管理网络。2015 年 12 月，习近平总书记在中共中央政治局常委会会议上发表重要讲话："必须坚决遏制重特大事故频发势头，对易发重特大事故的行业领域采取风险分级管控、隐患排查治理双重预防性工作机制，推动安全生产关口前移，加强应急救援工作，最大限度减少人员伤亡和财产损失。"双重预防工作机制作为一个崭新的思路是对安全理论的重大创新。国务院安委会连续下发了多份政策文件对双重预防予以推进和落实，在《中共中央国务院关于推进安全生产领域改革发展的意见》中也明确和强调了双重预防在事故防控方面的重要作用。在这些文件的支持下，双重预防体系逐渐形成完整的架构。企业应以安全生产标准化创建为主，开展和融入风险分级管控和隐患排查治理的工作，双重预防体系是安全生产标准化的具体方法，是验证安全工作的一个最有效的抓手，是安全管理的核心，在安全生产标准化中起到举足轻重的作用。

（三）充分提升注册安全工程师在企业安全管理中的职能与作用

企业应充分发挥注册安全工程师在安全管理等方面的技术支撑与管理作

用。企业应根据重大危险源的数量、职工数量、安全生产业绩、风险指数等，不断壮大本企业注册安全工程师队伍，积极发挥注册安全工程师在安全生产工作中的权威性和专业性。企业可以鼓励安全管理、消防、生产技术、调度等专业人员报考注册安全工程师，让更多的生产一线人员进入企业安全管理工作岗位。同时，针对安全生产工作任务重、技术性和综合性强的特点，企业应为注册安全工程师营造良好的执业氛围，建立有效的发展机制，在促进注册安全工程师队伍持续健康发展的同时，实现企业安全生产目标。

国家应该进一步健全注册安全工程师相关法律法规，并加大执法力度，让他们体充分发挥应有的作用，为我国安全生产事业做出贡献。通过注册安全工程师执业资格制度的逐步实施，尽快将企业安全生产管理工作纳入法制化、规范化轨道。

（四）强化安全培训和宣传教育，巩固提高全员安全素质

安全培训教育是企业安全工作中的重要组成部分，是安全生产的基础性工作，也是提高员工安全意识、防范事故发生和保障安全生产的重要手段。企业应致力于通过各种途径、采用多种形式，面向一线，贴近实际，强化安全培训和宣传教育。从宣传安全发展科学理念，普及安全生产法律法规和安全知识入手，开展各工种、各层次人员的教育培训工作，在安全素质层面筑牢安全生产防线。

参考文献

国家安监总局统计司：《2016 年全国生产安全事故统计分析报告》（内部资料），2017 年 7 月。

国家安监总局：《中国安全生产年鉴（2017）》，煤炭工业出版社，2018。

国家统计局：《2017 年国民统计和社会发展统计公报》，国家统计局网站，2018 年 2 月 28 日。

2018年中国职工职业卫生状况研究

唱 斗*

摘 要： 本文从职业卫生总体状况、不同种类、不同行业职业病的发病特点等方面对我国职工职业卫生状况进行了分析，并提出了具体的防控措施。数据显示，2005～2018年职业病新发病例总体呈现先上升、后下降的趋势，2016年新发病例首次突破3万人，2018年稍有下降，为23497人。职业病构成比以职业性尘肺病（含其他呼吸系统疾病）、职业中毒居前两位。职业危害仍以传统的职业性有害因素及其对健康的损害为主，矽肺和煤工尘肺发病人数占职业性尘肺病的构成比最高，是危害最严重的职业性尘肺病。与其他行业相比，煤炭行业仍是高危行业，职业病发病人数居首位。本文从制订职业接触限值、加强监管监控、职业健康监护等方面提出具有可行性的对策建议。

关键词： 职业卫生　职业病　职业性尘肺病　煤炭行业

一　2018年中国职工职业卫生总体状况

（一）职业病新发病例总体呈现先升后降趋势

人们在职业活动过程中可接触到化学因素、物理因素、生物因素等多种

* 唱斗，中国劳动关系学院安全工程系副教授，中国职业安全健康协会标准工作委员会委员，中国机械工程学会环境与安全专业委员会委员，注册职业卫生师。

职业性有害因素，以及对劳动者健康、安全和作业能力造成不良影响的工作条件。《中华人民共和国职业病防治法》将职业病定义为：“职业病是指企业、事业单位和个体经济组织等用人单位的劳动者在职业活动中，因接触粉尘、放射性物质和其他有毒、有害因素而引起的疾病。”1957 年卫生部在《职业病范围和职业病患者处理办法的规定》中，确定了 14 种法定职业病。1987 年该规定将修订的职业病名单增加到 9 大类 99 种职业病，并由卫生部、劳动部、财政部和全国总工会联合发布。同时，还规定了这类疾病需由国家认定的有职业病诊断权的医疗卫生机构进行诊断。2002 年 4 月，卫生部和劳动保障部联合印发了《职业病目录》，其内容包括尘肺、职业性放射病、职业中毒、物理因素所致职业病、生物因素所致职业病、职业性皮肤病、职业性眼病、职业性耳鼻喉口腔疾病、职业性肿瘤和其他职业病，共计 10 大类 115 种。

2013 年 12 月，国家卫生计生委、人社部、国家安全监管总局、全国总工会 4 部门联合印发的《职业病分类和目录》。《职业病分类和目录》将职业病分为职业性尘肺病及其他呼吸系统疾病、职业性皮肤病、职业性眼病、职业性耳鼻喉口腔疾病、职业性化学中毒、物理因素所致职业病、职业性放射性疾病、职业性传染病、职业性肿瘤和其他职业病，共计 10 大类 132 种。原《职业病目录》予以废止。国家卫生健康委员会的统计数据显示，自 2005 年以来职业病新发病例总体呈现先上升后下降的趋势。2010 年职业病新发病例突破 2 万人，为 27240 人。2016 年新发病例首次超过 3 万人，为 31798 人，2017 年与 2018 年较 2016 年有所下降，分别为 26756 人和 23497 人（见图 1）。

职业病发病率是指某年新增病例占这个时期从事相关作业人数的比例。2005 ~2018 年的发病率波动范围在 3. 89/10 万人 ~8. 32/10 万人。其中 2011 年发病率最高，为 8. 32/10 万人。2018 年发病率为 5. 41/10 万人，较 2017 年有所下降（见图 2）。

2005 ~2018 年职业病累计患病人数（含 2005 年以前的病例）不断增加，2008 年超过 70 万人，2012 年超过 80 万人，2016 年突破 90 万人

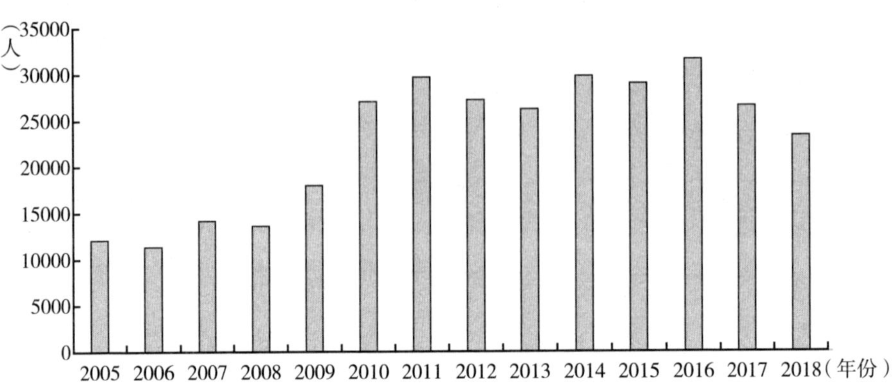

图 1　2005～2018 年我国职业病新发病例

资料来源：国家卫生健康委员会网站。

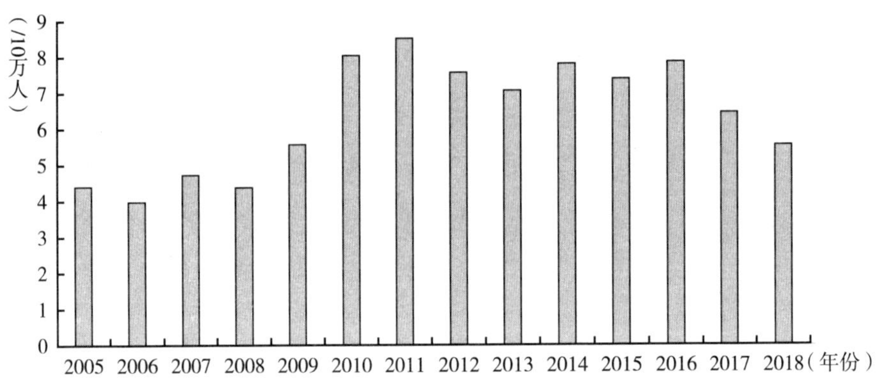

图 2　2005～2018 年我国职业病发病率变化情况

资料来源：国家卫生健康委员会网站、国家统计局网站。

（见图 3）。

职业病患病率是指某年新旧病例合计占这个时期从事相关作业人数的比例。从 2005～2018 年的患病率（含 2005 年以前的病例）可以看出，2005 年的患病率最高为 23.43/万人，2010 年患病率最低为 21.62/万人，2018 年患病率为 22.45/万人（见图 4），呈先下降后上升的态势。

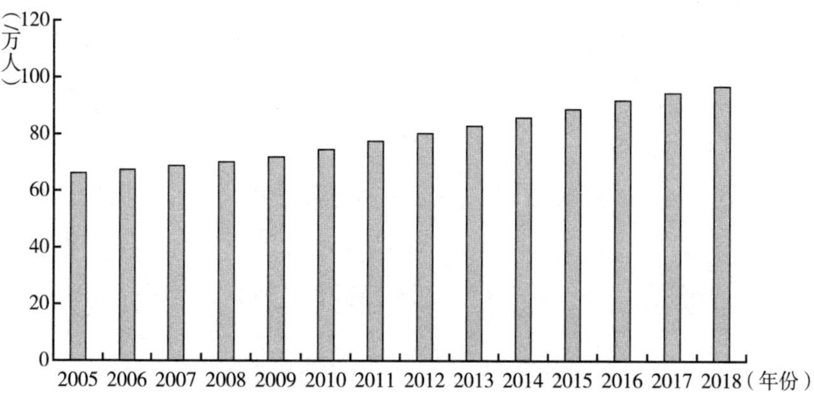

图3 2005～2018年我国职业病累计患病总人数

资料来源：国家卫生健康委员会网站。

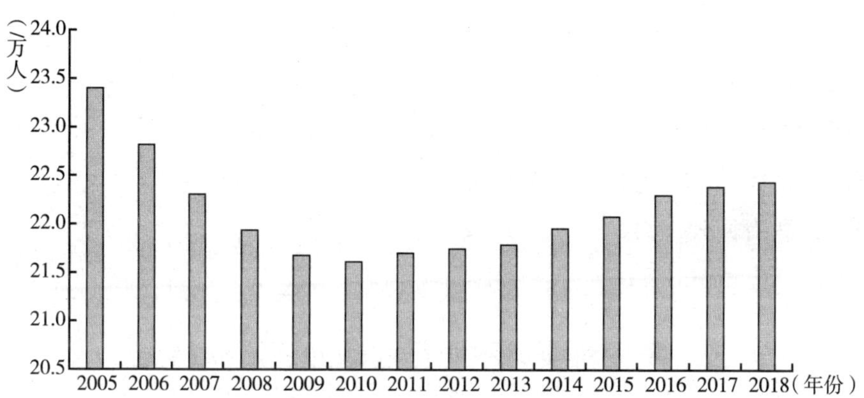

图4 2005～2018年职业病患病率变化情况

资料来源：国家卫生健康委员会网站、国家统计局网站。

（二）职业性尘肺病发病人数居首位

职业性尘肺病是指在生产劳动过程中长期吸入粉尘而发生的以肺组织纤维化为主的疾病，是当前我国由粉尘引起的职业性肺部疾患中危害最严重的一类疾病，是发病率最多的法定职业病之一。2007年职业性尘肺病（含其他呼吸系统疾病）新发病例超过1万人，为10963人；2010年新发病例突破2万人，为23812人；2016年新发病例达到28088人；之后有所回落，至2018年新发病例较2017年减少3266人，为19524人。

有数据显示，2005～2018年职业性尘肺病（含其他呼吸系统疾病）病例占职业病发病总人数的比例维持在一个较高的水平。最低时为2005年的75%，最高时为2015年的90%。2018年职业性尘肺病病例（含其他呼吸系统疾病）所占比例为83%，较2017年稍有降低，其他职业病所占比例为17%。

（三）职业中毒发病人数仅次于职业性尘肺病

毒物是指在一定的条件下，较小剂量即可引起机体暂时或永久性病理改变，甚至危及生命的化学物质。《职业病分类和目录》中公布的涉及职业毒物的包括金属与类金属、刺激性气体、窒息性气体、有机溶剂、苯的氨基和硝基化合物、高分子化合物、农药等种类，包含有铅、汞、砷、锰、氯气、氨气、硫化氢、苯、甲苯、汽油、除草剂、杀虫剂等等。有数据显示，2005～2018年职业中毒发病人数占职业病发病总人数的比例呈现先下降后上升的态势。2005～2015年职业中毒构成比例从16.3%下降到3.2%；2018年较2017年稍有回升，为5.7%。

二　不同种类、不同行业职业病发病特点

（一）矽肺和煤工尘肺是主要的职业性尘肺病

采矿业、修路、造桥、地铁等基础设施建设以及房地产业的蓬勃发展在一定程度上加重了职业人群患职业性尘肺病（有13种）和其他呼吸系统疾病（有6种）的风险。

1. 矽肺、煤工尘肺是危害最严重的职业性尘肺病

矽肺是职业性尘肺病中最常见、危害最严重的一种类型。矽肺是指由于长期吸入高浓度游离二氧化硅粉尘所引起的，以肺组织纤维化为主的疾病。

常见的矽尘作业有采掘、凿岩、爆破、运输、选矿，修建公路、铁路等隧道的开挖，石粉厂、玻璃厂、陶瓷厂、耐火材料厂原料破碎研磨、筛分、配料，机械制造中配料、铸型、清砂、喷砂等。煤工尘肺是长期吸入煤尘和/或游离二氧化硅粉尘所引起的肺组织的纤维化改变，预后较差。矽肺和煤工尘肺的病人有长期咳嗽、病程后期有渐进性呼吸困难等症状。有数据显示，2005～2016年我国职业性尘肺病的年发病人数不断上升，其中矽肺和煤工尘肺发病人数占职业性尘肺发病总人数的比例最高。2005年煤工尘肺和矽肺占尘肺病发病人数的比例为90.8%；2016年发病人数为26730人，占尘肺病发病人数的比例为95.5%，维持在一个很高的水平，其他呼吸系统疾病仅占4.5%。

2.职业性尘肺病是煤炭行业常见职业病

生产性粉尘是煤炭行业常见的职业性有害因素，例如掘进、装岩、清理、运输及支护等生产过程中，均可产生大量的含有游离二氧化硅浓度比较高的矽尘、煤尘或混合性粉尘。在煤矿开采过程中由于工种不同，工人可分别接触煤尘、煤矽尘和矽尘，从而引起肺的弥漫性纤维化，形成矽肺或煤工尘肺。常见的有三种类型。

（1）在岩石掘进工作面工作的工人，包括凿岩工及其辅助工，接触游离二氧化硅含量较高的岩石，所患尘肺为矽肺，发病工龄一般为10～15年，病情进展快，危害严重。

（2）采煤工作面工人，包括采煤机手、回采工、煤仓装卸工等，主要接触单纯性煤尘（煤尘中游离二氧化硅含量在5%以下），其所患尘肺病为煤肺病，发病工龄多在20～30年，病情进展缓慢，危害较轻。

（3）接触煤矽尘或既接触矽尘又接触过煤尘的混合工种工人，其尘肺在病理上往往兼有矽肺和煤肺的特征，这类尘肺可称为煤矽肺，是我国煤工尘肺中最常见的类型，发病工龄多在15～20年，病情发展较快，危害较重。尘肺的发病情况，因开采方式不同有很大差异。露天煤矿工人的尘肺患病率很低，井下开采工作面的粉尘浓度和粉尘分散度均高于露天煤矿，尘肺患病率和发病率均较高。

与其他行业相比，煤炭行业中职业病患病人数最多的是职业性尘肺病。我国地域广大，地层结构复杂，各地煤工尘肺患病率有很大差异。此外，职业中毒是煤炭行业职业病发病人数仅次于职业性尘肺病的第二种职业危害，且以急性职业中毒为主。

（二）急慢性职业中毒发病特点不同，均以传统毒物引起的职业中毒为主

中毒是指机体受毒物作用后引起一定程度损害而出现的疾病状态。职业中毒是指作业人员在生产劳动过程中由于接触生产性毒物引起的中毒（有60种）。职业中毒分为急性职业中毒和慢性职业中毒。急性职业中毒是指一次性大剂量或在短时间（24小时）内接触生产性毒物所引起的疾病状态。慢性职业中毒是指作业人员在生产劳动过程中长期接触生产性毒物引起的中毒。职业性急慢性职业中毒发病特点各不相同。

1. 急性职业中毒起病急，以职业性一氧化碳中毒、硫化氢中毒为主

急性职业中毒多发生于冶金、煤炭、化工等行业，尤其在中小企业的发生比例较高。2005～2017年急性职业中毒的人数呈下降趋势，2005年为613人；2008年发病人数最高，为760人；2017年发病人数最低，为295人。通常，急性职业中毒较慢性职业中毒的危害更大，预后较差。有数据显示，2005～2016年急性职业中毒病死率下降趋势明显。2007年病死率最高，为12.67%；2014年死亡2人，病死率最低，为0.41%；2016年病死率为1%。

在生产劳动过程中，急性中毒病人常呈现器质性病理改变，甚至死亡，例如一氧化碳中毒、硫化氢中毒等。一氧化碳可燃，与一定比例的空气混合可产生爆炸，冶金、采矿爆破、燃气制取，工业使用的各种窑炉、煤气发生炉等均可产生一氧化碳。一氧化碳是化工原料，用于制造光气、甲醇、甲酸、丙酮等。一氧化碳进入人体后，可造成人体血液“窒息”，导致死亡。

硫化氢在空气中的浓度为4.3%～45.5%时，有爆炸危险；易聚低洼处可燃。其多为工业生产过程中的废气。常见的接触机会有含硫矿石冶炼和石

油开采、提炼及使用，生产和使用硫化染料，生产人造纤维、合成橡胶，造纸、制糖、皮革加工等，从事下水道疏通、粪坑清除。2005～2011年数据显示，急性职业中毒仍以职业性一氧化碳中毒、硫化氢中毒为主。

2. 慢性职业中毒发病人数多，以职业性铅中毒、苯中毒和砷中毒为主

慢性中毒是指毒物长期反复进入机体所引起的机体在生理、生化及病理学方面的改变，出现临床症状、体征的中毒状态或疾病状态。其与毒物性质、存在形式、接触时限、个体防护等因素关系密切。具有潜伏期长，发病人数多的特点。有数据显示，2005～2017年急慢性职业中毒人数变化比较大，其中慢性职业中毒发病人数较急性职业中毒人数多。

还有数据显示，2005～2016年常见的慢性职业中毒均为传统毒物所引起，分别是慢性铅及其化合物中毒（不包括四乙基铅）、慢性苯中毒和砷及其化合物中毒。2005～2011年慢性铅及其化合物中毒（不包括四乙基铅）发病人数最多。常见的接触机会包括铅矿及含铅矿（如锌、锡、锑等矿）的开采及冶炼，铅化合物常用于制造蓄电池、玻璃、油漆、颜料、防锈剂、杀虫剂、除草剂、搪瓷、景泰蓝、铅丹、塑料稳定剂、橡胶硫化促进剂等。职业性铅中毒大部分为慢性中毒，发病隐匿，可结合现场职业卫生学调查资料，进行综合分析，排除其他原因引起的类似疾病后，依据《职业性慢性铅中毒诊断标准》（GBZ37－2015）进行诊断。诊断结果可分为轻度、中度和重度中毒。

2012～2015年慢性苯中毒发病人数最多。苯在生产环境中，主要以蒸气形式，通过呼吸道吸入，并迅速进入血液循环分布至全身。苯主要用作化工原料、溶剂和稀释剂，其接触机会包括煤焦油分馏或石油裂解生产苯及其同系物甲苯、二甲苯，生产酚、硝基苯、香料、药物、合成纤维、塑料、染料等，在皮革、制鞋、箱包行业中用作稀释剂，在制药、橡胶加工、有机合成及印刷等工业中用作溶剂，在家庭装潢、家具、工艺品和玩具等行业。在我国，苯作业绝大多数接触苯及其同系物甲苯和二甲苯，属混苯作业。慢性中毒需根据较长期密切接触苯的职业史，以造血系统损害为主的临床表现，结合实验室检测指标和现场职业卫生学调查，排除其他原因引起的血象、骨

髓象改变，参见《职业性苯中毒诊断标准》（GBZ68－2013），方可诊断。

2016年，砷及其化合物中毒发病人数最多。砷的接触机会包括铅、铜及其他含砷有色金属冶炼，处理烟道和矿渣、维修燃烧炉，从事含砷农药、含砷防腐剂（如砷化钠）等制造和应用的作业人员可接触砷。砷化物对人体的致癌作用是一种潜伏期较长的远期效应。局部长期接触可引起皮肤癌。《职业性慢性砷中毒的诊断标准》（GBZ 83－2013）为劳动者要有较长时间密切接触砷化物的职业史，出现皮炎、皮肤过度角化、皮肤色素沉着及消化系统、神经系统为主的临床表现，参考发砷等实验室检查结果，综合分析，排除其他原因引起类似疾病，方可诊断。

（三）职业性耳鼻喉口腔疾病以职业性噪声聋发病人数最多

有数据显示，2005～2018年职业性耳鼻喉口腔疾病发病人数增长很快。2015～2018年发病人数均超过1000人；2017年最高，为1608人；2018年为1528人。职业性耳鼻喉口腔疾病以职业性噪声聋发病人数最多。职业性噪声聋是噪声对听觉系统器官长期影响的结果，是指劳动者在工作场所中，由于长期接触噪声而发生的一种渐进性的感音性听觉损伤。《职业性噪声聋的诊断标准》（GBZ 49－2014）为连续3年以上职业性噪声作业史，出现渐近性听力下降、耳鸣等症状，纯音测听为感音神经性聋，结合职业健康监护资料和现场职业卫生学调查，进行综合分析，排除其他原因所致听觉损害，方可诊断。2005～2016数据显示，职业性噪声聋是主要的职业性耳鼻喉口腔疾病。以2016年为例，发病人数为1276人，噪声聋发病人数为1220人，占职业性耳鼻喉口腔疾病发病人数的96%。

（四）职业性传染病以布鲁氏菌病为主

布鲁氏菌病是主要的职业性传染病。布鲁氏菌病是一种严重危害人民健康和畜牧业发展的人畜共患的传染病，染疫的家畜是人和畜间布鲁氏菌病的主要传染源。其流行病学特点为发病前病人与家畜或畜产品，布鲁氏菌培养物有密切接触史，或生活在疫区的居民，或与菌苗生产、使用和研究有密切关系者。有数据显示，2005～2018 年职业性传染病的发病人数呈先上升、后下降的态势。2017 年发病总人数最高，为 673 人；2018 年稍有下降，为 540 人。2016 年职业性传染病发病人数为例，总人数为 610 人，其中布鲁氏菌病为 535 人，占总发病人数的 88%。

（五）职业性肿瘤常见于苯所致白血病

职业性肿瘤是指在工作环境中长期接触职业性致癌因素，经过一定的潜伏期所引起的某种特定肿瘤，或称之为职业性癌。我国《职业性肿瘤的诊断》（GBZ 94－2017）规定，有明确的致癌物长期职业接触史，出现原发性肿瘤病变，结合实验室检测指标和现场职业卫生学调查，经综合分析，原发性肿瘤的发生应符合工作场所致癌物的累计接触年限要求，肿瘤的发生部位与所接触致癌物的特定靶器官一致并符合职业性肿瘤发生、发展的潜隐期要求，方可诊断。

有数据显示，2005～2018 年职业性肿瘤发病人数呈先上升后下降的态势，2014 年首次突破 100 人，为 119 人；2018 年发病人数为 77 人。目前，我国常见的职业性肿瘤是苯所致白血病，发病人数较高。在诊断时应同时满足以下三个条件：一是白血病诊断明确；二是有明确的过量苯职业暴露史，苯作业累计暴露年限在 6 个月以上（含 6 个月）；三是潜隐期在 2 年以上（含 2 年）。有数据显示，2007～2016 年苯所致白血病的发病人数较其他职业性肿瘤发病人数多。

（六）其他职业病

根据《职业病分类和目录》（2013 年版），本文所涉及的其他职业病包括物理因素所致职业病、职业性皮肤病、职业性眼病、职业性放射性疾病和其他职业病五大类。有数据显示，2005～2018 年物理因素所致职业病发病人数呈现先上升，后下降的态势。2017 年发病人数最高，为 399 人；2018 年发病人数为 331 人。由物理因素所致的职业病以职业性中暑为主。职业性中暑是指在高温环境下由于热平衡或水盐代谢紊乱等而引起的一种以中枢神经系统和心血管系统障碍为主要表现的急性热致疾病。2007～2016 年职业性中暑的发病人数较其他物理因素所致疾病人数多。以 2016 年为例，其他物理因素所致发病人数为 268 人，职业性中暑人数为 193 人，占 72%。

2016 年，职业性皮肤病发病人数最高，为 100 人，其中接触性皮炎发病人数最多，为 47 人，占发病总人数的比例为 47%。2018 年职业性皮肤病发病人数为 93 人，较 2017 年增加 10 人。

2005～2018 年，职业性眼病的发病人数总体呈现下降趋势，2018 年为 47 人，是检出人数最低的一年。

2018 年，职业性放射性疾病和其他职业病的发病人数分别为 17 人和 7 人。

（七）煤炭行业职业病发病人数居首位

煤炭行业是国家能源的主要来源之一，也是国家经济的重要支柱之一。由于经济发展不平衡、产业技术和管理模式落后以及人员素质不够高，使煤炭行业职业危害严重。

2006～2016 年的调查数据显示，煤炭行业职业病发病人数远远高出其他行业，居首位；并且煤炭行业职业病发病人数呈现一个上升趋势。2010 年新发职业病病例首次突破 1 万人，为 13968 人；2011～2016 年职业病发病人数均在 1 万人以上，与其他行业发病人数相比，是发病人数最多的行业。目前，煤炭行业的工作条件不完善，几乎所有的生产过程都有可能产生危害劳动者健康的职业性有害因素，例如生产性粉尘、有毒有害物质、噪声、振动、高温等。当煤矿工人长期接触这些职业性有害因素就有可能导致职业病。

总体来看，有色金属矿采选业职业病发病人数居第二位。有色金属是指铁、铬、锰三种金属以外的所有金属。在有色金属生产过程中通常产生大量废气、废水和废渣，这些职业性有害因素会对劳动者健康产生影响，甚至引起职业病或死亡。有色金属矿采选业职业病发病人数在 2006～2009 年和 2013 年居行业第二位，2010～2012 年和 2014～2016 年居行业第三位。

三　对策建议

（一）制订职业接触限值，加强职业病源头治理

随着新技术、新工艺、新设备和新材料的广泛应用，新的职业病危害因素不断出现，各类急慢性职业性化学中毒事件严重威胁人民群众的生命安全和身体健康，影响社会的和谐稳定，这是对职业病防治工作提出的新挑战。职业病具有隐匿性、迟发性特点，其危害往往被忽视。认真做好一级预防工作，即从根本上消除或最大可能地减少对职业性有害因素的接触，改革工艺，制订职业接触限值，为易感者制订就业禁忌证就显得尤为重要。

（二）加大《职业病防治法》等相关法律法规宣传力度

我国职业病防治工作的方针是预防为主，防治结合。职业卫生法律有《职业病防治法》，职业卫生法规有《使用有毒物品作业场所劳动保护条例》《尘肺病防治条例》，部门规章有《工作场所职业卫生监督管理规定》《职业病危害项目申报办法》《用人单位职业健康监护监督管理办法》《职业健康检查管理办法》《职业卫生技术服务机构监督管理暂行办法》《职业病诊断与鉴定管理办法》，规范性文件有《职业卫生档案管理规范》《用人单位职业病危害因素定期检测管理规范》《用人单位职业病危害告知与警示标识管理规范》等，职业卫生标准有《职业健康监护技术规范》《工业企业设计卫生标准》《工作场所职业病危害因素检测工作规范》《通风除尘系统运行监测与评估技术规范》《个体防护装备选用规范》《职业性苯中毒》等职业病诊断、作业场所卫生标准、职业卫生检测方法相关标准有500多个。

加强《职业病防治法》《职业病诊断与鉴定管理办法》等职业卫生相关法律法规的宣传培训，普及职业病防治知识，提高用人单位和劳动者的职业病防治意识，维护劳动者的健康权益。职业病诊断是一项政策性和科学性很

强的工作，它涉及生产管理责任、劳保待遇、劳动者的生产积极性、劳动能力鉴定和预防措施改进以及国家财政开支等一系列问题。职业病必须是列在《职业病分类和目录》中，有明确的职业相关关系，按照职业病诊断标准，由法定职业病诊断机构明确诊断的疾病。在工作中得的病不一定是法定职业病，得了《职业病分类和目录》中的疾病也不一定是法定职业病。《职业病防治法》中所规定的职业病，必须具备四个条件，即患病的主体是企业、事业单位或个体经济组织中的劳动者，必须是在从事职业活动的过程中产生的，必须是因接触粉尘、有毒、有害物质、放射性物质等职业病危害因素引起的，必须是国家公布的职业病分类和目录所列的职业病。根据我国政府规定，确诊的法定职业病必须向主管部门报告。凡属于法定职业病的患者，在治疗和休息期间及在确定为伤残或治疗无效而死亡时，均应按照劳动保险条例有关规定给予劳保待遇。对诊断有争议的，按照有关规定进行鉴定。各级卫生行政部门要加强医务人员培训，规范尘肺病救治工作，提高尘肺病治疗技术水平。

此外，要推进《劳动合同法》和《工伤保险条例》的贯彻落实，规范用人单位的劳动用工管理，督促其依法与劳动者签订劳动合同，按时足额为劳动者缴纳工伤保险费。对不依法签订劳动合同、不按规定缴纳工伤保险费的，各级人社行政部门要及时查处。各级人社行政部门要按规定及时进行工伤认定和劳动能力鉴定，依法落实其各项工伤保险待遇。对未参保尘肺病劳动者，由用人单位依法支付其各项工伤保险待遇。用人单位不支付的，工伤保险基金按规定先行支付，并由社会保险经办机构依法向用人单位追偿。未参加工伤保险，且用人单位已经不存在或无法确认劳动关系的尘肺病病人，参加基本医疗保险的，按规定享受基本医疗保险相应待遇，并可向地方人民政府民政部门申请医疗救助和生活等方面的救助。

各地要落实大病保险和医疗救助制度，及时将符合条件的尘肺病劳动者纳入大病保险和城乡医疗救助体系。上述保障制度仍不能解决医疗救治问题的，要采取多种措施，使其获得医疗救治。各级民政部门要将符合条件的尘肺病劳动者纳入较低生活保障、临时救助等社会救助范围。对尘肺病劳动者遭受突发性、紧迫性、临时性基本生活困难的，应当按规定给予临时救助。

截至2018年底，全国共有职业病诊断机构478个。连续16年组织开展《职业病防治法》宣传周活动。

（三）加强政府监督力度，特别是煤炭等高危行业

2018年，组建了国家卫生健康委员会，承担职业卫生监管职责。

各级工会组织要加强基层组织建设，努力把劳动者组织到工会中，依法对劳动者职业病防治工作进行监督。通过政府与工会联席会议、协调劳动关系三方机制、集体协商、职代会等途径，反映劳动者职业病防治诉求，推动解决劳动者职业病防治突出问题。加强平等协商和签订劳动安全卫生专项集体合同工作，督促用人单位保障劳动者职业卫生保护权利，对用人单位职业病防治工作提出意见和建议。在劳动者相对聚集的行业企业，深入开展群众性职业危害隐患排查活动。

煤炭行业是高风险行业。煤炭生产多采用地下开采，生产条件相对较差，需要解决的问题很多，预防和控制职业危害成为煤炭行业面临的难题。出现这种状况的主要原因有：煤炭行业监督不足，在执法过程中经常遇到阻力；企业将职业病危害严重，甚至危及生命安全的工作以外包或雇用临时工的方式转嫁给流动工人；企业煤矿工人健康检查的实检率低，健康监护的随意性较大，职业健康监护档案缺乏完整性、系统性和连续性，给职业病诊断带来难度；职业卫生技术服务机构缺少统一的管理平台；等等。国家卫生健康委员会和工会组织等有关部门应按照职责分工，密切配合，落实防治监管、医疗服务、经费保障等责任，确保各项防治措施落实到位。加大对煤炭等高危行业职业病防治工作的监督检查力度，依法查处违法违规行为，对工艺落后、生产性粉尘、有毒有害物质危害严重且整改无望的企业，要提请地方政府依法予以关闭。要建立生产性粉尘、有毒有害物质企业黑名单制度，对违法违规企业坚决予以曝光。加大职业病事件的查处力度，对出现群体性职业病的用人单位，依法从严从重查处并追究相关责任人的责任。

（四）加强职业健康监护

职业健康监护是以预防为目的，根据劳动者的职业接触史，通过定期或不定期的医学健康检查和健康相关资料的收集，连续监测劳动者的健康状况，分析劳动者健康变化与所接触的职业病危害因素的关系，并及时地将健康检查和资料分析结果报告给用人单位和劳动者本人，以便及时采取干预措施，保护劳动者健康。职业健康监护主要包括职业健康检查和职业健康监护档案管理等内容。

职业健康检查包括上岗前、在岗期间、离岗时和离岗后医学随访以及应急健康检查。用人单位应为劳动者建立个人职业健康监护档案，依法对劳动者进行上岗前、在岗期间和离岗时的职业健康检查，书面告知检查结果，并为离开本单位的劳动者提供档案复印件。不得安排未经上岗前职业健康检查或有职业禁忌证的劳动者从事粉尘作业，在岗期间职业健康检查发现有职业健康禁忌的，应当调离有健康损害的工作岗位。对疑似尘肺病劳动者应当及时安排进行诊断，离岗前未进行职业健康检查的劳动者不得与其解除或终止劳动合同。

截至2018年底，全国共有职业健康检查机构2754个。

（五）建立健全生产性粉尘、有毒有害物质防治的管理机构

管理机构要配备专职管理人员，负责生产性粉尘、有毒有害物质防治的日常管理工作。严格执行建设项目防尘防毒设施“三同时”，确保新建设项目的生产性粉尘、有毒有害物质的防护设施齐全有效。按照要求开展工作场所的生产性粉尘、有毒有害物质的日常监测和定期检测，加强防尘防毒设施设备维护管理，配备合格有效的个体防护用品。强化职业病危害告知和职业卫生宣教培训，提高劳动者的防范能力和自我防护意识。各级行业管理部门应深入开展矿山开采、建材生产等职业病危害严重行业领域的专项治理。

此外，当职业性有害因素开始损害劳动者健康时，应尽早发现采取补救措施。早期检测，及时处理，防止职业病的进一步发展。对职业性病损的患

者进行正确诊断、治疗，预防并发症，促进康复等。做好职业卫生工作对促进劳动者健康和劳动力资源的保护、保障社会经济的可持续发展具有重要意义。

截至2018年，实施职业健康培训工程，近10年累计培训企业负责人和职业健康管理人员430万人次。

参考文献

马俊、李涛：《实用职业卫生学》，煤炭工业出版社，2017。

煤炭安全生产监督管理局：《煤矿安全课程》，煤炭工业出版社，2016。

张龙连、李戬、孟超：《用人单位职业病危害防治八条宣传教育读本》，中国劳动社会保障出版社，2016。

2018年度我国劳动争议状况分析

汪 鑫 闻效仪*

摘 要： 2018 年是《劳动争议调解仲裁法》正式施行 10 周年，10 年来劳动争议案件数量经过一段时间的大幅上涨后，近几年逐步趋于稳定；案件类型更加集中，主要涉及劳动报酬，社会保险，解除、终止劳动合同等方面。近年来，政府从劳动争议处理人员队伍建设，处理流程简捷顺畅，“互联网 + 应用”等方面努力预防、控制、快速处理劳动争议，使劳动争议处理效能大大提高。但随着共享经济发展，出现了很多新的劳动用工形式，劳动争议处理面临一些新的问题。

关键词： 劳动争议 裁审衔接 诉调对接

2018 年是《劳动争议调解仲裁法》实施 10 周年，经过政府的大力推动和广泛宣传，企业合法用工意识提高，劳动者自我保护意识增强。正因为更多的劳动者懂法，知道用法律的手段维护自己的合法权益，所以劳动争议案件数量相较于十年前增长超过了 3 倍，最高人民法院信息显示，2019 年第一季度在全国法院审结的民事案件中，数量最多、占比最大的五类案由分别是合同纠纷、婚姻家庭纠纷、侵权责任纠纷、劳动争议、知识产权权属和侵

---

* 汪鑫，中国劳动关系学院劳动关系与人力资源学院讲师，劳动关系学博士，主要研究领域为劳动争议处理；闻效仪，中国劳动关系学院劳动关系与人力资源学院院长，教授，主要研究领域为中国工会体制与劳动关系、集体谈判理论与实践。

权纠纷。劳动争议成为民事案件中主要的案件类型之一。劳动争议案件与职工群众的工作生活息息相关，受到国家政策环境和宏观经济形势的影响，是经济社会发展的晴雨表。本文对 2018 年我国劳动争议情况及政策优化情况进行总结和分析，以期为相关研究提供参考。

一　我国劳动用工的宏观环境

（一）宏观经济稳中有进，劳动关系和谐稳定

国家统计局数据显示，我国国民经济运行在合理区间，发展态势总体平稳、稳中有进。经济的健康发展，促进了就业增长，劳动争议案件增速放缓。2019 年上半年，就业形势总体稳定，农村外出务工劳动者持续增加，全国城镇新增就业 737 万人，完成全年 67% 的目标任务；农村外出务工劳动者总量 18248 万人，同比增加 226 万人，增长 1.3%。

中国经济总体平稳、稳中有进，就业形势良好，这为劳资关系的健康、和谐打下了坚实的经济基础。但当前国内外经济形势依然复杂严峻，外部不稳定、不确定因素增多，国内发展不平衡不充分问题仍较突出，经济面临新的下行压力，对企业劳动关系的和谐稳定提出了更高的要求。

（二）劳动争议政策稳定，地方出台政策落实

劳动争议调解仲裁法实施 10 年，国家先后出台《关于进一步加强劳动人事争议调解仲裁　完善多元处理机制的意见》《劳动人事争议仲裁组织规则》《劳动人事争议仲裁办案规则》《关于加强劳动人事争议仲裁与诉讼衔接机制建设的意见》等四项劳动争议处理政策法规，各省市也分别出台了相应的实施细则。例如，北京市人社局出台《北京市劳动争议仲裁案件简易处理暂行办法》，广东省高级人民法院、人社厅联合印发《关于劳动人事争议仲裁与诉讼衔接若干意见》，深圳市人社局、市政法委联合印发《关于进一步加强专业性劳动争议调解工作的意见》，河南省人社厅出台了《关于

规范乡镇（街道）专业性劳动争议调解工作的通知》，乌鲁木齐市劳动人事争议仲裁院制定了《劳动人事争议仲裁立案管理办法》等。

（三）信息化促进新就业，劳动关系面临挑战

随着互联网等信息技术的深入发展，信息化和工业化深度融合，信息技术在社会各领域广泛应用，催生出大量新业态、新模式，在创造出新的就业岗位的同时，一些传统就业岗位也不断地被替代。一方面共享经济的发展，创造了大量新的就业形态和就业岗位，为众多劳动者提供了没有时间、地点限制并适合他们的工作岗位。2019 年 2 月，中国劳动和社会保障科学研究院发布的《中国网约车新就业形态发展报告》表明，滴滴平台的司机总量已超过 1100 万人，其中 21.0% 是家中唯一的就业人员，12.0% 是退役军人，6.7% 是在册贫困人口。某些省份有超过百万人的下岗失业职工通过网约车实现了再就业。2018 年，互联网平台雇用了超过 598 万名正规就业者，带动提供共享服务的劳动者人数达到 7500 万人。[①] 另一方面信息技术不仅打破了现有商业模式，还对依赖于这些商业模式下的就业造成严重冲击。同时，互联网平台就业岗位具有劳动关系松散、进出自由、工作时间灵活、就业自主性强等新特征。这导致了诸多新的劳动争议问题，如劳动关系难以认定、社会保险缴费义务难以分清、工伤责任互相推诿。总之，信息技术的发展带来了新业态、新就业，新的就业形态又催生了新的劳动关系问题，为劳动关系的健康发展带来新的挑战。

二　劳动争议案件情况

（一）案件数量略微增加，劳动关系整体和谐

《2018 年人力资源和社会保障事业发展统计公报》数据显示，2018 年

① 莫荣：《信息化对就业的影响与应对》，《人民日报》2019 年 6 月 14 日。

全国各地劳动人事争议调解仲裁机构共处理争议 182.6 万件，同比增加 9.7%，比 2017 年增加 16.1 万件；涉及劳动者 217.8 万人，同比增加 9.4%；涉案金额 402.6 亿元，同比下降 3.3%，劳动争议案件涉案金额连续三年下降。全年办结争议案件 171.5 万件，案件调解成功率为 68.7%，仲裁结案率为 95.1%；终局裁决 13.6 万件，占裁决案件数的 37.9%。①

从劳动人事争议处理仲裁机构立案情况来看，2018 年全国仲裁机构立案受理案件总数 89.4 万件，同比增加 13.8%；涉及劳动者人数 111.0 万人，比 2017 年增加 13.1 万人，同比增加 13.4%；当期审结案件数 88.42 万件，结案率达 98.9%。②

综上所述，虽然劳动争议案件数量、涉案劳动者都有一定增加，但是涉案总金额处于下降态势，劳动争议状况总体平稳。劳动争议案件和涉案人数的增加可能与 2018 年我国宏观经济状况以及新业态用工方式变化有关。

（二）案件类型高度集中，利益之争仍是主要矛盾

2017 年，全国受理劳动争议案件数共 78.54 万件。比 2016 年，主要的劳动争议类型没有变化，仍然是劳动报酬，解除、终止劳动合同，社会保险的争议排名前三位，占 2017 年劳动争议总数的 81%。三类劳动争议的具体案件数分别为劳动报酬 33.15 万件，占劳动争议案件总数的 42.21%；解除、终止劳动合同 16.95 万件，占劳动争议案件总数的 21.58%；社会保险 13.52 万件，占劳动争议案件总数的 17.22%。而其他劳动争议为 14.92 万件，占劳动争议案件总数的 18.99%（见图 1）。从具体案件数量来看，关于劳动报酬的争议有所增长，同比增加 1 个百分点；关于解除、终止劳动合同和社会保险的争议占比都略有下降，分别降低了 1.18 个和 0.52 个百分点。

① 人力资源和社会保障部：《2018 年度人力资源和社会保障事业发展统计公报》，人力资源和社会保障部网站，http://www.mohrss.gov.cn/SYrlzyhshbzb/zwgk/szrs/tjgb/201906/W020190611539807339450.pdf，2019 年 6 月 11 日。

② 人力资源和社会保障部：《2018 年人力资源和社会保障统计快报数据》，人力资源和社会保障部网站，http://www.mohrss.gov.cn/SYrlzyhshbzb/zwgk/szrs/tjsj/201901/t20190130_309968.html，2019 年 1 月 30 日。

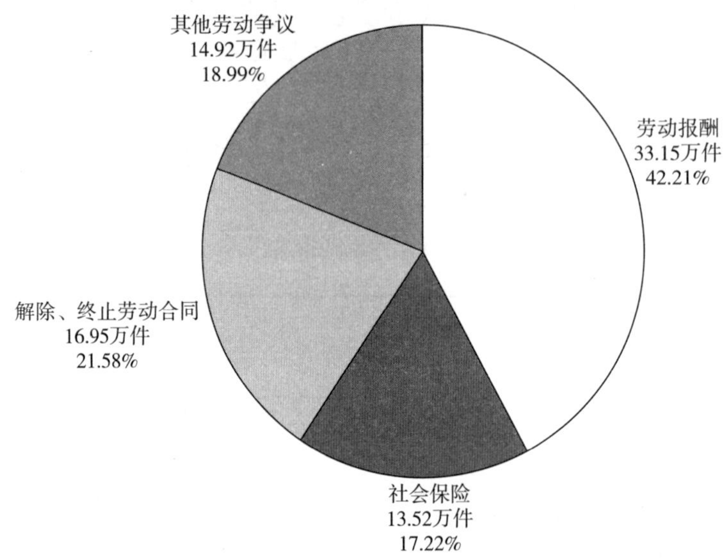

图 1　2017 年劳动争议案件不同类型占比情况

虽然劳动争议案件的数量同比增多了，各类型劳动争议占比有所变化，但 2017 年度劳动争议案件主要类型和特点并没有发生根本性变化。预测在未来较长一段时间，劳动争议案件类型的基本格局不会有太大变化，仍将长期保持这种状况。

（三）政策引导发挥作用，仲裁案件处理效能提高

2017 年，劳动争议仲裁当期审结案件总数 79.04 万件，其中仲裁调解 39.02 万件，占劳动争议仲裁当期审结案件的 49.37%，同比增加 1.92 个百分点。仲裁裁决案件 33.60 万件，占劳动仲裁案件的 42.51%，同比下降 1.26 个百分点；其中终局裁决 13.60 万件，占仲裁裁决案件的 40.48%，同比增加 9.5 个百分点。

上述数据表明，劳动争议仲裁的效能得到有效提升。一是仲裁调解结案率明显高于仲裁裁决，且仲裁调解结案的比例逐年增加，调解成功率持续提高，表明鼓励调解的政策导向逐渐发挥效用。二是终局裁决的大量使用，提

高了仲裁案件处理的效能。这说明一裁终局已经在劳动者申述过程中得到广泛认可，劳动者能够更加理性的维权，不再盲目扩大申述项目和金额。

（四）结案胜诉占比不变，双方部分胜诉仍是主流

2017 年，在劳动争议仲裁当期结审案件中，用人单位胜诉 8.99 万件，占 11%；劳动者胜诉 25.98 万件，占 33%，双方部分胜诉及其他共 44.7 万件，占 56%。比 2016 年劳动争议仲裁结审案件胜诉情况未发生太大变化，劳动者单方胜诉率是用人单位单方胜诉率的 2.89 倍，双方部分胜诉仍是主要形式，约占五成以上比例。

三　劳动争议热点案件分析

（一）网约工身份待定，雇佣关系面临新挑战

共享经济深刻地改变了人们的生产生活方式，同时也带来了新的社会治理问题，劳动争议解决面临新的挑战。2018 年，“网约工”面临的身份困境仍未解决，平台企业与“网约工”是否存在劳动关系，滴滴司机、外卖小哥、网络主播的劳动权益如何保障，仍然是学界讨论的热点。

2018 年国内学术界、实务界对新业态环境下用工形式进行了大量研究、讨论。唐鑛等认为，共享经济型企业用工形式是对工作场所雇佣关系管理的颠覆性革新，共享经济型企业用工关系相对无序化，双方权利与责任难以界定；共享行为双方的契约权仅靠信任进行保障，这造成了大量的劳动争议的产生。他建议，政府应加快步伐对企业用工问题进行规范，清晰界定企业员工之间的新型用工关系，《劳动法》要进一步关注自雇劳动者的福利及社会保障。应加强行业自律规范。企业应该首先行成自我约束，并建立声誉机制，对行业基本约束达成一致。[①] 王全兴等认为，我国现阶段“网约工”劳

① 唐鑛、徐景昀：《共享经济中的企业劳动用工管理研究——以专车服务企业为例》，《中国工人》2016 年第 1 期。

动关系认定问题陷入困境的关键原因在于劳动法规对现行保护模式的不足，即保护手段缺少分层分类且保护范围偏窄。面对“网约工”权益保护的现实急迫性，尤其是大量“网约工”劳动争议案件的处理不能等待，故建议适度从宽认定劳动关系且谨慎选择保护手段，强化平台企业的责任，并创新工会组织形式和工作机制。[①] 闻效仪认为，共享经济本质是劳动密集型经济，需要重点关注共享经济平台上 7000 万名灵活就业人群与日俱增的社会风险，这不仅包括他们在劳动过程中遇到的工伤、患病、养老等的风险，也包括他们在收入降低、缺乏保障，以至失业演变成为社会弱势人群的风险。闻效仪认为，只有坚定中国产业经济政策的正确方向，大力支持和发展实体经济，筑牢现代化经济体系的坚实基础，形成稳定体面的正规就业格局，才是抵御和防范风险的主要出路。[②] 吴清军等认为，在互联网平台用工市场中劳动者工作的特殊性与他们身份的模糊性对劳工政策体系提出了的挑战，这导致部分劳动者群体游离于劳动法规的保护范围之外，他们的权益不能得到有效保护。[③]

随着共享经济的不断深入发展，许多劳动者不再受雇于某一固定组织，劳动者流动快，劳资双方劳动关系难以认定，劳动争议处理难度加大。不同于一般的民商事法律关系，劳动关系的建立固然要尊重双方当事人的意思自治，但这种意思自治要受到劳动法律法规的严格限制。劳动关系的认定属于强制性规范的范畴，不能仅凭当事人书面约定而排除。因此，共享经济下平台企业与劳动者的劳动关系确认需要结合劳动者的具体工作内容以及双方是否存在从属关系予以确定。

（二）年休假制度十年，实施情况仍不容乐观

2008 年 1 月 1 日《职工带薪休假条例》正式实施，其明确规定职工累

① 王全兴、王茜：《我国“网约工”的劳动关系认定及权益保护》，《法学》2018 年第 4 期。

② 闻效仪：《共享经济本质是劳动密集型经济》，澎湃新闻，https://www.thepaper.cn/newsDetail_forward_2716522，2018 年 12 月 10 日。

③ 吴清军、张艺园、周广肃：《互联网平台用工与劳动政策未来发展趋势——以劳动者身份判定为基础的分析》，《中国行政管理》2019 年第 4 期。

计工作已满1年不满10年的，年休假5天；已满10年不满20年的，年休假10天；已满20年的，年休假15天。2018年正值《职工带薪休假条例》实施10周年，而一些职工仍面临带薪休假不休、少休，未休假且补贴不能领取等诸多问题。

本文选取北京市人社局发布的《2018年北京市劳动人事争议仲裁十大典型案例》为基础加以分析。

孔某于2012年3月1日入职某互联网公司，双方订立了为期5年的劳动合同。2017年2月28日，劳动合同到期，互联网公司通知不与孔某续订劳动合同。在办理离职手续并领取终止劳动合同经济补偿时孔某提出：2015~2017年因工作繁忙，其未能休带薪年休假，故要求互联网公司支付相应补偿。互联网公司认为，孔某因自身原因未提出休年休假，按照公司员工手册的规定，每年12月31日之前未提出休年休假的，属于自动放弃当年年休假，故公司无须支付补偿。因双方发生争议，孔某向仲裁委提出仲裁申请，要求互联网公司支付未休年休假的工资报酬。

仲裁委审理后认为，互联网公司的员工手册中虽规定每年12月31日之前未提出休年休假的，属于自动放弃当年年休假，但并无证据表明孔某曾书面提出因个人原因不休年休假，且上述员工手册中的规定违反了《职工带薪年休假条例》的相关规定，故裁决支持孔某的仲裁请求。①

这个案例中所述情况在企业中时常出现。企业常常要求劳动者休年休假需主动申请，否则视同自动放弃。而根据《企业职工带薪年休假实施办法》第九条规定："用人单位根据生产、工作的具体情况，并考虑职工本人意愿，统筹安排年休假。用人单位确因工作需要不能安排职工年休假或者跨一

① 北京市人力资源和社会保障局：《2018年北京市劳动人事争议仲裁十大典型案例》，百度文库，https://wenku.baidu.com/view/f8e0eb5d657d27284b73f242336c1eb91a37338f.html，2018年10月27日。

个年度安排年休假的，应征得职工本人同意。”第十条第二款规定：“用人单位安排职工休年休假，但是职工因本人原因且书面提出不休年休假的，用人单位可以只支付其正常工作期间的工资收入。”从上述规定可以看出，年休假应由用人单位统筹安排，且在劳动者本人同意的情况下可跨一个年度安排。上述案例中，孔某虽未提出休年休假，但也未书面提出因个人原因不休年休假。互联网公司在员工手册中规定的“未提出视为自动放弃当年年休假”，与法律规定相违背，故不具有法律的效力，互联网公司仍应支付相应的补偿。因此，非经劳动者书面且因个人原因提出不休年休假，不等同于其放弃年休假补偿。

2013 年，国务院办公厅印发《国民旅游休闲纲要（2013～2020 年）》提出：“到 2020 年，职工带薪休假制度基本得到落实。”然而，2015 年人社部调查显示，中国带薪休假落实率仅达到 50%，仍处于较低水平。田童、王琪延在《北京市职工带薪休假满意度研究》中发现，近半数群体因为工作太忙而无法享受带薪休假，四成群体在没有享受带薪休假情况下未能获得补偿；在带薪休假满意度方面，仅有四成职工对带薪休假制度感到满意。[①] 年休假实施效果不佳，主要有三个方面原因。一是企业方认为，带薪休假会造成人工成本的提高，使劳动生产率降低。二是劳动力市场面临“资强劳弱”的局面，一旦劳动者主动要求维权，往往导致领导不满，甚至面临被解雇的局面。三是受传统文化的影响，加班熬夜往往被认为是工作认真积极、有上进心的表现。因此，大量员工希望通过加班、不休假得到领导的好感。

四　2018年劳动争议处理创新举措

（一）打破部门壁垒，流程化繁为简

各地在劳动争议处理中，改变传统的接单后再分流工作模式，创新采取

① 田童、王琪延：《北京市职工带薪休假满意度研究》，《北京社会科学》2019 年第 2 期。

一站式服务方式，打破了部门之间的职责壁垒和空间阻隔，涉及多个部门的可以第一时间联调联办，省去了各部门之间协调环节，使争议处理流程化繁为简，提高争议处理效率。浙江省宁波市镇海区整合劳动保障监察大队、劳动争议仲裁院、人民调解组织、区人民法院派出庭和司法律师援助站等相关单位力量成立矛盾纠纷多元化解中心，让群众“最多跑一地”，即可实现“接待、调解、受理、处理、结案”全过程办理。[①] 苏州省高新区人力资源服务产业园搭建起集人力资源招聘、社保业务办理、就业指导、劳动纠纷处理和劳动争议仲裁为一体的一站式综合服务平台。[②] 广州市推广要素式办案和适用简易程序，完善重大集体争议案件预警、多元调处和应急处理特别程序。

（二）强化调解作用，源头化解争议

调解被认为是将劳动争议化解在基层和萌芽状态的最有效手段，它具有灵活高效、履行率高、保密性强等特点，在促进劳资和谐与社会稳定中发挥着重要作用。2018 年，全国各类调解组织共受理争议 93.2 万件，占案件总量的 51%。全年劳动争议调解和仲裁组织共办结劳动争议案件 171.5 万件，案件调解成功率为 68.7%。各省份在加强劳动争议调解方面做了很多创新。例如，广州市成立全省首家市级案前联合调解中心，案前调解案件 669 件，调解成功率 77.53%，其中有 58.98% 的案件在递交调解申请后 15 天内得到解决。深圳市印发《关于进一步加强专业性劳动争议调解工作的意见》，提出构建劳动争议“区—街道—社区—企业”四级调解网络，要求争议案件易发、多发的街道（社区）配备 2～3 名专职调解员。深圳市还探索建立社会组织参与劳动争议调解机制，通过政府购买服务方式，引入社会组织提供劳动争议调解服务。[③] 河南省出台《关于规范乡镇（街道）专业性劳动争议

① 张璁：《一个窗口全受理　群众不用多头跑》，《人民日报》2019 年 7 月 4 日。

② 王伟健：《苏州为发展聚才》，《人民日报》2018 年 4 月 20 日。

③ 周科：《深圳构建劳动争议四级调解网络　调解员将持证上岗》，新华网，http：//www.xinhuanet.com/local/2018－10/07/c_ 1123525194.htm，2018 年 10 月 7 日。

调解工作的通知》，要求到2020年底，河南全省乡镇（街道）普遍建成机构健全、制度完善、职责明晰、保障有力、运行高效的劳动争议专业性调解组织网络。乡镇（街道）劳动争议调解中心要依托基层公共服务平台，按照“四配套、五公示、六统一”原则①进行建设。实现组织建设规范化、预防工作规范化、争议处理规范化、制度建设规范化、队伍建设规范化、基本保障规范化。② 此外，河南省还建立了仲裁员定点联系调解组织制度，有效提高了调解成功率，2018年调解成功率达82.5%。③ 陕西省成立陕西省建材商会劳动争议调解中心，利用企业商会熟悉企业、熟知行业的特点，高效、快捷的化解劳动争议。④

（三）加强裁审衔接，提高办案效率

在人社部和最高人民法院《关于加强劳动人事争议仲裁与诉讼衔接机制建设的意见》的有效推动下，各地进一步创新劳动争议案件裁审衔接机制，发挥仲裁与诉讼两种制度优势，合力构建和谐劳动关系。2018年5月，北京市海淀区发布《海淀区劳动人事争议仲裁与诉讼衔接办法（试行）》。2018年8月，广东省高级人民法院和省人社厅联合印发《关于劳动人事争议仲裁与诉讼衔接若干意见》，该文件针对相关法规政策变化及时调整了裁

---

① “四配套”即有组织领导机构，有调解工作室，有专用档案柜及必要办公设备（电脑、打印机、复印机、扫描仪、咨询电话等），有完善的工作职责、流程和监督机制；“五公示”即调解组织机构、调解工作制度、调解工作流程、调解员工作职责和调解受案范围上墙进行公示；“六统一”即名称（统一为××劳动争议调解中心）、调解标识标牌、工作流程、工作职责、文书格式和调解员服装证书徽章等统一。

② 河南省人社厅：《河南省规范乡镇（街道）专业性劳动争议调解工作》，人力资源和社会保障部网站，http：//www.mohrss.gov.cn/tjzcgls/TJZCgongzuodongtai/201810/t20181030_303852.html，2018年10月30日。

③ 河南省人社厅：《加强基层劳动争议调解，河南省这项工作很扎实》，人力资源和社会保障部网站，http：//www.mohrss.gov.cn/tjzcgls/TJZCgongzuodongtai/201901/t20190131_310067.html，2019年1月31日。

④ 陕西省人社厅：《陕西省成立建材商会劳动争议调解中心》，人力资源和社会保障部网站，http：//www.mohrss.gov.cn/tjzcgls/TJZCgongzuodongtai/201811/t20181129_305976.html，2018年11月29日。

审规则；兼顾用人单位、劳动者、互联网平台和投资者等多方权益；总结创新裁审思路，防止劳动关系认定泛化，将劳动关系确立与工伤认定相对分离；统一实务难题处理思路，填补程序衔接空白，完善裁审规则，规范诉讼程序。①

（四）工会法院联动，创新诉调对接

工会一直在劳动争议处理工作的承担着重要的角色，在各级劳动争议处理机构不断提高争议处理效能的情况下，一些地方法院与工会合作成立“劳动争议诉调对接工作室”，将调解工作室直接建到法院。由工会指派法律工作者到劳动争议诉调对接工作室开展劳动争议案件诉前、诉中调解，涉诉信访化解等工作。当事人因劳动争议到法院申请立案时，法院认为适宜调解且经当事人同意，先由工作室组织协助调解，不收取任何费用。调解员主持达成调解协议后，双方当事人可向法院申请司法确认，如调解不成功则直接转入立案程序。此外，已经立案的案件，开庭前或开庭后，工作室仍可根据双方当事人意愿组织调解。劳动争议诉调对接工作室的运行既能快捷、高效的解决劳动争议问题，又能有效缓解法院案多人少的压力。2017 年 12 月，广州市劳动争议诉调对接工作室在广州市中级人民法院揭牌。这个“工会 + 法院”的一站式多元化解劳动争议服务平台无偿为当事人提供调解、咨询、出具协议书等服务。广州市已有近百名工会律师每周定期在劳动争议诉调对接工作室开展调解工作。② 2017 年 12 月，珠海市中级人民法院和珠海市总工会共同成立“劳动争议诉调对接工作室”。通过工作室的调解，解决劳动争议案件的时间可由原来的 10 个月缩短到 4 个月左右。③ 辽

---

① 广东省人社厅：《广东劳动争议裁审衔接工作取得新成效》，人力资源和社会保障部网站，http：//www.mohrss.gov.cn/SYrlzyhshbzb/dongtaixinwen/dfdt/gzdt/201808/t20180817_ 299345.html，2018 年 8 月 17 日。

② 黄浩苑：《广州：劳动争议诉调对接工作室设在法院“工会 + 法院”一站解纠纷》，新华网，http：//www.xinhuanet.com/legal/2017 - 12/08/c_ 1122081652.htm，2017 年 12 月 8 日。

③ 魏蒙：《珠海将劳动争议诉调对接工作室设入法院》，新华网，http：//www.xinhuanet.com//legal/2017 - 12/06/c_ 1122067381.htm，2017 年 12 月 6 日。

宁省建立“一站式”纠纷解决平台，先后确立18个诉调对接示范法院，在128家法院建立诉调对接工作机构。[①]

（五）增强信息化程度，提升处理质效

信息化可以改变人们的生活方式，同样可以为法治政府建设赋能，优化司法业务和流程，为新时代社会主义法治创造新工具、注入新动能。在司法实践中，已经初步形成了人与科技深度融合的司法运行新模式。劳动争议处理的信息化，有效提高了案件处理的效率和质量。2018年8月，深圳启用劳动人事争议E仲裁服务平台。传统仲裁程序中除开庭审理外，其余仲裁申请、立案受理、文书送达等环节均可在服务平台直接办理。[②] 广东省《关于劳动人事争议仲裁与诉讼衔接若干意见》鼓励构建裁审一体化处理网络平台，促进仲裁机构和人民法院在立案、保全、证据调查、裁判文书等环节实现案件信息共享，促进劳动争议案件公正高效处理。

（六）加强信用体系建设，增加企业违法成本

人社部充分发挥信用监管作用，进一步指导督促各地贯彻落实等级评价、社会公布等信用制度，会同银行、航空公司、铁路等部门实行守信联合激励和失信联合惩戒，加大对严重失信行为的打击处罚力度，让失信的经营者“一处失信、步步难行”。[③] 根据《企业劳动保障守法诚信等级评价办法》《重大劳动保障违法行为社会公布办法》《拖欠农民工工资“黑名单”管理暂行办法》《关于对严重拖欠农民工工资用人单位及其有关人员开展联合惩戒的合作备忘录》等，各地人社部门积极开展劳动保障守法诚信等级

① 范春生：《辽宁建立诉调对接平台化解纠纷逾10万件》，新华网，http：//www. xinhuanet. com/legal/2018－12/24/c_ 1123896191. htm，2018年12月24日。

② 吕绍刚：《深圳启用E仲裁服务平台　市民可网上申请劳动争议仲裁》，《人民日报》2018年8月12日。

③ 《人力资源和社会保障部对政协十三届全国委员会第一次会议第4114号（社会管理类380号）提案的答复》，人力资源和社会保障部网站，http：//www. mohrss. gov. cn/gkml/zhgl/jytabl/tadf/201812/t20181210_ 306577. html，2018年9月30日。

评价，对企业实施分类监管，并向社会公布重大劳动保障违法案件，将严重拖欠职工工资、农民工工资等违法行为企业及时纳入“黑名单”。2017 年，人社部门共向社会公布重大劳动保障违法行为3672 件。2018 年2 月和6 月，人社部先后向社会公布了两批拖欠劳动报酬典型案件。2018 年6 月，人社部向国家发改委推送了第一批拖欠农民工工资“黑名单”，在全国范围内实施联合惩戒。

2018年中国职工议题媒体报道状况研究

吴 麟*

摘 要： 在中国特色和谐劳动关系治理模式中，以“文件政治”的视角进行逻辑推演，媒体被视作劳资利益协调机制的有机构成。然而，作为嵌入具体时空政经结构的一种社会机制，媒体在“实然”层面的作为，需要立足具体经验事实进行观察。当前中国已形成两类“主流媒体”并存的格局，一是“偏于政治权威性、影响力”的“传统主流媒体”，二是“偏于社会公信力、影响力”的“新主流媒体”。鉴于此，本文选择《工人日报》和《新京报》为个案探讨不同类型主流媒体的职工议题报道状况。通过对2000～2018年《工人日报》进行历时性观察，比较分析2018年《工人日报》和《新京报》的报道，发现问题，并提出建议。

关键词： 职工议题 职工群体 媒介能见度 媒介话语权 主流媒体

一 问题与方法

中国劳动关系特色鲜明，在国际比较视野中审视，可界定为“国家主导型市场经济下的劳动关系”，其形成过程、主体机构、调整方式均有趋异

* 吴麟，中国劳动关系学院文化传播学院副教授，北京大学社会学系博士后，主要研究方向为媒介社会学、新闻传播史论、传播法与伦理。

性。劳动关系治理相应具有特定逻辑，强调构建“和谐劳动关系”，并逐步形成了“迥异于工业化国家的治理理念和体制机制格局”。其间，媒体的利益表达与协调功能渐被强调，被视作劳资利益协调机制的有机构成。这从历年来重要政治文件中可见一斑。

2006 年，《中共中央关于构建社会主义和谐社会若干重大问题的决定》首次以中央全会文件的形式突出劳动关系的重要性，强调发展和谐劳动关系、完善劳动关系协调机制。这一“决定”首次明确了公民“表达权”的概念，提出要“拓宽社情民意表达渠道”。2011 年，《中华人民共和国国民经济和社会发展第十二个五年规划纲要》，将“劳动争议”列为当前“妨碍社会稳定的五大社会矛盾之首”；同时提出“形成科学有效的利益协调机制、诉求表达机制、矛盾调处机制和权益保障机制，切实维护群众合法权益”，强调“发挥人民团体、行业协会、大众传媒等的社会利益表达功能，发挥互联网通达社情民意新渠道作用，积极主动回应社会关切”。2013 年，《中共中央关于全面深化改革若干重大问题的决定》提出，“推进国家治理体系和治理能力现代化”，其中强调需要“创新劳动关系协调机制，畅通职工表达合理诉求渠道”。2015 年，《中共中央　国务院关于构建和谐劳动关系的意见》颁布，被视为“中国特色和谐劳动关系治理模式的初步形成”，专门强调“充分利用新闻媒体和网站”以“加大构建和谐劳动关系宣传力度”。

上述均为中央层面政治文件，处置的是政治生活中的重要议题，为国家治理确立基本的路线或方针。这类文件的形成是决策过程的核心部分，通常会经过创议、选择起草者、自上而下的指示、调研与起草、修改、批准等环节，经由这些环节形成的文件，在中国政治生活实践中享有“象征”与“行政”两个维度的权威，代表了统治集团的集体意志。政治学的研究认为：可从“文件政治”入手观察当前中国政府运行中一些细微但重要的变化。的确，何种表述能够进入党和政府的核心文件，通常体现的是一种重要政治安排。以“文件政治”的视角进行逻辑推演，媒体在“应然”意义上确实负有一定角色期待。

不过，作为嵌入具体时空政经结构的一种社会机制，媒体在“实然”层面的作为，需要立足具体经验事实进行观察。鉴于此，本文拟探究2018年中国媒体对职工议题的报道状况。这是观察和定位职工群体状况的一个重要维度，因为在现代国家“利益—政治”过程中，作为一种重要利益表达机制，媒体如何报道职工议题，其实质是职工群体能否在媒体空间中进行利益表达以及表达的是否充分。

在概念界定上，本文中的职工议题是指涵盖职工群体的收入、就业、社会保障、职业安全、职业卫生、劳动关系等诸方面状况的议题。中国职工议题的媒体报道状况，可从两方面展开研究，一是在当前媒体空间中，诸项职工议题是否得以呈现；二是在具体议题报道中，职工群体能否实现利益表达。为此，本文设计了两个衡量指标，即“职工议题的媒介能见度”和“职工群体的媒介话语权”。其中，前者主要是指媒体对具体职工议题的呈现频度，后者侧重职工群体在具体报道中能否发声。

在研究内容上，本文拟考察媒体对职工收入状况、职工就业状况、职工保障状况、职工安全状况、职工卫生状况、职工劳动关系等方面的报道，通过统计媒体文章标题中所出现特定“关键词”的数量，尝试探究职工议题的媒介能见度。此次将考察六类主题共12个关键词，包括“工资”“讨薪/欠薪”，“就业”“失业”，“社保”“养老保险”，“工伤”“安全生产”，“职业病”“尘肺病”，“劳动合同”“劳务派遣”；并通过考察具体新闻框架进行内容分析，寻求测量职工群体的媒介话语权。

在样本媒体选择上，本文拟考察国内的主流媒体。这一概念最初由美国学者诺姆·乔姆斯基提出，是指具有丰富资源、能为其他媒体设置议程的精英媒体。关于何谓中国主流媒体，一直颇有争议。在此，本文认同下述判断：“主流媒体”是一个有着不同层面内涵的复杂概念，从新闻改革的经验事实出发，当前中国已形成两类“主流媒体”并存的格局，一是“偏于政治权威性、影响力”的“传统主流媒体”，基本是机关类媒体；二是“偏于社会公信力、影响力”的“新主流媒体”，大多是市场化类媒体。两者角色并非截然对立，而是共同构成一种张力格局，可能会形成“政治话语体系”

和“精英话语体系”的平衡与制衡。为更全面地呈现当前中国媒体的职工议题报道状况，本文选择《工人日报》和《新京报》为个案进行比较研究。前者作为中华全国总工会的机关报，是典型的传统主流媒体。后者是综合类大型城市日报，以其专业水准成为新主流媒体中的佼佼者。在职工议题报道上，鉴于具体功能定位有别，《工人日报》是核心主流媒体，《新京报》则属于次级主流媒体。

此次考察将按照下述操作步骤选择具体分析样本。一是以“中国重要报刊全文数据库”作为数据来源，相关参数设定“报纸来源”为《工人日报》，“时间”为2000年1月1日至2018年12月31日，以“题名”中含特定的关键词为选项，然后逐年进行数据采集与整理。二是以《新京报》的官方网站为数据来源，以特定的关键词为选项展开检索，再人工筛选出2018年相关报道。此外，在进行内容分析时，首先对相关样本进行人工分类，分为新闻报道（包括消息和通信）、新闻评论、其他文章（如理论文章、读者来信等），然后对符合要求的新闻报道进行具体研究。

二　中国职工议题的媒介能见度

现代社会的“媒介化”特征相当突出，公众对作为信息来源的媒体日益依赖。在常规新闻生产实践中，媒体的议程设置实践有三个层次，即报道或不报道哪些“议题”或“属性”，是否突出强调一些“议题”或“属性”，以及如何对其强调的“议题”或“属性”进行排序。基于此，本文设计了“媒介能见度”指标，它能在一定程度衡量出媒体在职工议题方面的议程设置状况。笔者综合较长时段的媒体观察体会，同时借鉴香港大学新闻与传媒研究中心中国研究计划（CMP）的语象研究分析经验，并根据每一年度主题文章（篇名含特定关键词）数量，将“职工议题的媒介能见度”划分为5个等级，即1级（0～1篇，低）、2级（1～12篇，较低）、3级（12～24篇，中等）、4级（24～48篇，较高）和5级（48篇及以上，高）。

（一）传统主流媒体的历时性观察

在职工议题报道上，《工人日报》因其功能定位，具有显著样本意义。作为中华全国总工会的机关报，在1949年创刊时就强调是“全中国工人的报纸”，要成为“中国工人阶级”的“指南针”“组织者”“警钟”“自我批评的武器”“鼓舞者”“喉舌”“顾问”和“俱乐部”。目前，《工人日报》以办一张“导向正确、中央满意、工会欢迎、职工爱看”的精致大报为追求，新闻生产体现出鲜明的“三工”（工厂、工会、工人）特色。鉴于此，对其进行历时性观察颇有意义。

1. 职工收入状况呈现

（1）“工资”议题。检索2000～2018年的《工人日报》，篇名含关键词“工资”的文章共2294篇，其年度分布状况为2000年25篇、2001年24篇、2002年32篇、2003年69篇、2004年56篇、2005年38篇、2006年93篇、2007年121篇、2008年147篇、2009年155篇、2010年264篇、2011年313篇、2012年190篇、2013年203篇、2014年149篇、2015年97篇、2016年110篇、2017年103篇、2018年105篇，“工资”议题的年度文章平均数为120.7篇，① 其媒介能见度为5级（高）。分析全部文章内容，按照主题分布划分，数量居前10位的依次是工资集体协商687篇、企业管理594篇、集体合同233篇、工资协商197篇、农民工188篇、最低工资标准135篇、劳动者132篇、生产力126篇、工资谈判制125篇、工资集体协商制度125篇。

（2）“讨薪/欠薪”议题。检索2000～2018年的《工人日报》，篇名含关键词“讨薪/欠薪”的文章共576篇，其年度分布状况为2000年2篇、2001年3篇、2002年15篇、2003年22篇、2004年16篇、2005年9篇、2006年21篇、2007年30篇、2008年16篇、2009年28篇、2010年42篇、

① 同一篇文章有时会涉及一个以上的主题，所以数量居前10位的文章数之和可能会超过文章总数。

2011 年 49 篇、2012 年 42 篇、2013 年 62 篇、2014 年 52 篇、2015 年 30 篇、2016 年 46 篇、2017 年 44 篇、2018 年 47 篇，“讨薪/欠薪”议题的年度文章平均数为 30.3 篇，其媒介能见度为 4 级（较高）。分析全部文章内容，按照主题分布划分，数量居前 10 位的依次是农民工 249 篇、企业管理 91 篇、拖欠工资 61 篇、工资支付 44 篇、用人单位 34 篇、农民工维权 33 篇、包工头 31 篇、用工单位 30 篇、司法机关 27 篇、劳动者 27 篇。

2. 职工就业状况呈现

（1）“就业”议题。检索 2000～2018 年的《工人日报》，篇名含关键词“就业”的文章共 2272 篇，其年度分布状况为 2000 年 62 篇、2001 年 74 篇、2002 年 125 篇、2003 年 187 篇、2004 年 117 篇、2005 年 57 篇、2006 年 79 篇、2007 年 156 篇、2008 年 141 篇、2009 年 349 篇、2010 年 167 篇、2011 年 122 篇、2012 年 81 篇、2013 年 129 篇、2014 年 85 篇、2015 年 66 篇、2016 年 77 篇、2017 年 104 篇、2018 年 94 篇，“就业”议题的年度文章平均数为 119.6 篇，其媒介能见度为 5 级（高）。分析全部文章内容，按照主题分布划分，数量居前 10 位的依次是企业管理 208 篇、下岗失业人员 200 篇、农民工 147 篇、用人单位 128 篇、用工单位 126 篇、劳动者 88 篇、生产力 79 篇、高校毕业生 71 篇、就业困难人员 63 篇、劳动力 63 篇。

（2）“失业”议题。检索 2000～2018 年的《工人日报》，篇名含关键词“失业”的文章共 241 篇，其年度分布状况为 2000 年 16 篇、2001 年 17 篇、2002 年 13 篇、2003 年 27 篇、2004 年 16 篇、2005 年 11 篇、2006 年 13 篇、2007 年 9 篇、2008 年 15 篇、2009 年 28 篇、2010 年 10 篇、2011 年 11 篇、2012 年 6 篇、2013 年 7 篇、2014 年 7 篇、2015 年 11 篇、2016 年 7 篇、2017 年 10 篇、2018 年 7 篇，“失业”议题的年度文章平均数为 12.7 篇，其媒介能见度为 3 级（中等）。分析全部文章内容，按照主题分布划分，数量居前 10 位的依次是社会问题 46 篇、下岗失业人员 45 篇、失业保险 29 篇、劳动保险 27 篇、失业保险金 27 篇、企业管理 19 篇、失业人员 11 篇、失业保险费 10 篇、失业登记 9 篇、农民工 8 篇。

3. 职工保障状况呈现

（1）“社保”议题。检索2000～2018年的《工人日报》，篇名含关键词“社保”的文章共358篇，其年度分布状况为2000年8篇、2001年17篇、2002年7篇、2003年11篇、2004年9篇、2005年8篇、2006年23篇、2007年26篇、2008年19篇、2009年30篇、2010年18篇、2011年26篇、2012年25篇、2013年15篇、2014年16篇、2015年15篇、2016年40篇、2017年28篇、2018年17篇，“社保”议题的年度文章平均数为18.8篇，其媒介能见度为3级（中等）。分析全部文章内容，按照主题分布划分，数量居前10位的依次是社会保险44篇、企业管理39篇、农民工32篇、用人单位27篇、社保基金23篇、用工单位22篇、劳动者19篇、养老保险19篇、社会保险费17篇、生产力17篇。

（2）“养老保险”议题。检索2000～2018年的《工人日报》，篇名含关键词“养老保险”的文章共194篇，其年度分布状况为2000年10篇、2001年8篇、2002年4篇、2003年12篇、2004年9篇、2005年11篇、2006年6篇、2007年10篇、2008年11篇、2009年20篇、2010年17篇、2011年5篇、2012年15篇、2013年9篇、2014年11篇、2015年11篇、2016年4篇、2017年7篇、2018年14篇，“养老保险”议题的年度文章平均数为10.2篇，其媒介能见度为2级（较低）。分析全部文章内容，按照主题分布划分，数量居前10位的依次是养老保险76篇、社会保险65篇、农民工33篇、企业管理24篇、养老保险费20篇、养老保险关系19篇、基本养老保险18篇、缴费年限18篇、转移接续13篇、养老保险制度12篇。

4. 职工安全状况呈现

（1）“工伤”议题。检索2000～2018年的《工人日报》，篇名含关键词“工伤”的文章共453篇，其年度分布状况为2000年7篇、2001年5篇、2002年5篇、2003年19篇、2004年21篇、2005年12篇、2006年18篇、2007年31篇、2008年15篇、2009年28篇、2010年31篇、2011年34篇、2012年25篇、2013年38篇、2014年38篇、2015年43篇、2016年29篇、2017年26篇、2018年28篇，“工伤”议题的年度文章平均数为23.8篇，其媒介能见度为3级（中等）。分析全部文章内容，按照主题分布划分，数量居前10位的依次是因工负伤118篇、用人单位116篇、用工单位111篇、工伤保险93篇、劳动保险87篇、农民工66篇、工伤保险待遇58篇、《工伤保险条例》52篇、工伤职工52篇、劳动者46篇。

（2）“安全生产”议题。检索2000~2018年的《工人日报》，篇名含关键词“安全生产”的文章共387篇，其年度分布状况为2000年14篇、2001年9篇、2002年10篇、2003年23篇、2004年13篇、2005年15篇、2006年23篇、2007年26篇、2008年23篇、2009年34篇、2010年37篇、2011年22篇、2012年14篇、2013年23篇、2014年38篇、2015年22篇、2016年18篇、2017年15篇、2018年8篇，“安全生产”议题的年度文章平均数为20.4篇，其媒介能见度为3级（中等）。分析全部文章内容，按照主题分布划分，数量居前10位的依次是企业管理70篇、安全生产61篇、安全生产工作47篇、工会劳动保护19篇、安全生产事故16篇、重特大事故13篇、安康杯13篇、国家安监总局13篇、煤矿安全生产12篇、安全生产法12篇。

5. 职业卫生状况呈现

（1）“职业病”议题。检索2000~2018年的《工人日报》，篇名含关键词“职业病”的文章193篇，其年度分布状况为2000年1篇、2001年2篇、2002年10篇、2003年9篇、2004年9篇、2005年7篇、2006年11篇、2007年14篇、2008年5篇、2009年12篇、2010年21篇、2011年19篇、2012年13篇、2013年8篇、2014年8篇、2015年16篇、2016年8篇、2017年10篇、2018年10篇，“职业病”议题的年度文章平均数为10.2篇，其媒介能见度为2级（较低）。分析全部文章内容，按照主题分布划分，数量居前10位的依次是职业病防治69篇、职业病63篇、职业性疾病41篇、职业危害39篇、企业管理35篇、用人单位33篇、劳动者31篇、用工单位31篇、生产力30篇、《职业病防治法》26篇。

（2）“尘肺病”议题。检索2000~2018年的《工人日报》，篇名含关键词“尘肺病”的文章77篇，其年度分布状况为2000年0篇、2001年0篇、2002年0篇、2003年0篇、2004年2篇、2005年1篇、2006年4篇、2007

年2篇、2008年1篇、2009年1篇、2010年6篇、2011年10篇、2012年3篇、2013年8篇、2014年20篇、2015年6篇、2016年5篇、2017年4篇、2018年4篇，“尘肺病”议题的年度文章平均数为4.1篇，其媒介能见度为2级（较低）。分析全部文章内容，按照主题分布划分，数量居前10位的依次是尘肺病62篇、农民工24篇、职业病18篇、职业性疾病12篇、尘肺病人11篇、职业病防治8篇、企业管理7篇、用工单位6篇、用人单位6篇、职业危害5篇。

6. 劳动关系状况呈现

（1）“劳动合同”议题。检索2000～2018年的《工人日报》，篇名含关键词“劳动合同”的文章362篇，其年度分布状况为2000年8篇、2001年12篇、2002年7篇、2003年25篇、2004年13篇、2005年21篇、2006年35篇、2007年42篇、2008年36篇、2009年28篇、2010年28篇、2011年11篇、2012年11篇、2013年14篇、2014年14篇、2015年23篇、2016年12篇、2017年12篇、2018年10篇，“劳动合同”议题的年度文章平均数为19.1篇，其媒介能见度为3级（中等）。分析全部文章内容，按照主题分布划分，数量居前10位的依次是劳动合同182篇、用人单位129篇、用工单位126篇、劳动者91篇、生产力88篇、企业管理70篇、《劳动合同法》41篇、劳动合同制度31篇、劳动法28篇、农民工27篇。

（2）“劳动争议”议题。检索2000～2018年的《工人日报》，篇名含关键词“劳动争议”的文章372篇，其年度分布状况为2000年11篇、2001年5篇、2002年8篇、2003年12篇、2004年15篇、2005年9篇、2006年23篇、2007年27篇、2008年30篇、2009年30篇、2010年29篇、2011年26篇、2012年20篇、2013年23篇、2014年15篇、2015年16篇、2016年29篇、2017年24篇、2018年20篇，“劳动争议”议题的年度文章平均数为19.6篇，其媒介能见度为3级（中等）。分析全部文章内容，按照主题分布划分，数量居前10位的依次是劳动争议98篇、劳动争议案件97篇、劳动纠纷93篇、劳动争议调解65篇、劳动者

65 篇、生产力 61 篇、用人单位 52 篇、企业管理 51 篇、用工单位 51 篇、司法机关 30 篇。

（二）结构性的偏向：职工议题的媒介能见度

前述以《工人日报》为个案，运用关键词考察的方法，呈现了传统主流媒体对具体职工议题的媒介呈现状况。2000～2018 年，每项议题的媒介能见度状况逐年有所不同；在一个较长的时段内，诸项议题的媒介能见度也存在明显的区别。变化的动因及具体规律需要深入观察新闻生产的实践过程，以考察其中诸种权力关系的动态和非正式特征。在此，本文只能进行概略的分析。

基于经验观察和已有数据，可以发现传统主流媒体对职工议题的报道同时具有两个鲜明特征。一是重点突出基本议题，与国家经济社会建设的主旨相呼应，职工的收入分配、就业状况最受关注，因而“工资”“就业”议题的媒介能见度居前两位（见表 1）。此外，农民工群体已是中国职工队伍的重要组成部分，对其劳动权益保护状况一直不容乐观，近年来相关政策论述均强调要切实保障其劳动薪酬权，“讨薪/欠薪”议题由此也得到较多关注。二是低度呈现风险议题。在本文所考察的诸项议题中，“失业”“尘肺病”作为典型的社会冲突性议题，受关注度与现实境况明显不相匹配。关于“失业”议题，据国务院推出的《全国资源型城市可持续发展规划（2013～2020 年）》界定，国内资源衰退型城市有 67 个，而近年来资源衰退型城市职工就业形势颇为严峻，存在“就业不充分，失业人数有所上升”“职工分流区域集中，就业稳定压力大”等难题亟待破解。关于“尘肺病”议题，国家卫生和计划委员会的统计数据显示，2005～2017 年国内职业病新发病例总体呈上升趋势，并且以职业性尘肺病为主。作为危害最重的法定职业病之一，除个别年份外，样本媒体对其关注过低。鉴于新闻生产与社会控制的关系，样本媒体的上述特征具有普遍性。概而言之，历时性观察显示，当前中国传统主流媒体中，职工议题的媒介能见度可描述为“结构性的偏向”。

表 1　2000～2018 年《工人日报》诸项职工议题的媒介能见度

序号	议题	年度主题文章数量(篇)	媒介能见度	
			等级	状况
1	工资	120.7	5 级	高
2	就业	119.6	5 级	高
3	讨薪/欠薪	30.3	4 级	较高
4	工伤	23.8	3 级	中等
5	安全生产	20.4	3 级	中等
6	劳动争议	19.6	3 级	中等
7	劳动合同	19.1	3 级	中等
8	社保	18.8	3 级	中等
9	失业	12.7	3 级	中等
10	养老保险	10.2	2 级	较低
11	职业病	10.2	2 级	较低
12	尘肺病	4.1	2 级	较低

这一判断在具体年份内亦能成立，且基本适用于所有主流媒体。不过，鉴于新闻生产与社会控制的具体关系，在不同类型的主流媒体中，职工议题的媒介能见度还存在一定区别。《工人日报》与《新京报》，一个是典型的传统主流媒体，另一个是新主流媒体的佼佼者，二者所面临的社会控制颇有不同，因而新闻生产产品存在具体差别。

比较已有的数据可以发现在《工人日报》和《新京报》中，职工议题的媒介能见度呈现出“异同相间”特征（见表 2 和表 3）。一是均重点突出基本议题，如“工资”“就业”“讨薪/欠薪”等，虽然具体新闻框架要素存在分际，但二者对其的关注度都为“高”或“较高”。二是依据功能定位强调不同议题，《工人日报》对“劳动争议”“劳动合同”“工伤”“职业病”等相对特定的议题有更多的呈现；《新京报》则较多关注对“社保”“养老保险”等更具有普遍性的议题。三是对风险议题的呈现存在区别。“失业”是典型的风险议题，相较于《工人日报》的“低度呈现”，《新京报》明显给予更多的关注。此外，需要强调的是，部分议题报道数量虽然相差无几，但是观察具体报道内容仍然有着明显区别。

表 2　2018 年《工人日报》诸项职工议题的媒介能见度

序号	议题	年度主题文章数量(篇)	媒介能见度	
			等级	状况
1	工资	105	5 级	高
2	就业	94	5 级	高
3	讨薪/欠薪	47	4 级	较高
4	工伤	28	4 级	较高
5	劳动争议	20	3 级	中等
6	社保	17	3 级	中等
7	养老保险	14	3 级	中等
8	职业病	10	2 级	较低
9	劳动合同	10	2 级	较低
10	安全生产	8	2 级	较低
11	失业	7	2 级	较低
12	尘肺病	4	2 级	较低

表 3　2018 年《新京报》诸项职工议题的媒介能见度

序号	议题	年度主题文章数量(篇)	媒介能见度	
			等级	状况
1	工资	96	5	高
2	社保	79	5	高
3	就业	76	5	高
4	讨薪/欠薪	32	4	较高
5	养老保险	26	4	较高
6	失业	26	4	较高
7	工伤	11	2	中等
8	安全生产	8	2	较低
9	劳动合同	6	2	较低
10	尘肺病	5	2	较低
11	劳动争议	2	2	较低
12	职业病	2	2	较低

以“尘肺病”议题为例，2018 年《工人日报》发表的 4 篇新闻分别是《乡镇和小型企业农民工尘肺病发病率较高》，报道《中国职工状况研究报告（2017）》中的相关发现；《放开诊断限制　设置保险体系》，报道“两

会”期间代表委员为尘肺病农民工群体发声；《四川：2017 年新增职业病九成为尘肺病》，报道四川省总工会探索建立职业安全健康维权工作新机制；《吉林：发病率最高的职业病为尘肺病》，报道吉林省强化职业病危害治理的政策举措。同年，《新京报》发表的 5 篇相关文章分别是《建议放开尘肺病诊断限制》，报道全国人大代表建议尘肺病诊断和职业病鉴定分离；《贵州 3 名因诊断尘肺病被抓医生今取保候审》，报道贵州航天医院从事职业病尘肺病诊断工作的三名医生因“失职罪”被公安机关羁押；《不放过骗保者，更不能错抓“尘肺病”矿工》，批评在贵州煤矿企业举报“诊断医生与工人存在利益关系”一案中，当地司法机关处置措施不当；《别让尘肺病逝者背“涉嫌骗保”之名》，再次为尘肺病人的权益发声，批评贵州遵义警方相关做法有违司法公正；《真假尘肺病》，对贵州航天医院三名医生卷入“煤矿工人涉嫌诈骗社保资金案”进行深度报道。比较可见，《新京报》通过聚焦典型的争议性事件——全国首例“职业病医生因诊断涉嫌刑事犯罪”案件，拓展了这一议题的传播范围，触发更多的人关注尘肺病矿工维权、职业病诊断鉴定等社会问题。

三　中国职工群体的媒介话语权

在现代社会中，话语与权力密不可分。本文的“话语权”是指个人或群体能够自主表达其利益、意见和思想，从而对其他个人或群体产生影响的能力。它反映了在社会话语系统中个人或群体话语表达的实际地位、拥有的话语表达资源，以及其话语表达的潜在效果。相应地，“媒介话语权”则指个人或群体运用媒体自主表达其利益、意见和思想，从而对其他个人或群体产生影响的能力。

本文尝试以内容分析法，通过考察新闻框架以测量职工群体媒介话语权的具体状况。按照新闻架构分析理论的基本观点，框架是“位处特定历史、经济、政治坐标点的社会个体或团体达成其特定理解或意义所遵循的认识和话语的组织原则”。对媒体而言，新闻框架是它们“认知、诠释和呈现当中的稳固模型，也是选择、强调和排除的常用规则”。无论传统主流媒体抑或是新主流媒体，在呈现职工群体状况时，皆对“收入”和“就业”主题最为关注。因而，本文将选择“工资”“就业/失业”“讨薪/欠薪”三类具体职工议题，从以下四个方面研究《工人日报》和新京报网的相关新闻报道文本，比较不同类型主流媒体中职工群体的媒介话语权状况。

第一，报道主题。构建新闻框架的第一步是选择主题。在一定时间范围内，新闻媒体对主题的选择会限定受众关注的焦点。本研究将对职工议题的报道分政策举措、先进典型、权益维护、综合、其他等类目。其中，一个研究样本中若同时涉及多个主题，选择其中相对最重要的作为主题；若多个主题的地位相对均衡，则视为“综合”。

第二，消息来源。消息来源或称信源，通常被视为构建新闻框架的重要变项。信源问题关乎新闻生产的公正与客观，能反映不同群体的媒介近用权享有状况，是衡量话语权的一个重要指标。此处，消息来源是指新闻报道的线索提供者，包括组织及个人。新闻报道文本有些会明确交代消息来源；有些虽未具体直接标明消息来源，但从其叙述中可以推知。本研究将消息来源分为党政机构、工会组织、企业单位、研究机构、普通职工、综合、其他等类目。若同一研究样本中出现不止一个信源，则选择其中占据主导地位的作为消息来源；若多个信息源的地位相对平衡，无法判定谁占主导，则视为“综合”。

第三，报道主角。它通常是指在报道中要直接或间接加以突出和表达的个人或组织。此处，报道主角是指在报道中出现并被突出、被引用的人，或者那些被报道所刻画、所描绘的人。本研究将报道主角分为党政官员、工会人士、代表/委员、专家学者、普通职工、企业人士、综合、其他等类目。若同一研究样本中出现多个人物，则选择其中最主要的作为报道主角；若多个人物的地位相对均衡，无法判定谁占主导，则视为“综合”。

第四，话语引述。在新闻报道中对特定群体的话语引述，是衡量该群体媒介话语权状况的一个重要指标。本研究侧重探讨相关新闻报道中是否引述普通职工的话语及话语的倾向，设置正面/满意、中性/无明显的倾向、负面/不满、无话语引述等类目。

社会和经济的不平等，必然会体现在文化和话语之中。因而，将能否实现“主体性表达”作为衡量媒体报道弱势社群新闻框架优劣的重要标准。主体性与人的自由和解放具有内在的一致性。在本文中，“主体性表达”概念旨在强调话语表达能够彰显主体地位、反映主体意识、体现能动关系。衡量职工群体的媒介话语权，可以通过考察媒体对职工议题的报道来探索，具体可从上述四个方面进行分析，诸如是否报道他们最为关心的主题、是否以他们作为消息来源、是否将他们当成报道主角、是否引述他们的负面/不满话语，进而讨论职工在媒介话语空间中是否实现了主体性表达，简言之即是否自主、能动地表达其利益、意见和思想。

（一）两类主流媒体的同类议题报道比较

检索2018年《工人日报》，“工资”“就业/失业”“讨薪/欠薪”议题的文章分别有105篇、100篇、47篇，剔除其中的非新闻报道文本，最终获取的样本数量分别是102篇、95篇、44篇。检索2018年的《新京报》网站，“工资”“就业/失业”“讨薪/欠薪”议题的文章分别有96篇、102篇、32篇，剔除其中的非新闻报道文本，最终获取的样本数量分别是80篇、85篇、28篇。每类议题分别从报道主题、消息来源、报道主角、话语引述四个方面进行类目建构；在编码完成后，采用SPSS for Windows 19.0进行统计分析。

1. “工资”议题

2018年，《工人日报》对“工资”议题的报道具有如下特征。一是在报道主题方面，“政策举措”最为常见，“先进典型”次之，“权益维护”亦有出现，它们的占比分别是44.1%、34.3%和13.7%。二是在消息来源方面，“党政机构”所占比重最大，达到44.1%；“工会组织”次之，达到24.5%；“企业单位”和“普通职工”并列第4位，占比均只有5.9%。三是在报道主角方面，“党政官员”和“工会人士”分别居第1位和第2位，所占比重分别是41.2%和26.5%，“普通职工”居第4位，占比均为9.8%。四是在话语引述方面，多数新闻报道是“无话语引述”，其占比高达62.7%；在有话语引述的报道中，“正面/满意”与“负面/不满”的占比分别为20.6%和15.7%（见表4）。

表4　2018年《工人日报》“工资”议题报道情况

单位：次，%

选项		频率	百分比	有效百分比	累积百分比
报道主题	政策举措	45	44.1	44.1	44.1
	先进典型	35	34.3	34.3	78.4
	权益维护	14	13.7	13.7	92.2
	其他	8	7.8	7.8	100.0
消息来源	党政机构	45	44.1	44.1	44.1
	工会组织	25	24.5	24.5	68.6
	企业单位	6	5.9	5.9	74.5
	研究机构	2	2.0	2.0	76.5
	普通职工	6	5.9	5.9	82.4
	综合	18	17.6	17.6	100.0
报道主角	党政官员	42	41.2	41.2	41.2
	工会人员	27	26.5	26.5	67.6
	专家学者	6	5.9	5.9	73.5
	普通职工	10	9.8	9.8	83.3
	企业人士	6	5.9	5.9	89.2
	综合	11	10.8	10.8	100.0
话语引述	正面/满意	21	20.6	20.6	20.6
	中性/无明显的倾向	1	1.0	1.0	21.6
	负面/不满	16	15.7	15.7	37.3
	无话语引述	64	62.7	62.7	100.0

2018年，《新京报》对“工资”议题的报道具有如下特征。一是在报道主题方面，“政策举措”最为常见，占比为56.3%；“权益维护”居第3位，占比为17.5%；“先进典型”占比最低，仅为7.5%。二是在消息来源方面，“党政机构”是最重要的消息来源，占比高达72.5%；“普通职工”虽居第2位，占比仅为10.0%。三是在报道主角方面，“党政官员”和“普通职工”分别居第1位和第2位，分别是67.5%和16.3%。前者为后者的4.1倍。四是在话语引述方面，多数新闻报道无“无话语引述”，其占比高

达78.8%。在有话语引述的报道中，“负面/不满”居前，占比为8.8%；“正面/满意”和“中性/无明显的倾向”的占比均为6.3%（见表5）。

表5　2018年《新京报》“工资”议题报道情况

单位：次，%

选项		频率	百分比	有效百分比	累积百分比
报道主题	政策举措	45	56.3	56.3	56.3
	先进典型	6	7.5	7.5	63.7
	权益维护	14	17.5	17.5	81.3
	其他	15	18.8	18.8	100.0
消息来源	党政机构	58	72.5	72.5	72.5
	企业单位	4	5.0	5.0	77.5
	研究机构	3	3.8	3.8	81.3
	普通职工	8	10.0	10.0	91.3
	综合	7	8.8	8.8	100.0
报道主角	党政官员	54	67.5	67.5	67.5
	代表/委员	1	1.3	1.3	68.8
	专家学者	3	3.8	3.8	72.5
	普通职工	13	16.3	16.3	88.8
	企业人士	4	5.0	5.0	93.8
	综合	4	5.0	5.0	98.8
	其他	1	1.3	1.3	100.0
话语引述	正面/满意	5	6.3	6.3	6.3
	中性/无明显的倾向	5	6.3	6.3	12.5
	负面/不满	7	8.8	8.8	21.3
	无话语引述	63	78.8	78.8	100.0

需要强调的是，在“工资”议题上，“工会组织”未成为《新京报》的有效“消息来源”，“工会人士”亦非其关注的报道主角。

2.“就业/失业”议题

2018年，《工人日报》对“就业/失业”议题的报道具有如下特征。一是在报道主题方面，“政策举措”是最重要的主题，占比达到45.3%；“先进典型”居第2位，占比为24.2%；“权益维护”居第4位，占比为13.7%。二是在消息来源方面，“党政机构”和“工会组织”作为主要信源，占比分别达到47.4%和23.2%；多个消息来源相对均衡的“综合”居第3位，占比为18.9%；而“普通职工”居第5位，占比仅为4.2%。三是在报道主角方面，“党政官员”和“工会人员”分别居于第1位和第2位，占比分别为40.0%和20.0%；“普通职工”和“企业人士”同居第4位，占比均为8.4%；“代表/委员”居第5位，占比为7.4%，显示出这一议题在“两会”期间颇受关注。四是在话语引述方面，多数新闻报道是“无话语引述”，占比达到60.0%。在有话语引述的报道中，“正面/满意”仍是多数，占比为27.4%；“负面/不满”居第3位，占比仅为9.5%（见表6）。

表6　2018年《工人日报》“就业/失业”议题报道情况

单位：次，%

选项		频率	百分比	有效百分比	累积百分比
报道主题	政策举措	43	45.3	45.3	45.3
	先进典型	23	24.2	24.2	69.5
	权益维护	13	13.7	13.7	83.2
	综合	1	1.1	1.1	84.2
	其他	15	15.8	15.8	100.0
消息来源	党政机构	45	47.4	47.4	47.4
	工会组织	22	23.2	23.2	70.5
	企业单位	5	5.3	5.3	75.8
	研究机构	1	1.1	1.1	76.8
	普通职工	4	4.2	4.2	81.1
	综合	18	18.9	18.9	100.0
报道主角	党政官员	38	40.0	40.0	40.0
	工会人员	19	20.0	20.0	60.0
	代表/委员	7	7.4	7.4	67.4
	专家学者	4	4.2	4.2	71.6
	普通职工	8	8.4	8.4	80.0
	企业人士	8	8.4	8.4	88.4
	综合	11	11.6	11.6	100.0
话语引述	正面/满意	26	27.4	27.4	27.4
	中性/无明显的倾向	3	3.2	3.2	30.5
	负面/满意	9	9.5	9.5	40.0
	无话语引述	57	60.0	60.0	100.0

2018 年，《新京报》对“就业/失业”议题的报道具有如下特征。一是在报道主题方面，“政策举措”最为常见，占比达到 56.5%；常规主题外的“其他”居第 2 位，占比为 30.6%；“先进典型”居第 3 位，占比为 8.2%；而“权益维护”则居末位，占比仅为 4.7%。二是在消息来源方面，最主要的信源亦是“党政机构”，占比高达 74.1%；“企业单位”和“研究机构”均居第 2 位，占比为 7.1%；“工会组织”居于末位，占比仅为 1.2%；需要注意的是，“普通职工”没有成为该议题的信源。三是在报道主角方面，“党政官员”依旧占比最高，达到 64.7%；“企业人士”和“专家学者”分别居第 2 位和第 3 位，占比分别为 10.6% 和 9.4%；“普通职工”和“工会人员”同居末位，占比均仅为 1.2%。四是在话语引述方面，绝大多数新闻是“无话语引述”，占比高达 89.4%；在有话语引述的报道中，“负面/不满”和“正面/满意”占比分别为 5.9% 和 4.7%（见表 7）。

表 7　2018 年《新京报》“就业/失业”议题报道情况

单位：次，%

选项		频率	百分比	有效百分比	累积百分比
报道主题	政策举措	48	56.5	56.5	56.5
	先进典型	7	8.2	8.2	64.7
	权益维护	4	4.7	4.7	69.4
	其他	26	30.6	30.6	100.0
消息来源	党政机构	63	74.1	74.1	74.1
	工会组织	1	1.2	1.2	75.3
	企业单位	6	7.1	7.1	82.4
	研究机构	6	7.1	7.1	89.4
	综合	5	5.9	5.9	95.3
	其他	4	4.7	4.7	100.0
报道主角	党政官员	55	64.7	64.7	64.7
	工会人员	1	1.2	1.2	65.9
	代表/委员	3	3.5	3.5	69.4
	专家学者	8	9.4	9.4	78.8
	普通职工	1	1.2	1.2	80.0
	企业人士	9	10.6	10.6	90.6
	综合	3	3.5	3.5	94.1
	其他	5	5.9	5.9	100.0

续表

选项		频率	百分比	有效百分比	累积百分比
话语引述	正面/满意	4	4.7	4.7	4.7
	负面/不满	5	5.9	5.9	10.6
	无话语引述	76	89.4	89.4	100.0

3. “讨薪/欠薪”议题

2018 年，《工人日报》对“讨薪/欠薪”议题的报道具有如下特征。一是在报道主题方面，“政策举措”是最常见的主题，占比达到 72.7%；“先进典型”和“权益维护”所占比重相同，均为 13.6%。二是在消息来源方面，“党政机构”和“工会组织”作为主要信源，占比分别达到 59.1% 和 20.5%；“普通职工”居第 4 位，占比仅为 4.5%。三是在报道主角方面，“党政官员”是绝对主角，占比达到 63.6%；“工会人员”居第 2 位，占比为 18.2%；“普通职工”和“专家学者”同居第 4 位，占比均为 4.5%。四是话语引述方面，绝大多数新闻是“无话语引述”，占比达到 68.2%；在有话语引述的新闻中，“正面/满意”、“负面/不满”和“中性/无明显的倾向”所占比例分别为 15.9%、9.1% 和 6.8%（见表 8）。

表 8　2018 年《工人日报》“讨薪/欠薪”议题报道情况

单位：次，%

选项		频率	百分比	有效百分比	累积百分比
报道主题	政策举措	32	72.7	72.7	72.7
	先进典型	6	13.6	13.6	86.4
	权益维护	6	13.6	13.6	100.0
消息来源	党政机构	26	59.1	59.1	59.1
	工会组织	9	20.5	20.5	79.5
	企业单位	1	2.3	2.3	81.8
	普通职工	2	4.5	4.5	86.4
	综合	6	13.6	13.6	100.0

续表

选项		频率	百分比	有效百分比	累积百分比
报道主角	党政官员	28	63.6	63.6	63.6
	工会人员	8	18.2	18.2	81.8
	代表/委员	1	2.3	2.3	84.1
	专家学者	2	4.5	4.5	88.6
	普通职工	2	4.5	4.5	93.2
	综合	3	6.8	6.8	100.0
话语引述	正面/满意	7	15.9	15.9	15.9
	中性/无明显的倾向	3	6.8	6.8	22.7
	负面/不满	4	9.1	9.1	31.8
	无话语引述	30	68.2	68.2	100.0

2018年，《新京报》对“讨薪/欠薪”议题的报道具有如下特征。一是在报道主题方面，“权益维护”居首位，占比达到57.1%；“政策举措”和常规主题外的“其他”同居第2位，占比均为17.9%；“先进典型”居末位，所占比例为7.1%。二是在消息来源方面，“党政机构”和报道中多个信源地位相对均衡的“综合”同居首位，占比均为39.3%；常规类型外的“其他”居第2位，占比为17.9%；“普通职工”居于末位，占比仅为3.6%。三是在报道主角方面，报道中多个报道主角相对均衡的“综合”居首位，占比达到35.7%；“党政官员”为第2位，占比为32.1%；“普通职工”居第4位，占比为7.1%。四是在话语引述方面，“无话语引述”新闻占比为50.0%。在有话语引述的新闻中，“负面/不满”居首位，占比高达46.4%；“正面/满意”占比仅为3.6%（见表9）。

表9　2018年《新京报》“讨薪/欠薪”议题报道情况

单位：次，%

选项		频率	百分比	有效百分比	累积百分比
报道主题	政策举措	5	17.9	17.9	17.9
	先进典型	2	7.1	7.1	25.0
	权益维护	16	57.1	57.1	82.1
	其他	5	17.9	17.9	100.0

续表

选项		频率	百分比	有效百分比	累积百分比
消息来源	党政机构	11	39.3	39.3	39.3
	普通职工	1	3.6	3.6	42.9
	综合	11	39.3	39.3	82.1
	其他	5	17.9	17.9	100.0
报道主角	党政官员	9	32.1	32.1	32.1
	普通职工	2	7.1	7.1	39.3
	企业人士	1	3.6	3.6	42.9
	综合	10	35.7	35.7	78.6
	其他	6	21.4	21.4	100.0
话语引述	正面/满意	1	3.6	3.6	3.6
	负面/不满	13	46.4	46.4	50.0
	无话语引述	14	50.0	50.0	100.0

（二）低度的主体性：职工群体的媒介话语权

本文运用内容分析研究方法，考察了2018年《工人日报》和《新京报》对职工议题采取的新闻报道框架。《中华人民共和国劳动法》第三条规定："劳动者享有平等就业和选择职业的权利、取得劳动报酬的权利、休息休假的权利、获得劳动安全卫生保护的权利、接受职业技能培训的权利、享受社会保险和福利的权利、提请劳动争议处理的权利以及法律规定的其他劳动权利。"上述所探讨的三项具体议题"工资""就业/失业""讨薪/欠薪"，均关乎职工群体的基本权益，考察其能否实现主体性表达，具有重要的表征意义。

新闻是对现实的社会性建构，新闻生产过程是社会控制的过程。综合而言，从微观到宏观，新闻生产处于三个层次的"综合控制"中。一是在个体/群体层面，从业者自身的专业理想与职业意识；二是在组织层面，媒体机构的具体定位和利益诉求，以及编辑部内部的常规生产机制；三是在社会层面，权力部门的政治控制、商业机构的行业控制和新闻环境的行业控制。《工人日报》和《新京报》所面临的社会控制有所区别，具体的新闻生产也相应地存在分际。

基于上述数据，考察平均占比，至少可以发现：一是在报道主题方面，《工人日报》偏重使用“政策举措”（54.0%）和“先进典型”（24.0%）框架，“权益维护”框架亦有一定比重（13.7%）；《新京报》则偏重于“政策举措”（43.6%）和“权益维护”（26.4%）框架，较少使用“先进典型”（7.6%）框架。二是在消息来源方面，《工人日报》倾向于选择“党政机构”（50.2%）和“工会组织”（22.7%），而“普通职工”（4.9%）、“企业单位”（4.5%）和“研究机构”（2.5%）的单独信源地位均较一般；《新京报》相对更依赖于“党政机构”（62.0%），而几乎不选择“工会组织”（0.4%），“企业单位”（5.8%）、“普通职工”（4.5%）和“研究机构”（4%）亦较少作为单独消息来源。三是在报道主角方面，《工人日报》倾向于呈现“党政官员”（48.3%）和“工会人士”（21.6%），“普通职工”（7.6%）则较少作为独立的报道主角，但比重略高于“专家学者”（4.9%）和“企业人士”（4.8%）；《新京报》更倾向于呈现“政府官员”（54.8%），几乎忽略“工会人士”（0.4%），“普通职工”（8.2%）的报道主角地位亦不突出，但比重同样略高于“企业人士”（6.4%）和“专家学者”（4.4%）。四是在话语引述方面，《工人日报》中“无话语引述”的状况（63.6%）相当突出；在有话语引述的报道中，“正面/满意”话语（21.3%）则居于首位，“负面/不满”话语（11.4%）次之，“中性/无明显的倾向”话语也有出现（3.7%）；《新京报》中“无话语引述”的状况（72.7%）更为明显，不过，在有话语引述的报道中，“负面/不满”话语（20.4%）居首位，而“正面/满意”话语（4.9%）和“中性/无明显的倾向”（2.1%）均不常见。此外，较之《工人日报》，《新京报》更愿意尝试常规报道主题外的“其他”类型（22.4%），更倾向于使用“综合”类型的信息来源（18%），在报道主角上会更多地选择人物地位相对均衡的“综合”类型（14.4%）。

上述分析显示，《工人日报》和《新京报》具体类型有别，但均紧密追随和阐述政策议题，倾向采取“党政主导”框架，显示出中国语境下主流媒体总体的核心特征。在此前提下，《工人日报》的“机关报”气息浓厚，行政和组织倾向鲜明，注重开展典型报道，总结各级工会组织的先进经验和具体成绩。《新京报》则更关注社会冲突性议题，总体遵循以“规避风险”为中心的新闻报道常规，同时又寻求机会实践新闻专业主义理念，这在“讨薪/欠薪”一类议题上表现尤为明显。但是，它对工会系统的活动包括维护职工权益的具体实践几乎不予关注。两类主流媒体都能注重维护普通职工权益，在一定程度上会使用“权益维护”框架，就一些比较突出带有普遍性的问题积极建言。不过，两者均倾向于使用相对固定的精英信源，“普通职工”的声音尤其是意见和批评都较为缺乏，有待进一步倾听和呈现。就本文所考察的个案而言，不同类型的主流媒体在职工议题建构上，尽管会因议题性质而存在微观分际，但是报道主题、报道主角、消息来源、话语引述上的“共通原则”更为明显，职工群体的媒介话语权可整体描述为“低度的主体性”。

四 结论与建议

能否在媒体空间中进行利益表达以及表达充分，事关职工群体切身利益；尤其在诸项职工议题上，其真实诉求能否得到全面而深刻的呈现，关乎基本劳动权益保障，并进一步实现体面劳动的愿景。本文以《工人日报》和《新京报》为个案进行考察，发现不同类型的主流媒体在此方面均有一定作为，但尚应进行更系统的努力。具体而言，需要改善“结构性的偏向”境况，继续提升职工议题尤其是风险性议题的能见度，尽可能缩减“媒体呈现”与“现实图景”之间的距离；需要重视增强职工群体的媒介话语权，致力于普通职工话语能力的培养和话语空间建设，从而提升其在媒介表达的主体性程度。

在《中国职工状况研究报告（2018）》一书中，基于对2000～2017年《工人日报》的历时性考察，笔者曾提出过三项政策和制度建议，即现有“国家—媒体”关系需要审慎而积极地调整，主流媒体应提升公共性以更充分地履行社会责任，媒体系统诸行动者共同致力于为多元主体赋权。通过比较研究2018年《工人日报》和《新京报》在职工议题报道上的具体状况，本文认为上述主张依然适用，同时鉴于两类主流媒体的共通与分际，进一步提出下述建议。

（一）主流媒体需要共同努力在公民权的视野下报道职工议题

改革开放40年以来，中国职工队伍已发生了两次“结构性的变化”，一是突破了全民所有制的束缚，强化了以工资收入为主要生活来源的属性，非公有制单位职工比例增大；二是突破了城乡户籍制度的束缚，强化了职工与用人单位建立或存在事实劳动关系的属性，农民工成为职工队伍的重要组成部分。当前，共享经济日益发展，职工队伍结构再次面临新的变化。随着职工队伍结构的重大变化，职工议题重心相应地要有所变迁。因而，主流媒体应努力寻求合适的框架报道职工议题，以尽可能地反映新型职工群体的动态利益诉求。按照较早系统采用公民权视角研究中国农民工问题的美国学者苏黛瑞的观点，公民权由两方面构成，一是“社会成员资格，或者可以说是社区归属”；二是“资源分享权利”。近20年来，农民工问题是重要的职工议题，而当前主流媒体的相关报道，总体多采用“生存论预设下的生存—经济叙事模式”，而少用“公民权视野下的身份—政治叙事模式”。这实际上反映出媒体缺乏足够的公民权视野，未能全面从“社区公民”和“企业公民”的角度呈现问题实质。鉴于此，不同类型的主流媒体均需要关注职工议题的现实演变，努力在公民权的视野下进行报道。

（二）传统主流媒体应积极在新闻生产中实践专业主义理念

传统主流媒体因其政治定位，在新闻生产上自有鲜明特色。《工人日报》作为中华全国总工会的机关报，近年以来所追求的目标是办一张“导向正确、中央满意、工会欢迎、职工爱看”的读物。因此，该报将坚持正确的政治方向和舆论导向放在首位，紧密围绕工会的重点工作开展采编活动，这从本文的分析可窥一斑。在此前提之下，不妨参考借鉴《新京报》

等新主流媒体的具体经验，尝试在新闻生产中尽可能实践专业主义理念，推出更多有思想、有温度、有品质的报道，寻求在职工议题报道上建构真正的专业权威，方有可能全面满足“方向要正、站位要高、能量要强、影响要大”的政治要求。对此，《工人日报》采编人员其实已有思考，如提出“不仅要解决新闻报道的语言、篇章、版式、栏目等表面问题，还应着力解决关乎内容建设的新闻生产制度、流程、评价标准等问题”；工会新闻容易陷入传播“内循环”，形成“业内的沸点，业外的冰点”的困境，因而报道“必须回归本原”，编辑和记者需要兼具“大局意识”和“专业意识”以挖掘工会新闻的“社会性”；强化“三工”（工厂、工会、工人）特色，不仅需要报道“三工”领域的新闻，以“三工”视角报道新闻，而且应当追求赋予报道“三工价值观”；等等。需要按照新闻传播规律、创新理念方法手段，在注重导向性议题的同时又不回避风险议题，力求既“做精规定动作”又“做优自选动作”，方能突破“内卷化”的传播困境，真正实现影响力的圈层突破。

（三）新主流媒体应突破固定的议程设置以更全面地反映现实

以《新京报》为个案的观察显示，新主流媒体的职工议题报道存在一个非常明显的现象：“工会组织”很少成为消息来源；“工会人士”亦难成为报道主角。从中可见，新主流媒体在具体新闻生产中对工会的作为几乎不予关注。究其原委，一方面是因为目前工会系统内的媒体，其影响力尚未真正突破圈层限制，难以进行“媒体间议程设置”；另一方面则可能是新主流媒体并未真正深入了解中国工会，从而在议程设置中存在刻板成见。2001年修订的《工会法》规定，中国工会具有独特的“双维护”职能，即“工会在维护全国人民总体利益的同时，代表和维护职工的合法权益”。中国工会在履行这一职能时，往往直面“全国人民总体利益”与“职工的合法权益”之间的现实张力，因而需要在制度与机制方面进行创新以便调和矛盾。在中国语境下，如果忽视中国工会“双维护”的调和与实践，是难以全面呈现诸项职工议题的。当然，这并不意味新主流媒体需要向传统主流媒体看齐，而是强调其应当突破固定的议程设置，增强关注职工议题表象中的实质问题，诸如互联网经济中的用工关系性质、地方工会如何“借力”运作、集体协商制度新类型的形成机制，尝试进行深度报道并努力寻求呈现其实践逻辑。

参考文献

Dorothy J. Solinger, *Contesting Citizenship in Urban China: Peasant Migrants, the State and the Logic of the Market* (Berkeley: University of California Press, 1999).

Gitlin, Todd, *The Whole World is Watching: Mass Media in the Making and Unmaking of the New Left: With a New Preface* (Berkeley: University of California Press, 1980).

McCombs, M. & Shaw, D., "The Agenda-setting Function of Mass Media," *Public Opinion Quarterly* 2 (1972).

Peter Bachrach & Morton Baratz, "Two Faces of Power," *American Political Science Review* 4 (1962).

常凯：《中国特色劳动关系的阶段、特点和趋势——基于国际比较劳动关系研究的视野》，《武汉大学学报》（哲学社会科学版）2017 年第 5 期。

常凯、郑小静：《雇佣关系还是合作关系？——互联网经济中用工关系性质辨析》，《中国人民大学学报》2019 年第 2 期。

陈晓燕：《遵循新闻规律　提升工会新闻影响力——以〈工人日报〉工会新闻报道为例》，《工会信息》2018 年第 12 期。

邓崎凡：《工人日报报道的“三工”特色和实践——以近年来中国新闻奖获奖作品为例》，《青年记者》2019 年第 9 期。

景跃进：《中国的“文件政治”》，载北京大学国家发展研究院编《公意的边界》，上海人民出版社，2013。

郎友兴：《安东尼·吉登斯：第三条道路》，浙江大学出版社，2000。

李金铨：《“媒介专业主义”的悖论》，《国际新闻界》2018 年第 4 期。

刘家伟：《尊重新闻规律　不断改进文风——从〈工人日报〉几组系列报道看改进文风若干问题》，《新闻战线》2016 年第 23 期。

潘忠党：《架构分析：一个亟须理论澄清的领域》，《传播与社会学刊》2006 年第 1 期。

齐爱军：《什么是“主流媒体”》，《现代传播》2011 年第 2 期。

乔健：《略论中国特色和谐劳动关系》，《中国劳动关系学院学报》2015 年第 2 期。

史安斌、王沛楠：《议程设置理论与研究 50 年：溯源·演进·前景》，《新闻与传播研究》2017 年第 10 期。

孙德宏：《导向正确　中央满意　工会欢迎　职工爱看——把〈工人日报〉办成一张精致大报》，《中国工会财会》2018 年第 5 期。

闻效仪：《从“国家主导”到多元推动——集体协商的新趋势及其类型学》，《社会学研究》2017 年第 2 期。

吴建平：《地方工会“借力”运作的过程、条件及局限》，《社会学研究》2017 年第 2 期。

吴建平：《中国工会“双维护”的调和与实践——以 20 世纪 90 年代中后期工会参与“再就业工程”为例》，《工会博览》2015 年第 11 期。

吴麟：《赋权与商议：媒体与新工人劳资关系治理研究》，北京大学出版社，2017。

燕晓飞主编《中国职工状况研究报告（2018）》，社会科学文献出版社，2018。

张志安：《新闻生产与社会控制的张力呈现——对〈南方都市报〉深度报道的个案分析》，《新闻与传播评论第七期》（2008 年卷），武汉大学出版社，2008。

赵蕾：《议程设置 50 年：新媒体环境下议程设置理论的发展与转向——议程设置奠基人马克斯韦尔·麦库姆斯、唐纳德·肖与大卫·韦弗教授访谈》，《国际新闻界》2019 年第 1 期。

专题报告

Special Reports

劳动生产率差异：产业工人队伍建设改革的逻辑起点

信卫平　燕晓飞*

摘　要： 本文旨在研究供给侧结构性改革背景下产业工人队伍建设改革的问题。随着我国经济发展进入新时代，历史已将供给侧结构性改革与产业工人队伍建设改革有机地联系在一起，以提高供给体系质量，实现经济高质量发展，而二者联系的逻辑起点就是提高产业工人的劳动生产率。本文通过对我国产业工人劳动生产率变动趋势的分析，指出改革开放以来我国产业工人劳动生产率水平有了大幅度的提高，产业工人的单位劳动产出从1978年的2527元，增加到2017年的144170元，增加了56.1倍。1978～2017年产业工人劳动生产率的年

* 信卫平，中国劳动关系学院教授，主要研究领域为收入分配理论、劳动关系与职工状况等；燕晓飞，中国劳动关系学院科研处处长兼劳动关系与工会研究院院长，教授，主要研究领域为劳动收入、劳动就业和劳动者教育培训。

均增长率按不变价格计算为10.93%。但是，近10年来却呈现波动下降的趋势，并在国内三次产业中排名末位。就劳动生产率水平而言，我国产业工人劳动生产率水平与发达经济体相比还有较大的差距，为此产业工人队伍建设改革应以提高劳动生产率为中心。

关键词： 产业工人　供给侧结构性改革　劳动生产率　产业工人队伍建设

一　引言

党的十八大以来，以习近平同志为核心的党中央立足我国国情，在中国特色社会主义进入新时代之际做出了一系列战略性部署，出台了一系列重大政策，其中有两个重大决策与广大职工的切身利益密切相关。一是供给侧结构性改革，另一个就是新时期产业工人队伍建设改革。

2015年11月10日，中共中央总书记、中央财经领导小组组长习近平主持召开中央财经领导小组第十一次会议，研究经济结构性改革和城市工作。2016年1月27日，习近平在主持召开中央财经领导小组第十二次会议上，研究供给侧结构性改革方案。2017年10月18日，习近平同志在党的十九大报告中明确指出，深化供给侧结构性改革。建设现代化经济体系，“必须把发展经济的着力点放在实体经济上，把提高供给体系质量作为主攻方向”。至此，我国供给侧结构性改革进入正式实施的阶段。

供给侧结构性改革实际上是我国改革进程中的又一次制度创新。随着中国特色社会主义进入新时代，我国社会的主要矛盾也发生了转化，从“人民日益增长的物质文化需要同落后的社会生产之间的矛盾”转化为“人民日益增长的美好生活需要与不平衡不充分的发展之间的矛盾”。新时代社会主要矛盾的转化对我国经济社会发展产生了广泛而深刻的影响。新时代人民的需要已不再是日益增长的物质文化需要，而是日益增长的美好生活需要，而现阶段不平衡不充分的发展构成了对这种需要的主要制约因素，一些原有的制度体系已严重滞后。例如，在影响经济增长至关重要的土地、劳动力、资本、创新等要素方面，还存在十分明显的供给抑制与供给约束。现有的制度结构、生产结构已经不能满足我国庞大的中等收入家庭的各类新需求，不利于中国各类消费潜力、改革红利的释放。供给侧结构性改革就是要“发挥市场配置资源的决定性作用和更好地发挥政府作用”。正是在这个意义上，党的十八届五中全会才会提出“释放新需求，创造新供给”的号召。

供给侧结构性改革是用改革的办法推进结构调整，减少无效和低端供给，扩大有效和中高端供给，增强供给结构对需求变化的适应性和灵活性。供给侧结构性改革能否顺利实施，客观上需要有一支与之相适应的新时代产业工人队伍。因此，提高劳动生产率使供给体系更好适应需求结构变化，构成了我国产业工人队伍建设改革的逻辑起点，这也是我国经济由高速增长阶段转向高质量发展阶段的关键所在。

2017 年 6 月 19 日，中共中央、国务院印发了《新时期产业工人队伍建设改革方案》，这是党和国家历史上首次就产业工人队伍建设改革专门进行谋划和部署。改革方案明确提出，要把产业工人队伍建设作为实施科教兴国战略、人才强国战略、创新驱动战略的重要支撑和基本保障，要造就一支有理想守信念、懂技术会创新、敢担当讲奉献的宏大的产业工人队伍。

此后，产业工人队伍建设改革的问题不仅受到党中央、国务院，全总、各部委及各级地方政府、工会等政策、实践层面的关注，理论界也展开了广泛探讨与研究。通过对近两年进行的关于产业工人队伍建设改革探索与实践的梳理，笔者注意到以往在对产业工人队伍建设改革实践层面的研究与探索主要集中在如何提高产业工人技能素质和构建职业培训体系等方面展开的。

关于产业工人队伍技能素质的现状及存在的问题，认为主要是技术工人缺乏尤其是高技能人才缺乏、技能形成缺少顶层设计、产业工人职业发展通道不畅等问题，以及相关法律法规政策需要进一步完善落实，因此推进产业工人队伍建设改革势在必行。[①] 关于产业工人队伍建设改革实践方面，尽管各地工会的做法不尽相同，但基本上都是基于上述判断而进行的。例如，西安市总工会在对产业工人队伍调研的基础上，提出产业工人队伍建设亟待解决的问题主要有三点：一是职工的技能素质还有待进一步优化，二是促进技能队伍建设的相关制度有待进一步完善，三是产业职工收入分配制度需要进一步优化。[②] 湖北省总工会在落实《湖北省产业工人队伍建设改革实施方案》时，突出技能提升，推动建设高素质产业工人队伍。并通过开展劳动技能竞赛，引导产业工人提升技能；开展职业技能培训，帮助产业工人提升技能；开展创新创效活动，激励产业工人提升技能；等等。[③]

上述各地的改革实践基本上是围绕产业工人队伍技能素质的状况，着重在如何提升和构建培训体系两个方面展开的。笔者认为，随着我国由高速增长阶段转向高质量发展阶段，历史已将供给侧结构性改革与产业工人队伍建设改革有机地联系在一起，以提高供给体系质量，实现经济高质量发展，而这个逻辑关系的起点就是提高产业工人的劳动生产率。因此，产业工人队伍建设改革中的技能培训等工作必须要以提高产业工人的劳动生产率为中心。

二　改革开放以来我国产业工人队伍发展状况

（一）产业工人概念的界定

目前我国对产业工人概念的界定主要有两种不同的口径，一是全国总工会的口径，二是中国社会科学院的口径。

根据全国总工会的界定，我国产业工人主要是指在第一产业的农场、

① 《人民日报》评论员：《建设高素质的产业工人队伍》，《人民日报》2017年6月20日。

② 龙红印、童颖：《产业工人队伍现状的调查与思考》，《工会信息》2017年第5期。

③ 湖北省总工会：《湖北产业工人队伍建设改革——工会在行动》，《工友》2018年第10期。

林场，第二产业的采矿业、制造业、建筑业，以及电力、热气、燃气及水生产和供应业，第三产业的交通运输、仓储及邮政业，信息传输、软件和信息技术服务业等行业中从事集体生产劳动，以工资收入为生活来源的工人。[①] 按照这一界定，我国现阶段产业工人分布在国民经济 19 个行业中的 7 个行业，包括第二产业的全部 4 个行业。根据全国总工会的口径，2017 年我国产业工人总数达到 23830.8 万人，约占当年我国就业人数的 30.7%。[②]

根据中国社会科学院的界定，产业工人主要是指在工厂、矿山和工地等场所从事生产、制造、建筑等的劳动者，特别是指工业生产过程中的制造业工人。根据国家统计局关于三次产业划分标准的规定，第二产业统计范围是工业和建筑业，工业又细分为采矿业、制造业和电力、热气、燃气及水生产和供应业。按此划分，我国的产业工人主要是指在第二产业就业的工人。[③] 根据国家统计局提供的数据，2017 年我国第二产业就业人数为 21824 万人，约占当年我国就业人数的 28.1%。[④]

从上述两种关于产业工人的界定可以看到，全国总工会关于产业工人界定的口径略宽泛一些，涵盖了国民经济 19 个大行业的 7 个行业，中国社会科学院的界定涵盖了国民经济 19 个大行业的 4 个行业，口径相对窄一些。从产业工人的人数看，第二产业就业人员构成了我国产业工人队伍的主体，中国社会科学院口径的产业工人数为全国总工会口径的 91%，二者相差不大。从研究的视角看，由于国家统计局提供的各产业的就业人数、增加值等方面的数据相对于国民经济各行业的数据而言更为系统、完整和全面，为研究产业工人队伍的现状及变动趋势提供了更为有利的条件。为此，本文关于产业工人的定义，就是指第二产业的就业人员。

① 李玉赋：《第八次中国职工状况调查》（报告卷），中国工人出版社，2017。
② 国家统计局：《中国统计年鉴（2018）》，中国统计出版社，2018。
③ 李培林等：《当代中国阶级阶层变动（1978～2018）》，社会科学文献出版社，2018。
④ 国家统计局：《中国统计年鉴（2018）》，中国统计出版社，2018。

（二）产业工人队伍规模和结构的变化

改革开放以来，随着我国劳动力数量的不断增长，产业工人队伍的规模和占全社会就业人员的比例发生了较大的变化。1978 年产业工人为 6945 万人，占当年全社会就业人员的比重为 17.3%；2012 年产业工人的规模达到 23241 万人，占当年全社会就业人员的比重达到 30.3%；此后出现小幅下降，2017 年产业工人为 21824 万人，占比为 28.11%（见图 1）。

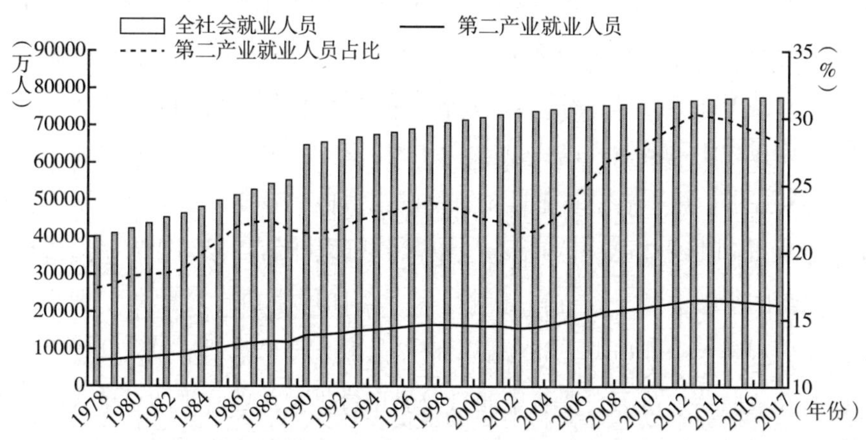

图 1　1978～2017 年我国产业工人人数的变动情况

数据来源：国家统计局：《中国统计年鉴（2018）》，中国统计出版社，2018。

改革开放以来，中国职工队伍发生了两次重大的结构性变化①，这种变化对产业工人队伍产生了重大的影响，使产业工人队伍结构发生了相应的变化。

1. 国有单位产业工人的占比持续下降

城镇非私营单位产业工人，特别是国有单位产业工人的占比持续下降，城镇私营单位、农民工的比重不断增大。1995～2017 年，国有单位就业人员在第二产业城镇单位就业人员中的占比由 65.10% 下降到 5.82%。其中国

① 燕晓飞主编《中国职工状况研究报告（2018）》，社会科学文献出版社，2018。

有单位就业人员在采掘业、制造业、建筑业和电力、煤气及水的生产和供应业中的占比分别从1995年的91.06%、60.95%、57.60%和92.40%，下降到2017的7.47%、2.68%、5.83%和42.41%。与此同时，城镇私营单位、外出农民工在第二产业就业人员中的比重不断增大。

2. 产业工人队伍内部各行业之间的占比也发生了较大的变化

近20年来，产业工人队伍内部各行业就业人数之间占比也发生了较大的变化，1998年采掘业、制造业、建筑业和电力、煤气及水的生产和供应业在第二产业占比分别为11.87%、70.76%、14.04%和3.32%，到2017年四个行业的占比分别为5.61%、57.15%、32.59%和4.65%，其中制造业和建筑业占到产业工人数的89.74%，仍是产业工人队伍的主体。

3. 产业工人受教育程度普遍提高

改革开放以来，我国教育进入全面发展时期，义务教育不断完善，高等教育逐步加强，国民受教育程度不断提高。目前，我国教育普及总体水平已达到世界中上水平，15岁及以上人口平均受教育年限由1982年的5.3年提高到9.6年，九年义务教育巩固率已达到94.2%。[①] 2017年，我国就业人员受教育程度在高中以上（含高中）的人员占比为37.38%，其中第二产业的采掘业、制造业、建筑业和电力、煤气及水的生产和供应业占比分别为51.30%、40.12%、23.07%和69.87%，只有建筑业就业人员受教育程度低于全行业平均水平。近年来，我国职业教育已建成世界上规模最大的职业教育体系，形成中国特色现代职业教育体系的基本框架，全国职业院校年均向社会输送1000万名毕业生，每年培训上亿人次，在现代制造业、战略性新兴产业和现代服务业等领域，一线新增从业人员70%以上来自职业院校毕业生。[②]

---

① 国家统计局：《沧桑巨变七十载　民族复兴铸辉煌——新中国成立70周年经济社会发展成就系列报告之一》，国家统计局网站，http：//www.stats.gov.cn/tjsj/zxfb/201907/t20190701_1673407.html，2019年7月1日。

② 田丽、赵婀娜、张烁、丁雅诵：《高质量发展呼唤高技能劳动大军——来自山东、江苏、浙江、贵州、广东等地的职业教育调研》，《人民日报》2017年7月26日。

4. 产业工人年均收入水平低且内部收入差距过大

产业工人队伍主要由三个群体构成，即城镇非私营单位、城镇私营单位及农民工。产业工人的收入水平也有三个不同的口径，即城镇非私营单位产业工人年平均工资（又称城镇单位产业工人年平均工资）、城镇私营单位产业工人年平均工资和产业工人队伍中的农民工人均月收入。目前，产业工人的收入状况主要有以下特点。

（1）产业工人收入水平普遍低于社会平均水平。2018 年，在采掘业、制造业、建筑业和电力、煤气及水的生产和供应业这 4 个行业就业的城镇非私营单位产业工人的年平均工资分别为 81429 元、72088 元、60501 元和 100162 元，在国民经济 19 个行业中分别处于第 11、第 14、第 15 和第 4 的位置，其中除电力、煤气及水的生产和供应业外，其他 3 个行业的年均收入水平均低于全行业平均水平（82461 元）；在上述 4 个行业中的城镇私营单位的产业工人的年均收入分别为 44096 元、49275 元、50879 元和 44239 元，其中除建筑业外，其他 3 个行业的年均收入水平均低于私营单位全行业平均水平（49575 元）；从事制造业、建筑业的农民工年收入分为 44784 元和 50508 元，与私营单位产业工人收入水平相当。

（2）产业工人加权平均工资水平低于全行业平均工资水平。为反映产业工人的整体收入水平，笔者计算了城镇非私营单位各行业的产业工人的全口径加权平均工资，2017 年产业工人加权平均工资为 63044 元。经过比较分析，产业工人的年均收入水平不仅低于全社会平均水平，而且近 20 年来产业工人的年均收入水平占全社会平均水平的比重呈波动向下的态势，从 1995 年占全行业平均水平的 101% 到 2017 年的 85%，表明产业工人的相对收入水平在下降（见图 2）。①

（3）产业工人队伍内部不同群体之间的收入差距依然较大。仅以占产

① 由于缺乏城镇私营单位和农民工的相关数据，这里只计算了城镇非私营单位产业工人的全口径加权平均工资水平。到 2017 年底，城镇非私营单位的产业工人只占第二产业就业人员的 37.17%，其余 62.83% 为私营单位和农民工。所以，上述计算的产业工人加权平均工资相对于全体产业工人队伍而言是偏高的。

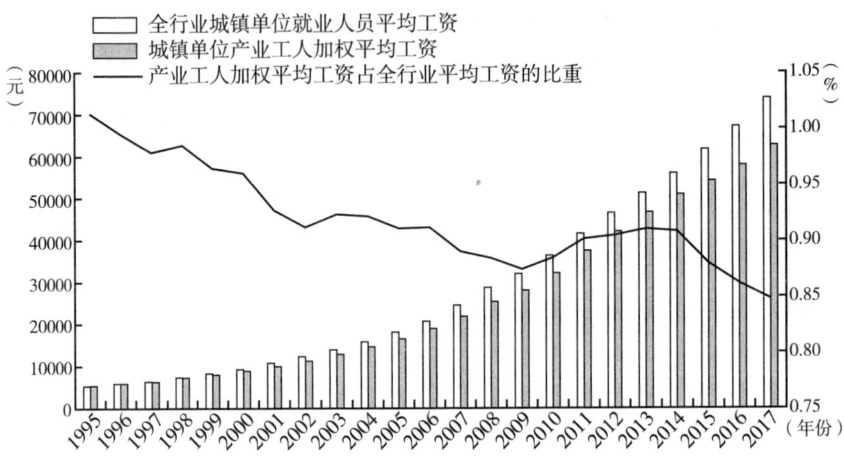

图 2　1995～2017 年产业工人加权平均工资水平及变动情况

数据来源：国家统计局：《中国统计年鉴（2018）》《中国劳动统计年鉴（2018）》，中国统计出版社，2018。

业工人队伍人数最多的制造业为例，2018 年制造业城镇非私营单位就业人员年均收入为 72088 元，比城镇私营单位就业人员高出 22813 元，比农民工高出 27304 元（见表 1）。10 年来，三个群体年均收入增长率分别为 11.43%、11.60%、11.43%，由于年均增长率基本相同，三者之间的差距过大情况也保持不变。

表 1　产业工人队伍各行业就业人员的年平均工资

单位：元

年份	制造业			建筑业			采矿业		电力	
	城镇非私营单位	城镇私营单位	农民工	城镇非私营单位	城镇私营单位	农民工	城镇非私营单位	城镇私营单位	城镇非私营单位	城镇私营单位
2008	24404	16443	15168	21223	18589	18414	34233	17600	38515	15747
2009	26810	17260	15972	24161	19867	19500	38038	18553	41869	17795
2010	30916	20090	18984	27529	22228	23352	44196	20981	47309	18834
2011	36665	24138	23040	32103	26108	28584	52230	25519	52723	22091
2012	41650	28215	25560	36483	30911	31848	56946	29684	58202	25478
2013	46431	32035	30444	42072	34882	35580	60138	33081	67085	29597
2014	51369	35653	33984	45804	38838	39504	61677	35819	73339	33184

续表

年份	制造业			建筑业			采矿业		电力	
	城镇非私营单位	城镇私营单位	农民工	城镇非私营单位	城镇私营单位	农民工	城镇非私营单位	城镇私营单位	城镇非私营单位	城镇私营单位
2015	55324	38948	35640	48886	41710	42096	59404	38192	78886	34631
2016	59470	42115	38796	52082	44803	44244	60544	39600	83863	38605
2017	64452	44991	41328	55568	46944	47016	69500	41236	90348	41510
2018	72088	49275	44784	60501	50879	50508	81429	44096	100162	44239

注：在《农民工监测调查报告》中没有采掘业和电力、煤气及水的生产和供应业就业农民工的相关数据。

数据来源：国家统计局 2009～2018 年《中国统计年鉴》和《农民工监测调查报告》。

三　产业工人队伍劳动生产率变动趋势分析

当前，我国经济发展进入新时代，其基本特征就是由高速增长阶段转向高质量发展阶段。以制造业为代表的第二产业是我国国民经济的主体，也是供给侧结构性改革的重要领域，国民经济要实现高质量发展，走出一条中国特色新型工业化道路，从“制造业大国”跨越到“制造业强国”，提高劳动生产率就构成了供给侧结构性改革的重要任务，这在客观上需要培养一支高素质的产业工人队伍。

劳动生产率通常是指一组工人在一定时间内生产的商品和服务数量。劳动生产率是衡量一个组织或公司、一个行业或一个国家的指标。2002 年，经合组织将其定义为：“产出量计量与投入量计量的比率”。产出量计量通常是国内生产总值（GDP），以固定价格表示，即根据通货膨胀进行调整；投入量计量通常是用工作时间及就业人数。作为宏观经济指标，劳动生产率是衡量一个国家经济繁荣和国际竞争力的重要标志。

（一）1978～2017年产业工人队伍劳动生产率增长的变化趋势

根据国家统计局提供的数据，笔者计算了 1978～2017 年我国产业工人的劳动生产率水平。从1978～2017年的数据看，我国产业工人劳动生产率的变动呈现出以下几个特点。

一是单位劳动产出大幅提高。1978～2017年单位劳动产出即每个产业工人的年人均产出水平大幅度提高，1978年产业工人的单位劳动产出为2527元，到2017年已增至144170元，增加了56.05倍（见表2）。二是劳动生产率增速较快。1978～2017年产业工人劳动生产率的年均增长率为10.93%，其中前20年达到12.22%的年均增长率。三是劳动生产率增长波动较大。1978～2017年劳动生产率增长曲线总体上呈现“倒U形”，其中1978～1995年为波动上升阶段，1996～2017年为波动下降阶段，其中增长率的最大值为1995年的28.46%，最小值为1990年的-4.95%，极差为33.41%。

表2　1978～2017年产业工人劳动生产率及指数变化情况

年份	产业工人劳动生产率（元/人）	产业工人劳动生产率指数（上年=100）	产业工人劳动生产率指数（1978年=100）
1978	2527	100.00	100.00
1980	2835	107.67	112.18
1985	3563	112.15	140.97
1990	5438	95.05	215.13
1995	16322	128.46	645.68
1996	19840	121.55	784.82
1997	22590	113.86	893.60
1998	24631	109.03	974.29
1999	25710	104.38	1016.96
2000	27735	107.88	1097.10
2001	30520	110.04	1207.25
2002	34802	114.03	1376.63
2003	38285	110.01	1514.43
2004	41688	108.89	1649.06
2005	46874	112.44	1854.20
2006	52914	112.89	2093.21
2007	59507	112.46	2354.02
2008	67651	113.69	2676.29
2009	78464	115.98	3103.96
2010	82645	105.33	3269.40

续表

年份	产业工人劳动生产率（元/人）	产业工人劳动生产率指数（上年＝100）	产业工人劳动生产率指数（1978年＝100）
2011	94098	113.86	3722.54
2012	105895	112.54	4189.35
2013	114033	107.68	4511.09
2014	121798	106.81	4818.30
2015	129900	106.65	5138.72
2016	134143	103.27	5306.76
2017	144170	107.47	5703.17

注：本表采用的是国际劳工组织按就业人口测算的劳动生产率，即各产业劳动生产率用各产业GDP/各产业就业人员数来衡量。表中的劳动生产率按不变价格计算。

数据来源：国家统计局历年《中国统计年鉴》和《中国劳动统计年鉴》。

经过进一步分析发现，1998～2008年我国产业工人劳动生产率的增长速度基本围绕10%上下波动，2008～2017年国际金融危机爆发后产业工人劳动生产率的增长速度呈明显的下降趋势，到2016年已经降到近30年的最低点3.27%（见图3），2017年产业工人劳动生产率的增长速度又小幅上升到7.47%，但仍然没有恢复到国际金融危机前的水平，产业工人劳动生产率的这种变化趋势值得我们进一步研究。

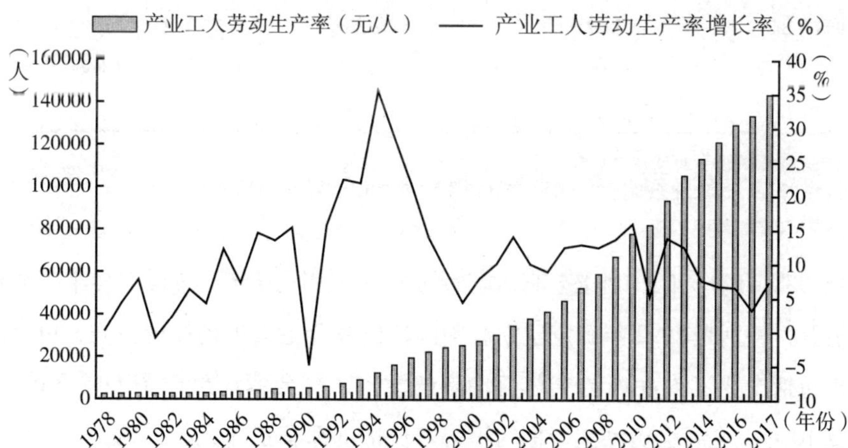

图3　1978～2017年产业工人劳动生产率变动情况

数据来源：根据国家统计局历年《中国统计年鉴》数据计算所得。

（二）1978～2017年三次产业劳动生产率年均增长率比较分析

分析产业工人队伍劳动生产率的变化情况，还需要将其放在整个国民经济发展环境中，通过与其他产业劳动生产率变动的比较分析得出判断。为此，本研究以10年经济发展为一个周期，将1978～2017年分为4个时期，并分别计算了三次产业在每一个时期的劳动生产率的年均增长情况，其中第二产业劳动生产率的增长即是产业工人劳动生产率的增长（见表3）。

1978～1987年，是我国经济体制改革的初始时期，改革首先从农村的联产承包责任制开始，激发了广大农民的生产积极性，带动了农民的劳动生产率提高。在这10年，农业劳动生产率的年均增长幅度在三个产业中最高，为10.91%；第三产业次之，为8.26%；第二产业最低，为6.29%。

表3　1978～2017年分阶段我国各产业劳动生产率年均增长率

单位：%

时间段	第一产业劳动生产率年均增长幅度	第二产业劳动生产率年均增长幅度	第三产业劳动生产率年均增长幅度
1978～1987	10.91	6.29	8.26
1988～1997	16.79	18.34	14.67
1998～2007	7.22	10.30	11.77
2008～2017	13.93	8.77	9.84
1978～2017	12.16	10.92	11.26

注：表中数据按不变价格计算。

数据来源：国家统计局历年《中国统计年鉴》和《中国劳动统计年鉴》。

1988～1997年，我国经济体制改革进入第二个10年，改革在各个领域全面展开，特别是1992年确定建立有中国特色社会主义市场经济体制，更是激发出包括产业工人在内的全体劳动者的潜力，社会劳动生产率大幅度提高。在这10年，全社会劳动生产率的年均增长幅度都有了很大的提高，第二产业的劳动生产率的年均增长幅度更是达到18.34%，在三个产业中最高。

1998～2007年，经历了亚洲金融危机，尽管危机本身没有对我国经济产生直接的影响，但是危机改变了我国经济发展的外部经济环境，我国持续多年的2位数的增长幅度降为1位数增长，第二产业的劳动生产率的年均增长幅度为10.30%，与上一时期增长幅度相比较，下降了近一半。尽管如此，在这一时期的后半期产业工人队伍的劳动生产率的年均增长幅度仍保持在2位数。

2008~2017年，2008年爆发的国际金融危机对我国经济发展的影响是广泛和持久的，这10年我国的经济增长呈持续下降的态势。与此同时，产业工人队伍的劳动生产率也在逐年下降，年均增长幅度降至8.77%，后5年的年均劳动生产率更是降为6.04%。

由上可以看出，1978~2017年的改革开放，我国三次产业的劳动生产率均以较快的速度增长，第一产业劳动生产率的年均增长率为12.16%，第二产业为10.92%，第三产业为11.26%。三次产业劳动生产率的快速增长，构成了同期全社会劳动生产率实现了年均增长12.77%的高速增长。同时，劳动生产率的增长也为我国经济增长提供了坚实的基础。由此，可以得出以下判断。

第一，产业工人队伍目前仍是我国经济发展中的重要力量。从三次产业的劳动生产率水平看，2017年第二产业为人均144170元/人，在三个产业中最高；第二产业以占全社会就业人数的28.1%，为全社会贡献了40.5%的国内生产总值。

第二，近10年来产业工人劳动生产率增速相对下降。从三次产业的劳动生产率的增长速度看，1998~2017年第二产业相对其他产业而言，增速出现下降，到2017年第二产业的增速位列第三。进一步分析注意到，第二产业的增速相对下降是发生在2007年以后，2007年被第三产业超过，2012年又被第一产业超过。2014年第一产业又超过第三产业而成为增速第一的产业。

第三，近年来农业劳动生产率提高与农业供给侧结构性改革密切相关。改革开放前，我国农业生产结构较为单一，种植业占绝对主导地位。1952年，农、林、牧、渔业总产值中农业比重高达85.9%，林、牧、渔业比重分别只有1.6%、11.2%、1.3%。改革开放后，以粮为纲的传统农业转变为农、林、牧、渔业全面发展。党的十八大以来，农业供给侧结构性改革不断深化，农业现代化水平逐渐提高，农业结构调整不断得到优化。2018年，农、林、牧、渔业总产值中农业比重下降至54.1%，林、牧、渔业比重分别提高至4.8%、25.3%、10.7%，为农业劳动生产率的提高起到了重要的推动作用。①

近10年，产业工人劳动生产率增速放缓的主要原因是第二产业中一些重点行业产能严重过剩。产能过剩不仅在钢铁、汽车、造船、电解铝等传统重工业十分明显，在碳纤维、光伏、风电、多晶硅等战略性新兴产业中也有所蔓延。② 产能过剩不仅导致市场疲软、产品价格下滑、企业盈利能力大幅降低，还使以设备形式投入的资本由于很难转用于其他产业而成为企业不良资产，致使这些行业工业增加值增长率及经济发展速度减缓，严重影响了劳动生产率的提高。

为此，2016年1月27日，在习近平同志主持召开的中央财经领导小组第十二次会议上研究了供给侧结构性改革方案。习近平指出，供给侧结构性改革的根本目的是提高社会生产力水平，落实好以人民为中心的发展思想。要在适度扩大总需求的同时，去产能、去库存、去杠杆、降成本、补短板，从生产领域加强优质供给，减少无效供给，扩大有效供给，提高供给结构的适应性和灵活性，提高全要素生产率，使供给体系更好地适应需求结构变化。可见，供给侧结构性改革的核心就是提高劳动生产率。

四　劳动生产率的国际比较

2018年，我国第二产业增加值占当年GDP的40.8%，由于第二产业在

---

① 国家统计局：《经济结构不断升级　发展协调性显著增强——新中国成立70周年经济社会发展成就系列报告之二》，国家统计局网站，http://www.stats.gov.cn/tjsj/zxfb/201907/t20190708_1674587.html，2019年7月8日。

② 李杨等：《中国劳动生产率增速持续减缓原因分析》，中国改革论坛网站，http://www.chinareform.org.cn/Economy/industry/report/201601/t20160122_242602.htm，2016年1月22日。

我国经济增长中的占比最大，因此，产业工人的劳动生产率水平及增长速度的变动直接决定着我国劳动生产率的发展变化趋势。为此，笔者利用世界银行提供的数据，从就业人员的人均 GDP 产出水平和增长速度对我国与世界主要经济体的劳动生产率水平进行了比较。

（一）与世界主要国家及经济体相比，我国的劳动生产率增速是最快的

通过与世界主要国家及经济体的劳动生产率比较发现，最近 20 年来，我国的劳动生产率增速是最快的。1998～2018 年，我国劳动生产率年均增速为 8.62%，不仅高于近年来增速较快的印度的 5.55%，也明显高于美国的 1.38%、日本的 0.90%、欧盟的 1.08%。若与世界平均水平相比，1991 年我国劳动生产率水平相当于世界平均水平的 13.66%，到 2018 年这一比例已提高到 80.28%。1991 年我国劳动生产率水平仅相当于美国的 3.79%，到 2018 年这一比例已提高到 25.65%。

1998～2018 年，中国劳动生产率增加了 422.46%，不仅高于印度的 194.43%，美国的 31.56%，日本的 19.67%，俄罗斯的 80.00%，也高于欧盟成员国的 23.88% 及中等偏上国家 143.54% 的劳动生产率增长水平（见表4）。

表 4　1998～2018 年世界主要国家及经济体劳动生产率指数（1998 年 =100）

年份	中国	印度	美国	日本	俄罗斯	欧盟	中等偏上收入国家
1998	100.00	100.00	100.00	100.00	100.00	100.00	100.00
1999	106.84	106.65	102.89	100.71	100.23	101.83	101.98
2000	114.60	108.42	105.42	103.79	106.62	104.69	106.61
2001	123.98	110.90	106.55	104.72	112.05	106.14	109.31
2002	134.75	112.36	109.05	106.05	114.43	107.61	113.37
2003	147.55	118.23	111.88	107.83	123.40	108.31	118.72
2004	160.94	124.23	114.80	109.98	130.31	110.66	126.24
2005	178.01	132.32	116.68	111.35	136.52	111.53	133.66
2006	199.36	143.37	117.83	112.45	146.81	113.48	143.12
2007	226.27	156.15	118.95	113.56	155.35	115.06	154.35

续表

年份	中国	印度	美国	日本	俄罗斯	欧盟	中等偏上收入国家
2008	247.73	161.28	118.72	112.52	162.69	114.69	162.27
2009	270.41	174.55	119.74	107.93	153.32	111.70	164.74
2010	298.09	191.56	123.43	112.91	158.93	114.41	176.09
2011	324.95	204.14	124.33	112.98	165.51	116.34	185.31
2012	349.47	215.26	124.87	114.98	170.14	116.19	193.26
2013	375.65	225.01	125.57	116.25	174.26	116.87	201.80
2014	402.38	237.17	126.59	115.83	175.63	117.96	209.44
2015	429.80	252.14	128.24	116.89	172.02	119.62	215.70
2016	458.34	265.50	128.08	116.85	172.04	120.54	224.03
2017	489.63	278.29	128.92	117.82	175.93	121.92	233.41
2018	522.46	294.43	131.56	119.67	180.00	123.88	243.54

数据来源：根据世界银行《世界发展指标（2019）》数据计算整理所得。

（二）与世界主要国家及经济体相比，我国劳动生产率水平还存在较大差距

各国劳动生产率水平，可以使用就业人员的人均 GDP 指标、就业人员的人均工作小时 GDP 指标来进行衡量与比较。

从就业人员的人均 GDP 指标来看，我国劳动生产率水平不仅与发达国家的差距明显，也与新兴经济体存在一定的差距。2018 年我国单位劳动产出为 29499 国际元[①]，在 20 国集团中仅高于印度尼西亚和印度，为同期美国的 25.65%、欧盟的 34.98%、日本的 38.60%，仅为世界平均水平的 80.28%（见图 4）。

从就业人员的人均工作小时 GDP 指标来看，我国劳动生产率水平与发达国家的差距更加明显（见图 5）。目前，发达国家的年均工作时间普遍低

① 各国就业人员的人均 GDP 是按购买力平价（PPP）计算的，即用购买力平价汇率将各国 GDP 换算为 1990 年不变价的国际元。国际元的购买力与美元在美国的购买力相当。与按汇率法计算的口径不同。

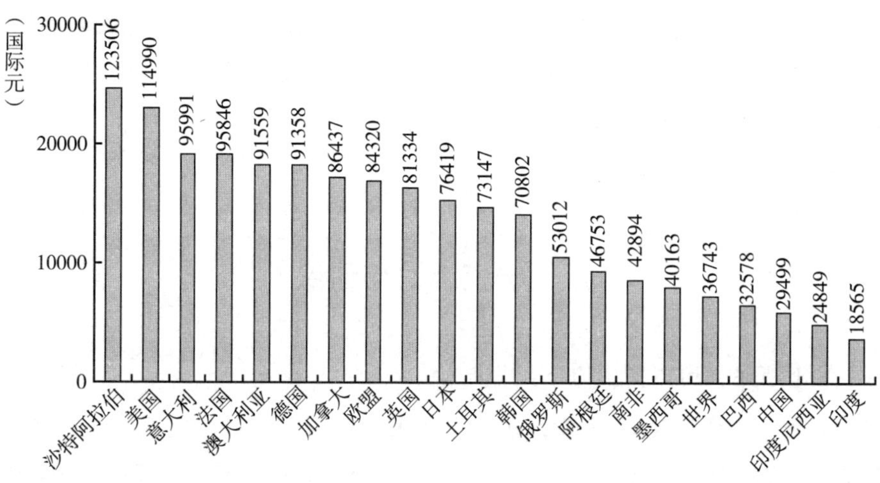

图4　2018年二十国集团（G20）各国单位劳动产出水平

数据来源：世界银行《世界发展指标（2019）》。

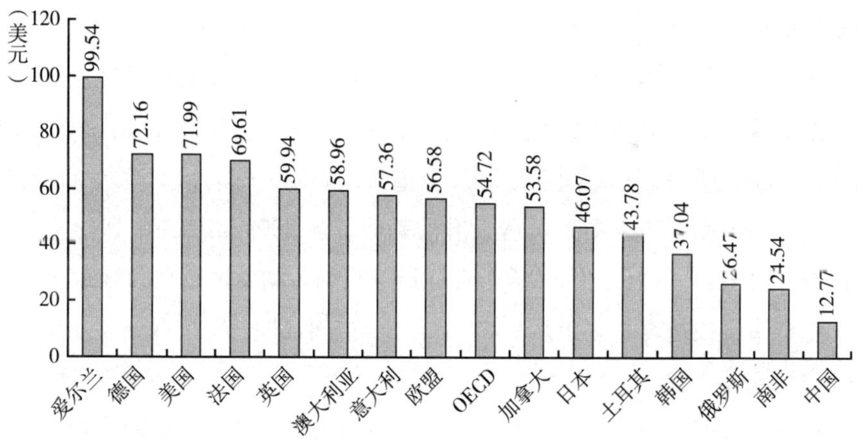

图5　2017年世界主要国家及经济体人均工作小时生产率

数据来源：OECD，Compendium of Productivity Indicators，2019。图中数据为美元，是按当年价格和购买力平价计算的各国就业人员平均工作小时的产出。中国的数据来自国家统计局《中国劳动统计年鉴（2018）》。

于2000小时，例如2011年美国为1758小时，加拿大为1724小时，日本为1727小时，澳大利亚为1715小时，英国为1637小时，德国为1411小时，法国为1476小时，韩国为2289小时。[①] 根据国家统计局提供的数据推算，目前我国城镇单位就业人员的年均工作时间为2310小时，[②] 人均工作小时劳动生产率为美国的17.74%，欧盟的22.57%，日本的27.72%，均低于上述国家的人均产出比例。

五　研究结论与建议

综上所述，可以得出以下研究结论。

第一，改革开放40年来，我国产业工人的劳动生产率增速在世界范围内是最高的，但与世界其他发达经济体相比较，劳动生产率水平还处于较低水平，况且我们的产出水平是建立在比发达国家和地区人均多投入20%左右的劳动时间的基础上的。因此，要缩小与发达国家和地区的差距，在今后一个相当长的时期必须保持较高的劳动生产率增长水平，才能更好地应对日趋复杂的国际政治、经济环境。

第二，国际金融危机以来，我国产业工人劳动生产率的增长速度与一些发达经济体相比下降趋势较为明显，增速优势减弱。根据世界银行提供的数据，从2008年的9.48%下降到2018年的6.71%，下降了2.77个百分点；同期美国的劳动生产率则呈缓慢上升的趋势，从2008年的-0.19%上升到2018年的2.05%，上升了2.24个百分点。我国劳动生产率增长速度与美国劳动生产率增长速度的差距从9.67个百分点缩小到4.66个百分点，缩小了5.01个百分点。

第三，从国内经济发展情况看，由于我国实体经济中存在的结构性问题已经影响到产业工人劳动生产率的增长，造成其劳动生产率的增长速度近10年来低于第一、第三产业劳动生产率的增长速度，产业工人队伍的劳动

---

① United States Department of Labor Bureau of Labor Statistics, *International Comparisons of GDP per Capita and per Hour, 1960 - 2011*, https: //www. bls. gov/fls/intl _ gdp _ capita _ gdp _ hour. htm, November 07, 2012.

② 国家统计局：《中国劳动统计年鉴（2018）》，中国统计出版社，2018。

生产率增长速度的下降直接影响到我国经济整体劳动生产率的增长。

因此，在供给侧结构性改革的背景下，产业工人队伍建设改革的重点应以提高产业工人劳动生产率为中心。

（一）提高职工工作满意度是提高产业工人劳动生产率的途径

产业工人队伍建设改革应以提高劳动生产率为中心，而提高产业工人的工作满意度则是提高劳动生产率最为重要的途径之一。Burda 等指出：经济学认为劳动生产率是一个内生变量，它是由多个因素共同决定的。[①] 在最基本的层面上，工人对收入水平的满意度将直接影响其劳动生产率。叶援利用 C－D 生产函数测算技术进步、资本装备率的提高对劳动生产率的影响，发现工资的提高推动了劳动生产率的进步，这是提高劳动生产率的一种有效激励手段。[②] 周卫民在探讨推进供给侧结构性改革的突破口选择时，认为劳动者生产积极性是影响劳动生产效率提高的关键因素，收入差距越大，劳动者积极性越低，劳动生产率增长速度就越慢。[③]

（二）产业工人的在职培训体制改革应与人才引进同步进行

为使我国经济由高速增长阶段转向高质量发展阶段，适应产业结构的转型升级，需要有一支高技能劳动者队伍。但是，目前高技能人才在短期内还难以满足经济转型发展的需要，全国总工会第八次中国职工状况调查报告提供的数据显示，目前我国技术工人求人倍率超过 1.5∶1，高技能工人高达 2∶1，高端技术工人需求缺口一直居高不下。因此，在现阶段采取在职培训就是提高产业工人队伍职业素质的一个重要途径。但由于制度不配套，使在职培训效果不佳。全国总工会的调查数据显示，有 56.7% 的职工表示参

① Michael C. , Burda, "Humboldt University Berlin, and IZA, Germany," *IZA World of Labor* April (2018).

② 叶援：《我国建筑业劳动生产率的实证分析》，《山东建筑工程学院学报》2004 年第 1 期。

③ 周卫民：《供给侧结构性改革的原因与突破：基于收入势能的考察》，《上海财经大学学报》2016 年第 6 期。

加单位培训并没有增加收入，57.7%的职工表示没有因参加培训得到工作岗位的提升。在职培训对收入提升、职务晋升上的作用并不明显，影响了在职职工参加培训的积极性。同时，由于高级技师的收入仅与企业一般管理人员的收入持平，使技术职称对职工的吸引力不足，高技能人才在收入分配上没有体现出优势来。①

笔者认为，现有的在职培训体制必须适应时代的发展而做出相应的改革。职业教育与培训要与相应的激励机制相联系，产业工人队伍建设也要加快人才引进。2018 年 5 月，财政部、税务总局联合出台的《关于企业职工教育经费税前扣除政策的通知》，为企业培训提供了政策上的支持，各级地方政府和工会组织在对产业工人队伍进行职业培训的过程中更要注重实际效果，打通培训与提薪、晋职的通道。

与此同时，在政策层面上应鼓励企业加大引进人才的步伐，以解决短期内企业高端技术人才匮乏的状态。人才是科技创新的起点，经济高质量发展和产业升级需要更多国际人才，人才引进不应局限于国内。2019 年 7 月，国家移民局推出移民新政，对推动我国产业工人队伍建设改革，鼓励企业参与全球人才流动，吸引更多的高端人才提供了制度保障。②

（三）经济结构转型升级过程中的技能培训应有的放矢

近年来我国经济新动能不断涌现，特别是新经济、新产业、新零售等正在快速崛起。2018 年第二产业“三新”经济增加值为 62453 亿元，占第二产业当年增加值（GDP）的 17.06%，按现价计算的增速为 15.11%。③“三新”经济的快速发展为产业工人队伍劳动生产率水平的提高奠定了坚实的

① 李玉赋：《第八次中国职工状况调查》（报告卷），中国工人出版社，2017。

② 国家移民管理局：《国家移民管理局在全国范围内推广复制促进服务自贸区建设移民与出入境便利政策》，国家移民管理局网站，https：//www.nia.gov.cn/n741440/n741577/c1076430/content.html，2019 年 7 月 19 日。

③ 国家统计局：《2018 年我国“三新”经济增加值相当于 GDP 的比重为 16.1%》，国家统计局网站，http：//www.stats.gov.cn/tjsj/zxfb/201907/t20190727_1682335.html，2019 年 7 月 28 日。

基础，产业工人队伍建设改革必须要跟上产业结构转型升级的变化。

随着供给侧结构性改革的推进，我国制造业已经进入转型升级、迈向高质量发展的新阶段，与此同时，出现了一些中低端的制造业企业外迁的情况，这为解决产能过剩提供了更好的基础和条件。近年来国际贸易争端加剧表明，如果我国仍一味生产并出口低端制造业产品和过多依赖高端制造业产品进口，则很容易在对外交往中受制于人。中国经济已经不可能再依靠低端制造业生存和发展，而必须向先进制造业转型，[①] 通过创新，通过高科技实现高效率、高质量发展。

按照目前工作岗位对人力资本的要求，第二产业资本密集型岗位要求职工具有 10.4 年的平均受教育水平，第三产业技术密集型岗位则要求 13.3 年。[②] 2018 年，我国第二产业的采矿业、制造业、建筑业和电力、热力、燃气及水生产和供应业的城镇非私营单位就业人员平均受教育年限分别为 11.80 年、11.17 年、10.29 年和 13.08 年。这意味在产业转型升级过程中，除建筑业外，其他行业以既有劳动力受教育的程度就可以支撑他们转向新岗位。而需要培训的人员主要是从第一产业转移过来的职工，因为第一产业就业人员的平均受教育年限为 7.90 年。因此，对外迁企业和转型升级企业的产业工人队伍建设的侧重点要有所不同，其核心任务在于保障职工在转岗安置过程中的经济权益，并通过提升产业工人的技术技能来帮助不具备新岗位要求的职工完成转岗前的培训。

参考文献

Michael C. , Burda, “Humboldt University Berlin, and IZA, Germany,” *IZA World of*

① 在国家统计局 2018 年 8 月印发的《新产业新业态新商业模式统计分类（2018）》中，先进制造业包括新一代信息技术设备制造等 14 类 113 小类。

② 周灵灵：《供给侧结构性改革下的就业升级与技能提升——中国社科院—欧盟就业总司国际研讨会（2016）综述》，《劳动经济研究》2016 年第 6 期。

Labor April（2018）.

OECD，*Compendium of Productivity Indicators 2019*，https：//www. oecd – ilibrary. org/fr/industry – and – services/oecd – compendium – of – productivity – indicators – 2019_ b2774f97 – en.

United States Department of Labor Bureau of Labor Statistics，*International Comparisons of GDP per Capita and per Hour*，*1960 – 2011*，https：//www. bls. gov/fls/intl_ gdp_ capita_ gdp_ hour. htm，November 07，2012.

《全总负责人就学习贯彻〈新时期产业工人队伍建设改革方案〉答记者问》，中华全国总工会网站，http：//www. acftu. org/template/10041/file. jsp? cid = 222&aid = 94520，2017 年 6 月 20 日。

国家统计局：《2017 年我国“三新”经济增加值相当于 GDP 的比重为 15. 7%》，国家统计局网站，http：//www. stats. gov. cn/tjsj/zxfb/201811/t20181122_ 1635086. html，2018 年 11 月 22 日。

国家统计局：《沧桑巨变七十载 民族复兴铸辉煌——新中国成立 70 周年经济社会发展成就系列报告之一》，国家统计局网站，http：//www. stats. gov. cn/tjsj/zxfb/201907/t20190701_ 1673407. html，2019 年 7 月 1 日。

国家统计局：《经济结构不断升级 发展协调性显著增强——新中国成立 70 周年经济社会发展成就系列报告之二》，国家统计局网站，http：//www. stats. gov. cn/tjsj/zxfb/201907/t20190708_ 1674587. html，2019 年 7 月 8 日。

国家统计局：《新产业新业态新商业模式统计分类（2018）》，2018。

国家统计局：《中国劳动统计年鉴（2018）》，中国统计出版社，2018。

国家统计局：《中国统计年鉴（2018）》，中国统计出版社，2018。

湖北省总工会：《湖北产业工人队伍建设改革——工会在行动》，《工友》2018 年第 10 期。

李培林等：《当代中国阶级阶层变动》，社会科学文献出版社，2018。

李杨等：《中国劳动生产率增速持续减缓原因分析》，中国改革论坛网站，http：//www. chinareform. org. cn/Economy/industry/report/201601/t20160122_ 242602. htm，2016 年 1 月 22 日。

李玉赋：《第八次中国职工状况调查》（报告卷），中国工人出版社，2017。

龙红印、童颖：《产业工人队伍现状的调查与思考》，《工会信息》2017 年第 5 期。

《人民日报》评论员：《建设高素质的产业工人队伍》，《人民日报》2017 年 6 月 20 日。

世界银行：《世界发展指标》，2019。

田丽、赵婀娜、张烁、丁雅诵：《高质量发展呼唤高技能劳动大军——来自山东、江苏、浙江、贵州、广东等地的职业教育调研》，《人民日报》2019 年 7 月 26 日。

习近平：《决胜全面建成小康社会 夺取新时代中国特色社会主义伟大胜利——在中

国共产党第十九次全国代表大会上的报告》，人民出版社，2017。

燕晓飞主编《中国职工状况研究报告（2018）》，社会科学文献出版社，2018。

叶援：《我国建筑业劳动生产率的实证分析》，《山东建筑工程学院学报》2004 年第 1 期。

周灵灵：《供给侧结构性改革下的就业升级与技能提升——中国社科院—欧盟就业总司国际研讨会（ 2016）综述》，《劳动经济研究》2016 年第 6 期。

周卫民：《供给侧结构性改革的原因与突破：基于收入势能的考察》，《上海财经大学学报》2016 年第 6 期。

平台劳动者的就业状况、身份认定与权益保障

肖 竹*

摘 要： 互联网、人工智能等新技术革新及分享经济的发展，正在改变工业化基础上的传统就业方式，共享经济在就业方面的“蓄水池”和“稳定器”的作用更加凸显。网络平台就业为不同利益群体提供了相对公平的就业机会和就业收入，增加了灵活就业岗位，并日益呈现出明显的零工经济特征。平台用工对劳动关系运行诸多方面产生影响，争议集中于“线下网约工”和“线上众包工”这两种用工模式。平台劳动者就业呈现出兼职化、非稳定性和权益缺乏保障的特征。平台工作者的身份认定及权益保障问题备受关注，各国尝试选择不同的应对路径。我国未来应改革劳动者身份认定与其劳动和社会保障权益的完全捆绑关系，构建覆盖所有劳动者不同层级的权益保障体系。

关键词： 平台用工 就业 身份认定 权益保障

2003 年以来，平台企业在我国经历了飞速的发展期，至 2018 年，我国共享经济交易规模 29420 亿元，比上年增长 41.6%。2018 年我国共享经济

---

* 肖竹，中国劳动关系学院法学院副院长，副教授，主要研究领域为劳动法。

参与者约7.6亿人，参与提供服务者约7500万人，同比增长7.1%；平台员工为598万人，同比增长7.5%。[①] 共享经济背景下平台企业的繁荣与发展对就业存在正向积极作用，但其就业趋势和用工模式也日益引发争议，平台经济对劳动关系的负面影响不容忽视，特别是平台劳动者的就业状况、身份确认及权益保障问题，成为理论界、实务界和决策层讨论与关注的焦点问题。

一　平台劳动者就业状况

（一）平台企业的发展对就业的促进作用

1. 互联网、人工智能等新技术革新及分享经济的发展，正在改变工业化基础上的传统就业方式

共享经济在就业方面的“蓄水池”和“稳定器”的作用更加凸显。越来越多的劳动者将根据自己的兴趣、技能、时间和资源，以弹性就业者的身份参与到各种共享经济活动中。《第八次中国职工状况调查》显示，有54%的职工认为基于互联网技术快速发展的“分享经济”“数字经济”等新业态带来更多的就业选择机会，正在或曾经从事互联网行业工作的劳动者比例高达59.9%，有48.3%的职工明确认为离开互联网无法或只能部分完成现在的工作，正在做、曾经做过互联网工作的劳动者比例达16.6%。[②]

2. 信息技术的迅猛发展极大地提升了就业岗位的创造能力和匹配能力

信息技术为搭建网络平台成为可能，增加了灵活就业岗位，特别是为处于劳动力市场边缘的非专业化人才提供进入劳动力市场的机会，在产业结构调整中提供就业缓冲，缓解了结构性失业，为就业创业者提供了新的实现途径，改变着职工就业生态。同时，平台也为社会特定群体提供了就业渠道。

① 国家信息中心分享经济研究中心：《中国共享经济发展年度报告（2019）》，国家信息中心网站，http：//www. sic. gov. cn/archiver/SIC/UpFile/Files/Default/20190301115908284438. pdf。

② 李玉赋：《第八次中国职工状况调查》，中国工人出版社，2017，第31页。

滴滴平台的网约车司机中有6.7%是建档立卡的贫困人员，12.0%是退役军人，21%的司机是家里唯一的就业人员，新就业形态为全国百万家庭带来了较为稳定的收入来源。2018年，有270万名骑手在美团外卖获得收入，其中有77%来自农村，有25%来自贫困县。[①] 网络平台就业等新就业形态以其开放性和包容性，为不同利益群体提供了相对公平的就业机会和就业收入。

（二）平台就业的零工经济特征

2018年，平台就业出现新的趋势。随着共享经济领域从出行、住宿等生活服务领域向工业制造、农业等生产领域持续扩展，新的平台不断涌现，平台就业所涉及的领域亦不断扩展，对劳动力吸纳的广度和深度也在加强，共享经济平台日益也成为“双创”活动的重要平台，为一批有创业理想的青年提供创业式就业机会。

然而，平台就业更多地显示出零工经济特征。麦肯锡全球研究院在其2016年发布的报告——《独立工作：选择、必要性和零工经济》中，将零工经济界定为由工作量不多的自由职业者构成的经济领域，利用互联网和移动技术快速匹配供需方，主要包括群体工作和经应用程序接洽的按需工作两种形式。[②] 学者黛安娜·马尔卡希认为，零工经济在人类工作史上其实并不是一个新概念。兼职工作，以及合同工、顾问零工由来已久。新鲜的是，零工经济已经扩展到中产阶级、白领的工作中，并逐渐融入高价值、高度透明的科技初创企业的商业模式里。[③] 零工经济的发展是科技进步、经济与社会发展，以及新生代职业群体的职业态度改变所共同作用的结果。零工经济的兴起和繁荣改变了20世纪工作所具有的正式、持久和全职的特点，使21世

① 国家信息中心分享经济研究中心：《中国共享经济发展年度报告（2019）》，国家信息中心网站，http://www.sic.gov.cn/archiver/SIC/UpFile/Files/Default/20190301115908284438.pdf。

② McKinsey Global Institute, *Independent Work Choice Necessity and the Gig Economy*, https://www.mckinsey.com/featured-insights/employment-and-growth/independent-work-choice-necessity-and-the-gig-economy, October 2016.

③ 〔美〕黛安娜·马尔卡希：《零工经济》，陈桂芳译，中信出版社，2017，第17页。

纪的工作呈现出无边界、多雇主化和强适应性的特征，即劳动者不再局限于在一家企业或一个组织中工作，而会以项目为导向扩大工作的边界；劳动者会同时为多个雇主从事多项工作，会按照工作需求改变和提高自身工作能力，以增强自身对工作需求的适应性。这些零工经济中所呈现出的就业趋势与特征，在平台用工中体现得尤为明显。

（三）平台经济的用工模式及其对劳动关系的影响

1. 平台经济的用工模式

按照共享资源的类别，可以把目前共享经济平台分为物品共享、服务共享、金融共享、交往共享、娱乐共享、信息共享等不同类型。其中，涉及劳动与工作资源的共享平台，主要是服务型共享经济平台，可分为资本密集型平台和劳动密集型平台。后者从模式上可大致分为“平台自营”“平台他营”“平台混营”三大类。平台自营即搭建平台，自己唱戏，如以 B2C 模式为主的网约车平台，以神州专车、首汽约车等为代表，多以劳动合同、劳务派遣和非全日制用工为主要用工形态。平台他营为搭建平台，他人唱戏，其用工形式是目前争论的焦点问题，如以 C2C 模式为主的网约车平台，以快递平台、劳务平台为代表，是零工经济的典型用工方式。其又可进一步区分为“线下网约工”和“线上众包工”两类，前者称为经应用程序接洽的按需工作，是客户通过手机应用程序搜索，寻找提供运输、家政、维修等服务的人员，工作者多是本地居民；后者一般称为众包工作，通常由一群能够接入互联网的个体在网络平台上远程完成工作，包括常规性和技术性较强的任务，工作者可能来自世界各地。[①] 平台混营则兼具平台自营和他营的特性，在同一平台上可能包含多种用工方式。

作为平台用工争议最大的是“线下网约工”和“线上众包工”这两种用工模式。在以“线下网约工”为主，而其他国家和地区（如美国）则以

① Valerio D. Stefano, “The Rise of the ‘Just-In-Time Workforce’: On-Demand Work, Crowd work, And Labor Protection In The ‘ Gig economy’,” *Comparative Labor Law and Policy Journal* 3 (2016,), p. 472.

“线上众包工”为主。在网约工模式下，我国滴滴出行平台注册司机有1000多万人，而美国uber公司全球网约车司机数量仅为200万人；美团注册“骑手”约为270万人，而美国最大外卖配送公司Deliveroo注册“骑手”仅3万人。在众包模式中，我国虽然也存在猪八戒网、一品威客、任务中国网等众包平台，但其影响力与国外知名众包平台如Upwork、Innoventive，特别是美国Amazon's Mechanical Turk平台不可同日而语。因此，我国目前在理论、实务和制度设计层面的讨论焦点主要集中在网约工模式。

网约工和众包工虽然存在一些差别，但作为共享经济和零工经济的典型用工模式，二者具备如下共同特征。一是劳动者都拥有一定的工作自主性，可以自由决定承接工作、工作时间和上线的权利。二是劳动者获得报酬的基础不再是工作时间，计酬方式是按工作任务的完成情况由平台或任务委托方付费。三是劳动者要接受平台的工作指令，平台对劳动者的工作过程和结果拥有一定的控制权。有学者认为，在共享经济的用工模式中，平台对劳动过程的控制和劳动者拥有工作自主权是同时并存的，因此其与传统雇佣组织用工有巨大的差别。① 这种不同于传统用工模式的经济形态，对劳动关系产生相应的影响。

2. 平台经济发展对劳动关系的影响

（1）平台经济发展加剧了用工的“非正规化”和劳动者的“原子化”。2015年，国际劳工组织《关于从非正规经济向正规经济转型建议书》（下文简称“第204号建议书”）中，将“非正规经济”界定为“在法律或实践中——未被正规安排所覆盖或覆盖不足的工人和经济单位的所有经济活动”。平台经济和用工的迅速兴起，急剧扩展了非正规用工的覆盖面，使其将众多劳动力吸纳在非正规经济和用工之下，并因制度界定与调整滞后而产生诸多“非正规化”所固有的问题。而且平台虽日益成熟，但基于平台上的经营和任务的交易越来越“小微化”，这就加剧了平台用工的“非正规化”。

---

① 吴清军、杨伟国：《共享经济与平台人力资本管理体系——对劳动力资源与平台工作的再认识》，《中国人力资源开发》2018年第6期，第104页。

而平台用工的“非正规化”则使劳动者趋向“原子化”，这与平台就业的开放性和包容性相关，可以吸纳不同社会阶层、不同人力资本价值的劳动者群体。劳动者开始不再将自己束缚于一个企业或组织，而是对应多位雇主；“用人单位”的概念日益模糊，劳动者的身份也难以用一种职业界定，且更愿意以自己的知识、技能甚至是体力作为资源加入有需求和市场的平台，“为自己工作”的理念和实现路径更为盛行和清晰，平台经济的劳动者呈现出“单枪匹马”“单打独斗”的“原子化”职业状态。

（2）平台经济发展强化了灵活用工需求并降低了劳动关系的稳定性。平台经济的发展进一步强化了组织对非全日制用工、兼职劳动等灵活用工的需求，其劳动关系整体灵活化的趋势与传统企业劳动关系形成鲜明对比，从而加剧了不同社会群体对平台用工的质疑与争议。有学者认为，以平台用工为典型的零工经济，实质上是“劳动关系的碎片化和去劳动关系化”[①]，在目前劳动关系认定与劳动及社保权益相互绑定的制度前提下，以“去劳动关系化”为本质的灵活用工，实际上剥夺了部分劳动者的劳动权利和职业安全感。同时，平台经济虽方兴未艾，但也不乏一时兴起、更迭频繁，近年共享经济各领域已有数个平台经历资本洗礼和市场优胜劣汰而消失，必然也伴随着劳动关系的建立、变更、解除、终止，此间变动必然容易引发劳动争议，从而对劳动关系的稳定性产生消极作用和影响。

（3）平台经济发展对劳动关系的法律调整提出多重挑战。对劳动关系的法律调整而言，平台用工首先从根本上挑战了劳动法的逻辑起点，即劳动者身份暨用工关系的“从属性”或“控制”判断，这一根本性的模糊点导致以此为原点而展开的劳动权利与社保权益的适用存在制度性障碍。此外，新型用工模式而产生的新问题，诸如弹性工时、工作地点的非确定性，以及异地履行服务等，对《劳动法》的工时制度、工伤认定以及劳动争议处理制度均提出了新的挑战，并对实务处理和制度更新提出了迫切需求。

① 王文珍、李文静：《平台经济发展对我国劳动关系的影响》，《中国劳动》2017 年第 1 期，第 7 页。

（四）平台劳动者就业的特点

1. 平台劳动者出现从普遍兼职转向逐渐专职的趋势

平台经济兴起之时，平台劳动者绝大部分都是兼职人员，此时“共享经济”尚且名实相符。但随着市场的发展，部分领域的服务提供者出现了专职化趋势，一批基于共享平台的专职司机、房东、“骑手”、主播等开始大量涌现。特别是在网约车行业，基于新政实施后对市场准入的要求，在准入门槛严格的城市，司机专职化趋势更为明显，这导致对平台劳动者“专职”和“兼职”的比例会基于不同的统计对象和口径而呈现不同的样态。

例如标准排名研究院 2016 年对北京市网约车司机的调查显示，全职司机占比 79.4%，从事兼职网约车运营的司机，均为时间较为自由的职业，其中以自由职业者、个体经营者、企业职工为主。兼职性质的网约车司机日平均在线时间在 4 小时以下的比例为 56%，在 4～8 小时的比例为 37%。兼职司机日平均在线时间过长，也是网约车日渐职业化的明显特征之一。[①] 该调查于新政实施前进行，考虑到新政实施后对网约车、司机及平台的准入要求，兼职司机会被进一步挤出市场。滴滴公司发布的《新经济　新就业 2017 年滴滴出行平台就业研究报告》（以下简称《滴滴就业报告》）显示，2016 年 6 月至 2017 年 6 月，全国共有 2108 万人在滴滴平台获得收入；每天工作不到 2 小时的司机占比为 50.67%，多数司机有本职工作，具有典型的分享经济特性。在企业事业单位上班的占比为 25.34%，其他为“自己开公司”“打零工或散工”“个体工商户”“自雇/自由职业”等，均具有极强的自雇佣属性，可随时以全职身份从事网约车工作。

2. 平台劳动者日益以平台收益为主要收入来源，总体不高且缺乏稳定性

《滴滴就业报告》显示，网约车收入占司机家庭月收入的 22.3%，而对平台上 137 万个零就业家庭和单人就业家庭来说，平台收入占其家庭收入

① 标准排名研究院：《2016 网络约车司机生存状况调查报告》，中文互联网数据资讯网，https：//www.199it.com/archives/527027.html，2016 年 10 月 18 日。

的77.1%。《第八次中国职工状况调查》显示，从事专兼职开网店、网约车、网约快递和外卖、网上自媒体和公众号、网约生活服务等新兴工作群体的平均月收入为3449元，其中专职工为3473元，兼职工为3361元，略高于全国同龄职工平均水平。北京市总工会对网约工的问卷调查显示，在专职网约工中，月均收入在3000~6000元的占65.8%；在兼职网约工中，兼职月均收入在1890元以下的占35.32%，在1891~3000元的占34.5%，在3001~4000元的占17.4%，另有超过10%的月收入超过4000元。表示做网约工后收入比以前收入有所增加的占70.78%。[①] 其中，收入水平发生明显变化的是网约车司机收入，伴随着各大网约车平台补贴力度的降低和收入分成方法的变化，网约车司机月入轻松上万的“神话”早已不复存在。《2016网络约车司机生存状况调查报告》显示，北京地区超过七成网约车司机实际月收入在4000元以下。[②]《滴滴就业报告》亦显示，网约车司机个人月均总收入在3000~5000元的占比最大，为39.69%；在3000元以下的占比23.54%；在5000~7000元的占20.38%；总体上近八成司机收入在5000元以下。平台劳动者对收入的满意度较低，认为自己工资收入水平在所在城市属于“中等偏下”和“低收入”的占55.1%，其中专职人员为53.1%。[③]

由于互联网新兴工作的高弹性以及对网络客户的高依赖度，加之平台普遍实施的“底薪+浮动部分”的工资结构，均为平台工作者的收入带来较高的不确定性，造成该群体工资离散度相对较高，部分职工收入较低。北京市总工会的调查显示，“收入不稳定”和“客户不稳定”是目前网约工最担心的前两位问题。[④]

3. 平台劳动者工作、社保及民主参与权益缺乏保障

在我国，劳动关系的建立是劳动者享有法定劳动权利的前提。目前，平

① 李玉赋：《第八次中国职工状况调查》，中国工人出版社，2017，第110页。

② 标准排名研究院：《2016网络约车司机生存状况调查报告》，中文互联网数据资讯网，https：//www.199it.com/archives/527027.html，2016年10月18日。

③ 李玉赋：《第八次中国职工状况调查》，中国工人出版社，2017，第110页。

④ 李玉赋：《第八次中国职工状况调查》，中国工人出版社，2017，第111页。

台劳动者与平台之间形成的法律关系多样，网约车行业主要采用签订民事协议的方式，部分 B2C 模式下的平台采用劳动合同制用工，外卖配送主要采用众包方式，部分采用代理、加盟形式。从总体来看，平台劳动者主要以平等民事主体身份与平台建立法律关系，而在目前《劳动法》的调整框架下，必然会产生其工作、社保和民主参与权益缺乏保障的问题，集中体现在以下几个方面。

（1）工作时间过长，工作环境存在隐患。《第八次中国职工状况调查》报告显示，平台工作者工作时间为每周 5.58 天，45.69 小时，略高于全国职工平均水平；没有患职业病的比例为 85.9%，低于全国职工 92.1% 的比例；工作环境存在隐患比例为 7.2%，高于全国职工 6.4% 的比例。[①] 工作时间过长突出反映在网约车行业，特别是该行业中的全职司机群体身上。《网络约车司机生存状况调查报告》显示，超过七成的受访司机在线时间达到 10 小时以上，逾四成受访司机在线时间超过 12 小时；其中，有超过七成的全职司机在线时间超过 12 小时；逾四成全职司机在线时长超过 14 小时。C2C 模式下的全职司机基本不签订劳动合同，现有的工时制度对其无法适用，而出于利益驱动全职司机也会选择用更长的工作时间来换取更高的收入。全国总工会的调研还显示，“新技术、新业态、新模式”的“三新”职工户外劳动保护和企业外劳动保护基本处于自发状态，面临较长的劳动时间、较高的劳动强度和更多的职业健康风险等问题。劳动安全保护措施缺位，使职工户外劳动安全风险增加。而在高劳动安全风险下，在互联网新业态的从业者中参加商业医疗保险的仅占 27%，参加职工医疗互助活动的仅占 25.6%。[②]

（2）参保率低或没有参保。北京市总工会的调查显示，在互联网平台就业人群中，全部由自己缴纳社会保险的占 41.7%，由个人和原单位缴纳社会保险的占 13.2%，只有 10.9% 的人是由个人和平台共同缴纳社会保

① 李玉赋：《第八次中国职工状况调查》，中国工人出版社，2017，第 111 页。

② 罗菁：《完善“三新”职工权益已提上日程》，《劳动报》2018 年 3 月 14 日。

险，另有34.2%的人没有缴纳社会保险。“没有缴纳社保，存在后顾之忧”已经是平台就业人员最担心的第四位问题。[①] 这主要是平台与平台劳动者通常没有签订劳动合同而建立正式的劳动关系所致，大多数平台不为平台从业人员提供社保。只有部分平台出于分散风险的考虑为从业人员购买了商业性的意外伤害险，这与用人单位为劳动者提供的长效的社保待遇截然不同。

（3）民主参与不足。北京市总工会的问卷调查显示，在“三新”下的网约工整体入会率不高，只有26.5%的网约工是工会会员，在专职网约工中工会会员更少，仅占20.8%。职工加入工会的途径也不规范，多是由单位组织统一加入工会，占66.6%，网上申请的职工最少，仅占0.2%，说明网上入会、网上建会工作还有很长的一段路要走。[②] 目前，平台普遍未建立与从业人员之间的沟通协商机制，仅有少数企业设有“互联网化”的投诉渠道，但实际发挥的作用有限；平台往往单方制定相关工作规则，从业人员对此只能被动遵守，缺乏有效的协商机制保障自身权益。平台与劳动者之间如果发生争议，要么劳动者走人，要么双方矛盾激化。

二　平台劳动者的身份认定

平台工作者的身份认定及与此相关的权益保障问题，是目前全球劳动法理论界和实务界持续争论与力求解决的问题，各个互联网大国也根据本国国情尝试选择不同的应对路径。在我国，《劳动法》的适用往往以劳动关系的存在为前提，然而我国无论是《劳动法》还是《劳动合同法》都并未对“劳动关系”做出明确定义，在实践中主要依据是2005年原劳动和社会保障部下发的《关于确立劳动关系有关事项的通知》。现有劳动法体系呈现出“非此即彼”的“二元格局”，与西方“雇佣”与“自雇”二元调整模式类

① 李玉赋：《第八次中国职工状况调查》，中国工人出版社，2017，第111页。

② 李玉赋：《第八次中国职工状况调查》，中国工人出版社，2017，第37页。

似，“劳动关系”内外企业用工成本的迥异进一步导致劳动关系认定问题的紧张化态势，特别是劳动关系与社会保险关系的捆绑更进一步加剧了认定张力，导致在实践中劳动关系认定整体从严。而这种“一刀切”的劳动法保护模式在更趋灵活的“三新”用工方式面前，显得日益捉襟见肘，“去劳动关系”成为各类平台用工企业的基本操作，劳动者保护盲区不断扩大。因此，需要着眼我国目前司法实践，借鉴国外相关判例与制度选择，对未来平台劳动者身份认定问题的解决路径予以适当展望。

（一）我国平台劳动者身份认定的司法实践现状

1. 我国平台劳动者身份认定的司法实践概况

根据北京市朝阳区法院2018年发布的《互联网平台用工劳动争议审判白皮书》，2015～2018年第一季度，该院共受理互联网平台用工劳动争议案件188件，其中交通运输业99件，占比52.7%；居民服务业59件，占比31.4%；餐饮业21件，占比11.2%；其他服务业9件，占比4.8%；主要涵盖司机、家政员、美容师、美发师、厨师等职业。从案件数量来看，在以判决方式结案的105件案件中，确认平台与从业者直接建立劳动关系的案件为39件，占比37.1%；认定双方没建立劳动关系的案件为58件，占比55.2%；认定双方建立劳务派遣关系的案件为8件，占比7.6%。[①]

2019年，在裁判文书网以“五八到家”“上海乐快信息技术有限公司”“北京亿心宜行汽车技术开发服务有限公司”“上海拉扎斯信息科技有限公司”“北京三快科技有限公司”“英山县美团外卖配送服务有限公司”“劳动争议”“侵权责任纠纷”为关键词，共检索到329份裁判文书，排除管辖、执行、调解等文书，共有227份实质判决文书。这些文书共涉及五八到家、好厨师、e代驾、饿了么和美团五家平台。其中，与网约工有关的劳动纠纷共48件，其中有关确认劳动关系的纠纷共40件，法院认定存在劳动关

① 北京市朝阳区法院：《互联网平台用工劳动争议审判白皮书》，中国法院网，https://www.chinacourt.org/chat/chat/2018/04/id/49414.shtml。

系的为22件，但在判决存在劳动关系的案件中，有17件为确认网约工与平台加盟商之间存在劳动关系，只有5件为网约工与平台存在加盟关系，不存在劳动关系的有18件；与网约工有关的侵权纠纷共100件，其中要求平台承担赔偿责任的共53件。

2. 我国平台劳动者身份认定的典型案例

（1）典型案例梳理。涉及平台劳动者身份认定的典型案例为2014~2015年的“e代驾”系列案件。在北京市一中院审理的三起“e代驾”[①]认定劳动纠纷的案件中，法院根据《关于确立劳动关系有关事项的通知》指出，司机没有固定的工作场所和工作时间，亦非按月从公司获得劳动报酬，仅依据司机提交的工牌、工作服等证据不足以确认双方具有劳动关系，故判决双方系非劳动关系。但在“e代驾”所涉交通事故案件中，各地法院却有不同的认识。北京法院的一种观点认为“e代驾”司机受公司指派，在代驾期间发生事故，应属职务行为，故相关赔偿责任应由公司承担。[②]另一种观点认为“e代驾”公司与司机双方之间不存在劳动关系，存在一定的管理与被管理的属性，司机的代驾行为不属于劳动关系，赔偿责任应当由公司与司机连带共同承担。[③]上海法院认为，“e代驾”司机与平台公司之间符合雇佣关系的一般特征，应认定双方为雇佣关系。确认事发时司机正在执行职务，属于职务行为。[④]

2017年的“365跑腿网”案、“好厨师”案，以及2018年的“闪送”案则具有较强的典型性。在“365跑腿网”案中，法院认定快递员和平台公司成立劳动关系，因为公司自认对配送的物品如有损坏，由其原价赔偿；快递员使用公司提供的运输工具，从事快递员工作是公司主营业务的组成部分；快递员在工作中必须遵守公司制定的配送规则；公司向其支付劳动

① 北京市第一中级人民法院劳动纠纷案件，案号（2014）京一中民终字第6355号，案号（2015）京一中民终字第176号，案号（2015）京一中民终字第01359。

② 北京市第二中级人民法院劳动纠纷案件，案号（2014）二中民终字第07157号。

③ 北京市第三中级人民法院劳动纠纷案件，案号（2015）三中民终字第04810号。

④ 上海市浦东新区人民法院，案号（2014）浦民一（民）初字第37776号；上海市第一中级人民法院，案号（2015）沪一中民一（民）终字第1778号。

报酬。[①] 在“好厨师”系列案件中，法院指出劳动法律关系中当事人的意思自治要受到《劳动法》《劳动合同法》等法律、法规及劳动行政部门颁布的规范性文件的严格限制，劳动关系认定是由强制性规范予以认定的范畴，不能仅凭当事人的书面约定就排除劳动关系，仍要结合双方的“合作”模式和劳动者的具体工作内容予以确定。乐快公司对张琦、管晓民进行指派、调度及奖惩，亦按月发放张琦、管晓民较为固定的报酬，张琦、管晓民接受乐快公司的劳动管理，在乐快公司安排的工作地点代表乐快公司从事该公司安排的有报酬劳动；双方符合有关法律法规规定的用人单位和劳动者的主体资格；乐快公司仅经营厨师类业务平台，张琦主要提供厨师技能，综合以上因素考虑，应当认定双方具有较强的从属关系，而从属关系正是认定劳动关系的本质特征。[②]

在2018年“闪送”案件中，法院同样认为，法律关系的性质应根据事实审查认定，当事人不可以协议约定的方式排除劳动法之适用。法院认为，闪送平台的运营公司——同城必应科技公司并不是一家信息服务公司，而是一家从事货物运输业务经营的公司；同城必应科技公司在招聘闪送员时，对担任闪送员的条件做出了要求，李先生在进行闪送服务时需佩戴工牌，按照服务流程的具体要求提供服务，在任平台闪送员期间李先生并未从事其他工作，从事闪送员工作获取的报酬是李先生的主要劳动收入，故同城必应科技公司与李先生具有从属性，双方属于劳动关系。法院提出，同城必应科技公司从李某提供的劳动中获益，则其应当承担相应的法律责任及企业社会责任。若允许其低成本用工，则必然缺乏防范用工风险的主动性，对采取劳动安全保护措施的积极性必然不高，由此带来的社会问题必然增多。在该案中，法院特别指出，互联网企业不能因其采用了新的技术手段与新的经营方

---

① 辽宁省沈阳市中级人民法院：《沈阳众业科技有限公司与李辉确认劳动关系纠纷二审民事判决书》，案号（2017）辽01民终7210号。

② 北京市第三中级人民法院：《张琦与上海乐快信息技术有限公司劳动争议二审民事判决书》，案号（2017）京03民终11768号；《管晓民与上海乐快信息技术有限公司劳动争议二审民事判决书》，案号（2017）京03民终11769号。

式而不承担本应由其承担的法律责任与社会责任。作为运用新技术手段进行经营的公司，完全可以运用信息技术优势实现合法的经营、管理。法院不能因为相关配套制度尚不完善而拒绝向劳动者提供基本权利的救济。最后，法院判决确认定李先生与同城必应科技公司间存在劳动关系。①

从最近的司法判决可以看出，法官不再直接否定或回避平台公司与劳动者的劳动关系认定问题，在法律缺乏调整依据时，会出于司法能动性根据具体案情对现有规范进行解释，从而做出是否存在劳动关系的判断，但在处理结果上，可能会出现类似案件存在不同判决的情况。同时，当司机等平台服务提供者造成第三人损害时，法院往往倾向于判决平台公司承担责任。

（2）平台用工劳动关系认定要点分析。通过所涉案例的分析，可以总结出目前平台用工是否存在劳动关系的争议焦点与判断要素主要集中在下列要点上。一是平台与平台劳动者之间达成的具有平等性、民事性的服务/合作协议，是双方意思自治的表现与结果，还是应接受司法对其是否为“隐蔽性雇佣”的契约自由滥用的契约类型控制审查？二是平台企业的性质，是信息中介或信息服务公司，还是从事运输业务、快递业务等具体服务业经营的用人单位？平台收益是平台市场信息的服务费，还是对劳动者劳动创造价值的分享？三是平台劳动者可以自主决定是否上线、接单的外在表征，是不受平台控制、对平台不具有从属性的重要依据，还是平台控制碎片化的表现，即在平台颇具吸引力和趣味性的计酬机制和实时评分机制的约束下，劳动者接受和完成工作的主动性和选择性，并不能否定和掩盖其一旦履行任务而同意劳动过程被剥削、被控制的被动性？特别是将平台工作作为唯一生计的劳动者而言，将这种自主性和选择性作为否定劳动关系的核心论据是否公平合理？四是平台对劳动者加入平台时的资质审核，是法律规范所要求的具有普遍性的行业准入资格，还是属于用人单位对拟入职者的招聘考核？五是平台对劳动者履行平台任务的规则要求，是通行的行业市场规则，还是属于用人单位对劳动者的规章制度管理？六是劳动者使用自有生产工具（例如

① 黄晓宇：《闪送员起诉确认劳动关系获支持》，《北京晨报》2018 年 6 月 7 日。

私家车、自有电瓶车）履行平台任务，自主决定工作时间、地点和工作量，是自雇佣的重要标志，还是“三新”（新技术、新业态、新模式）背景下职业与工作的固有特性？七是平台对任务的系统自动派单，是市场供需信息的撮合行为，还是对处于接单状态的劳动者工作任务的指派（特别是平台对接单率、完成率的等级奖励机制）？八是平台对平台劳动者的薪酬机制拥有单方的决定权，这是平等主体间的格式合同，还是劳动关系中劳动者对劳动报酬毫无协商与谈判权的表现？九是平台设计的由服务客户/消费者对平台劳动者履行任务予以评分的机制，是普通的商业/服务评价机制，还是平台以超低成本将对劳动过程的监督转移给客户/消费者，从而实现了对劳动过程的隐蔽性控制？[①] 十是劳动者完成任务所获报酬的直接支付主体，是服务客户/消费者还是平台？其能否作为判断劳动者与平台之间是否存在劳动关系的要素之一？在不同的案件中，基于平台不同的运营模式和管理方式，上述问题会呈现不同的外在表现，法官需发挥司法能动性仔细甄别，从而最终做出平台与劳动者是否成立劳动关系的判断。

（二）国外平台劳动者的身份认定——以美国、英国为例

1. 美国

在美国的雇佣和劳动法律框架下，劳动者总体被分为雇员和独立承包人两类，随着平台经济的兴起，大量劳动者错误分类案件（worker misclassification）涌入法院，主要争议点为平台劳动者，例如优步（Uber）和来福车（Lyft）司机等究竟是雇员，还是独立承包人。劳动者身份认定的不同直接导致劳动者是否能为保护雇员权益的法律所适用，例如美国国税局规定雇主要为雇员缴纳联邦失业保险、社会保险和医疗保险税；《公平劳动标准法》（Fair Labor Standards Act，FLSA）要求雇主为雇员提供最低和超时工资；《国家劳动关系法》（National Labor Relations Act，NLRA）规定只有雇员享有集体谈

① 吴清军、李贞：《分享经济下的劳动控制与工作自主性——关于网约车司机工作的混合研究》，《社会学研究》2018 年第 4 期，第 145 ~ 146 页。

判权等，而不同的法案对雇员的判断标准也存在差异。下面介绍美国对平台劳动者身份认定的相关制度规范与标志性案例。

（1）普通法司法裁判。在普通法上，美国普通法标准集中在对雇员施加的“控制”。加州高等法院1989年做出的Borello案①所形成的判断规则被以后的加州法院广泛遵守，最后演变为“Borello”测试规则。在Borello测试规则下，工人必须证明雇主有足够的控制权才能被认定为雇佣关系，控制检验不能被“教条而又孤立”的被适用：其他第二位的因素也需要被衡量，以决定雇佣状况是否存在，他们不会被当作分离的检验而被机械的适用，因为没有一项因素是决定性的。②

在Borello测试规则下，美国加州2014年的来福车（Lyft）案③和2015年的优步（Uber）案④，最终都以和解告终，工人同意保留独立承包人的身份，而公司为此同意向工人支付一大笔钱以结束争议，并且重新审查服务条款与条件，限制公司随意终止协议的权利，或者对司机接受订单的义务进行放松性要求。⑤ 2018年4月，美国宾夕法尼亚州东区地方法院在Razak诉优步（Uber）公司案⑥中做出判决，认定根据《公平劳动标准法》和相关宾夕法尼亚州法律，代表司机一方的原告未能证明为Uber提供豪华轿车服务的司机是雇员，法院认为原告仅在“驾驶技能本身不属于特殊技能”，以及“所提供的服务是雇主整体业务的一部分”这两个要素上可获支持，但这两项要素的证明力度本身较弱；而其在“雇主有权控制工作履行方式的程度”“员工因其管理技能而获益或受损的机会”“员工对工作所需设备或材料的投资”“雇主与员工之间工作关系的持久性”等因素上都无法获得支持，因

① S. G. Borello & Sons, Inc. v. Dep't of Indus. Relations (Borello), 48 Cal. 3d 341, 350 (1989).

② Valerio DeStefano, "The Rise of the ' Just-In-Time Workforce': On-Demand Work, Crowd work, And Labor Protection In The ' Gig economy'," *Comparative Labor Law and Policy Journal* 3 (2016,), p. 11.

③ Cotter v. Lyft, Inc., 60 F. Supp. 3d 1059, 1060 - 61 (N. D. Cal. 2014).

④ O'Connor v. Uber Techs., Inc., 82 F. Supp. 3d 1133, 1135 (N. D. Cal. 2015).

⑤ Miriam Cherry, *Beyond Misclassification: The Digital Transformation of Work*, 37 COMP. LAB. L. & POL'Y J. (2016).

⑥ Razak v. Uber Technologies Inc. 2: 16 - cv - 00573.

此无法被认定为雇员，从而无权享有《劳动法》下的最低工资和加班工资。

2018 年 2 月，在劳森诉 Grubhub 公司一案中，[①] 美国加州北区联邦地方法院认为，一些次要因素指向劳森与 Grubhub 公司雇佣关系成立。劳森先生的递送工作是 Grubhub 公司在洛杉矶常规业务的一部分，这项工作技术含量低；劳森先生并没有只从事这一快递业务，而 Grubhub 公司只是其中一家客户；还有 Grubhub 公司的支付方式。其他因素，特别是 Grubhub 公司并不控制劳森的工作方式或手段，包括他是否工作，工作多长时间，甚至他是否在同意为 Grubhub 公司送货的同时，还为 Grubhub 公司的竞争对手送货。Grubhub 公司也没有为劳森的工作提供任何工具（除了一个可下载的移动应用程序），而且 Grubhub 还和劳森都没有考虑长期或定期地进行这项工作，而是在劳森唯一方便的时候断断续续地进行。尽管 Grubhub 还拥有提前 14 天以书面通知随意终止协议的权利，但在本案的具体情况下，这项权利不允许 Grubhub 还对劳森的工作施加控制。在考虑所有事实以及有关送货司机地位的判例法之后，法院对所有因素予以权衡考虑，从整体上确定劳森先生是一名独立承包人，而不是雇员。

2018 年 4 月，加州最高法院在办理 Dynamex Operations West 一案[②]中，做出了一项具有里程碑意义的判决。在该案中，加州最高法院放弃了已实施近 30 年的 Borello 多因素测试规则，而采用了一种新的有利于工人的标准——“ABC 测试”，来确定其是否被恰当地划分为雇员或独立承包人。ABC 测试最重要的特征是将举证责任转移至用工方，首先假设案件中的员工是法律意义上的雇员，除非雇主能证明该员工符合下列所有条件，其才会被认定为独立承包人。一是无论是合同约定还是事实上，该员工目前（并且继续）在工作中不受控制或者指挥；二是员工提供的服务不属于雇主公司业务的通常组成部分，或者这个服务是在公司之外的工作地完成；三是员工通常从事的是与雇主企业工作性质相同的一个独立的交易、职业或者业

① LAWSON v. GRUBHUB, INC. 302 F. Supp. 3d 1071 (N. D. Cal. 2018).

② Dynamex Operations West, Inc. v. Superior Court, 230 Cal. App. 4th 718.

务。ABC 测试使雇主更难将工人划分为独立承包人，根据该测试，加州最高法院做出了对 Dynamex 不利的裁决，将该案所涉工人认定为雇员，而非独立承包人。不仅在加州，在马萨诸塞州和新泽西州也适用该测试，[①] 美国有超过 20 个州以这样或那样的形式使用该测试方法，例如缅因州在失业保险的适用上也采用该测试方法。[②]

（2）《公平劳动标准法》执法规则与美国劳工部意见。《公平劳动标准法》认定雇佣的标准是“经历或允许工作”（suffer and permit to work），该定义比普通法的“控制实验”所提供的定义更加广，以便解决早期童工血汗工厂的问题，并集中在经济现实/依赖性标准。

2015 年，美国加州劳动委员会裁定 Uber 平台与网约车司机存在雇佣关系，理由如下。一是工作量。Uber 公司在员工手册中规定了接单的比例，如果乘客发出请求而被司机拒绝都会记录在案，以此作为平台是否终止司机合同的依据。二是工作方式和方法。平台的要求不仅仅是建议司机的着装，已经有证据显示，有司机因为未能符合着装要求而被终止合同。三是工作的监督方式。Uber 乘客被要求给司机的打分，司机的每一次承运都会受到顾客的监督，并且这种监督是为了平台公司的利益，因为平台公司将使用评分排名来决定哪些司机会被终止合同。四是工作时间。司机工作虽然具有灵活性，但仅靠时间上的灵活性并不能排除雇佣关系的存在。五是其他因素。例如司机一般都拥有自己的车辆并可以雇佣其他司机以自己的名义驾驶，但这些因素对雇佣关系判断的重要性非常模糊。最终委员会认定 Uber 公司的司机是雇员，有权利恢复发生在其被解除义务期间的损失。[③]

---

① Employee or Independent Contractor, https: //www. nj. gov/labor/ea/empinfo/EmployeeIndependentContractor. html; Find out who can be classified as an independent contractor, https: //www. mass. gov/service - details/independent - contractors.

② Independent Contractors in Maine, https: //www. maine. gov/labor/labor _ laws/publications/indcontrbro. pdf.

③ “Berwick v. Uber Technologies, Inc. , CGC - 15 - 546378,” Cal. Labor Comm'ner, June 3 (2015).

2015 年，美国劳工部就雇员和独立承包人的认定标准发布过一个行政解释，明确表示，在决定一个人是否应在《公平劳动标准法》之下被视为雇员时，应考虑该法案的标准。因此，当事人应有权获得最低工资和工时保护。这些标准基于“多重因素的经济现实检验标准”。总体而言，作为一个“经济现实”的问题，如果它看起来像一名雇员，那么它很可能就是一名雇员，而在《公平劳动标准法》下，大部分工人都是雇员。[①] 法院虽然不必然受该行政解释的约束，但如果在立法对此并未规定而行政解释又是合理的情况下，法院亦会尊重政府机关的解释。[②] 2017 年，美国劳工部撤销了该行政解释，称其为“非正式的指引”，但同时亦称“对该行政解释的取消并不改变《公平劳动标准法》下雇主的法定责任”[③]。在 2019 年，美国劳工部工资与工时司在一份意见中称：虚拟市场交易公司的网约工不属于雇员，而属于独立承包人，从而排除了劳动标准对网约工的适用。[④]

（3）国家劳动关系委员会意见。2019 年，美国国家劳动关系委员会（NLRB）的总法律顾问办公室发布了一个建议备忘录，认为 Uber 司机不属于雇员，并要求劳动关系委员会的分支机构驳回 Uber 司机要求确认雇员地位的起诉。[⑤] 在这份意见备忘录中，NLRB 根据《国家劳工关系法案》拒绝零工工人获得雇员身份，阻止零工工人为集体谈判的目的组建工会，并对不当劳动行为提出指控。该份意见适用了 NLRB 在 2019 年 1 月 SuperShuttle 一案[⑥]的裁决中，将独立承包人调查的重点从对“经济现实”的强调转移到对“创业机会”的关注上。虽然这份意见备忘录只适用于 Uber，且在法律技术

---

① “United States Department of Labor Administrator’s Interpretation No. 2015 – 1 ” （July 15, 2015）, http://www.dol.gov/whd/workers/Misclassification/AI – 2015_ 1. html.

② Oregon Rest. & Lodging Ass’n v. Perez, 816 F. 3d 1080, 1089 (9th Cir. 2016).

③ “US Secretary of Labor Withdraws Joint Employment, Independent Contractor Informal Guidance,” June 7, 2017, https://www.dol.gov/newsroom/releases/opa/opa20170607.

④ 美国劳工部工资与工时司网站，https://www.dol.gov/whd/opinion/FLSA/2019/2019_ 04_ 29_ 06_ FLSA. pdf。

⑤ Uber Drivers Are Not Employees According To The NLRB, https://www.jdsupra.com/legalnews/uber – drivers – are – not – employees – 94262/.

⑥ Case Number: 16 – RC – 010963 , https://www.nlrb.gov/case/16 – RC – 010963.

上只适用于美国劳动法，但其倾向性意见显然有利于零工经济中的平台企业。

2. 英国

（1）英国“非雇员”劳动者的概念与法定权益。首先需要说明的是，英国在立法时存在雇员（employee）和劳动者（worker）两个概念，后者比前者的概念更加广泛。根据英国 1999 年《就业权利法》，雇员是指进入一项雇佣合同或根据一项雇佣合同工作的个人，或者是在就业已中断的情况下，曾经根据一项就业合同工作的个人；而劳动者不仅包括雇员，还包括“非雇员劳动者”，即无论明示或暗示，无论口头还是书面进入一项非雇佣合同的其他合同，由本人向合同另一方承担或履行任何工作或服务的个人，但该合同并非由个人履行的“专业人士—顾客”以及“客户—商业”合同。“非雇员劳动者”是传统雇佣，即自雇佣二分法之外的一种中间类型。这是一种消极的分类，不同于其他大陆法系国家，例如德国的“类雇员人”和意大利“准从属性劳动”这种积极的方式。[①] 非雇员劳动者可以享受一些特定的劳动权利，比如国家最低工资或工时限制，但无法享受就业终止的最短提前通知期或防止不公平解雇的保护措施。[②] 英国《就业权利法》中对非雇员劳动者的分类，为 Uber 司机身份问题的解决在立法上提供了可能，但是也仅仅是能够要求确认其“劳动者”的地位，因为要求确认完全的雇佣地位是非常困难的。

（2）英国 Uber 司机身份认定案。2016 年 10 月，伦敦劳动法庭就 Mr J. Farrar 等人诉 Uber 公司案[③]做出裁判，判决原告是第二被告 Uber 伦敦公司“雇佣”的《1996 年就业权利法》第 230 条第 3 款 b 项、《1998 年工作时间条例》第 36 条第 1 款和《国家最低工资法》第 54 条第 3 款中的“非雇员

① Mark Freedland Fba & Nicola Kountouris, *The legal Construction of Personal Work Relations* (Oxford University Press, 2011), p. 278.

② Committee on contract, Report V (2B) Addendum, labour 86th Session, Geneva, June 1998, International Labour Office Geneva, http://www.ilo.org/public/english/standards/relm/ilc/ilc86/rep-vadd.htm.

③ Mr J Farrar and Others v Uber B. V. and Others, Case Nos: 2202550/2015.

劳动者”，有权享受全国最低工资和带薪休假等待遇。Uber 公司随即提出上诉，劳动上诉法庭对此案做出裁定，驳回 Uber 公司的上诉请求，维持原判。[①]

从上文的分析可以看出，平台用工争议，特别是平台劳动者的身份认定，是中外司法审判中共同的难点问题。美国、英国的这类平台争议，从一开始就将其直接划分为劳动者错误分类案件，而我国则首先由平台服务造成或产生的伤害事故而引发的平台责任，要求司法被动地对平台劳动者进行身份认定。目前，平台劳动者直接要求确认与平台劳动关系的案件逐渐增多。以美国为代表，其法律体系本身有较完善的雇员认定规则，面对零工经济用工出现的新问题，司法和行政部门努力做出相应的调适甚至创新规则以应对争议。不可否认的是，这些创新规则，特别是雇佣关系、雇员身份认定的新标准，学理成分和背后代表的利益成分所占的比例，是值得关注和思考的。

三　平台劳动者的权益保障

（一）平台劳动者权益保障的路径选择

传统劳动关系的建构是以雇佣身份的确认来定义劳资双方的权利和义务，这种身份关系的认知和与之适应的劳动法体系是建立在工业社会的泰勒式管理和工厂劳动的基础之上，因此以劳动关系为适用边界，并以标准就业为适用对象。在传统《劳动法》框架下，全球范围内对工人的保护都聚焦于雇佣（劳动）关系的概念，从而在从属性和独立性工作中划出界线，雇佣（劳动）关系也是劳动法律中雇主和雇员权利与责任划分的关键点。然而，在商业中信息技术的使用和在服务业中新的工作形态的扩展，对传统的、以在层级垂直整合的大工厂流水线工作的蓝领雇员模式为基础的工作分

① Uber B. V. and Others v Mr Y. Aslam and Others, Appeal No. UKEAT/0056/17/DA.

类提出了挑战，原有的分类会导致严重的问题，会同时产生将本应在雇佣（劳动）关系范围内通过立法被赋予雇员法律保护的工人排除工作关系的风险，以及将本不应接受这类保护的工人纳入保护范围的风险。平台劳动者究竟是应被纳入，还是被排除，一直伴随着平台经济的兴起和争议的产生而甚嚣尘上。从法律现实而言，在“两分法”的法律框架下，平台劳动者被纳入或排除雇佣（劳动）关系的法律适用，会产生权益保护后果的“全有”与“全无”的断崖式差别；从用工现实而言，平台对平台劳动者的控制与标准雇佣（劳动）关系的确存在差别，在很多情况下平台仅控制劳动者的在线劳动过程，而其他时间并不加以控制，劳动者的工作自主性和平台控制同时存在，工作自由与雇佣已无法用传统劳动法律的标准予以清晰划分；[①]从规制现实而言，平台劳动者权益保障问题亟待解决，但同时也需要兼顾和适应技术进步、经济与社会发展的趋势。关于平台劳动者权益保障的路径问题，大致有以下几种方案。

1. 平台用工适用新的判断标准和要素

方案之一，在传统雇佣（劳动）关系判定规则基本框架下，对平台用工适用新的判断标准和要素。例如，前文所述美国司法实践中运用的“ABC检测”以及“创业机会”标准；或者在既有判断规则不甚清晰的情况下，发挥司法能动性对案件事实在“控制”或“从属性”判断基本规范与原则的指引下，予以解释和认定从而解决争议，例如英国的Uber案，我国的“好厨师”“闪送”案等。这一路径的基本思路仍然是在“二分法”下，根据具体案件中劳动者的实际工作状况决定其身份属性，劳动者的权益也在此项认定的基础上被适用或排除劳动法规则而获得不同的保障。这一路径依赖司法个案解决，具有强烈的不确定性和不可预期性，个案所引发的各界争议也比较大。但其保持了问题解决的开放性，让“子弹继续飞”的同时，保持对实践发展的观察和适当容忍。

① 吴清军、杨伟国：《共享经济与平台人力资本管理体系——对劳动力资源与平台工作的再认识》，《中国人力资源开发》2018年第6期，第105页。

2. 通过创设第三类劳动者来解决平台劳动者的身份与权益保障问题

方案之二，为打破既有的“雇佣—自雇”二分法，通过创设第三类劳动者来解决平台劳动者的身份与权益保障问题。第三类劳动者并非新鲜事物，存在于一些英美法和大陆法国家，例如加拿大的“依赖性承包人”、英国的“非雇员劳动者”、德国的“类雇员人”、西班牙的“经济依赖性自雇佣劳动者”以及意大利的“准从属性劳动”，这类劳动者均享有小部分的雇员权利。为应对零工经济的兴起，美国学者 Harris 和 Krueger 建议设立“独立劳动者”（independent workers）这一工人类别，并赋予其部分雇员权利，如社会保险、医疗保障权以及集体协商权，但并不享有加班时间、加班工等权利。① 我国也有学者持类似观点，建议抽象出“工具化自治性劳动”②、“非典型劳动关系、准从属性独立劳动”③ 的类型并给予单独、特别的劳动法规范。对此，笔者认为，第三类劳动者无论在制度设计还是理论构造上都存在诸多困难和争议，包括规则构建的模糊性以及制度效用和实践结果的非预期性。我国特殊的制度背景与相对薄弱的理论基础，更使该制度在我国缺乏一定适用性和可行性。④

3. 避开雇佣（劳动）关系认定难题，构建覆盖所有劳动者的不同层级的权益保障体系

方案之三，为避开雇佣（劳动）关系认定难题，改革劳动者身份认定与其劳动和社会保障权益的完全捆绑关系，构建覆盖所有劳动者的不同层级的权益保障体系。目前，理论界、实务界、政策层面基本达成需要保障平台劳动者基本权益的共识，在法律调整路径方面，大致分为民法路径与劳动法路径两大类。前者认为“通过民法典将服务合同有名化，对类似受雇人进

---

① Seth D. Harris & Alan B. Krueger, *A proposal for modernizing labor laws for twenty-first-century work: the "Independent Worker"*, The Hamilton Project, Discussion Paper 2015 – 10 (Washington, DC, Brookings Institution), pp. 7 – 12.

② 粟瑜、王全兴：《我国灵活就业中自治性劳动的法律保护》，《东南学术》2016 年第 3 期。

③ 王全兴、王茜：《我国“网约工”的劳动关系认定及权益保护》，《法学》2018 年第 4 期。

④ 肖竹：《第三类劳动者的理论反思与替代路径》，《环球法律评论》2018 年第 6 期，第 91 ~ 95 页。

行私法社会化保护”，以及“将类似劳动者型服务合同纳入民法雇佣合同的调整范围”;[①] 后者如将其“在一定程度上纳入劳动法的调整范围并有选择地部分适用劳动基准”，或“劳动法增设中间保护地带，纳入经济依赖型劳务提供者”以及“针对具体身份、职业劳动者提供特别劳动法律规制，赋予其相应的劳动权利与社会保障水平”。[②] 两种路径选择都对处于此类社会关系中的劳动者提供基本的、底线性的权利配置与权益保障。这些基本性权益保障可集中于工资、工时、工作安全及社保等基本权利上。

在上述三种方案中，方案一为现实做法，可以将其理解为保守妥协，也可以将其理解为韬光养晦；方案二具有较强的制度风险，依赖于完备的学理准备与高超的立法技术；方案三既能暂时搁置争议，也能解决目前面临的突出问题。事实上，怎样完善制定“新技术、新业态、新模式”下劳动用工制度和社会保障制度在 2018 年就已列入人社部议事日程,[③] 成为决策层重点考虑的制度突破方向。

（二）平台劳动者的基本工作和社会保障权利初探

平台劳动者究竟应该被赋予哪些基本的工作权利和社会保障权益，并非仅涉及平台劳动者自身的单向度问题，还需综合考量平台经济对就业增长的正效应、平台用工对制造业和传统行业冲击的负效应、制度安排中平台企业的可负担性和整体社会保险制度的可持续性。

国际劳工组织在《世界非标准就业》报告中提出，社会保护对非标准就业工人来说尤为重要，并根据其与雇佣关系的关联程度将社会保护区分为

① 钱叶芳:《民法典编纂背景下雇佣（劳动）合同的去向——现代民法与劳动法的分工与合作》,《浙江学刊》2018 年第 6 期，第 63 页；战东升:《民法典编纂视野下的服务合同立法——日本立法经验及其借鉴》,《法商研究》2017 年第 2 期，第 131 ~ 132 页。

② 粟瑜、王全兴:《〈意大利民法典〉劳动编及其启示》,《法学》2015 年第 10 期，第 128 页；班小辉:《“零工经济”下任务化用工的劳动法规制》,《法学评论》2019 年第 3 期，第 116 页；肖竹:《第三类劳动者的理论反思与替代路径》,《环球法律评论》2018 年第 6 期，第 99 页。

③ 罗菁:《完善“三新”职工权益已提上日程》,《劳动报》2018 年 3 月 14 日。

四种不同类型，即与特定雇主所签订合同有关的社会保护、与有薪就业有关的社会保护、与参与有酬工作有关的社会保护和与居民身份有关的社会保护。[①] 四类不同的社会保护针对不同的就业群体，由雇主、政府与社会承担不同的保护义务和责任。西班牙《自雇佣劳动者法》对自雇用劳动者提供了四类权利保障，包括基本劳动权利、健康和安全权、集体谈判权、社会保障权利；其中基本劳动权利包含三个层次，即非特别的基础权利（如平等、非歧视、医疗保险、身心健康、宗教信仰自由以及有效的法律保护等）、公共职业权利（如工作权利、个人职业选择自由、追求经济利益及自由竞争权利、对工作成果的知识产权以及受保护的服务等）和提供服务所涉及的职业权利（如合同安全、等价回报、职业和个人生活间的平衡、职业培训与再培训等）。我国未来对平台劳动者权益的保障可借鉴上述制度框架，一是从权利类别上考虑基本劳动权、健康安全权、集体协商与民主参与权，以及社会保障权利。二是就各类权利中的具体权利内容和保护程度加以斟酌。例如，在基本劳动权利中，考虑非歧视、接受就业服务与职业培训等基础性、普适性权利，以及最低报酬、最长连续工时等特别职业权利；在健康安全权中强调平台应当提供的安全保障义务和责任；在集体协商与民主参与权下推动平台劳动者加入工会及参与社会协同治理的权利；在社会保障权利中着重探讨职业伤害保险等。下文就目前理论与实践中被广泛关注的热点权益问题进行探讨。

1. 平台劳动者的社会保障权利

国际劳工组织于 2012 年第 202 号建议书《关于国家社会保护底线的建议书》中，重申社会保障权利是一项人权，社会保护底线是一套国家确定的基本的社会保障担保，旨在预防或缓解贫困、脆弱性和社会排斥。早在 2015 年，国务院在《关于大力发展电子商务加快培育经济新动力的意见》（国发〔2015〕24 号）中就提出要保障从业人员劳动权益，按规定将网络

---

① ILO, *Non-standard employment around the world*: *Understanding challenges*, *shaping prospects* (International Labour Office-Geneva: ILO, 2016), pp. 299 - 300.

从业人员纳入各项社会保险，对未进行工商登记注册的网络商户，其从业人员可按灵活就业人员参保缴费办法参加社会保险。2018 年两会期间，有代表建议，明确网约工以灵活就业人员的身份参保缴费；借鉴非全日制就业的社保模式，确定平台企业的工伤保险缴费义务，根据网约工就业特点确定合理的缴费标准；要求平台企业缴纳欠薪保障基金；适时制定灵活就业人员（含网约工）失业保险规定，逐步构建全国统一的灵活就业人员社会保险体系。①

自 19 世纪末以来，社会保险制度就以雇佣关系为基础。根据我国《社会保险法》的规定，存在劳动关系的劳动者，由用人单位和职工共同缴纳基本养老保险费；而对不存在劳动关系无雇工的个体工商户、未在用人单位参加基本养老保险的非全日制从业人员以及其他灵活就业人员，也可以参加基本养老保险，由个人缴纳基本养老保险费。平台用工所面临的社保制度困境是，对于养老、医疗保险而言，平台承担缴纳费用的责任及征缴的费用基础很难界定，劳动者应享有什么样的保险待遇也较难确定；对于失业保险，平台工作对传统失业标准的界定提出挑战，原有的失业救助政策很难发挥作用，费用缴纳同样也是难题之一；对于工伤保险，目前工伤认定和用人单位责任以劳动关系的存在为前提，需要考虑制度突破或在工伤保险之外另行考虑保障路径。

在社保权利中，问题最为突出和亟待解决的是工伤。目前地方已有实践开始探索，主要有两种运作模式，一是以山东潍坊为代表，采取纳入工伤保险基金的模式；二是以江苏吴江为代表，在政府主导下由商业保险公司运作，建立独立的职业伤害保险模式。人社部拟以此为制度突破点，在平台劳动者的职业伤害保障方面进行探索。2019 年 8 月，《国务院办公厅关于促进平台经济规范健康发展的指导意见》提出，要保护平台、平台内经营者和平台从业人员等权益；抓紧研究完善平台企业用工和灵活就业等从业人员社保政策，开展职业伤害保障试点，积极推进全民参保计划，引导更多平台从

① 罗菁：《完善“三新”职工权益已提上日程》，《劳动报》2018 年 3 月 14 日。

业人员参保。

2. 平台劳动者加入工会和民主参与的权利

2015 年，国际劳工组织在其第 204 号《关于从非正规经济向正规经济转型建议书》中提出，组织成员应保证非正规经济中的人员享有结社自由和集体谈判的权利，包括建立和依照相关组织的规章制度，加入他们自己选择的组织、联合会和总联合会的权利；凡适宜时，雇主组织和工人组织应考虑将其会员发展和服务范围扩大到非正规经济中的工人和经济单位。但在不同国家和地区的集体劳动法，对雇员身份以及雇佣（劳动）关系的建立是否为劳动者享有集体劳权的前提条件，并未有统一规定，且集体劳动法本身对集体劳动法律关系中的雇员与雇佣（劳动）关系的认定规则也并不一致。

我国《工会法》第 3 条，将参加及组织工会的权利赋予所有在“企业、事业单位、机关中以工资收入为主要生活来源的体力劳动者和脑力劳动者”，从而为实践中处于灰色地带的劳动者群体加入及组织工会提供了基础性法律支持。2018 年 3 月，全总下发《推进货车司机等群体入会工作方案》（以下简称《方案》），要求各级工会以开展“货车司机入会集中行动”为牵引，最大限度把货车司机、快递员、护工护理员、家政服务员、商场信息员、网约送餐员、房产中介员和保安员八大群体组织到工会中来。截至 2018 年底，山东、广西等多个省份新发展八大群体会员均超过 20 万人；以农民工为主的快递员入会人数实现 25% 以上的增长。① 在实践中，针对快递外包业务用工、加盟网（站）点等的建会入会难点问题，中国国防邮电工会在顺丰公司、申通公司先行探索，选择在顺丰华北分拨区天津中转场、申通北京房山分公司分别召开外包业务用工人员、加盟网（站）点农民工会员集中入会仪式，增强了一线快递职工特别是农民工对工会的认知度，激发了他们自愿加入工会组织的内在动力。②

① 张锐：《全国工会组建将全面推进八大群体入会》，《工人日报》2019 年 3 月 14 日。

② 彭文卓：《全国快递行业工会建设和农民工入会取得积极进展　把温暖之“家”建在快递职工身边》，《工人日报》2018 年 8 月 21 日。

但是，我们也应当认识到，组织平台劳动者加入工会，与劳动者集体协商权的拥有与行使还是两个不同层次的问题。虽然法律上工会组织推动平台劳动者加入工会并不存在明显的法律障碍，但加入工会之后劳动者能否拥有实质的集体协商权与其他民主参与权，则仍然存在集体协商主体与程序、集体合同适用范围与效力不明等制度阻碍，沿用现有的集体协商制度来保护劳动者的集体协商权，在共享经济用工模式中存在着较大的困难。①

3. 工资与工时保障

在工资方面，平台按任务付费/收费的交易模式对在劳动关系下以劳动时间为计酬基础的劳动报酬规则，提出了根本性挑战，体现在报酬支付项目、水平、形式、对象、时间等各个方面，更为突出的是工资保护的核心机制——最低工资制度是否适用的问题。从技术上来说，由于最低工资制度的计酬基础发生了改变，导致无法对平台劳动者的最低工资制度予以确定，从实际效果来看，即便通过各方测算以某种形式规定平台劳动者的最低薪酬，反而是对市场价格机制的一种破坏，并会在实质上压低平台劳动者的议价和谈判空间，需要特别慎重。

在工时方面，我国劳动法规定了标准工时制度、不定时工作制和综合计算工时制，在这三种工时制度下，工作时间的决定者均为用人单位，而平台用工最大的特点就在于完全由劳动者自己决定工作时间，即具有很强的弹性和灵活性，即便平台可通过有效的奖励与评分机制对劳动者投入的劳动时间加以引导，但最终决定权仍然为劳动者自身。因此，目前《劳动法》对工作时间的认定规则、加班规则及休息休假制度均难以发挥作用，但出于对劳动力付出的可持续性，以及劳动者服务过程的安全性（如网约车司机的驾驶安全）考虑，应对相关行业、领域劳动者的最长工作时间予以限制，但其规制机理与传统《劳动法》的工时制度显然不同。

① 吴清军、张艺园、周广肃：《互联网平台用工与劳动政策未来发展趋势——以劳动者身份判定为基础的分析》，《中国行政管理》2019 年第 4 期，第 120 ~ 121 页。

四 结论与建议

平台经济的发展改变了建立在工业化基础之上的传统就业方式，信息技术的迅猛发展极大地提升了就业岗位的创造能力和匹配能力，使以平台用工为代表的共享经济在就业方面的“蓄水池”和“稳定器”作用更加凸显。2018年，平台就业出现新的趋势，其所涉及领域不断扩展，对劳动力吸纳的广度和深度也在加强，并更多的显示出零工经济的特征。在对劳动关系的影响方面，平台经济的发展加剧了用工的“非正规化”和劳动者的“原子化”，强化了灵活用工需求并降低了劳动关系稳定性，对劳动关系的法律调整提出多重挑战。

在平台用工中，争议最盛的是“线下网约工”和“线上众包工”这两种用工模式，在我国尤以“线下网约工”最为突出。目前我国平台劳动者就业出现从普遍兼职转向逐渐专职的趋势，平台劳动者日益以平台收益为主要收入来源，总体不高且缺乏稳定性，其工作、社保及民主参与权益缺乏保障的特点，平台劳动者权益保障问题亟待解决。

在全球目前的劳动与雇佣法律体系下，平台劳动者权益保障与其身份认定依然息息相关，这些是中外司法审判中共同的难点问题。中外司法实践仍然就具体个案的不同情形，依据法律及判例规定的劳动（雇佣）关系判定要素予以个别化处理，这体现了裁判及规则创制中的利益倾向（例如美国）。然而，通过对劳动者身份认定规则的改变与司法实践来为平台劳动者提供权益保障法律基础并非唯一选项，在“雇佣—自雇”二分法下创设第三类劳动者，或者打破劳动者身份与其所享有权益的完全捆绑关系，为劳动者提供基本的、底线性劳动与社保权益也成为可行路径的选择。设立第三类劳动者的制度难度和非预期性实践后果要慎重，而打破劳动者身份与权益的关联，从矛盾突出与亟待解决的权益保障制度供给入手，逐渐构建平台劳动者的基本权益保障体系，应为未来可期的发展路径。

参考文献

Committee on Contract, Report V (2B) Addendum, labour 86th Session, Geneva, June 1998.

International Labour Office Geneva, http://www.ilo.org/public/english/standards/relm/ilc/ilc86/rep-vadd.htm.

Mark Freedland Fba & Nicola Kountouris, *The legal Construction of Personal Work Relations*, (Oxford University Press, 2011).

McKinsey Global Institute, Independent Work Choice necessity and the gig economy, https://www.mckinsey.com/featured-insights/employment-and-growth/independent-work-choice-necessity-and-the-gig-economy, October 2016.

Miriam Cherry, "Beyond Misclassification: The Digital Transformation of Work," *Comparative Labor Law and Policy Journal* 3 (2016).

Seth D. Harris & Alan B. Krueger, *A proposal for Modernizing Labor Laws for Twenty-first-century Work: the "Independent Worker"*, The Hamilton Project, Discussion Paper 2015-10 (Washington, DC, Brookings Institution).

Valerio DeStefano, "The Rise of the 'Just-in-time Workforce': On-demand Work, Crowd Work, And Labor Protection in the 'Gig Economy'," *Comparative Labor Law and Policy Journal*, 3 (2016).

〔美〕黛安娜·马尔卡希:《零工经济》,陈桂芳译,中信出版社,2017。

班小辉:《"零工经济"下任务化用工的劳动法规制》,《法学评论》2019 年第 3 期。

北京市朝阳区法院:《互联网平台用工劳动争议审判白皮书》,2018。

标准排名研究院:《2016 网络约车司机生存状况调查报告》,2016。

国家信息中心分享经济研究中心:《中国共享经济发展年度报告(2019)》,2019。

李玉赋:《第八次中国职工状况调查》,中国工人出版社,2017。

罗菁:《完善"三新"职工权益已提上日程》,《劳动报》2018 年 3 月 14 日。

钱叶芳:《民法典编纂背景下雇佣(劳动)合同的去向——现代民法与劳动法的分工与合作》,《浙江学刊》2018 年第 6 期。

粟瑜、王全兴:《我国灵活就业中自治性劳动的法律保护》,《东南学术》2016 年第 3 期。

王全兴、王茜:《我国"网约工"的劳动关系认定及权益保护》,《法学》2018 年第 4 期。

王文珍、李文静:《平台经济发展对我国劳动关系的影响》,《中国劳动》2017 年第

1 期。

吴清军、李贞：《分享经济下的劳动控制与工作自主性——关于网约车司机工作的混合研究》，《社会学研究》2018 年第 4 期。

吴清军、杨伟国：《共享经济与平台人力资本管理体系——对劳动力资源与平台工作的再认识》，《中国人力资源开发》2018 年第 6 期。

吴清军、张艺园、周广肃：《互联网平台用工与劳动政策未来发展趋势——以劳动者身份判定为基础的分析》，《中国行政管理》2019 年第 4 期

肖竹：《第三类劳动者的理论反思与替代路径》，《环球法律评论》2018 年第 6 期。

战东升：《民法典编纂视野下的服务合同立法——日本立法经验及其借鉴》，《法商研究》2017 年第 2 期。

我国农民工群体的基本状况、趋势及农民工政策的演进

曹 荣*

摘 要： 农民工群体已经成为我国产业工人的主体。近十年来，伴随我国经济社会的转型，农民工群体发生了深刻的变化，国家的农民工政策和工会农民工工作的重心也相应发生转变。2009～2019年，国家统计局连续11年发布《农民工监测调查报告》，对我国农民工基本状况进行了跟踪调查。本文通过对《农民工监测调查报告》的数据整理、分析，对近十年来我国农民工群体状况、趋势进行了分析。研究发现，我国农民工规模持续增加，增速呈持续下降趋势；新生代农民工占据主体，农民工老化现象加剧；农民工呈现向中西部地区流动的趋向；农民工收入增速逐渐放缓；农民工权益保障状况有所改善；农民工社会融入度有所增加。本研究梳理了近十年来我国农民工政策演进，指出我国农民工政策不再是针对特定的“农民工问题”，而是放在国家新型城镇化战略的总体规划中，旨在推进农民工市民化，逐步破解城乡二元结构。农民工作为一种社会现象有走向终结的趋势。工会的农民工工作重心在这期间也由基本权益维护，逐步转向更好地服务农民工，促进农民工的城市融入。

关键词： 农民工　农民工政策　农民工市民化　工会农民工工作

---

* 曹荣，中国劳动关系学院社会工作学院副教授，主要研究领域为劳动社会学、农民工问题研究、工会理论研究。

自改革开放以来，农民工群体逐渐成为产业工人的主体，成为工人阶级的重要组成部分，为社会经济的发展做出了重要贡献。近十年来，伴随我国经济社会结构的深刻变化，城市化进程的加速，农民工队伍呈现出许多与以往不同的特征和趋势。本文通过对国家统计局2009～2019年发布的《农民工监测调查报告》的数据整理、分析，力图勾勒、描述2008～2018年来我国农民工群体的基本状况，以及发展趋势。同时也对农民工群体演进的政策背景进行梳理，以期理解我国农民工政策的逻辑和导向。

一　近十年来我国农民工群体的基本状况、趋势

（一）农民工规模、分布及流向方面的状况、趋势

1. 农民工总量继续长，增速呈持续下降趋势

2008～2018年，我国农民工总量持续增长，从22542万人增长到28836人（见表1）。2014年《国家新型城镇化规划（2014～2020年）》指出农民工已经成为"产业工人的主体力量"，农民工规模的扩大是其成为产业工人主体力量的决定性因素。

表1　2008～2018年农民工数量变化情况

单位：万人，%

年份	农民工总量		外出农民工		本地农民工	
	数量	增长速度	数量	增长速度	数量	增长速度
2008	22542	—	14041	—	8501	—
2009	22978	1.93	14533	3.50	8445	-0.66
2010	24223	5.42	15335	5.52	8888	5.25
2011	25278	4.36	15863	3.44	9415	5.93
2012	26261	3.89	16336	2.98	9925	5.42
2013	26894	2.41	16610	1.68	10284	3.62
2014	27395	1.86	16821	1.27	10574	2.82
2015	27747	1.28	16884	0.37	10863	2.73
2016	28171	1.53	16934	0.30	11237	3.44

续表

年份	农民工总量		外出农民工		本地农民工	
	数量	增长速度	数量	增长速度	数量	增长速度
2017	28652	1.71	17185	1.48	11467	2.05
2018	28836	0.64	17266	0.47	11570	0.90

数据来源：根据国家统计局2009～2019年发布的《农民工监测调查报告》整理。

农民工总量的增长速度逐渐减缓。从增长速率来看，2010年是我国农民工规模增速的拐点。2010年的增速达到顶峰，为5.42%，比上一年增加3.49个百分点；此后逐渐下降，从2010年的5.42%降至2015年的1.28%；之后有小幅度的回升，升至2017年的1.71%；2018年又迅速下降，降至0.64%，为历年来最低增速。

2. 本地农民工呈增长态势

在近十年，外出农民工和本地农民工的总量持续增加，前者在数量上一直远高于后者，但在增速上却逐渐低于后者。以2010年为界，在此之前以外出农民工为主，在此之后越来越多的农民工倾向于在本地就业。从数量上来看，外出农民工数量从2008年的14041万人增加到2018年的17266万人，增加了3225万人，增长了23%；本地农民工数量从2008年的8501万人增加到2018年的11570万人，增加了3069万人，增长了36.1%。从增速来看，外出农民工和本地农民工增速都经历了加快至减缓的过程，但总体而言后者增长的更快。2010年之前外出农民工保持高速增长，2010年达至峰值5.52%，之后迅速下降，降至2016年的0.30%，2017年又升至1.48%，2018年又降至0.47%。2009年本地农民工数量的增速为-0.66%，2010年迅速升至5.25%，2011年达到峰值5.93%，之后增速逐渐减缓至2015年的2.73%，2016年重新升至3.44%后逐年下降，到2018年下降至0.90%。

3. 在中西部地区就业的农民工呈增长态势

东部地区的农民工数量一直高于中西部地区的农民工数量，但三个地区正在逐渐趋于接近，西部农民工数量上升势头良好。从数量上看，中西部地区的农民工数量持续增长。东部地区的农民工数量从2008年的10018万人增加到2018年的10410万人，其中2012年达到峰值11191万人；中部地区的农民工数量从2008年的7146万人增加到9538万人，其中2015年达到峰值9609万人；西部地区的农民工数量从2008年的5814万人增加到2018年的7918万人，一直持续增长。从不同地区农民工数量占农民工总量的百分比来看，东部地区农民工所占百分比从2009年的43.6%降至2018年的36.1%，其中2013年降幅最大，下降了3.7个百分点；中部地区农民工所占百分比从2009年的31.1%上升至2013年的34.7%，此后逐渐降至2018年的33.1%，所占比例总体来说仍是上升的；西部地区农民工所占百分比从2009年的25.3%持续上升至2018年的27.5%，增加了2.2个百分点。

4. 外出农民工越来越倾向于在省内流动

外出农民工越来越倾向于在省内流动。从数量上来看，在外出农民工中跨省流动的农民工数量从2008年的7441万人上升至2014年的7867万人，随后缓慢降至2018年的7594万人；省内流动的农民工数量从2008年的7092万人逐年增长至2018年的9672万人，净增长为2580万人，增长了36.4%。从占外出农民工总量的百分比来看，跨省流动的农民工所占百分比持续下降，从2009年的52.2%降至2018年的44.0%；省内流动的农民工所占百分比快速上升，从2009年的48.8%升至2018年的56%，2010年的时候二者基本持平，可见外出务工的农民工越来越倾向于在省内其他地区务工。

从分地区来看，中西部地区的农民工以跨省流动为主，其跨省流动的占比均呈下降趋势，中部地区所占百分比从2009年的69.4%降至2018年的60.6%，西部地区所占百分比从2009年的59.1%降至2018年的49.6%。东、中、西部地区的农民工在省内流动务工的比例整体均有所提高。东部地区的农民工省内流动的务工的比例最高，且这种意愿正在逐年增加，从2009年的79.6%上升至2018年的82.8%，增加3.2个百分点，说明东部地区农民工省内流动意愿越来越强。中西部地区农民工在省内务工的比例也大幅度提升，中部地区从2009年的30.6%升到2018年的39.4%，上升了8.8个百分点，西部地区从2009年的40.9%直升至2018年的50.4%，上升了9.5个百分点，西部地区留在省内务工的意愿强于中部地区。

5. 第三产业就业的农民工呈增长趋势

农民工主要集中在第二产业和第三产业，第三产业的比例呈上升趋势，主要集中在住宿、餐饮和批发零售业。在第二产业中，农民工主要从事制造业，但比重持续平缓下降，从2009年的39.1%降至2018年的27.9%；建筑业保持在17%～18%的水平，其间经历过短暂的上升后又迅速回落，2013年猛然升至22.2%。第三产业所占的比重有不小的提高，主要集中在住宿、餐饮和批发零售业，从2009年的7.8%升至2018年的18.8%，增加11个百分点。

（二）农民工群体特征

1. 新生代农民工成为农民工主体

近十年间，新生代农民工和老一代农民工进行了新老更替。2013～2018年的数据显示，新生代农民工占农民工总量的比重快速上升，而老一代农民工占农民工总量的比重则快速下降。新生代农民工所占比重从2013年的46.6%升至2018年的51.5%，而老一代农民工所占比重从2013年的53.4%降至2018年的48.5%（见图1），2016年二者所占百分比基本持平，是新生代农民工成为主体成员的转折年。

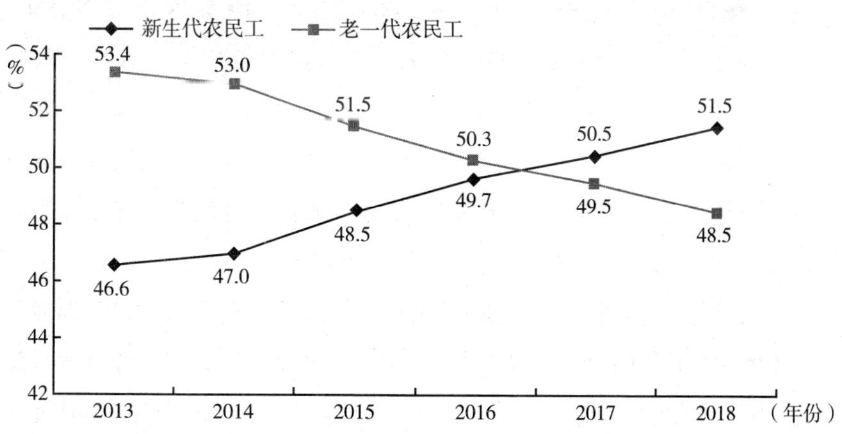

图1　2013～2018年新生代农民工和老一代农民工占比情况

数据来源：根据国家统计局2009～2019年发布的《农民工监测调查报告》数据整理计算所得。

2. 农民工老化现象加剧

农民工虽然仍以青壮年为主，但农民工平均年龄不断在提高。16～25岁年龄段的农民工所占比重骤减，2008～2018年，该年龄段的农民工占比从41.6%降至2.4%；而50岁以上年龄段的农民工所占比重持续上升，从4.2%升至22.4%。农民工老化现象呈加剧趋势。

3. 农民工受教育程度仍集中在初中，大专以上学历比例有所提升

农民工的受教育程度总体有了不小的提升，虽然仍以初中学历为主，但高中以上学历所占比例大幅度提高。从未上过学的比例维持在1%；小学学历的比例从2009年的10.6%升至2018年的15.5%；初中学历从2009年的64.8%大幅度降至2018年的55.8%，降低了9个百分点；高中及以上的比例有了较大幅度的提高，从2009年的23.5%升至2018年的27.5%，增长了4%。其中，大专及以上学历的比例从2009年的3.4%跃升至2018年的10.9%，增长了7.5个百分点。可见农民工的学历水平有了一定的增长。

（三）农民工收入、居住状况

1. 农民工收入增速放缓，东部与中西部地区的收入增速差距减小

农民工的月均收入持续增长，从2008年的1340元增长至2018年的3721元。从其增长速度来看，2011年的增速达到21.2%（见图2），为历年最高水平，此后迅速下降，近几年维持在6.5%左右的水平，呈低速稳定增长。农民工的收入状况主要呈现出两个特点：外出农民工的月均收入绝对值和增速均高于本地农民工；在东部地区就业的农民工月均收入高于在中西部地区就业的农民工，但收入增速差距呈缩小的趋势。

外出农民工的月均收入处于高水平增长。从国家统计局《农民工监测调查报告》2014～2018年的数据可以看出，这几年外出农民工的月均收入水平远高于本地农民工的收入水平。外出务工的农民工月均收入从2014年的2864元增加到2018年的4107元，年平均增速为9.43%。而在本地务工的农民工月均收入从2014年的2606元增长至2018年的3340元，年平均增速为6.40%，低于外出务工的农民工。农民工外出打工获取的收入总体上高于在本地务工。

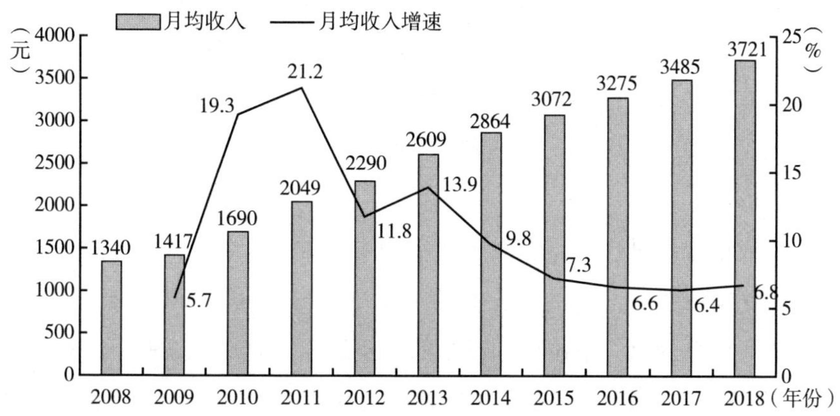

图2　2008～2018年农民工月平均收入情况

数据来源：根据国家统计局2009～2019年发布的《农民工监测调查报告》数据整理计算所得。

从不同的区域分布来看，东部农民工的月均收入水平高于中西部地区，中西部农民工的月均收入水平基本趋同。东部地区农民工的月均收入从2008年的1352元上涨为2018年的3955元，净增长2603元，增长了192.5%；中部地区的农民工月均收入从2008年的1275元上涨为2018年的3568元，净增长2293元，增长了79.8%；西部地区的农民工月均收入从2008年的1273元上涨到2018年的3522元，净增长2249元，增长了176.7%。从增长速度来看，东部、中部和西部地区农民工的月均收入的波动情况与全国农民工月均收入的波动情况基本一致，2011年前后达到峰值21%～22%，之后迅速下降至5%～7%的水平。

2. 外出农民工以租房或居住宿舍为主

从近几年外出农民工的居住类型来看，呈现出两个明显特点，一是外出农民工以租房居住和居住在雇主或单位提供的宿舍为主，二是雇主或单位提供住宿是农民工住宿的主要方式。

外出农民工以租房居住和住在雇主或单位提供的宿舍为主，但租房的比例有所增长，而住在宿舍的比例有所降低。在2012年之前，外出农民工的租房比例下降，从2009年的34.6%降至2012年的33.2%，降低了

1.4 个百分点；在 2012 年之后，租房比例相对快速地上涨，从 2012 年的 33.2% 上升至 37.0%，增长了 3.8 个百分点。可见，外出农民工对租房的依赖程度有所提高。随着农民工本地就业的比例大幅度增加，在乡镇外就业但每天回家居住的比例也大幅度提升，从 2009 年的 9.3% 增长至 2015 年的 14.0%。

雇主或单位提供住宿是农民工住宿的主要方式，但这个比例有所下降。单位提供住宿或补贴的比例，从 2009 年的 57.9% 降低至 2015 年的 54.0%，减少了 3.9 个百分点。单位提供宿舍的比例逐年下降，从 2009 年的 50.5% 减少至 2015 年的 46.1%；提供住房补贴的比例却经过了由增到减的过程，从 2009 年的 7.4% 增加到 2010 年的 11.0%，随后波动降至 2015 年的 7.9%。随着雇主或单位提供住房的福利减少，外出务工的农民工居住成本有所提高。

（四）农民工的权益保障

1. 有半数以上的农民工未签订劳动合同

2009～2016 年，有超过半数的农民工未签订劳动合同，且比例逐年上升，农民工的合法劳动权益易受侵害。未签订劳动合同的比例在 2009 年、2012 年、2016 年分别为 57.2%、56.1%、64.9%，在 2012 年以后有一个明显的上升，增加了 8.8 个百分点。2012～2016 年的数据显示，签订劳动合同为一年及以上的，占总量的 54.62%；签订无固定期限劳动合同的占总量的 36.33%，而签订一年以下劳动合同的仅占总数的 9.05%。

2011～2014 年的《农民工监测调查报告》对不同行业签订劳动合同的农民工状况进行了调查统计。分行业来看，这 5 年未签订劳动合同数量最多的前三个行业依次为建筑业、住宿餐饮业、批发零售业，分别占行业总人数的 73.4%、64.48%、62.87%。从 2011～2016 年的数据可以发现，建筑业农民工与企业劳动合同未签订率严重偏高，远超过其他行业，虽然 2011 年和 2012 年有所下降，但随后逐步增高，至 2014 年达到 75.1%。相比较而言，其他两个行业的情况正在逐步好转，住宿餐饮业农民工与企业劳动合同未签订率从65.2%降至62.4%，批发零售业从66%降至59.9%，其间未有反弹。

2. 外出农民工均超时工作，周平均工作时间较长

国家统计局数据显示，2012～2016年外出农民工年平均工作时间为9.98个月，月平均工作时间为25.48天，日平均工作时间为8.74小时，均超过法定工作时间；日平均工作时间超过8小时的农民工占比约为39.56%；未超过的为50%，由此可知大多数外出农民工的日平均工作时长并没有超过8个小时，属于正常工作时间。而从周平均工作时间来看，超过44小时的平均占比为84.78%（见表2），可见绝大部分农民工周工作时间较长。

表2　外出农民工从业时间和强度

年份	全年外出从业时间(月)	平均每月工作时间(天)	平均每天工作时间(小时)	日工作超过8小时的农民工比重(%)	周工作超过44小时的农民工比重(%)
2009	—	26.0	—	—	—
2010	—	26.2	—	—	—
2011	—	25.4	—	—	—
2012	9.9	25.3	8.7	39.6	84.4
2013	9.9	25.2	8.8	41.0	84.7
2014	10.0	25.3	8.8	40.8	85.4
2015	10.1	25.2	8.7	39.1	85.0
2016	10.0	25.2	8.7	37.3	84.4
平均数	9.98	25.48	8.74	39.56	84.78

数据来源：根据国家统计局2009～2017年发布的《农民工监测调查报告》数据整理计算所得。

3. 被拖欠工资的农民工比重大幅度下降

2008年以后，农民工工资拖欠问题得到缓和，虽然期间有所回升，但总体仍维持在较低水平。2008年后被拖欠工资的农民工比重快速下降，从4.10%降至2012年的0.50%，特别是2009年，仅一年的时间，该比重就减少2.3个百分点。2012年是个转折点，此后被拖欠工资的农民工比重又有所回升，从0.50%升至2015年的1.00%。总体上看，近几年保持在0.80%上下，属于相对较低的水平（见图3）。

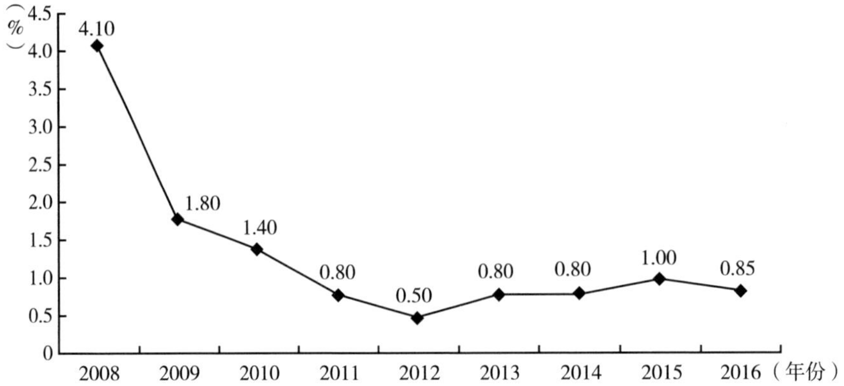

图3　2008～2016年被拖欠工资的农民工比重

数据来源：根据国家统计局2009～2019年发布的《农民工监测调查报告》数据整理计算所得。

4. 社会保险缴纳率总体不高，工伤保险缴纳比例相对较高

农民工的社会保险平均参保率分别为工伤保险24.70%、医疗保险15.83%、养老保险12.95%、失业保险7.47%、生育保险5.22%。不同保险的参保率变化有所不同：工伤保险的参保率在2009～2013年逐年上升，从21.8%上升至28.5%，特别是在2013年，仅一年的时间就上升了4.5个百分点；但在2014年，工伤保险的参保率又降至26.2%。医疗保险的参保率逐年上升，从2009年的12.2%升至2014年的17.6%。养老保险的参保率从2009年的7.6%迅速上升至2014年的16.7%，其中2011年上升最快，仅一年就上升了4.4个百分点。失业保险和生育保险均持续上升，且上升幅度也较快，但总体所占比例较少。总体来说，雇主或单位为农民工缴纳社会保险的状况不容乐观。

（五）农民工的社会融合状况

1. 近年来进城农民工的归属感有所提升

国家统计局《农民工监测调查报告》自2017年起对进城农民工归属感进行调查统计。从这几年的数据来看，进城农民工的归属感有所提升，但总

体来说并不高。2016～2018 年，在进城的农民工中，认为自己是“本地人”的比例分别为 35.6%、38%和 38%，均未超过半数。从进城农民工对所在城镇的适应情况来看，非常适应的比例非常少，但是呈上升的趋势，从 2016 年的 16.0%上升至 2018 年的 19.6%；比较适应的比例较高且继续上升，2017 年占 62.0%，2018 年占 62.5%。由此可见，进城农民工适应度较好，有 80%左右的农民工都能适应进城后的生活。但是这些农民工的归属感并不是很强，很难完全将自己当作“本地人”。

2. 农民工组织化程度提高，加入工会的比例呈增长趋势

对农民工加入工会的状况，本文采用中国工会十五大、十六大、十七大报告中发布的农民工入会数据。

近十年来，农民工加入工会的入会率呈增长趋势。2008 年工会十五大召开时公布的农民工会员数为 6600 万人，占当时 2.09 亿名工会会员总数的 31.6%；2013 年工会十六大召开时，公布的农民工会员数已经达到 1.05 亿人，占 2.80 亿名会员总数的 37.5%；2018 年工会十七大召开时，公布的农民工会员数达到 1.4 亿人，占 3 亿名会员总数的 46.7%，农民工工会会员的比重逐年上升。

二　我国农民工政策的演进与趋向

农民工政策既是推动农民工群体变化的重要引导力量，也会随着农民工群体的演进而不断地调整。改革开放以来，我国的农民工政策深刻地影响农民工群体的发展进程，引导着国家和工会等社会组织开展农民工工作的方向。2008～2018 年，尤其是党的十八大以来，农民工政策进入促进农民工市民化的快车道。

（一）1978～2008年农民工政策的阶段性特点

改革开放以来，随着社会经济发展以及农民工群体的演变，我国农民工政策也呈现了阶段性的特征。在 2008 年和 2018 年改革开放 30 年和 40 年之

际，学界对农民工政策演进及其阶段性特点进行了集中探讨。归结起来，这些研究形成一些共识性的判断。在1978～2008年，我国的农民工政策演进经历了三个主要阶段。

第一个阶段是1978～1988年，从严控到逐渐松动时期。改革开放以来，伴随农村改革的推进、深入，农村过剩劳动力开始向城市转移。“农村劳动力转移”问题成为农民工问题最初的政策表述。当时农村劳动力主要有两种转移方式，一种是“离土不离乡”，即农村劳动力就地转移到当地的乡镇企业当中；另一种是“离乡又离土”，跨地区到城市中务工。从政策层面来说，更多的是鼓励第一种转移方式，严格限制第二种转移方式。到了20世纪80年代中期，跨地区的流动规模逐渐增大。1985年中共中央、国务院下发《关于进一步活跃农村经济的10项政策》，提出“进一步扩大城乡经济交往”，标志着对跨地区进城务工限制的松动。

第二个阶段是1989～2000年，从限制流动到逐步规范流动的时期。这一时期的前一阶段，由于国家经济形势的变化，1989年国务院下发了《关于严格限制农民盲目流动的紧急通知》，标志着对于“离土又离乡”的跨地区流动的限制又趋紧。直到1992年，邓小平同志南方讲话推动了改革开放的深入进行，城市经济体制改革加速，我国快速向市场经济转型。城市发展对农村劳动力人口的需求加大，农民工大量涌入城市中，兴起了“民工潮”。与此同时，“民工潮”也给城市的管理带来巨大的压力，“农民工问题”成为这一时期政策表述的关键词。农民工政策的主要方向不再是限制农民工的流动，而是力图通过相应的政策逐步规范、引导农民工合理有序的流动。2000年，劳动和社会保障部等七部委联合发布《关于进一步开展农村劳动力开发就业试点工作的通知》，其基本精神就是取消对农民进城务工的不合理限制，规范引导“农村富余劳动力”的有序流动和就业。

第三个阶段是2001～2007年，即在“城乡统筹发展”的视角下推进农民工进城就业。这一时期，农民工问题被放在城乡分割二元社会经济结构视角来看待，对农民工身份的认定也逐渐清晰、明确。2004年，中共中央、国务院一号文件《关于促进农民增加收入若干政策的意见》明确指出：“进城就业的农民工已经成为产业工人的重要组成部分，为城市创造了财富、提供了税收。”自此，农民工被国家正式认可为“产业工人”，这在政策层面第一次把农民工认定为产业工人身份。

2006 年 3 月，国务院办公厅发布《国务院关于解决农民工问题的若干意见》（以下简称《意见》），是我国政府第一次全面、系统地解决“农民工问题”的政策意见。这一意见包括解决农民工工资偏低和拖欠问题、依法规范农民工的劳动管理、就业服务培训、社会保障、提供公共服务、权益保障等多方面的问题。值得注意的是，《意见》在“健全维护农民工权益的保障机制”中提出，要“深化户籍制度改革”，“逐步地、有条件地解决长期在城市就业和居住农民工的户籍问题。中小城市和小城镇要适当放宽农民工落户条件；大城市要积极稳妥地解决符合条件的农民工户籍问题，对农民工中的劳动模范、先进工作者和高级技工、技师以及其他有突出贡献者，应优先准予落户。具体落户条件，由各地根据城市规划和实际情况自行制定。改进农民工居住登记管理办法”。这一表述标志着我国农民工政策的一个重要转向，即从政策层面开始允许农民工在城市“落户”。而这一转向及其带来的趋势将越来越凸显。同时，《意见》的表述十分审慎，对农民工“落户”城市有着诸多限定条件，要求“逐步地、有条件地”解决落户问题，中小城市“适当地”放宽落户条件，落户的优先对象是“农民工中的劳动模范、先进工作者和高级技工、技师以及其他有突出贡献者”。而“落户”也不意味着完全实现农民工与城市居民的均等化待遇，获得市民的身份。因此，这一时期政策呈现了审慎地推进农民工城市化的趋势。

（二）2008 ~ 2018年农民工政策的演进与趋向

2008 ~ 2018 年，我国农民工政策发生了深刻变化。如果说前一个时期，农民工政策已经呈现出审慎推进城市化的趋势，那么在这 10 年里，尤其是在党的十八大之后，我国的农民工政策开始全面向农民工市民化的方向迈进。2012 年党的十八大报告中明确提出要“加快农业转移人口市民化”。此前农民工市民化还仅仅是停留在学术界，从党的十八大开始，农民工市民化成为通常性的政策表述。

2013 年，党的十八届三中全会召开，公布《中共中央关于全面深化改革若干重大问题的决定》，对农民工市民化做出具有指导意义的规划。决议要求：“推进农业转移人口市民化，逐步把符合条件的农业转移人口转为城镇居民。”这也意味着，在此之前政府的农民工政策是针对农民工这一特殊群体所制定的政策，而现在则作为国家城镇化战略中的关键组成部分。这一政策意图着力从三个方面打破长期以来的城乡二元分割结构。一是涉及户籍制度的改革，“全面放开建制镇和小城市落户限制，有序放开中等城市落户限制，合理确定大城市落户条件”。这比此前农民工落户的诸多限制性条件更为开放，并对不同规模的城市设置了不同层级的落户条件。二是推进城镇基本公共服务常住人口全覆盖，“把进城落户农民完全纳入城镇住房和社会保障体系，在农村参加的养老保险和医疗保险规范接入城镇社保体系”。这一要求实际上指向了户籍身份与权利待遇这一户籍制度的核心本质问题，将户籍身份与权力待遇逐渐剥离，实现公共服务、社会保障对常住人口的全覆盖、均等化。三是对农民工市民化给予相应的财政支持，即“建立财政转移支付同农业转移人口市民化挂钩机制”。这意味着，国家对农民工市民化的过程给予实际的财政支撑，推动其进程。

根据党的十八大和十八届三中全会的精神，国务院先后发布了《国家新型城镇化规划（2014～2020 年）》和《关于进一步推进户籍制度改革的意见》，进一步明确“有序推进农业转移人口市民化”，解决了促进农民工市民化的关键性问题。

《国家新型城镇化规划（2014～2020 年）》（以下简称《规划》）是“以人为核心”的“新型城镇化”战略的推进而展开的。所谓“以人为核心”的“新型城镇化”，就是城镇化的核心是人的城镇化。对于当前中国的城镇化、市民化来说，农民工的城镇化是关键所在。《规划》明确意识到农民工在城市化中的位置和问题：“大量农业转移人口难以融入城市社会，市民化进程滞后。目前农民工已成为我国产业工人的主体，受城乡分割的户籍制度影响，被统计为城镇人口的 2.34 亿农民工及其随迁家属，未能在教育、就业、医疗、养老、保障性住房等方面享受城镇居民的基本公共服务，产城融合不紧密，产业集聚与人口集聚不同步，城镇化滞后于工业化。城镇内部出现新的二元矛盾，农村留守儿童、妇女和老人问题日益凸显，给经济社会发展带来诸多风险隐患。”

针对以上的问题，农民工市民化被具体表述为促进农民工的城市融入，即“推进农民工融入企业、子女融入学校、家庭融入社区、群体融入社会，建设包容性城市”。“以人为核心”促进农民工的城市融入意味着我国的农民工政策已经迈向一个最终解决农民工问题，消除农民工身份的过程。

2014 年 7 月，国务院印发《关于进一步推进户籍制度改革的意见》，要求建立城乡统一的户口登记制度。取消农业户口与非农业户口性质区分和由此衍生的蓝印户口等户口类型，统一登记为居民户口，体现户籍制度的人口登记管理功能；同时，要求建立居住证制度；公民离开常住户口所在地到其他设区的市级以上城市居住半年以上的，可以在居住地申领居住证；各地要积极创造条件，不断扩大向居住证持有人提供公共服务范围。这实际上意味着要逐步将公民的权利待遇与其户籍身份脱钩，在强调户籍身份与权利待遇脱离的同时，也要求建立基本公共服务的“全覆盖”“均等化”，标志农民工市民化最大的障碍——户籍身份壁垒在政策层面开始消解。

2014 年 9 月，《国务院关于进一步做好为农民工服务工作的意见》（以下简称《意见》）印发实施。这是继《国务院关于解决农民工问题的若干意见》（2006）印发实施以来，国务院印发的第二个全面系统地指导做好农民工工作的综合性文件。与 2006 年的《意见》相比，这次的《意见》将“农民工问题”转换为“做好农民工服务工作”的表述，服务的内容明确指向促进农民工市民化。2014 年的《意见》提出积极探索“中国特色农业劳动力转移道路”，通过着力做好“四个方面”的工作（“四个着力”），有序推进、逐步实现有条件、有意愿的农民工市民化。一是着力稳定和扩大农民工就业创业，这是农民工市民化的基础。二是着力维护农民工的劳动保障权益，这是农民工市民化的基本。三是着力推动农民工逐步实现平等享受城镇基本公共服务和在城镇落户，这是农民工市民化的关键。四是着力促进农民工社会融合，使农民工本人融入企业、子女融入学校、家庭融入社区、群体融入城镇，这是农民工市民化的支撑。

2016 年 8 月，国务院印发《关于实施支持农业转移人口市民化若干财政政策的通知》，对建立健全支持农业转移人口市民化的财政政策体系做出部署，并提出了 10 条具体政策措施，涉及对“农业转移人口”及其子女的教育、医疗、社保、职业培训等多个方面的财政支持。

2017 年，党的十九大报告再次强调“加快农业转移人口市民化”，农民工市民化进程继续加速进行。

综上所述，改革开放以来，伴随经济社会的发展和农民工群体的变化，我国的农民工政策发生了巨大变化。从最初的限制流动，到将农民工视为社会问题规范其流动，再到开始审慎地考虑其城市化，我国的农民工政策一步一步导向最终消除城乡二元分割结构。2009～2018 年，我国农民工政策发生深刻的变化，特别是党的十八大以来一系列涉及农民工的政策，更是指向有序地去除农民工融入城市的壁垒，促进农民工最终完成市民身份的转变。这一时期，我国农民工政策不再是针对“农民工问题”制定政策，而是放在国家新型城镇化战略的总体规划中。这些政策，无论是户籍制度改革还是提供农民工城市化的财政支持，都旨在推进农民工享有城镇公共服务、融入城市，逐步破解城乡二元结构。而农民工市民化的最终完成，即意味农民工将会走向终结。因此，可以说近十年来，我国的农民工政策一步一步地指向“农民工的终结”。

（三）工会农民工工作的演进

2003 年 8 月，中华全国总工会首次提出，将尽可能组织农民工入会，并将农民工定义为职工队伍的成员。2003 年 9 月，全国总工会王兆国主席在工会十四大开幕式的报告中指出“一大批进城务工人员成为工人阶级的新成员”，并提出要将农民工组织到工会中来。这标志着农民工工作被正式纳入工会工作范围中，“组织起来，切实维权”成为工会农民工工作的重心。这一工作重心的确定既与当时农民工权益受损的状况有关，也与当时国家的农民工政策导向一致，即有效地规范农民工的流动，解决农民工流动和农民工问题给城市和社会管理带来的挑战，维护农民工的权益也是维护社会稳定的重要保障。

2008 年工会十五大召开，进一步强调把维护农民工合法权益工作作为工会维权工作的重中之重，做实“农民工有困难、要维权找工会”。力图运用多种手段，整合多种资源保障农民工的合法权益。相比之前，此后五年工会的农民工工作内容和范围都有所拓展。不仅涉及工资、工时、劳动安全等基本权益问题，也积极推动农民工社会保障的提高。即以基本养老、基本医疗、最低生活保障制度为重点，积极参与《社会保险法》等法律法规的制定和实施，推动社会保障制度的完善，参与社保资金的监督管理，配合有关方面督促用人单位依法为职工缴纳养老、医疗、失业、工伤、生育保险，积极参与制定农民工养老保险办法，重点推动养老保险依法统筹，解决农民工流动中的社保接续问题，促进社会保险制度覆盖全体职工，逐步提高对他们的保障水平。这些做法，拓展了对农民工权益保障和维护的范围，但是并没有突破城乡二元分割的基本框架，还没有从基本服务均等化方面考虑。

党的十八大召开，农民工政策开始向“加快农业转移人口市民化”转变，工会的农民工工作也相应发生转变。2013 年召开的工会十六大提出，“推动实现基本公共服务均等化，促进农民工逐渐融入城市”。第一次明确工会要在促进农民工融入城市中发挥作用。工会的农民工工作不仅要“组织起来，切实维权”，还要推动实现基本公共服务均等化，促进农民工更好地融入城市。

2016 年 9 月，全总发布《中华全国总工会农民工工作规划（2016 ~ 2020 年）》提出，工会要“协助各级党委、政府有序推进农民工市民化”。在农民工工作的常规性目标中指出，“农民工组织化水平明显提高”“农民工合法权益充分保障”“农民工素质水平持续上升”，提出农民工工作的主要目标之一就是“农民工市民化有序推进”，包括“推动有能力在城镇稳定就业和生活的农业转移人口举家进城落户，并与城镇居民享有同等权利和义务，确保国家‘三个一亿’目标顺利实现”。显然，在这一规划中，工会的农民工工作方向最终指向了农民工市民化，指向打破城乡二元分割的社会结构。

2017 年以来，工会农民工工作以有序推进农民工市民化为目标，以新生代农民工为重点对象，积极促进农民工就业创业，切实维护农民工劳动保障权益，推动农民工逐步实现平等享受城镇基本公共服务和在城镇落户，努力促进农民工社会融合。

2018 年，工会十七大提出“健全完善工会农民工维权服务体系，推动落实农民工欠薪报告制度，推动解决拖欠农民工劳动报酬和社保转移接续等问题，逐步实现平等享受城镇基本公共服务”，强调工会农民工工作的落脚点在于实现农民工享有平等的市民待遇。

从工会近十年来农民工工作的历程看，工会农民工工作在国家农民工政策的影响下，确立了促进农民工市民化的目标和方向。

三 结论与建议

（一）基本结论

基于以上对国家统计局 2009 ~ 2019 年发布的《农民工监测调查报告》数据的整理、分析，以及对国家农民工政策、工会农民工工作的梳理，得出如下判断与基本结论。

1. 农民工的总量仍在增加，但农民工群体结构发生了深刻的变化

（1）增速显著下降。从 2010 年开始，农民工增速呈现出急剧下降的趋势。这说明经过改革开放 40 年持续不断的劳动力转移，农村可供转移的剩余劳动力越来越少，原来持续不断的输出已经难以为继。近年来“短工潮”“招工难”将成为普遍现象。

（2）新生代农民工成为主体。2016 年，新生代农民工的占比已经超过 50%，占据农民工的主体地位，这意味新生代农民工的特征已经对农民工的整体特征具有了关键性影响。

（3）农民工老化现象加剧。2009～2018 年，15～25 岁的农民工占比由 41.6%下降到了 2.4%，而 50 岁以上农民工的占比则由 4.2%上升到了 22.4%。这意味当老一代农民工退出劳动力市场后，后续的农民工将难以补充进来，农民工的总量将会逐年减少。农民工群体结构性的变化将给国家的农民工政策及工会的农民工工作带来直接而深远的影响。

2. 农民工流动的方向发生了深刻变化

改革开放以来，尤其是 20 世纪 90 年代以来，“离土又离乡”跨地区流动是农民工流动的主要形式；而 2008～2018 年，农民工流动的方向逐渐由东部转向中西部，本地农民工不断增长，省内就业呈增长态势。近些年来，东部地区经济结构逐渐调整，劳动密集型企业日益向中西部转移；与此同时，中西部地区与东部地区的农民工收入增速差距在减小，而东部城市生活成本日益增加；这些都可能是促进农民工流动方向变化的原因。2015 年 6 月，国务院办公厅发布了《关于支持农民工等人员返乡创业的意见》，从政策上回应了农民工返乡就业的实际情况，也为农民工返乡创业提供了多方面的支持。

3. 农民工的权益保障有所提高，但仍需加强

2008～2018 年，在农民工的基本权益保障方面，尤其是在工时和拖欠工资方面有了较大的改善。但是，《农民工监测报告》的数据也显示，2009～2016 年超过半数以上农民工未签订劳动合同，而建筑业的劳动合同未签订率严重偏高，远超其他行业。2009～2014 年农民工社会保险缴纳率总体不高，只有工伤保险的缴纳比例相对较高，总体上参保率没有明显的提高。这些数据表明，近年来农民工的权益保障工作有所提高，但仍然任重而道远。另外，农民工的组织化水平，尤其是加入工会的占比在提升。组织化水平的提高，有助于保障农民工的合法权益。

4. 农民工城市融入的意愿增强，但融入的能力仍需提升

一方面，进城农民工的归属感有所提升。从近三年的数据上来看，外出农民工融入所在城市的意识在增强，认同感在增加，认为自己是“本地人”的农民工占比在增长。另一方面，农民工的文化、技能等素质还有待提升，农民工受教育程度仍集中在初中，其职业化水平、专业化水平还不高。因

此，从农民工自身来说，融入城市的能力还需提升。

5. 国家的农民工政策转向全面推进农民工的城市融入

农民工融入城市的身份壁垒虽然会逐渐被打破，但市场门槛仍然存在。[①] 改革开放以来，我国农民工政策经历了一系列的变化，逐渐朝向促进农民工市民化的方向发展。党的十八以来，我国农民工政策这种转向更为凸显，越来越积极地推行户籍制度改革，力图打破农民工融入城市的身份壁垒，推动农民工平等享有城市的公共服务，建立基本公共服务的“全覆盖”“均等化”。这些政策实施，有利于打破身份壁垒。同时也应看到，身份壁垒的打破，只是具备了融入的可能，要真正实现市民化，还需要有资源、能力等方面的支撑。从国家统计局《农民工监测调查报告》提供的数据来看，农民工学历、技能水平仍然不高，近年来农民工的收入增速呈下降趋势，这些都表明农民工的城市融入将任重而道远，既需要国家政策大力支持，也亟待提高融入的能力，积聚融入的资源。

（二）对策建议

针对上述的基本结论和判断，以及对农民工政策导向的分析，本研究从以下几个方面，对今后工会的农民工工作提出如下建议。

1. 着力提高农民工的素质，提升农民工的职业化、专业化水平

从前述研究中发现，农民工总体规模增速呈下降趋势，农民工老化现象加剧，农民工整体文化程度仍然不高。这一状况不仅会影响农民工的就业，也会影响我国经济结构的顺利转型。工会组织应继续积极推动农民工素质提升，参与国家农民工职业技能提升计划，联合教育等部门加大对农民工职业培训力度，提供产教融合、校企合作、工学结合的农民工继续教育和技术技能培训新模式。

2. 继续加强农民工权益保障工作

近十年来，农民工的权益保障状况在改善。但是农民工劳动合同签订

---

① 王小章、冯婷：《从身份壁垒到市场性门槛：农民工政策 40 年》，《浙江社会科学》2018 年第 1 期。

率、社会保险参保率仍然不高、工资增长出现放缓的迹象，拖欠农民工工资现象虽然在总体上有所下降，但近两年有抬头的趋势，这说明农民工的权益保障问题是一项常抓不懈的工作。农民工的需求虽然在不断提升，工会服务农民工的内容和形式也在不断拓展，但保障和维护农民工的合法权益仍然是工会农民工工作的重点。

3. 加强对新生代农民工的人文关怀和社会服务

新生代农民工已经成为农民工的主体，他们的生活方式、观念、对城市融入的需求，与老一代农民工相比都有显著不同。因此，工会的农民工工作要把握新生代农民工的特点，加强对新生代农民工的人文关怀和心理疏导，以该群体喜闻乐见的形式和方式开展社会服务。

4. 提高农民工的组织化水平

近十年来，农民工加入工会组织的入会率有了显著的提高，但是仍有一半左右的农民工尚未加入工会组织，还有大量农民工游离于工会组织之外。我国工会对农民工的有效覆盖与农民工日益增强的组织化诉求还不相适应。因此，要继续创新将农民工组织起来的新形式、新办法，最大限度地将广大农民工组织起来，提高工会组织对农民工的吸引力。

5. 多层次助推农民工的城市融入

在政策层面，工会要积极参与国家立法和制度建设，推进农民工市民化相关政策、法律、法规的出台，为打破城乡二元分割结构贡献力量。

促进农民工城市融入的关键是促进农民工享有均等化公共服务。一方面工会组织利用自身优势，继续深入开展送温暖、农民工平安返乡、金秋助学和女职工关爱行动等活动，缓解农民工基本生活、返乡返岗、子女就学等压力。将困难农民工纳入工会帮扶范围，利用政府和社会以及自身资源，帮助其解困脱困。另一方面工会组织要积极促进把农民工纳入城市公共服务体系和城市社区生活中去，而不是停留在救助解困的层面。基层工会应发挥其组织优势，促进农民工特别是新生代农民工参与社区活动，参与社区管理，享有社区服务。

参考文献

蔡昉：《人口转变、人口红利与刘易斯拐点》，《经济研究》2010 年第 4 期。

国家统计局：2009 ~ 2019 年《我国农民工监测调查报告》，国家统计局网站，http：//www. stats. gov. cn/。

韩俊：《中国农民工战略问题研究》，上海远东出版社，2009。

潘泽泉：《国家调整农民工社会政策研究》，中国人民大学出版社，2013。

王小章、冯婷：《从身份壁垒到市场性门槛：农民工政策 40 年》，《浙江社会科学》2018 年第 1 期。

中华全国总工会新生代农民工问题课题组：《关于新生代农民工问题的研究报告》，《工人日报》2010 年 6 月 21 日。

外出农民工就业质量的变化趋势及特征分析

赵明霏　王珊娜*

摘　要：本文通过构建就业质量评价指标体系，基于2010～2017年中国流动人口动态监测调查数据，对外出农民工就业质量进行测度。通过研究发现，外出农民工整体就业质量有所提升，月平均收入水平实现较大幅度增长，周平均工作时间仍高于《劳动法》规定的工作时间上限，参加城镇职工医疗保险参保率出现下降，农民工社会保障的覆盖率、保障水平与城镇职工相比仍有较大差距，外出农民工劳动合同签订率仍然处于较低水平。本文进一步对不同特征外出农民工就业质量进行差异性分析，发现雇员就业身份外出农民工的就业质量高于雇主和自营劳动者就业身份的外出农民工，制造业行业外出农民工就业质量明显高于其他行业，从事管理与技术职业的外出农民工就业质量高于其他职业等一系列问题。最后，本文从政府、企业、工会和外出农民工个体四个不同视角提出提升外出农民工就业质量的对策建议。

关键词：外出农民工　就业质量　社会保障　劳动合同

* 赵明霏，经济学博士，中国劳动关系学院经济管理学院讲师，主要研究方向为劳动经济学、产业经济学；王珊娜，经济学博士，中国劳动关系学院经济管理学院讲师，主要研究方向为劳动经济学。

当前我国经济发展进入新时代，基本特征就是由高速增长阶段转向高质量发展阶段。经济高质量发展的一个重要内容即是就业质量的不断提高。党的十九大报告明确提出，要提高就业质量和人民收入水平，实现更高质量和更充分的就业。可见高质量就业与高质量发展一脉相承，提高就业质量有利于增强劳动者在共享发展中的获得感，也是决胜全面建成小康社会、全面建设社会主义现代化强国的内在需要。农民工作为我国特有的城乡二元体制的产物，在改革开放的40年为经济发展和社会进步做出了突出贡献，极大地推动了我国工业化、城镇化和现代化发展的进程。国家统计局发布的《2018年农民工监测调查报告》显示，2018年我国农民工总量为28836万人，其中在乡内就地就近就业的本地农民工11570万人，到乡外就业的外出农民工17266万人，外出农民工占比接近60%。长期以来，外出农民工的就业问题一直备受关注。他们从事的多为低层次、以体力劳动为主的职业，普遍处于工资收入低、工作时间长、劳动权益得不到保障的就业状态中。随着经济发展水平的提高，与最初仅为了解决就业、获取收入的简单目标不同，外出农民工生活水平和对职业期望值的不断提升，更加重视就业质量，他们希望能够真正融入城市，在就业、社会保障和培训等方面获得与城镇人口相同的待遇，外出农民工的就业矛盾也正在从数量型向质量型转变。本专题研究将通过构建就业质量评价指标体系，基于2010~2017年中国流动人口动态监测调查数据，对外出农民工就业质量进行测度，在此基础上进一步分析外出农民工就业质量不同维度的变化趋势，以及对不同地区（经济带）、不同雇佣身份、不同行业和不同职业外出农民工的就业质量进行比较分析，探索2010年以来我国外出农民工就业质量变化的重要趋势与特征，发现外出农民工就业质量的问题所在并提出相应的对策建议。

一　外出农民工就业质量指标体系构建

（一）外出农民工就业质量指标体系维度设计

20世纪末全球经济一体化给劳动力市场带来系列挑战，国际劳工组织

（ILO）在1999年第87届国际劳工大会上，首次提出了“体面劳动”的概念，通过促进就业机会、社会保护、工作中的权利、社会对话这四个目标，确保世界各地的男女有体面的劳动。此后，ILO在不同的国家推进体面劳动国别计划。欧盟委员会和欧洲基金会则以“工作质量”来衡量就业质量，并从职业安全、健康福利、职业技能发展和工作与非工作协同四个维度来构建工作质量的评价指标体系。在国外学术界中，对就业质量评价体系尚未达成一致，社会和历史发展阶段的不同、国家制度的差异、劳动力市场隔离以及职业的区别等都会导致就业质量的衡量和测度存在较大差异。① 总体来看，就业质量是一个综合性、多维度的概念，内涵丰富，不同的研究侧重不同的指标。在国外学者研究的基础上，国内学者也提出了一系列就业质量的测量指标，主要从工作条件、薪酬待遇、劳动强度、劳动保护、社会保障、职业发展等方面来考察和测度就业质量。赖德胜认为，高质量就业主要包括工作稳定性、工作待遇和工作环境、提升和发展机会、工作和生活的平衡度、意见表达和对话机制五个方面的内容。② 由于研究视角和研究对象的不同，国内学者所构建的就业质量指标体系有较大的差别。本文的外出农民工就业质量指标体系构建借鉴了Erhel等客观就业质量指数，结合流动人口动态监测数据的特点，主要从劳动报酬、工作时间、社会保障和劳动关系四个维度出发考察就业质量。③ 劳动报酬用“月工资收入”表示，问卷中的变量为“您个人上个月（或上次就业）工资收入/纯收入为多少”；工作时间是指“周工作时间小时数”；社会保障以“是否参加养老保险”表示，包括在工作地的养老保险和在老家的养老保险；劳动关系用“是否签订固定期限或无固定期限劳动合同”来表示。

① Findlay P., Kalleberg A. L., Warhurst C., “The challenge of job quality,” *Human Relations* 4 (2013), pp. 441 – 451.

② 赖德胜：《高质量就业的逻辑》，《劳动经济研究》2017年第5期，第6~9页。

③ Erhel C. and Guergoatlariviere M., “Trends in Job Quality during the Great Recession and the Debt Crisis (2007 – 2012): A Comparative Approach for the EU,” *Psychopharmacology* 19 (2015), pp. 3563 – 3572.

（二）外出农民工就业质量评价方法

本文参考 Leschke 和 Watt 构建多维就业质量指数的方法①，首先对就业质量的四个维度指标进行标准化处理，标准化后单个维度的客观指标公式：

$$x_{ij}^{nor} = (x_{ij} - min_j)/(max_j - min_j)$$

其中 i 表示外出农民工个体，x_{ij}^{nor} 是标准化之后单个维度的客观指标，$J=1$，…，4，分别表示四个维度的测量指标，依次为月收入、是否参加养老保险、周工作时间、是否签订劳动合同。其中，max_j 表示指标 j 的最大值，min_j 表示指标 j 的最小值。在四个指标当中，工作时间与就业质量呈负向相关，其余三个指标与就业质量呈正向相关。所以在进行指标加权的过程中，需要用“1 - 标准化后的工作时间”来与就业质量的变化方向保持一致，即用 $x_{i3}^{nor'} = 1 - x_{i3}^{nor}$ 对工作时间进行替代变换。

不同就业身份是指雇员、雇主和自营劳动者，前者和后两者在劳动合同签订指标上有所不同，主要在于雇主和自营劳动者属于自雇群体，均没有劳动合同可签订，而雇员中有一部分比例签订劳动合同。鉴于此，雇员就业身份的外出农民工用四个维度指标计算其就业质量；而自雇（雇主和自营劳动者）就业身份的外出农民工用工资收入、养老保险和工作时间三项指标计算其就业质量。

雇员外出农民工的就业质量计算是将四个维度的指标等权平均合成一个指数，具体公式如下：

$$Q_i^0 = \sum_{j=1}^{4} \frac{x_{ij}^{nor}}{4} * 100$$

Q_i^0 表示农民工就业质量，雇主和自营劳动者就业身份的外出农民工就业质量计算将三个维度的指标等权平均合成一个指数具体公式如下：

---

① Leschke J. and Watt A.，“Challenges in Constructing a Multi-dimensional European Job Quality Index,” *Social Indicators Research* 1（2014），pp. 1 - 31.

$$Q_i^0 = \sum_{j=1}^{3} \frac{x_{ij}^{nor}}{3} * 100$$

（三）数据来源及说明

本文使用的数据是国家卫健委2010～2017年流动人口动态监测数据（CMDS）。该抽样调查数据按照随机原则在全国31个省份和新疆生产建设兵团抽取样本，样本信息中包含了流动人口的个体特征、家庭特征和迁移特征等基本信息。与其他数据相比，CMDS数据具有样本容量大、调查地域广和问卷信息丰富等优点，而且该数据是基于农民工输入地的抽样调查，其获得有关农民工就业质量方面的信息更加准确。

CMDS中包括城镇户籍流动人口和农村户籍流动人口，本文研究的对象是流动人口中的农民工群体，因此限定样本为农村户籍，在流入地居住一个月及以上且处于就业状态的外出农民工。删除信息错误和变量缺失的个体后，最终使用的CMDS 2010年和2016年的样本量分别为105622个和138848个。

在CMDS数据中，2011年只有雇员就业身份为外出农民工的数据，2012～2015年的数据中缺少劳动合同相关信息，2017年的数据中没有外出农民工养老保险参与情况的数据。本文为了保持劳动报酬、工作时间、社会保障和劳动关系四个维度指标的一致性，采用2010年和2016年的数据来计算外出农民工就业质量指数并进行比较。在考察构成外出农民工就业质量不同维度指标的基本特征和变化趋势时，则尽可能利用2010～2017年的连续变量来进行分析。

二　外出农民工就业质量基本状况及变动趋势

（一）整体就业质量不断提升

本文采用等权平均法从月收入、周工作时间、是否参加养老保险和是否签订劳动合同四个维度计算外出农民工就业质量指数。通过计算，2010 年外出农民工就业质量指数为 28.86，到 2016 年上升至 37.41，就业质量指数提高了 29.6%。可见随着我国城镇化发展水平的不断提高，外出农民工就业机会日益增加，劳动权益也得到更多保障，就业环境不断改善，外出农民工整体就业质量不断提升。但是，由于，城乡二元制度的制约和地区经济发展不平衡，与城镇职工相比，外出农民工普遍存在工资水平低、劳动强度大、社会保障与职业发展空间不足等问题，在户籍制度、居住政策和社会保障方面仍未能获得与城镇户籍人口均等的待遇与服务，外出农民工整体就业质量仍存在较大的提升空间。

（二）月平均收入水平实现较大幅度增长

从月平均收入来看，2010 年被调查农民工的月平均收入为 2620 元，2011 年下降至 2240 元，之后开始进入上升通道，到 2015 年上升至 3909 元，2016 年小幅下降至 3848 元，2017 年升至 4112 元。2011～2017 年被调查农民工月平均收入整体增长 83.6%。《2018 年农民工监测调查报告》显示，2018 年农民工月均收入 3721 元，其中外出农民工月均收入 4107 元，本地务工农民工月均收入 3340 元，可见外出务工农民工月平均收入高于本地农民工。

（三）周平均工作时间高于《劳动法》规定的工作时间上限

在外出农民工周平均工作时间方面，2010～2017 年被调查农民工的周平均工作时间出现了一定程度的波动。2010 年，周平均工作时间为 63.17 小时，到 2011 年减少至 56.57 小时，2013 年又升至 61.17 小时。值得注意的是，尽管 2015 年外出农民工周平均工作时间降低至 55.07 小时，但是近年来工作时间一直保持小幅上升的趋势，2017 年达到 58.05 小时。工作时间的长短可以反映劳动者的劳动状况，也是衡量外出农民工就业质量的重要维度。《劳动法》规定我国的工时制度是每日工时不超过 8 个小时，平均每周工时不超过 44 个小时。可见外出农民工每周工作时间已经远远超过了我国的工时制度，也高于2016年城镇就业人员周平均工作时间46.1小时，制约了外出农民工就业质量的提升与改善。

（四）参加城镇职工医疗保险参保率出现下降趋势

在基本社会保障方面，2010～2013年外出农民工的养老保险参保率在13%左右，2014年和2017年上升至17%。医疗保险是外出农民工重要的险种之一，由于工作环境差、工作强度大，外出农民工参加城镇职工医疗保险参保率出现了下降的趋势。2010年医疗保险参保率为22%，于2016年下降至14%，2017年虽然升至19%，但仍低于2010年的水平。当前我国实行的医疗保险制度分为城镇职工医保和城乡居民医保。城乡居民医保是由新型农村合作医疗和城镇居民基本医疗保险合并而来。由于大多数外出农民工是按照户籍所在地参加了新型农村合作医疗，参加城镇职工医疗保险的参保率较低，在外出务工工作地难以享受医保待遇。2010～2016年，外出农民工的失业保险和生育保险参保率呈现上升态势，失业保险参保率从6%上升至14%，生育保险从4%上升至12%；这一期间，外出农民工工伤保险参保率则基本在16%左右。从整体来看，外出农民工社会保障覆盖率与保障水平与城镇职工相比仍有较大差距，不充分不平衡的问题仍然较突出。

（五）劳动合同签订率仍然处于较低水平

劳动合同以法律形式确立了劳动者与用人单位的劳动关系，明确了劳动者与用人单位的权力与义务，具有法律约束力。是否签订劳动合同对农民工的权益保障有着重要影响，也是衡量外出农民工就业质量高低的重要维度。CMDS中只有2010年、2011年、2016年和2017年签订劳动合同的数据，2010年外出农民工劳动合同签订率为51%，2011年为60%，2016年和2017年均为64%。《2017年度人力资源和社会保障事业发展统计公报》显示，2017年全国企业劳动合同签订率达到90%以上。可见自2008年《劳动合同法》颁布后，农民工劳动合同签订率仍然相对较低。从签订劳动合同的类型来看，外出农民工固定期限劳动合同的签订率从2010年的35%上升至2017年的48%，而无固定期限劳动合同的签订率从2010年的10%上升至2016年的15%，2017年又下降至12%的水平。由此可见，在外出农民工中签订无固定期限劳动合同的比例远低于签订固定期限劳动合同的比例，而且近年来还出现进一步下降的趋势。根据人力资本投资理论、效率工资理论和内部人—外部人理论等，签订无固定期限的劳动合同有利于形成长期稳定的劳动关系，具有工资溢价效应；而固定期限合同对劳动者工资具有负向影响。低于全国水平的劳动合同签订率以及较低的无固定期限劳动合同签订率都表明外出农民工的劳动权益保障问题不容乐观。

三　外出农民工就业质量的异质性分析

（一）雇员就业质量高于雇主和自营劳动者

根据就业身份的差异可以将外出农民工划分为雇员、雇主和自营劳动者等不同群体。在2010年的抽样样本中，雇员身份的外出农民工所占比重最高，达到56.68%；其次为自营劳动者外出农民工，所占比重为37.34%；雇主身份的比例最小，为3.95%。2016年基本保持相似的结构，其中雇员和自营劳动者的农民工比重有小幅下降，而雇主身份的农民工比重则上升至8.59%。三类就业身份的农民工就业质量指数在2010~2016年均表现出上升趋势，其中雇员外出农民工的就业质量指数从33.86上升至42.55，提升了25.66%；雇主外出农民工从24.28上升至33.41，提升了37.60%；自营劳动者则从22.1升至30.5，提升了38.01%。尽管自营劳动者和雇主就业身份的外出农民工就业质量提升的幅度高于雇员类型的农民工，但是无论在2010年还是在2016年，自营劳动者和雇主身份的外出农民工就业质量均低于雇员外出农民工。雇主和自营劳动者身份的外出农民工平均工资虽然高于雇员身份农民工，但是外出农民工中的自营劳动者和雇主的平均工作时间要远高于雇员。以2016年为例，自营劳动者的工作时间达到每周61.24小时，雇主的工作时间为58.85小时，而雇员的工作时间约为51.89小时，这表明雇主和自营劳动者都投入了比雇员更多的劳动时间。此外，雇主和自营劳动者的社会保障水平也低于雇员身份农民工。以2016年养老保险参保率为例，雇员参保率为30.4%，而雇主和自营劳动者仅为9.92%和4.58%。可见正是由于较长的劳动时间和较低的社会保障水平导致了自营劳动者和雇主身份的外出农民工就业质量较差。

（二）女性外出农民工就业质量在2010年高于男性，2016年低于男性

通过对不同性别外出农民工就业质量指数进行计算发现，2010年男性外出农民工就业质量指数为28.47，女性为29.43，女性外出农民工就业质量高于男性。2016年男性外出农民工就业质量指数上升至37.43，提升31.5%；女性为37.37，提升约30%，男性外出农民工就业质量略高于女性。2010~2016年，男性和女性外出农民工就业质量的性别差异呈现缩小趋势。由于受人力资本、社会资本差异、职业隔离和性别歧视等因素的影响，导致不同性别的农民工存在着较大的工资差异，女性外出农民工的平均工资水平一般低于男性。但是从就业质量的角度来看，男性与女性外出农民工的性别差异较小。在2010年，虽然男性外出农民工的月平均收入高于女性，但是在社会保障方面，男性外出农民工参加养老、医疗、失业、工伤保险和生育保险的比例均低于女性，此外在工作时间和是否签订劳动合同方面则没有明显的性别差异，导致女性外出农民工的就业质量高于男性。在2016年，随着男性外出农民工参加“五险”的比例不断提高，男性外出农民工与女性外出农民工的性别差异不断缩小，男性外出农民工的就业质量指数略高于女性。

（三）制造业行业外出农民工就业质量明显高于其他行业

从行业分布来看，2010年外出农民工就业比重最高的五个行业依次是批发零售业（24.57%），制造业（21.7%），住宿餐饮业（14.29%），居民服务、修理和其他服务业（11.37%）和建筑业（8.72%），占总体样本的

80.65%；2016 年外出农民工的行业分布与 2010 年基本一致，就业最集中的五个行业依次为批发零售业（24.68%），制造业（17.89%），居民服务、修理和其他服务业（15.95%），住宿餐饮业（15.34%）和建筑业（8.52%），占总体样本的 82.38%。通过比较在以上五个行业从业的外出农民工就业质量发现。2010 年就业质量指数依次为制造业（39.71），居民服务、修理和其他服务业（27.13），住宿餐饮业（24.79），建筑业（24.33）和批发零售业（23.38）；2016 年就业质量指数依次为制造业（45.2），居民服务、修理和其他服务业（36.8），建筑业（34.86），住宿餐饮业（32.88）和批发零售业（32.8）。2010～2016 年，各行业就业质量均有所提升，在制造业的外出农民工就业质量远高于几个行业，批发零售业的就业质量最低。从衡量就业质量高低的四个维度来看，尽管制造业外出农民工的平均工资水平在五个行业中不是最高的，工作时间也不是最短的，但是他们的社会保险参保率和劳动合同签订率远高于其他行业。以 2016 年为例，制造业行业外出农民工的养老保险和医疗保险参保率分别为 39.6% 和 29.4%，而建筑业分别为 9.25% 和 8.07%，批发零售业分别为 9.79% 和 8.69%，住宿餐饮业分别为 9.1% 和 7.75%，居民服务、修理和其他服务业分别为 12.2% 和 10.1%，这四个行业农民工的参保率远远低于制造业。在是否签订劳动合同方面，2016 年制造业外出农民工的劳动合同（包括固定期限和无固定期限）签订率为 71%，也远高于其他四个行业（建筑业 38%，批发零售业 50%，住宿餐饮业 48%，居民服务、修理和其他服务业 47%）。在批发零售业外出农民工则由于较长的工作时间导致整体就业质量处于较低的水平。

（四）从事管理与技术职业的外出农民工就业质量高于其他职业

从职业类型来看，2010 年和 2016 年外出农民工就业主要集中于管理与技术工作、商业工作、服务性工作和生产运输工作四类职业中。在 2016 年的样本中，外出农民工从事服务性工作的比例达到 37.26%，从事生产运输工作的为 26.39%，从事商业工作的为 25.47%，从事管理与技术工作的为

7.43%，无固定职业和其他类型的为3.45%。在不同的职业中，从事管理与技术工作的外出农民工就业质量指数最高（2010年为36.68，2016年为51.79），其次是生产运输工作、服务性工作和商业工作，而从事经商与商贩工作的外出农民工就业质量水平最低（2010年为23.26，2016年为31.54），不同职业类型的外出农民工就业质量差异较大。值得注意的是，从事商业工作的外出农民工在2010年和2016年的平均收入分别为3314元和4593元，均高于其他三个职业类型。但是从衡量就业质量的其他三个维度来看，从事商业工作的外出农民工在2010年和2016年的平均周工作时间分别为69.54小时和61.54小时，从事管理与技术工作的外出农民工则分别为57.72小时和47.98小时，服务性工作分别为65.01小时和54.98小时，生产运输工作分别为59.53小时和53.89小时。此外，从事商业工作的外出农民工在基本社会保障参保率与劳动合同签订比率也远远低于其他三类职业。从事商业工作的外出农民工尽管工资收入较高，但是在工作时间、社会保障和劳动合同这三个方面都处于较低水平，导致这个职业类型的外出农民工就业质量较差。

（五）有家庭成员随迁的外出农民工就业质量情况

近年来，外出农民工在务工过程中的迁移模式发生明显变化，在流动模式上，有子女随迁和家庭成员随迁的外出农民工比例越来越高。与独立流动的迁移模式相比，有子女或家庭成员随迁的外出农民工在做出决策时具有明显的家庭属性特征，这种迁移模式对外出农民工的工作生活和劳动行为偏好产生影响。[①] 因此不同迁移模式的外出农民工就业质量也具有较大的差异。在CMDS数据中，外出农民工的迁移模式包括独自流动、跟配偶一起流动、与父母/岳父母/公婆一起流动、跟子女一起流动和跟兄弟姐妹一起流动五种类型。根据是否有家庭成员随迁，将外出农民工分为独自流动和有家庭成员

① 王春超、张呈磊：《子女随迁与农民工的城市融入感》，《社会学研究》2017年第2期，第199~224页。

随迁两种类别。通过计算两种不同迁移模式外出农民工的就业质量指数发现，在2016年，无论男性还是女性，有家庭成员随迁的外出农民工就业质量指数均低于独自流动的外出农民工。其中独自流动的男性外出农民工就业质量指数的均值为40.61，有家庭成员随迁的男性外出农民工就业质量指数的均值为35.71；独自流动的女性外出农民工就业质量指数的均值高于男性，为41.64，而家属随迁的女性外出农民工就业质量指数的均值低于男性，为35.41。由此可见，有家庭成员随迁对男性和女性外出农民工的就业质量均有负面影响，而且这种负面影响对外出农民工就业质量的影响具有性别差异，对女性农民工就业质量的影响更大。

（六）迁移时间为1～2年的外出农民工就业质量更高

对外出农民工而言，在外出务工过程中迁移时间的长短也会对就业质量产生影响。迁移时间越长，越有助于农民工积累非农工作经验，提高就业稳定性，提升劳动技能，从而获得更高的工资收入，实现更高的就业质量。但是也有学者研究发现，迁移时间的延长不会缩小低收入农民工与城镇职工的工资差距，而且农民工也无法通过延长迁移时间来实现从低收入职业向高收入职业的跨越，存在较为明显的职业固化现象。[①] 通过对2016年不同迁移时间外出农民工就业质量指数进行计算发现，无论男性还是女性，同一时期内随着迁移时间的增加，外出农民工就业质量呈现出先上升后下降的“倒U形”态势。当迁移时间为1～2年时，外出农民工就业质量指数最高，达到38.3。随着迁移时间的延长，外出农民工的就业质量指数也不断下降，当迁移时间为30年以上时，外出农民工就业质量指数下降为34.1。此外，从迁移时间效应的性别差异来看，当迁移时间为3～4年时，男性外出农民工的就业质量略低于女性，其他迁移时间段的男性外出农民工就业质量均高于女性。值得注意的是，随着迁移时间的增加，女性外出农民工就业质量与男性

① 吕炜、杨沫：《迁移时间有助于农民工融入城市吗？——基于职业流动和工资通化的动态研究》，《财经问题研究》2016年第10期，第101～109页。

外出农民工的差距不断拉大。这可能与女性外出农民工的工作类型有关，女性外出农民工在工作中工作经验的积累和“干中学”发挥的提升效应并不突出，反而随着年龄的增长对就业质量带来的负面影响更加明显。

（七）在东部地区就业的外出农民工平均就业质量最高

依据国家统计局的分类标准将样本中的 31 个省份及新疆生产建设兵团分成东部地区、中部地区、西部地区和东北地区。2016 年 CMDS 的数据显示，外出农民工有将近一半分布在东部地区，超过三成在西部地区，不到两成在中部地区，东北地区最少。从分地区的外出农民工就业质量指数的均值来看，东部地区就业质量指数最高，达到 40.27；西部地区次之，为 36.47；中部地区为 34.97；东北地区的就业质量指数最低，仅为 29.79。从衡量就业质量的四个维度来看，东部地区外出农民工的平均工资达到 4240 元；中部地区外出农民工的平均工资为 3683 元；东北地区外出农民工的平均工资为 3536 元；西部地区外出农民工的平均工资最低，仅为 3485 元。在工作时间方面，中部地区外出农民工每周工作时间将近 60 个小时；东部地区外出农民工每周工作时间也较长，达到 56 个小时；东北和西部地区外出农民工工作时间为 53 个 ~54 个小时。养老保险的情况也存在地区差异，东部地区的外出农民工参保率有将近三成，而其他三个地区均为一成。在劳动合同签订率方面，东部地区签订固定期限或无固定期限劳动合同的比例超过六成，中部地区和西部地区签订的比例约为五成，而东北地区的劳动合同签订率为四成左右。

（八）东部地区三个经济带中在珠三角就业的外出农民工平均就业质量水平最高

外出农民工在东部地区的分布规模最大，就业质量指数也最高，但东部地区不同的经济带也有差异。从 2016 年的数据来看，分布在京津冀和长三角经济带的外出农民工占全国外出农民工总量均达到 16% 以上，珠三角占比将近 7% 。从就业质量指数的均值来看，珠三角外出农民工就业质量指数最高，为 41.90，京津冀外出农民工就业质量指数为 39.36，长三角外出农民工就业质量指数为 38.80（见图 1）。其中，长三角经济带外出农民平均工资最高，珠三角外出农民工参加养老保险的比例和签订劳动合同的比例最高。从平均工资来看，长三角经济带外出农民工工资最高，为 4431 元；京津冀经济带外出农民工资将近 4200 元；珠三角外出农民工工资为 4074 元。从工作时间来看，三个经济带外出农民工平均每周工作时间比较接近，均在 55 个～56 个小时。从外出农民工参加养老保险的比例来看，三个经济带差异比较大，珠三角的比例最高，达到 40%；长三角为 28%；京津冀为 22%。从劳动合同的签订情况来看，珠三角的农民工签订的比例最高，达到 75%；长三角和京津冀为 65% 左右。

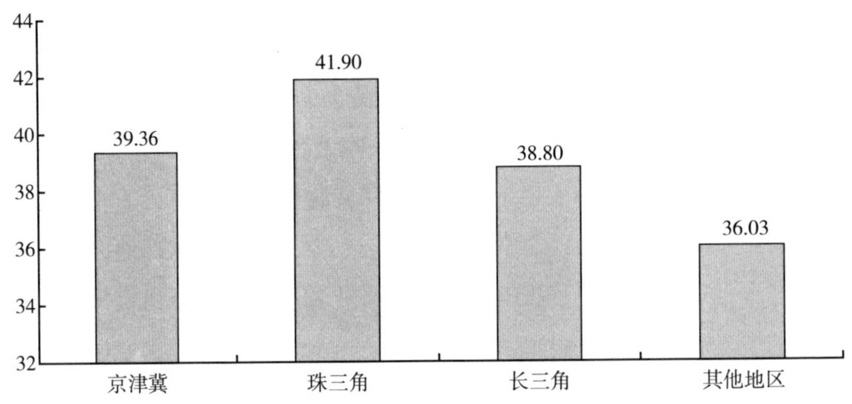

图 1　2016 年在各经济带农民工就业质量指数比较

四　提升外出农民工就业质量的对策建议

（一）政府要强化服务意识，加强和完善对外出农民工的公共服务和社会管理

提升外出农民工的就业质量，政府要在管理方式上实现由防范式管理向服务型管理转变，在公共产品提供上实现由单纯面向城镇户籍人口向包括外出农民工在内的所有常住人口转变，加强和改善对外出农民工的公共服务和

社会管理。一是推进户籍制度改革，按照“居住地管理”原则，使已在城镇稳定就业的外出农民工能够享受与城镇户籍人口相同的教育机会、就业服务、医疗卫生和社会保障等。二是通过建立工资支付监控制度和工资保证金制度，从制度机制上杜绝拖欠和克扣农民工工资的现象，加大对拖欠农民工工资的用人单位的处罚力度。三是依法保障农民工的休息权和休假权，监督用人单位严格执行国家关于工作时间和职工休息休假的规定，对延长工时和占用休息日、法定节假日规定的，必须依法支付加班工资。四是加强对用人单位订立和履行劳动合同的指导与监督，推动各类企业同农民工按照平等自愿、协商一致、依法订立的原则签订劳动合同，建立权责明确的劳动关系。五是做好农民工社会保障工作，以工伤、医疗、养老保险为重点，大力推进农民工参保。针对外出农民工流动性强的特点，在制度设计上努力保障其社会保险权益便于转移接续，并保证在外出就业过程中社会保障权益不受侵害。六是随着外出农民工向以家庭为单位的迁移模式转变，应构建面向家庭的外出农民工公共服务体系，增加面向外出农民工子女、父母等家庭成员的教育、医疗和就业等方面的公共服务供给，解决外出农民工的后顾之忧，增强其劳动供给意愿和能力，从而提升其就业质量。七是针对不同行业、不同职业、不同地区等不同特征的外出农民工就业质量可能存在的异质性，政府在制定政策时应分群体、有重点的推动相关政策细化和落地，充分发挥公共政策对外出农民工就业质量提升的“靶向”相应。

（二）企业要树立正确的效益观和用人观，规范用工制度和加强对外出农民工职业培训

企业是外出农民工的用工主体，由于农民工流动性较强，企业雇用农民工后，在工资发放、职业培训、工种分配和职务晋升等方面，往往区别对待城镇户籍员工和农民工，没有实现同工同酬、同工同时、同工同权。企业在对外出农民工进行职业技能培训方面更是不愿投入，一方面认为农民工从事的工作以简单重复性体力劳动为主，无须进行职业培训；另一方面担心对农民工进行技能培训后出现人才流失，因此在企业中尤其是中小企业“重使

用、轻培训”现象十分普遍。企业这种做法从短期来看，有助于企业减少成本、提高利润，但是从长远来看，却降低了农民工对企业的归属感和生产的积极性，降低了企业用工的稳定性，不利于企业长远发展。因此企业需要树立正确的效益观和用人观，既要用人，还要留人。一方面企业要严格贯彻落实相关政策法规，规范用工制度，完善用工体制，对城镇户籍员工和农民工一视同仁，确保外出农民工在企业内部可以享有平等权益；另一方面企业还需要加强对外出农民工进行职业技能培训，通过技术技能培训推动农民工人力资本的投资和积累，提升劳动生产率，既可以改善企业的生产效益，也提高了外出农民工的工作稳定性，促进了收入水平的提高，实现企业与劳动者的双赢。

（三）工会要积极吸纳外出农民工入会，保障和维护外出农民工的合法权益

通过对外出农民工就业质量进行研究发现，虽然外出农民工就业质量从2010～2016年呈现不断上升的趋势，但是与城镇职工相比，外出农民工整体就业质量偏低，工资报酬低、工作时间长、社会保险参保率和劳动合同签订率低等现象十分突出。维护农民工合法权益，是各级工会组织的重要职责，也是新时期工会工作的重要内容。因此工会应积极组织外出农民工加入工会，保障和维护外出农民工的合法权益。一是保障外出农民工的劳动就业权利，加大工会开展职业培训、职业介绍和就业援助等方面工作的力度，帮助更多外出农民工实现稳定就业；二是保障外出农民工取得劳动报酬的权利，推动完善工资平等协商机制、支付保障机制和正常增长机制，保障外出农民工按时足额领到工资；三是保障外出农民工参加社会保险并依法享受社保待遇的权利，督促企业依法为外出农民工缴纳社保；四是保障外出农民工劳动保护权利，加强对外出农民工职业安全和职业卫生的保障水平；五是在外出农民工中大力弘扬劳模精神、劳动精神和工匠精神，宣传和引导外出农民工培养精益求精、一丝不苟、追求卓越的职业道德和素养，提升外出农民工的技术技能水平，提高就业质量。

（四）外出农民工要努力提高自身素质，通过人力资本投资提升就业质量

与城市劳动力相比，农民工的文化水平和专业技能水平较低，往往只能从事体力劳动和技术简单的重复性工作，在劳动力市场处于弱势地位。受到工作类型和工作性质的制约，农民工自身往往受劳动强度较大、工作时间较长因素的影响，在客观上缺少学习的时间和条件；在主观上他们缺乏进行技能提升和职业培训从而改变自身命运的意识和动力。在农民工的个体特征中，人力资本是影响就业质量的重要因素。受教育程度和技能水平越高，工资或收入水平也就越高，外出农民工的就业质量也就越高。鉴于此，外出农民工一方面要通过努力提高自身受教育程度或主动加强职业技能培训来提升自身素质，从而实现提高就业质量的目标；另一方面外出农民工还需要树立正确的劳动价值观，长期以来由于农民工的经济地位和社会地位普遍不高，再加上受到当前社会环境和舆论氛围的影响，尤其是随着新生代农民工比例的不断提高，认为诚实劳动、辛勤劳动未必能创造财富的心理较为普遍，不愿意提升自身的劳动能力和技能水平。因此，外出农民工要通过树立劳动光荣、技能宝贵的劳动价值观，强化职业精神和职业素养，

参考文献

国家统计局人口和就业统计司、人力资源和社会保障部规划财务司：《中国劳动统计年鉴（2018）》，中国统计出版社，2018。

赖德胜：《高质量就业的逻辑》，《劳动经济研究》2017 年第 5 期。

吕炜、杨沫：《迁移时间有助于农民工融入城市吗？——基于职业流动和工资通化的动态研究》，《财经问题研究》2016 年第 10 期。

苏丽锋、赖德胜：《高质量就业的现实逻辑与政策选择》，《中国特色社会主义研究》2018 年第 2 期。

王春超、张呈磊：《子女随迁与农民工的城市融入感》，《社会学研究》2017 年第 2 期。

Erhel C. and Guergoat Lariviere M. , "Trends in Job Quality During the Great Recession and the Debt Crisis (2007 – 2012): A Comparative Approach for the EU," *Psychopharmacology* 19 (2015) .

European Foundation, "Quality of Work and Employment," *European Foundation for the Improvement of Living and Working Conditions* 1 (2002) .

Fan C. C. , Sun M. and Zheng S. "Migration and Split Households: A Comparison of Sole, Couple, and Family Migrants in Beijing, China," *Environment & Planning* 9 (2011) .

Findlay P. , Kalleberg A. L. , Warhurst C. , "The Challenge of Job Quality," *Human Relations* 4 (2013) .

Leschke J. and Watt A. , " Challenges in Constructing a Multi-dimensional European Job Quality Index," *Social Indicators Research* 1 (2014) .

调研报告

Research Reports

共享经济发展进程中职工就业新特征与新趋势

——以共享住宿服务业为例

纪雯雯　牟婷婷*

摘　要： 近年来，共享经济作为数字经济的重要组成，依然始终保持高速增长，2018 年共享经济市场交易规模较上年增长 41.6%，发展结构更加合理。在这样的发展态势下，共享经济无疑成为"稳就业"的新增长点。本报告采用统计分析的定量研究、半结构式访谈的定性研究和文献研究相结合的方法，借助五类数据（国家统计局宏观数据、国家信息中心分享经济研究中心的研究数据、全国流动人口卫生计生动态监测调查 2017 年微观数据、文献数据和课题组调研的数据）。分四部分展开对共享经济的探讨。本研究认为在共享经济发

* 纪雯雯，中国劳动关系学院讲师，主要研究方向为教育经济学、劳动经济学；牟婷婷，中国劳动关系学院讲师，主要研究方向为酒店运营、互联网营销。

展进程中，流动人口中零工就业群体就业出现6个新特征、共享住宿平台非正规就业出现6个新特征、共享住宿平台正规就业出现6个新趋势。在此研究结论上，提出可行性政策建议，为完善新就业形态、促进零工市场、灵活就业等健康发展，培育就业新增长点建言。

关键词： 共享经济　零工就业　就业

2019年《政府工作报告》提出：要促进新兴产业加快发展，深化大数据、人工智能等研发应用，培育新一代信息技术、高端装备、生物医药、新能源汽车、新材料等新兴产业集群，壮大数字经济。发展数字经济已经上升至国家战略层面，正加速渗入经济社会发展的各个领域和环节，其作为经济发展新引擎的作用日益突出。近年来，共享经济作为数字经济的重要组成，依然始终保持高速增长，在这无疑成为“稳就业”的新增长点。

一　共享经济发展与相关研究进程

今后一个时期，需要密切结合我国经济社会发展的主要目标和需要解决的突出矛盾和问题，共享经济和人工智能技术的发展互促互动。一方面人工智能技术的深度应用，是共享平台整合海量资源、实现供需精准匹配和资源高效利用的根本保证，是驱动新产品开发和服务创新的重要力量；另一方面共享经济为人工智能技术的创新应用提供了丰富的场景，促进了深度学习、自动驾驶、无人机配送等前沿技术发展。目前，人工智能技术已经在共享经济领域得到普遍应用，成为模式创新的重要支撑，基于大数据的用户精准分层、智能推荐以及大规模组合优化问题成为共享平台模式不断创新的重要支撑。

（一）共享经济发展及表现

2018 年，在智能技术推动下，我国共享经济依然保持高速增长，共享经济市场交易规模较上年增长 41.6%，共享经济将在转型过程中稳步成长，市场结构更趋合理。从市场结构上看，生活服务、生产能力、交通出行三个领域共享经济市场交易规模居前三位，分别为 15894 亿元、8236 亿元和 2478 亿元（见表 1）。值得注意的是，生活服务领域市场交易额占比从上年的 62.2% 下降到 54.02%，生产能力市场交易额占比从上年的 20.10% 上升到 28.00%，提高了 7.9 个百分点。生产能力中制造业产能共享成为新的发展亮点，有望成为推进我国制造业转型升级的重要抓手。

表 1　2017～2018 年我国共享经济发展情况

单位：亿元，%

领域	2017 年交易额	2018 年		
		交易额	同比增长	占比
生活服务	12924	15894	22.98	54.02
交通出行	2010	2478	23.28	8.42
共享住宿	120	165	37.50	0.56
共享医疗	56	88	57.14	0.29
知识技能	1382	2353	70.26	8.00
共享办公	110	206	87.27	0.70
生产能力	4170	8236	97.51	28.00

资料来源：根据国家信息中心分享经济研究中心《中国共享经济发展年度报告（2019）》相关资料整理所得。

在这样的发展规模和结构优化过程中，共享经济发挥就业“蓄水池”和“稳定器”的作用进一步凸显。人力资源和社会保障部统计数据显示，2014～2018 年我国经济处于“新常态”，但我国城镇登记失业率连续下降（见图 1），这一方面与我国近年来人口结构变迁有关，另一方面也与共享经济提供大量灵活就业和收入机会相关。这些岗位准入门槛相对较低、收入水平相对较高、职业技能提升通道相对较通畅，为无法在传统劳动力市场获得工作岗位的群体提供了宝贵的工作机会。

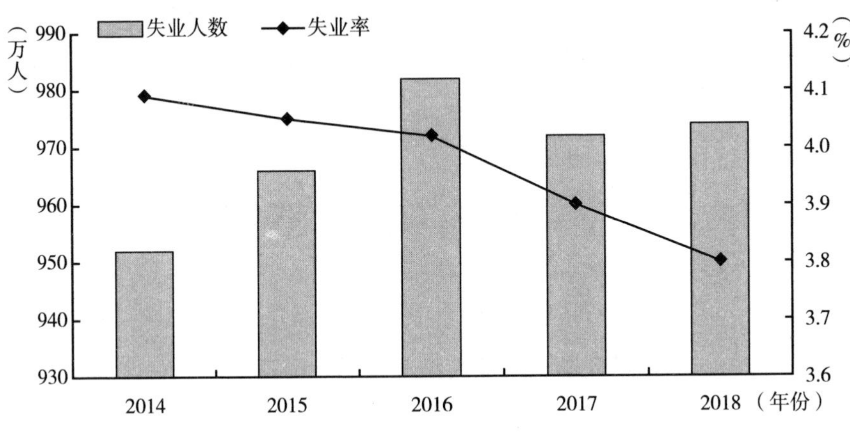

图1　2014～2018 年城镇登记失业情况

资料来源：人力资源和社会保障部：《2018 年度人力资源和社会保障事业发展统计公报》，人社部网站，http://www.mohrss.gov.cn/SYrlzyhshbzb/zwgk/szrs/tjgb/201906/t20190611_320429.html，2019 年 6 月 11 日。

（二）文献表现

关于共享经济发展进程中就业的研究，本文选取中国知网（CNKI）作为检索数据库，以“共享经济”和“就业”为检索词，时间跨度选取 1999 年至今，从目前 CNKI 中国期刊全文数据库收集的文献来看，从互联网经济时代，就有学者对共享经济进行相关研究。1999 年发文量为 12 篇，并一直维持二位数发文量；2015 年发文量急速上升到 243 篇；2018 年发文量为 2486 篇；根据中国知网（CNKI）系统的预计，2019 年将达到 3647 篇。“就业”主题一直是社会经济发展过程中研究的主题，并且在 1999 年高等教育扩招后及 2008 年金融危机后，研究就业的问题数量有明显的上升。而共享经济领域中的就业研究则是在 2016 年后才出现。

1. 研究主题

在研究主题方面，以“共享经济就业”为关键词的 10 个研究及其占比由高到低分别为共享经济、就业模式、共享经济模式、灵活就业人员、灵活就业、以人民为中心、新就业形态、大学生就业、中华人民共和国和劳动保障。以“共享经济”为关键词的10个研究及其占比由高到低分别为共享经济、共享单车、共享经济模式、商业模式、企业管理、消费者、分享经济、网约车监管、中华人民共和国和共享平台。以“就业”为关键词的10个研究及其占比由高到低分别为企业管理、劳动力、毕业生、中华人民共和国、劳动者、大学生就业、高职院校、高等职业院校、用人单位和财政管理(见表2)。

表2　共享经济领域就业问题研究主题情况

单位：次，%

共享经济就业			共享经济			就业		
主题	出现次数	发文占比	主题	出现次数	发文占比	主题	出现次数	发文占比
共享经济	16	40.0	共享经济	2171	42.10	企业管理	20033	17.70
就业模式	6	15.0	共享单车	817	15.84	劳动力	15764	13.93
共享经济模式	4	10.0	共享经济模式	488	9.46	毕业生	11997	10.60
灵活就业人员	3	7.5	商业模式	382	7.41	中华人民共和国	10829	9.57
灵活就业	2	5.0	企业管理	313	6.07	劳动者	10740	9.49
以人民为中心	2	5.0	消费者	306	5.93	大学生就业	10461	9.24
新就业形态	2	5.0	分享经济	214	4.15	高职院校	8784	7.76
大学生就业	2	5.0	网约车监管	161	3.12	高等职业院校	8557	7.56
中华人民共和国	2	5.0	中华人民共和国	155	3.01	用人单位	8263	7.30
劳动保障	1	2.5	共享平台	150	2.91	财政管理	7759	6.86

资料来源：根据CNKI数据整理所得。

2. 研究层次

在研究层次方面，共享经济中的就业问题研究集中在社会科学研究领域。具体而言，有关“共享经济就业”的研究在社科领域基础研究中占比为47.37%，在社科领域政策研究中占比为21.05%，在社科领域行业指导研究中占比为21.05%，在社科领域职业指导研究中占比为10.53%。有关“共享经济”的研究在社科领域基础研究中占比为44.04%，在社科领域政策研究中占比为33.49%，在社科领域行业指导研究中占比为10.19%，在社科领域职业指导研究中占比为4.21%；在自然科学领域工程技术研究中占比为3.57%；在经济信息研究中占比为2.26%；在大众文化研究中占比为0.75%；在基础与应用基础研究中占比为0.62%；在自然科学领域行业技术指导研究中占比为0.56%，在自然科学领域专业实用技术指导研究中占比为0.30%。有关“就业”的研究在社科领域基础研究中占比为43.53%，在社科领域政策研究中占比为20.66%，在社科领域行业指导研究中占比为17.89%，在社科领域职业指导研究中占比为6.06%；在高等教育研究中占比为4.55%；在自然科学领域工程技术研究中占比为2.67%；在基础教育与中等职业教育研究中占比为1.95%；在自然科学领域基础与应用基础研究中占比为1.22%；在大众文化研究中占比为1.04%；在行业技术指导研究中占比为0.44%（见表3）。

表3　共享经济领域就业问题研究层次情况

单位：次，%

共享经济就业			共享经济			就业		
研究层次	出现次数	发文占比	研究层次	出现次数	发文占比	研究层次	出现次数	发文占比
基础研究（社科）	9	47.37	基础研究（社科）	2823	44.04	基础研究（社科）	129789	43.53
政策研究（社科）	4	21.05	政策研究（社科）	2147	33.49	政策研究（社科）	61593	20.66
行业指导（社科）	4	21.05	行业指导（社科）	653	10.19	行业指导（社科）	53325	17.89
职业指导（社科）	2	10.53	职业指导（社科）	270	4.21	职业指导（社科）	18059	6.06
			工程技术（自科）	229	3.57	高等教育	13558	4.55
			经济信息	145	2.26	工程技术（自科）	7962	2.67
			大众文化	48	0.75	基础教育与中等职业教育	5806	1.95
			基础与应用基础研究	40	0.62	基础与应用基础研究（自科）	3629	1.22
			行业技术指导（自科）	36	0.56	大众文化	3115	1.04
			专业实用技术（自科）	19	0.30	行业技术指导	1306	0.44

资料来源：根据CNKI数据整理所得。

二　影响机制与研究状况

非正规就业最早源于国际劳工组织（ILO）在 1972 年考察肯尼亚就业状况时，在《就业、收入与平等：肯尼亚增加生产性就业的战略》调研报告中提出的“非正规部门”（Informal Sector）这一概念，将非正规部门的就业描述为是“个人为了逃避税金或制度限制而在正规范围之外进行的不合法或非法的行为”

2000 年，ILO 在《世界就业报告（1998～1999 年）》中，根据非正规部门的特征，将其分为三类：第一类是小微型企业（micro-firms），以承包或分承包协议从事经济活动，主要面对低收入者市场；第二类为家庭服务企业（domestic services），其家庭成员承担了主要活动（尤以为收取报酬的女性劳动力为主）；第三类则为自我雇佣者（self-employed），包括清洁工人、街头小商贩、家庭做手工活者等，该类型群体是非正规部门的主体。非正规部门的经济活动游离于国家财政之外，雇主与雇员、买者与卖者之间不存在书面的正式契约关系。在 ILO 的定义中，非正规就业指的是在非正规部门的就业。此外，众多学者又将非正规就业称为“非典型就业”（atypical employment）、“自我就业”、“自我雇佣”，包括非全时工作、偶然工作、临时工作、合同制工作、劳务派遣工作、弹性工作等。

（一）对就业的影响

共享经济的发展是依托互联网技术和大数据发展的，是数字经济这种新经济形态的表现之一，在这技术进步和数据要素的耦合力量下，共享经济发展对职工就业的影响分为直接影响和间接影响（见图 2）。直接影响体现在互联网技术进步。一方面通过更加灵活的雇佣模式改变了传统的职工就业方式；另一方面通过新技术应用创造了高技能就业岗位，进而改变了工作岗位的数量变化。间接影响是指在共享经济发展过程中，通过共享经济平台和优化既有生产要素的配置，扩大了经济规模，对劳动力所产生的派生需求（Derived Demand）变化。

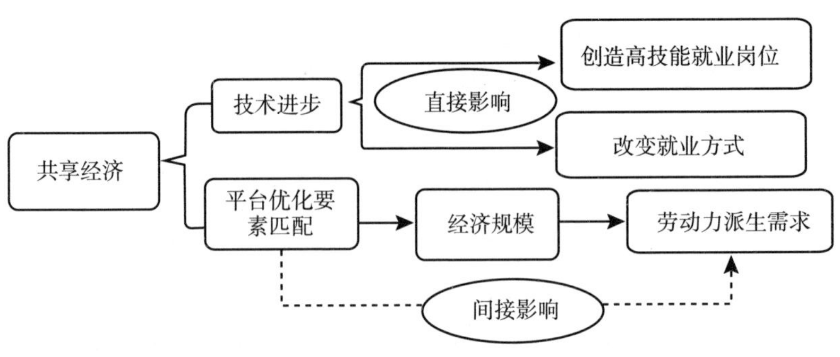

图 2　共享经济对就业的影响

（二）对劳动关系的影响

引致劳动关系变化的力量主要包括劳动力市场、劳工队伍的特征和价值观、产品市场、技术以及公共政策。而引致力量集中和劳动力市场变化的是由其他因素所推动的。例如，当代劳工队伍的特征表现为劳动力整体老龄化，新生群体教育水平较高，女性参与劳动的诉求上升，价值诉求从单一的收入需求转向“平衡家庭与生活”；在产品市场中，“互联网＋”对传统产业的渗透带来了新的产品和服务，加速了产业结构升级；技术变革将创新创业推向大众；宏观经济增速放缓和财政预算约束限制了传统产业中工作岗位的供给；依托互联网的创新创业推动了生产可能性曲线的外沿，产生新业态模式，扩大了经济生产的规模，借助分享经济的理念，企业以灵活方式创造岗位，构成全新的劳动力市场；新生的劳动力市场有别于传统的劳动力市场，其工作实现于网络平台，雇佣模式灵活多样。由于产生网络平台劳动市场的引致力量更多地来自技术创新和创业带动，进而对工作岗位有一种无限创造效应，弥补了工作场所劳动力市场固定工作岗位供给的不足。当新型的分割由互联网技术带来时，线上线下两个劳动力市场反而具有非常明显的互补性。

工作场所分割理论正是建立在互联网技术之上，将劳动力市场分为线下工作场所劳动力市场和线上网络平台劳动力市场（见图 3）。冠以共享经济的理念，工作场所分割理论包括以下几个方面的内容。一是网络平台劳动力市场具有新生性，是生产可能性曲线扩展、新业态模式出现所创造的产物，补充了工作场所劳动力市场的岗位创造不足。二是网络平台劳动力市场岗位创造的数量、种类和结构由信息共享的范围、成本和充分性所决定，以灵活性为诉求目标，以契约虚拟化，时间灵活化、雇佣关系多重化和职业生涯碎片化为特征。三是工作场所劳动力市场以稳定的诉求目标，岗位以任务指派实现，以契约法治化、时间固定化、雇佣关系唯一化、职业生涯标准化为特征。四是两类劳动力市场工资决定机制不同，工作场所就业工资建立在职位特征和个人特征之上，而网络平台就业工资建立在共享信息的获取和用户信息反馈上。五是两类劳动力市场双向流动性不足，以工作场所稳定就业为主的个体很容易进入互联网平台实现灵活就业，而以互联网平台灵活就业为主的个体则较难进入工作场所实现稳定就业。虽然工作场所分割理论传承了劳动力市场分割理论的特性，在岗位决定、工资收入等方面具有差异，且存在流动壁垒，但是工作场所分割理论更加强调两类劳动力市场的互补性而非差异性，即由于互联网技术带来的新业态模式，网络平台劳动力市场对工作场所劳动力市场在岗位创造方面具有较强的互补性。

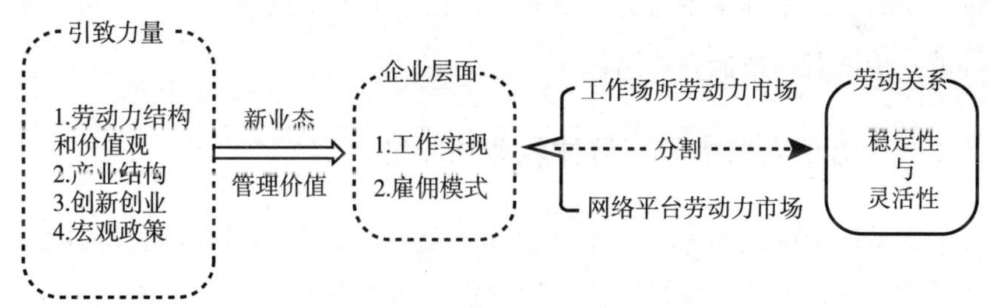

图 3　工作场所分割理论框架

三　共享经济发展进程中职工就业新特征与新趋势

就业是民生之本，是国家发展的基石。共享经济的发展不仅成为经济增长的重要新动能，也成为就业增长尤其是新型的、弹性就业的一个重要源泉，并成为反映就业形势和经济走势的一个风向标。初步估算，2018 年我国共享经济参与者人数约 7.6 亿人，其中服务提供者人数约 7500 万人。在这一庞大的服务提供者群体中，绝大多数都是兼职人员。但随着市场的发展，部分领域的服务提供者出现了专职化趋势，一批基于共享平台的“专职司机”“房东”“骑手”“主播”等开始大量涌现。同时，共享经济平台也成为“双创”活动的重要平台，为一批有梦青年的创业式就业提供了大量机会。共享经济平台就业规模也在扩大。随着共享经济领域从出行、住宿等生活服务领域向工业制造、农业等生产领域持续扩展，新的平台不断涌现，平台企业的从业人员从 2017 年的 556 万人增长到 2018 年的 598 万人，同比增长 7.55%。共享经济不仅成为人们自主择业的重要选择，同时也为社会特定群体提供了就业渠道。滴滴平台的网约车司机中有 6.7% 是建档立卡的贫困人员，12.0% 是退役军人，超过 21.0% 的司机是家里唯一的就业人员，新就业形态为全国百万家庭带来较为稳定收入来源。2018 年有 270 万名“骑手”在美团外卖获得收入，其中 77% 来自农村，有 25% 来自贫困县。

共享经济发展对就业的影响主要体现在：一是灵活就业方式吸纳了我国大量劳动力，二是共享平台为大量职工提供了兼职的就业机会，三是技术进步将进一步创造高技能就业岗位。

（一）流动人口中零工群体就业新特征

本文采用全国流动人口卫生计生动态监测调查 2017 年数据，按就业方式抽出零工就业群体，通过对比全体流动人口和全国就业人员相关指标，总结出流动人口中零工就业群体的新特征。

1. 零工就业群体男性比例高于女性

零工群体男女性别比例高于全体流动人口就业样本和全国就业人口样本。零工群体男女性别比例为 66.49∶33.51，全体流动人口就业性别比例为 57.08∶42.92，全国就业人口性别比例为 56.90∶43.10。

2. 零工就业群体以初中文化为主

从全国分行业就业人员文化程度来看，各行业零工就业呈现两极化，较为集中在初中和大学本科学历。零工群体在高学历中偏低，在低学历中偏高。具体表现为，在零工群体中初中及以下文化程度的比例高于全体流动人口就业样本和全国就业样本，高中及以上文化程度的比例低于全体流动人口就业样本和全国就业样本；在零工群体中未上过学的比例为4.71%，小学比例为28.75%，初中比例为49.99%，高中及中专比例为12.14%，大学专科比例为3.16%，大学本科学历为1.15%，研究生学历比例为0.10%。

3. 零工就业群体低工资高工时

从工时来看，零工周工时高于雇员群体和自雇群体，低于雇主群体。其中零工周工时为56.07小时，自雇周工时为53.2小时，雇主为64.2小时，固定雇佣关系的雇员周工时为52个小时。从工资收入来看而言，雇主每小时收入最高，为130.43元；零工每小时收入最低，为61.1元；雇员和自雇群体每小时收入分别为80.55元和81.14元。

4. 零工就业群体集中于建筑业和居民服务业

从就业行业来看，零工群体就业主要集中在建筑（31.69%）和居民服务（16.45%）；在其他行业中，零工群体就业分布分别为房地产占7.64%，住宿餐饮占7.57%，批发零售占5.64%，农林牧渔占5.26%，交通运输、仓储邮政占4.47%；零工就业分布较低的行业主要为知识密集型行业和政府公共部门，其中科研和技术服务占比为0.12%，医药制造为0.13%，公共管理和社保占0.14%，信息传输占0.37%，教育占0.62%。比较而言，全体流动人口就业较为集中在批发零售占21.62%，住宿餐饮占12.57%，居民服务占11.04%；就业较少的行业与零工就业群体所在行业较为一致（见表4）。

表4　零工与流动人口就业行业特征

单位：%

行业	零工	流动人口	行业	零工	流动人口
国际组织	0.00	0.01	电器机械及制造	0.61	2.02
仪器仪表制造	0.04	0.27	教育	0.62	2.06
科研和技术服务	0.12	0.32	文体和娱乐	0.66	0.88

续表

行业	零工	流动人口	行业	零工	流动人口
医药制造	0.13	0.68	卫生	1.17	1.63
公共管理和社保	0.14	0.78	木材家具	1.63	1.66
化学制品加工	0.19	0.74	社会工作	1.63	0.79
电煤水热生产供应	0.20	0.47	食品加工	2.12	3.62
印刷文体办公娱乐	0.23	1.03	纺织服装	3.51	4.42
金融	0.33	1.20	其他制造	3.89	7.25
租赁和商务服务	0.34	0.43	交通运输、仓储邮政	4.47	3.52
专业设备制造	0.35	1.34	农林牧渔	5.26	2.36
信息传输	0.37	1.50	批发零售	5.64	21.62
水利	0.41	0.41	住宿餐饮	7.57	12.57
计算机及通信电子设备制造	0.48	2.51	房地产	7.64	2.72
交通运输设备制造	0.51	1.35	居民服务	16.45	11.04
采矿	0.61	0.89	建筑	31.69	7.92

数据来源：根据2017年全国流动人口卫生计生动态监测调查数据整理。

5. 零工就业群体职业特征不明显

从就业职业来看，流动人口就业群体从事商业活动比例最高，其中经商人员占比为24.17%，从事其他商业、服务业人员占比为15.22%。零工群体从事职业占比由高到低依次为建筑业（20.13%）、无固定职业（18.37%）、装修业（15.17%）、其他商业和服务业（10.22%）、餐饮业（6.63%）、生产（4.24%）、运输（4.07%）、专业技术业（3.19%）、保洁（3.17%）、农林牧渔（3.08%）、家政（2.3%）、经商（1.32%）、快递（0.8%）、保安（0.8%）、商贩（0.71%）、公务员（0.13%）以及国家机关（0.01%）。

6. 零工群体社会融合以老乡会和同学会为主

从社会融合来看，有固定雇佣关系的雇员工会参与度最高，为15.05%；同学会、老乡会和家乡商会雇主参与社会融合活动占比分别为28.48%、23.35%和2.52%。社会融合表现相对较弱的为零工群体。

（二）共享住宿平台非正规就业新特征

自2015年以来，中国经济下行压力逐渐增大，大量富余劳动力逐渐向社会释放，加上越来越多的大学毕业生，就业压力巨大，仅依靠城市正规部门提供就业岗位来解决就业问题的效果是有限的。国际劳工组织（ILO）发布的《2016 年世界就业与社会展望》报告显示，2015 年全球共有 1.971 亿人失业，比 2008 年全球经济危机爆发前增加了 2700 多万人，这一指标在 2016 年增加了 230 万人，2017 年则将在此基础上增加 110 万。报告还指出，“脆弱就业”，即自雇工作和家庭就业的人数高达 15 亿人，占总就业人口的 46% 以上。“脆弱就业”的统计口径与 2000 年 ILO 在《世界就业报告（1998 ~ 1999 年）》中“非正规就业”统计口径非常接近。借助二手数据与文献研究，本部分以 2016 年小猪短租共享住宿平台上部分非正规就业者和国家信息中心分享经济研究中心《中国共享住宿发展度报告（2019）》相关数据为例，探索共享住宿平台非正规就业的新特征。

1. 共享住宿平台非正规就业者以女性为主

共享住宿平台非正规就业者以女性、已婚青年为主，普遍具有高学历，“80 后”为该群体的主力军，未婚从业者明显增多。从性别来看，2016 年小猪短租平台非正规就业者中女性略高于男性，占 58.5%；2019 年该平台非正规就业者女性占比提升至 63.0%，男性占比降至 37.0%。Airbnb（爱彼迎）共享住宿平台非正规就业者女性比例为 60%，男性比例为 40%；途家共享住宿平台非正规就业者女性占比 55%，男性占比 45%。2019 年共享住宿行业非正规就业者男女性比例为 60%，男性比例为 40%。这与大多数已有研究得出的服务业非正规就业群体结构特征相似，服务业非正规部门在吸纳女性就业方面作用更为突出。

2. 共享住宿平台非正规就业者的代际结构特征以“千禧”一代为主

从年龄结构来看，共享住宿平台非正规就业者的代际结构特征以“千禧”一代为主。年龄在 28 ~ 37 岁的最多，占 59%；其次是 27 岁及以下和 38 ~ 50 岁，分别占 21.5% 和 14.9%；还有少数人在 50 岁以上。从就业者出生年代和年龄来看，以 80 后和 90 后居多，其中 80 后是这些新兴旅游非正规就业的主力军，占比高达 59%。平均年龄约为 33 岁。从婚姻状况来看，已婚者多于未婚者，在被调查对象中已婚者和未婚者分别占 57.9% 和 42.1%。

3. 共享住宿平台非正规就业者的技能结构

从受教育程度来看，本科占比最高，为 49.70%；其次占比从高到低依次是大专占 22.60%、硕士及以上占 19%、高中及以下占 8.70%。这些 80 后和 90 后群体是伴随着互联网的发展而成长起来的新个体，互联网思维较为深化，更愿意接受新鲜事物，对互联网更有信赖感。他们大部分具有高学历、高创造力，往往能够敏锐地通过互联网发现商机，寻找就业机会。

4. 共享住宿平台非正规就业者的户籍结构

从 2016 年小猪短租共享住宿平台上部分非正规就业者调查结果来看，外来人口与本地人口分别占 65.10% 和 34.90%，60% 以上的从业者为外来人口，他们从业时间短，职业背景复杂，以自由职业者、IT 或电子商务从业人员、全职妈妈或家庭主妇居多。

5. 共享住宿平台非正规就业者的工时结构

从 2016 年小猪短租共享住宿平台上部分非正规就业者调查结果来看，从业时间为 1 年及以下的占 26.20%，2 ~ 3 年的占 20%，3 年以上的占 8.70%。这与住宿共享经济及小猪短租的发展相符合。共享经济发展时间很短，在发展初期，绝大部分人采取观望态度，只有极少数人看中其未来市场或抱着尝试的心态进入行业，所以从业 3 年以上的人极少。中国共享经济在 2015 年崛起，2016 年李克强总理在政府工作报告中强调，要大力推动包括共享经济在内的“新经济”领域的快速发展，共享经济发展加速，大量人员开始投身参与其中，而以交通出行和住宿短租形式参与其中是最简单的方式，因此大部分人只有 1 ~ 2 年的从业经验。

6. 共享住宿平台非正规就业者的雇佣结构

从 2016 年小猪短租共享住宿平台上部分非正规就业者调查结果来看，70% 以上的被调查者是以兼职的方式参与住宿共享，他们都有自己的本职工作，这种分享服务只是其额外收入，并不是主要收入。就兼职群体而言，他们的本职工作较为多元，其中企事业单位的普通职员占 34.9%，个体户或自由职业者占 19%，企事业单位管理者占 14.4%，家庭主妇或全职妈妈占 6.7%，还有少部分学生、离退休人员和其他。

（三）共享经济发展进程中职工就业新趋势

为了更好地了解中国共享住宿行业的发展特征，以及职工就业的新趋势，课题组于2019年5～7月对途家在线信息技术（北京）有限公司进行了以半结构式访谈的质性研究为主，问卷调查分析为辅的电话调研，采用定性和定量相结合的研究方法总结出共享经济发展进程中职工就业的新趋势。

1. 共享住宿平台正规就业规模相对稳定

2016年6月，途家民宿宣布战略并购蚂蚁短租，进一步强化了住宿分享市场的领导企业优势。2016年10月，途家宣布战略并购携程网和去哪儿网公寓民宿业务。2018年1月，大鱼自助游加入途家，正式形成"携程民宿、去哪儿民宿、途家、蚂蚁短租、大鱼自助游的民宿短租入口"五大平台，形成新途家集团。这使途家集团的员工数量出现了较大增长，达1800人左右。2019年，途家的发展保持相对稳定，员工数量也保持相应规模，正规就业规模相对稳定。

2. 共享住宿平台正规就业人才队伍建设体系较为完善

在正规就业人才学历构成方面，途家员工大多数为本科学历。比较特殊的是，占据公司人数1/4的互联网技术岗位均是硕士学历，客服岗位基本是专科学历，目前没有博士学历的员工。总的来看，学历层次与岗位要求直接相关。

在正规就业人才国际化程度方面，途家的国际型人才主要集中在海外事业部，其中60%以上都具有海外学习经历的人才，文化程度达到硕士及以上。国际化还体现在多元国籍的人才结构上，包括香港籍、台湾籍以及外籍正规人才。

在正规就业人才在职培训方面，途家公司一方面组建了途家大学，邀请社会上相关领域的专家和知名人士来授课。另一方面开展既有定期的专项培训，也有职业经理人和人力资源等内容培训。途家公司在职培训具有普惠成长的特征，培训人员的选择与级别不挂钩，与内容和目的挂钩。

3. 共享住宿平台正规就业群体性别比例均衡

在正规就业性别构成方面，途家职工的男女比例一直保持稳定，接近1：1。

与此同时，内部职位结构与行业分工的自然选择也相一致，相对来说，人力资源、财务、运营和客服是女性集中的地方，互联网技术部门则几乎全部是男性。在公司高层管理人员中男性居多。与社会正规就业状况中的性别结构大体一致。

如果考察互联网技术岗位之外的其他途家部门，会发现女性员工在其中的占比相当高。以颇具新型互联网公司业务部门特征的途家海外事业部为例，当前员工数为 75 人，男女比例约为 2∶8。调整职能后的海外事业部主要为运营岗位，要求员工掌握两门及以上的外语（多为在英语之外再掌握一门外语）。由于女性在语言和文案类工作中具有相对优势，使海外事业部的女性占比高达 80%。

事实上，途家在进行具体岗位招聘时，并不会在性别方面具有倾向性，也不会给予同样岗位的两性以不同的薪资。但由于不同岗位在两性群体中的受青睐程度存在差别，这就自然形成了当前的公司员工性别结构。在这种情况下，从工作绩效的角度来看，男性和女性员工在工作表现上大致持平，但在工时和加班时长上女性不如男性，在对假期的使用频率和长度上女性比男性要多。

四　政策建议

（一）以服务业为着力点，扩大服务业对外开放，全面深化改革，创造就业稳定增长的长效机制

以服务贸易为着力点，扩大服务业对外开放，全面深化改革，创造就业稳定增长的长效机制，无论存量还是增量，目前全球就业有一半以上都在服务业。贸易对劳动力就业部门结构的影响也显示就业由制造业向服务业的转移。同时，按照价值增值统计，服务贸易在总贸易中的占比已超过40%，因而从长期来看，未来创造就业的潜力在于服务业。扩大服务业对外开放，释放服务业和服务贸易对扩大新增就业的作用。2016 年，全球

服务业在 GDP 中的占比达 65.08%，而 2018 年中国服务业在 GDP 中的占比仅为 52.2%，服务业发展和就业的市场潜力巨大。我国应以发展服务业为突破口，以供给侧结构性改革为主线，扩大生产性服务开放，提升制造业的国际竞争力。同时扩大旅游、养老、医疗、教育、文化等生活性服务开放，以开放促进服务业与服务贸易跨越式发展，创造就业稳定增长的长效机制。

（二）把握共享经济发展本质，完善灵活就业人员的社会保障体系

我国已经针对没有固定工作、失业或再就业的灵活就业人员开展养老保险工作。未来，参照各国共享经济发展经验，结合中国特色社会主义发展状况，进一步完善灵活就业人员社会保障体系，确保所有工人都能从社会保障覆盖中获益。可以采取的措施包括取消或降低最低工时、收入或就业时间的限制，让非标准就业的工人也被包括在内，或在获得社保待遇的缴费标准方面增加系统的灵活性，允许断续缴纳保险费，并增强在不同社会保障体系和就业状态中社保待遇的可转移能力；努力将实现最低社会保护全覆盖，作为上述措施的补充。

（三）更好地维护职工就业权益，探索构建未来的法律制度体系

要充分认识共享经济发展对转变我国经济增长方式、拉动内需稳增长和稳定扩大就业等方面的重要作用。深入推进“放管服”改革，进一步清理制约共享经济创新发展的行政许可等事项，抓紧修订已经明显不适合其发展的法规和制度。审慎出台监管措施，开展认真研究论证，广泛征求平台企业、社会公众等利益相关方的意见建议，既防止其不良行为，又引导其健康规范发展。建立和完善政府、平台企业和其他社会组织共同参与的协同治理机制，创新共享经济统计调查和动态监测方法，不断提高共享经济治理的制度供给水平。

基于效率与公平原则来修订劳动法律，其宗旨应是劳资两利，其方式应是分层、分类完善，其目标应该是平衡、灵活、稳定。劳动关系在

本质上是衡量资本和劳动之间的关系。因此，未来构建和谐劳动关系，在本质上就是构建资本和劳动之间均衡、对等和双赢的关系。也就是说，着眼于全局，劳资利益两者兼顾，虽然根据客观实际情况二者可以有所侧重，但绝不能偏废一方，对资本和劳动这两个方面都应给予足够的重视。以经济社会的可持续发展为目标，兼顾资本和劳动双方的利益，同时在资强劳弱的经济环境中，可以适当向劳动方倾斜，但绝不能忽视企业（资本）的利益。更简洁地说，这一原则可以总结为“兼顾双方、有所侧重”。

参考文献

国际劳工局：《世界就业报告》，中国劳动社会保障出版社，2000。

国际劳工组织：《世界就业与社会展望（2016）》，中国财政经济出版社，2017。

国家信息中心分享经济研究中心：《中国共享经济发展年度报告（2019）》，2019。

纪雯雯：《数字经济与未来的工作》，《中国劳动关系学院学报》2017 年第 6 期。

纪雯雯、赖德胜：《网络平台就业对劳动关系的影响机制与实践分析》，《中国劳动关系学院学报》2016 年第 4 期。

廖淑凤：《论旅游住宿共享中的非正规就业：影响因素与行为倾向》，青岛大学硕士学位论文，2017。

人力资源和社会保障部：《2018 年度人力资源和社会保障事业发展统计公报》，2019。

宋秀坤、黄扬飞：《非正规经济与上海市非正规就业初探》，《城市问题》2001 年第 2 期。

杨宜勇：《中国转轨时期的就业问题》，中国劳动社会保障出版社，2002。

张华初：《非正规就业：发展现状与政策措施》，《管理世界》2002 年第 1 期。

International Federation of Robotics, *The Impact of Robots on Productivity, Employment and Jobs*, 2017, https://ifr.org/news/position－paper/.

International Labor Office, Employment, *Income and Equality: A Strategy for Increasing Productivity in Kenya* (Geneva: ILO, 1972).

Joseph S. Lee., *Labor and Social Issues in a Global and Dynamic World Economy* (Korea, 2004).

Michael J. Piore & Charles F. Sabei, *The Second Indutrial Divide* (New York: Basic Books, 1984).

Mortensen, D. T. , Pissarides, C. A. , “Job Creation and Job Destruction in the Theory of Unemployment,” *Review of Economic Studies*, 61 (1994) .

Tadashi Hanami, *The Changing Labor Market*, *Industrial Relations and Labor Policy* (Korea, 2004) .

大连市金普新区职工状况及满意度调研报告

窦学伟*

摘　要： 本研究在连续三年（2016～2018）问卷调查的基础上，了解大连市金普新区职工队伍的基本状况和满意度状况，发现金普新区职工队伍具有高素质和稳定性的特征；总体收入水平不高，但是工作环境良好；权益保障机制健全；职工对集体协商和集体合同的认同程度比较高；劳动争议少、劳动关系和谐；部分受访职工处于比较严重的焦虑状态，感觉到生活有压力，但他们对工作的满意度总体比较高，对工作与能力的匹配度、满意度和对企业管理水平的满意度都比较高，对收入水平的满意度最低。本研究提出三项政策建议，分别是加大宣传力度，创新工作方法；建立健全劳动关系的监测和预警机制；加强劳动关系领域社会组织建设，培育一批可靠的专业的社会化工会工作者，发挥其灵活性与专业性，使其承担体制内工会难以承担的业务，成为工会工作的得力助手。

关键词： 职工队伍　劳动条件　满意度

大连市金普新区成立于2014年，是我国的第10个国家级新区，其前

---

* 窦学伟，中国劳动关系学院讲师，主要研究领域为劳工团结、劳动社会学。

身——大连市经济技术开发区是我国第一个经济技术开发区。在过去三十多年，金普新区逐步形成了以石油化工、装备制造、生物医药、汽车制造及零部件、电子信息等产业为主，产业链齐全完整的、以日韩投资为主的外向型经济结构。作为东北地区改革开放和经济发展的排头兵，金普新区日益成为引领东北地区全面振兴发展的重要增长极。

在宏观经济形势进入新常态和东北地区经济振兴的背景下，金普新区克服困难、砥砺前行，在经济增长方面依然取得不小进步。《金普新区政府工作报告》显示，2016 年金普新区地区生产总值增长 7%，2017 年增长 7.5%，2018 年增长 8%；2016～2018 年固定资产投资分别为 356 亿元、432 亿元和 508.3 亿元，实际利用外资分别为 13.3 亿美元、20 亿美元和 22.2 亿美元，这几个重要经济指标均实现了不同程度的增长。

尽管如此，笔者在实地调研时也发现，相当数量的外资企业经营业绩下滑，逐年削减产能和裁减员工，甚至闭厂歇业。在经济增长出现回落的形势下，劳动关系的和谐稳定成为一个突出的问题。

自 2016 年以来，大连市金普新区总工会与中国劳动关系学院签署战略合作协议，连续三年通过问卷调查方式收集数据，对职工的工作质量、劳动条件、生活状况和工作满意度等问题进行信息监测，目的是了解掌握职工队伍基本状况、分析劳动关系变化态势，为科学研究和政策咨询提供参考。在连续三年的调查研究中，虽然每次问卷内容都有微调，但总的问题结构不变。“问卷设计、抽样设计和调研组织”等方面都进行了修订和改进，如问题结构和提问方式更加合理，抽样设计在科学性和可行性方面更加严谨，调研组织要求更加严格。

从连续三年的调查数据考察职工状况，既有利于得出更加可信的判断，也有利于探讨职工队伍的变化趋势。

一　样本基本情况

从样本量来看，2016 年的有效样本量为 1046 人，2017 年为 1482 人，2018 年为 897 人（见表 1）。

表1　2016～2018年样本概况

单位：%，人

选项		2018年	2017年	2016年
性别	男	42.9	40.4	42.4
	女	57.1	59.6	57.6
年龄	90后	13.8	12.5	7.5
	80后	50.9	45.3	48.7
	80前*	35.3	42.1	43.9
文化程度	初中及以下	17.2	20.4	18.6
	高中或相当于高中	31.8	33.4	30.6
	大专	27.4	23.7	26.6
	本科及以**	23.7	22.5	24.2
企业性质	国有企业	11.3	3.6	7.7
	私营、民营企业	20.2	20.8	9.4
	港澳台资企业	0	6.1	3.8
	日资企业	60.0	60.0	59.8
	欧美资企业	4.1	5.5	12.9
	其他外资	4.5	4.0	6.4
行业	制造业	79.7	79.2	95.3
	非制造业	20.3	20.8	4.7
样本数		897	1482	1046

数据说明：*年龄数据有缺失，2016年有效样本量为1003人，2017年为1452人，2018年为884人；**教育水平数据有缺失，2016年有效样本量为1037人，2017年为1467人，2018年为891人。

（一）性别

虽然三次调查的样本量有所不同，但在基本信息的分布结构上差别不大。具体来说，三次调查的受访职工男女性别比在4∶6上下；2017年男性受访职工比例最小，为40.4%；其他两个年份男性受访职工的比例分别为42.4%和42.9%。

（二）年龄

从平均年龄来看，2016～2018年受访者平均年龄分别为35.8岁、35.9岁和36.2岁。在保持样本年龄结构基本稳定的基础上，受访职工年龄逐渐偏大基本符合人们对社会劳动力人口逐步老化的判断和印象。从年龄结构来看，80 后始终是职工的主体，达到或接近一半。与此同时，80 前职工的比例逐年下降，90 后职工的比例逐年上升，在这一趋势下职工的平均年龄逐年增大，其背后的社会机制值得进一步探讨。

（三）文化程度

连续三年调查中受访职工的文化程度分布变化不大，每年的数据分布都较为平均，除高中教育水平的受访职工较多（三成以上）之外，其他教育水平的受访职工多在二成左右。值得一提的是，具有大专和大学及以上的教育水平的受访职工比例相加超过或接近 50%。

有近一半的受访职工受过大学以上教育，这是金普新区职工队伍的一大突出特点。尤其是在制造业始终占据主导地位的情况下。从数据来看，2017 年和 2018 年受访职工有近 80% 集中在制造业之中（如汽车零配件、电子设备、建筑材料等），另外有 20% 在服务业、房地产和物流等行业中。这与金普新区的产业分布特点基本相符。

（四）所在企业性质

从受访职工所在企业的性质来看，连续三年有 60% 的受访者集中在日资企业中，2017 年和 2018 年样本中来自民营企业的受访职工占 20% 以上。这种分布状况与金普新区的经济结构基本相符。

概而言之，从样本的基本状况来看，三次调查的样本都较好地反映了金普新区的经济发展特点和职工的基本结构。2017 年的抽样设计和实施方案在 2016 年的基础上做了一定的调整，增加了样本量，调整了样本的配额方案；2018 年的抽样设计吸取了 2017 年的经验教训，样本量虽然有所减少，但样本的代表性并未受到损失，反映了更高的效率。

二　职工队伍的稳定性

连续三年的调查发现，金普新区职工队伍具有很强的“稳定性”特点，具体表现在户籍、居住、工龄和劳动合同等多方面：职工以本地户籍尤其是本地城镇户籍为主，在居住方面大多有产权房或保障房，在一个企业工作的时间比较长，多签署无固定期或三年及以上固定期劳动合同。

（一）户籍情况

2016～2018年，在金普新区的职工队伍中有超过一半的人具有本地城镇户籍，另有1/4左右的职工来自本地农村（见表2）。具有外地农村户籍的职工仅有一成左右，这与东部沿海地区的职工主要是来自外地农村的农民工的情况形成了鲜明对比。造成这一现象原因主要是大连市的落户门槛不高。2003年颁布的《大连市城镇户籍管理制度改革办法》规定，45周岁以下具有本科学历或中级职称的可以迁入主城区，40周岁以下具有专科学历或初级专业技术职务的可以迁入新城区，40周岁以下具有中专学历的可以迁入卫星城。而金普新区的前身金州区和经济技术开发区属于新城区，普兰店市属于卫星城。从前文可知，至少一半的受访职工具有大专以上学历，落户对于他们来说并不困难。2012年颁布的《大连市户籍准入规定》进一步将“合法稳定住所”与“合法稳定职业”作为落户的基本条件。之后更新的户籍管理规定又增加了“积分入户”的路径。宽松的落户政策为职工落户大连提供了方便，提高了可行性。

表2　2016～2018年户籍分布情况

单位：%，人

户籍所在地	2018年	2017年	2016年
本地城镇	53.4	55.8	60.5
本地农村	27.2	25.9	24.3
外地城镇	5.8	7.4	6.1
外地农村	12.4	10.2	8.8
其他	1.1	0.7	0.3
样本数	889	1469	1033

（二）居住情况

从居住状况来看，金普新区职工居住比较稳定。连续两年的数据都反映出，有超过六成的受访职工住在有产权的商品房中，还有超过一成的受访职工住在单位提供的宿舍或住房里。两者相加达到七成以上。另外租住商品房的职工比例在2017年达到19.4%，2018年达到15.1%。结合有产权商品房的职工比例从2017年的63.8%增长到2018年的68.4%（见表3）。由此可以推论，越来越多的职工不再租房居住而是倾向于购房居住。职工的居住状况进一步反映了金普新区职工队伍“稳定性”的一面。不仅有户籍，而且居住也比较稳定。

表3　2016~2018年居住情况

单位：%，人

居住情况	2018年	2017年
有产权的商品房	68.4	63.8
有产权的保障性住房	4.4	3.8
租住商品房	15.1	19.4
租住保障性住房	0.6	1.1
单位提供的宿舍或住房	10.2	10.5
其他	1.4	1.4
样本数	883	1456

（三）家庭人口及收入

从家庭人口来看，2017年职工平均家庭人口为3.35人，2018年为3.43人，比2017年稍多。2017年职工有收入或有养老金的平均为2.08人，2018年为2.15人，比2017年稍多。

（四）工龄情况

2016~2018年，受访职工的平均工龄分别为10.9年、10.3年和10.7年，金普新区职工在同一家企业工作时间比较长。从连续三年受访职工中的工龄情况看，工龄在10年以上的比例在50%左右，工龄在5~10年的超过1/4（见表4）。这些数据表明，连续三年受访职工在本企业工作的时间比较长，工作比较稳定。

表 4　2016 ~ 2018 年职工工龄分布情况

单位：%，人

工龄	2018 年	2017 年	2016 年
1 年及以下	7.9	7.8	6.4
1 ~ 3 年	4.8	5.0	3.7
3 ~ 5 年	10.4	10.4	8.4
5 ~ 10 年	26.9	27.3	27.6
10 年及以上	49.9	49.5	53.8
样本数	891	1476	1018

（五）劳动合同签订情况

从劳动合同的签署和劳动合同的类型来看，连续三年有 99% 的受访职工与企业签署了劳动合同。劳动合同的年限比较长，在连续三年中，签署无定期合同的受访职工比例均在 50% 以上，3 年及以上固定期合同的比例基本在 1/4 左右，签署三年以内各种类型合同的比例相对较少（见表 5）。

表 5　2016 ~ 2018 年劳动合同类型情况

单位：%，人

签合同年限	2018 年	2017 年	2016 年
3 年以内	15.9	21.5	18.0
3 年及以上	26.2	26.7	22.1
无固定期合同	57.9	51.8	59.9
样本数	862	1447	1027

受访职工的上述特征从不同角度表明，大连金普新区的职工队伍具有突出的“稳定性”特点，与东部地区乃至全国以流动农民工为主的职工队伍相比，在年龄、教育、户籍、居住、工龄、劳动合同等方面形成鲜明的对比。这一特点成为影响其工作、收入、权益保障和群体心理等方面诸多特点的关键因素。

三 工作、收入和环境

工作、收入和权益保障是职工状况调查的重点之一，连续三年调研均给予高度重视。本报告从岗位、收入、工作时间和环境等四个角度进行说明。

1. 工作岗位

受访职工的工作岗位分布比较合理。普通职员或办事人员和普通工人是调研的重点对象，前者比例连续三年在 27.5% ~30.7%，后者比例在 26.9% ~29.0%。普通职员（办事人员）的比例较大，一是体现了金普新区企业职工的分布特点，二是基于调研方便性的样本偏差。调查显示，专业技术人员的比例在 7.3% ~8.4%，技术性工人的比例在 5.0% ~6.5%，中层管理人员的比例在9.9% ~11.8%（见表6）。三年数据表明，受访职工的工作岗位层次较高，这与教育水平和工龄分布状况相一致。

表 6 2016 ~2018 年工作岗位分布情况

单位：%，人

工作岗位	2018 年	2017 年	2016 年
领导或高层管理人员	1.2	1.4	1.7
中层管理人员	9.9	10.2	11.8
专业技术人员	7.3	8.1	8.4
普通职员或办事人员	30.7	28.1	27.5
领班、组长或线长等	17.7	14.5	16.8
技术性工人	5.0	6.5	5.8
普通工人	26.9	29.0	27.2
其他辅助性工人	1.3	2.1	0.8
样本数	895	1465	1034

2. 收入分布

2016 ~2018 年，大部分受访职工的月均收入集中在 2000 ~4000 元，三年分别为 2016 年 64.1%，2017 年 65.0%，2018 年 57.2%。2018 年受访职工月均收入在 4001 ~5000 元的达到 22.4%，超过 2016 年的 18.4% 和 2017 年的

17.0%。月收入在5001元及以上的受访职工比例，三年的差别不大，2016年为14.8%，2017年为13.9%，2018年为14.5%。

表7　2016～2018年工资月收入分布情况

单位：%，人

收入	2018年	2017年	2016年
2000元及以下	6.0	4.0	2.7
2001～3000元	26.3	35.1	31.6
3001～4000元	30.9	29.9	32.5
4001～5000元	22.4	17.0	18.4
5001～7000元	9.8	10.0	9.3
7001元～1万元	3.7	2.9	3.7
1万元以上	1.0	1.0	1.8
样本数	890	1469	1033

这一数据说明，虽然受访职工的文化水平较高、工龄较长且所从事的工作岗位较为高端，但其总体收入水平并不高。根据大连市统计局公布的数据，大连市2016年和2017年社会平均工资（城镇非私营单位在岗职工平均工资）分别为73764元和81884元，折合月平均工资分别为6147元和6824元，2016年和2017年受访职工的月均收入明显低于社会的月平均工资，且相差很大。

3. 工作时间

2016～2018年的统计显示，受访职工平均每周上班天数均为5.2天，众值和中位值均为5天。具体而言，连续三年受访职工每周上班天数为5天的比例在80%左右，最低为2017年的78.5%，最高为2016年的82.6%。连续三年每周工作7天的受访职工比例在2%左右，最低为2018年的1.8%，最高为2016年的2.4%（见表8）。在回答“上周是否加班加点工作”时，2016年有44.0%的受访职工回答没有，2017年回答上周没有加班加点的受访职工比例为44.8%，2018年该比例为53.3%。这说明，受访职工大多每周可以休息两天或一天，没有休息天数的职工占比极小。

表 8　2016～2018 年平均每周工作天数占比

单位：%，人

每周工作天数	2018 年	2017 年	2016 年
5 天及以内	82. 0	78. 5	82. 6
6 天	16. 2	19. 6	15. 0
7 天	1. 8	1. 9	2. 4
样板数	878	1478	1040

从每周的实际工作天数看，受访职工的休息权益保障较好，2016 年受访职工的周平均工作时间为 42. 3 小时，2017 年为 42. 7 小时，连续两年的周平均加班时间不超过 3 小时。

在有加班的情况下，加班补偿和加班态度显得格外重要。调研发现，连续三年受访职工加班获得足额补偿（加班费和倒休）的比例均超过 90%，其中 2016 年为 91. 2%，2017 年为 91. 1%，2018 年为 90. 2%（见表 9）。在补偿方式上，主要是加班费，连续三年的比例在 3/4 左右，其中 2016 年的比例为 77. 0%，2017 年为 74. 7%，2018 年为 76. 2%。从加班补偿角度来看，受访职工的权益得到较好的保护。从态度来看，大部分职工愿意接受加班安排，2017 年回答“非常愿意”和“比较愿意”加班的受访职工达到 63. 3%，2018 年的比例为 72. 6%。

表 9　2016～2018 年加班补偿方式

单位：%，人

加班补偿方式	2018 年	2017 年	2016 年
足额加班费	76. 2	74. 7	77. 0
按加班时间安排倒休	14. 0	16. 4	14. 2
部分倒休、部分加班费	4. 7	4. 3	5. 7
不足额补偿	0. 7	0. 7	0. 2
其他补偿形式	4. 4	3. 9	3. 0
样本数	878	1218	847

4. 工作环境

2016 年和 2017 年的调研数据显示，受访职工参加“五险一金”的比例均在 94% 以上。还有一定比例的受访职工购买了补充社会保险或商业社会保险。

2016 ~ 2018 年，有过工伤或职业病的受访职工比例分别为 3.9%、6.0% 和 4.9%。这个比例说明受访者遭受工伤、职业病的危险比较小。从工作环境来看，受访职工面临的最大危害是噪音污染，连续三年受访职工回答面临工作场所存在噪音污染的比例在 1/3 左右（见表 10）。虽然受访职工回答对噪音污染有一定的防护，但是其对职工的影响不可忽视。除了噪音污染，也有其他类型的污染。其中粉尘污染和机械故障隐患是受访职工反映仅次于噪音污染的职业风险来源。从三年的数据中很难看到各种职业风险减小的趋势，这说明防治工作场所的潜在风险依然任重道远。

表 10　2016 ~ 2018 年工作环境情况（多选项）

单位：%，人

职业风险	2018 年			2017 年			2016 年		
	有防护	不存在	样本量	有防护	不存在	样本量	有防护	不存在	样本量
高、低温作业	24.1	73.7	775	26.8	69.8	1274	24.2	75.0	911
粉尘污染	29.0	69.9	780	23.9	59.4	1270	29.5	67.9	920
噪音污染	36.4	59.1	805	34.5	60.6	1308	38.1	58.4	954
有毒有害气体	20.0	77.6	769	23.6	72.9	1261	22.2	76.1	915
机械故障隐患	27.8	70.9	763	27.4	71.1	1248	29.3	69.8	904

四　职工对工会组织的认知、评价与期待

在连续三年的调研中，受访职工是工会会员的比例都比较高。2016 年在受访职工中，有工会会员 826 人，占比为 79.3%；2017 年在受访职工中，有工会会员 1083 人，占比为 74.1%；2018 年在受访职工中，有工会会员 715 人，占比为 81.8%。

数据显示，受访职工对企业工会和金普新区总工会的认知度比较高。具体而言，知道企业工会主席名字的受访职工连续三年占比均在92%以上，2016年达到97.4%；2017年为最低，占比为92.4%；知道企业工会干部联系方式的受访职工比例，最高为2018年的83.7%，最低为2017年的76.8%；知道企业工会办公地点的受访职工的比例，最高为2016年的94.8%，最低为2017年的86.2%（见表11）。以上三组数据表明，绝大多数受访职工熟悉企业工会，可以很方便地找到或联系企业工会。知道区总工会办公地点的受访职工也在2/3上下，最低为2017年的65.3%，最高为2018年的77.3%；知道区总工会联系方式的职工比例比较小，2017年为35.3%，2018年为54.1%。职工对区总工会的认知度明显小于其对企业工会的认知度。这一点可以理解，企业工会是维护职工权益、为职工提供服务的一线基层组织，也应当成为解决职工问题的前沿。在企业工会无法解决问题时，作为上级工会组织的区总工会才会介入。职工对企业工会的认知高于其对区总工会的认知符合常理，并不影响对职工权益的维护。

表11　2016～2018年职工对工会认知度情况（多选项）

单位：%，人

职工对工会的认知	2018年		2017年		2016年	
	比例	样本量	比例	样本量	比例	样本量
企业工会主席名字	94.3	895	92.4	1266	97.4	1036
企业工会干部联系方式	83.7	893	76.8	1467	81.9	1041
企业工会办公地点	94.2	893	86.2	1463	94.8	1033
区总工会办公地点	77.3	889	65.3	1467	73.6	1038
区总工会联系方式	54.1	889	35.3	1463	—	—

受访职工虽然对区总工会的认知度不高，但对其满意度很高。对区总工会过去一年的工作非常满意和比较满意的受访职工比例，2016年为87.6%，2017年为66.7%，2018年为69.7%；表示不太满意和非常不满意的职工比例3年均不到5%（见表12）。

表12　2016～2018年职工对区总工会的满意度情况

单位：%，人

满意程度	2018年	2017年	2016年
非常满意	40.4	34.2	42.8
比较满意	29.3	32.5	44.8
一般	26.0	29.7	7.3
不太满意	3.5	3.0	3.2
非常不满意	0.8	0.6	1.9
样本数	887	1437	1031

大多数受访职工认为过去一年工会组织与群众的关系比较密切或有联系。具体而言，2016年认为工会组织与职工联系密切的比例为50.7%，2017年为28.3%，2018年为36.6%；认为工会组织与职工有些联系的比例2016年为30.1%，2017年为33.8%，2018年为31.7%（见表13）。数据虽有起伏，但基本表明职工对工会组织的认可与评价。与此同时，也要看到，工会组织在“联系职工”方面还有很大的增长与改进的空间。

表13　2016～2018年工会组织“联系职工群众”的情况

单位：%，人

联系程度	2018年	2017年	2016年
联系密切	36.6	28.3	50.7
有些联系	31.7	33.8	30.1
联系较少	16.2	16.3	10.6
很少联系	15.5	21.6	8.6
样本数	871	1437	1012

在职工期待区总工会应当加强的工作方面，连续三年排前三位的分别是维护职工劳动权益、开展技术技能培训和开展困难职工帮扶，恰好对应了“维权、服务和帮扶”工会三大职能。不同的是，2016年和2017年排在第一位是维护职工劳动权益，2018年是开展技术技能培训。在这三项之外，提供创业服务稳居职工需求的第四位，其与开展技术技能培训的比例相加达

到2/3左右，2016～2018年分别为66.8%、65.5%和75.9%。这反映出受访职工在增强技术技能和创新创业能力方面的强烈需求，与国家政策倡导的方向及地方经济社会发展的需求相一致。

除此之外，还有三点需要强调。一是认为工会应当加强集体协商工作的比例连续三年都超过1/5，2018年甚至接近1/3，这反映出受访职工对集体协商工作的认知、认可与需求；二是要求加强女工保护工作的比例也比较高，在1/5左右，这说明女工保护工作还应当得到进一步加强；三是要求多举办各种文体活动的比例在1/5左右，也说明受访职工需求的多元化特征（见表14）。

表14　2016～2018年工会需要加强的工作（多选项）

单位：%，人

工会需加强的工作	2018年	2017年	2016年
提供创业服务	28.7	25.0	28.0
开展技术技能培训	47.2	40.5	38.8
开展困难职工帮扶	29.8	36.2	36.6
举办各类文体活动	21.3	18.9	20.4
加强安全生产监督	14.3	17.7	19.2
开展工资集体协商	30.6	22.3	26.6
加强工会组建	6.0	5.3	5.5
开展法律援助	16.4	16.9	21.2
维护职工劳动权益	41.5	43.2	48.8
弘扬劳模精神、劳动精神	6.0	3.8	3.7
开展劳动竞赛	2.0	3.1	2.1
女工保护	19.5	17.5	20.8
其他	0.3	0.6	0.2
样本数	886	1460	1034

五　集体协商与劳动关系

集体协商是工会工作的主要内容之一。大连市金普新区是全国范围内开展企业集体协商工作的先进地区，不仅企业进行集体协商工作的比例大，而且工作开展得扎实有效，深入人心，深受职工认可。从数据来看，2016 年回答所在企业过去一年进行过集体协商的受访职工有 844 人，占 81%；2017 年有 1049 人，占 71.2%；2018 年有 642 人，占 72.5%。2016 年有 80.4% 的受访职工认为企业职工的工资通过集体协商确定不仅是应当的而且是可行的，2017 年持这一观点的受访职工占 70.8%，2018 年持这一观点的受访职工占 76%。2016 年认为集体合同有利于保护职工权益的比例达到 69.6%，2017 年该比例回落到 58.8%。受访职工对集体协商成果的了解程度在 2016 年表示“没看过也没听别人介绍过”集体合同内容的为 12.6%，2017 年为 14.1%，2018 年为 26.3%，呈逐年增长趋势（见表 15）。这提醒我们必须重视集体合同的公开工作，使职工群众可以更加普遍地了解集体协商的成果。只有这样才能促使职工更加坚定地支持集体协商工作的推进和深入。

表 15　2016～2018 年职工对集体合同文本的了解情况

单位：%，人

对合同的了解	2018 年	2017 年	2016 年
看到过	41.4	38.0	47.5
听别人介绍过内容	30.5	47.9	39.9
没看过也没听别人介绍过	26.3	14.1	12.6
其他	1.8	0	0
样本数	863	1444	1030

在 2016 年调研中，受访职工所在企业在过去一年有过劳动纠纷的比例为 1.7%，有过拖欠工资行为的比例为 0.5%；2017 年受访职工所在企业在过去一年有过劳动纠纷的比例为 1.0%，有过拖欠工资行为的比例为 1.5%；2018 年受访职工所在企业在过去一年有过劳动纠纷的比例为 0.7%，有过拖欠工资行为的比例为 0.5%。这几组数据表明连续三年受访职工的劳动权益保障状况非常理想。在遭遇劳动纠纷或劳动权益受到侵害时，受访职工主要的求助渠道是找工会、找劳动关系仲裁机构和自己与企业协商解决，这三项

在连续三年的数据中都居前三位。这一方面说明受访职工的法制观念比较强，另一方面说明受访者对工会的认知与信任。

受访职工对本企业劳动关系的整体状况是非常满意的。连续三年认为本企业劳动关系很和谐和比较和谐的比例达到90%左右，其中最低的是2017年的86.3%，最高为2018年的91.4%（见表16）。

表16　2016～2018年企业劳动关系整体状况

单位：%，人

和谐程度	2018年	2017年	2016年
很和谐	54.6	43.0	43.7
比较和谐	36.8	43.3	44.6
一般	7.7	12.9	11.4
不太和谐	0.5	0.6	0.1
非常不和谐	0.5	0.2	0.2
样本数	863	1468	1041

在职工看来，影响企业劳动关系的最主要的因素是“普通工人工资低，增长速度慢”，有绝大多数的受访职工选择这一项。2016年有73.6%的受访职工选择这一项，2017年为66.2%，2018年为77.6%。除了收入低外，比较公认的影响企业劳动关系的因素是“单位/企业内部收入差距大”，有1/3左右的受访职工选择了这一项，2016～2018年选择这一项的比例分别为37.6%、35.5%和32.7%（见表17）。这两个影响因素都与收入有关，一个是收入绝对水平，另一个是收入的相对水平，从两个不同的层面反映了职工的心理状况。

表17　2016～2018年影响企业劳动关系的主要因素（多选项）

单位：%，人

影响因素	2018年	2017年	2016年
普通工人工资低、增长速度慢	77.6	66.2	73.6
单位/企业内部收入差距大	32.7	35.5	37.6
工人无权参与企业管理	8.4	10.7	8.6

续表

影响因素	2018 年	2017 年	2016 年
工作时间太长、休息权得不到保障	7.7	13.2	9.1
领导/管理者不尊重职工	8.1	13.2	13.9
劳动争议得不到有效解决	8.7	12.8	11.0
工作环境查，存在安全健康隐患	10.4	10.6	12.0
工人的合法权益得不到落实	11.6	12.3	11.6
工会组织不能有效发挥作用	7.4	7.2	8.7
其他	4.4	3.4	1.0
样本数	862	1424	996

职工代表大会是职工权益保障的机制之一。连续三年的调研结果显示，大多数受访职工所在企业在过去的一年召开过职工大会或职工代表大会，其中 2016 年为 87.4%，2017 年为 82.4%，2018 年为 72.5%。

六　社会心理状况

从 2016～2018 年的调研数据来看，受访职工大多认为与过去相比职工的爱岗敬业程度提高了，三年的比例分别为 45.5%、40.1% 和 52.2%，认为降低了的比例分别为 21.8%、19.4% 和 18.2%。从其对社会总体劳动关系状况的认知来看，大部分受访职工认为一般，三年的比例分别为 49.2%、43.4% 和 38.5%；认为社会总体劳动关系很不和谐的比例非常小，三年的比例分别为 2.2%、2.2% 和 2.6%；认为社会总体劳动关系非常和谐的比例 2016 年最低，仅 5.5%，2017 年最高才 11.7%（见表 18）。从总体上看，受访职工对社会总体劳动关系的态度比较偏向乐观。

表 18　2016～2018 年社会总体劳动关系状况

单位：%，人

和谐程度	2018 年	2017 年	2016 年
很不和谐	2.6	2.2	2.2
不太和谐	14.7	7.1	12.2

续表

和谐程度	2018 年	2017 年	2016 年
一般	38.5	43.4	49.2
比较和谐	35.4	35.7	30.9
非常和谐	8.9	11.7	5.5
样本数	891	1472	1036

受访职工的社会心理状况从社会公平感上的表现是，在总体上比较中庸，2018 年有所好转。具体而言，认为社会很不公平的比例不大，最高为 2017 年的 14.1%，最低为 2018 年的 9.7%；认为社会非常公平的比例更小，最高为 2018 年的 8.2%，最低为 2016 年的 3.7%；大部分受访职工的选择集中在“比较公平”和“不太公平”。就 2018 年而言，认为社会不太公平的比例为 27.4%，小于认为社会比较公平的比例（41.0%）；但在 2016 年和 2017 年，认为社会“不太公平”的受访职工比例更高一些（见表 19）。

表 19　2016～2018 年职工对社会公平感的认识

单位：%，人

公平感	2018 年	2017 年	2016 年
很不公平	9.7	14.1	11.9
不太公平	27.4	35.3	39.9
比较公平	41.0	34.6	28.8
非常公平	8.2	4.5	3.7
说不清	13.7	11.5	15.8
样本数	886	1455	1033

在过去一年感觉到生活有压力的受访职工比例都在 90% 以上，2016 年的比例最高为 98.1%，2017 年为 93.6%，2018 年为 92.1%。在过去一年感觉到生活压力增加的受访职工比例也很大，2017 年为 72.3%，2018 年为 79.5%。认为自己的收入水平在本地处于中下等的受访职工比例，2016 年为 73.6%，2017 年为 70.8%，2018 年为 74.8%。对自己的收入表示非常满

意和比较满意的受访职工比例很小，2016 年为 12%，2017 年为 11.8%。

数据显示，受访职工连续三年最担心的问题是“看病太贵，不敢生病”和“收入增长赶不上物价增长”（收入太低和物价太高）的问题，在 2016 年和 2017 年的数据中，认为“收入太低”的比例均超过 40%，认为“物价太高”的比例在 60% 左右；认为“看病太贵，不敢生病”的比例分别是 70.1% 和 65.1%。在 2018 年的数据中，认为“收入增长赶不上物价增长”的比例达到 77.4%，认为“看病太贵，不敢生病”的比例达到 72.4%。除此之外，受访职工连续三年都对子女教育和就业问题表示担心。2018 年担心子女教育的受访职工比例为 47.4%，2016 年和 2017 年担心子女教育和就业问题的受访职工比例也比较高，分别为 40.2% 和 33.6%。这些数据表明，职工担心的问题具有一定的延续性和稳定性，医疗卫生、收入与物价不均衡和子女问题成为困扰职工的三大主要问题。除此之外，受访职工对工作稳定性和失业风险也存在一定担忧，三年数据分别为 30.0%、22.1% 和 22.5%（见表 20）。

表 20　2016～2018 年个人最担心的问题（多选项）

单位：%，人

选项	2018 年	2017 年	2016 年
工作不稳定，可能下岗失业	22.5	22.1	30.0
看病太贵，不敢生病	72.4	65.1	70.1
收入增长赶不上物价增长	77.4	—	—
收入太低	—	48.0	40.4
物价太高	—	61.0	59.3
家庭婚姻问题	3.7	3.8	1.3
养老保障	16.4	5.5	14.4
子女教育	47.4	—	—
子女就业	6.1	—	—
子女教育和就业问题	—	33.6	40.2
其他	1.0	0.8	0.5
样本数	889	1472	1041

七　职工满意度

本研究将职工满意度精简为七个因子，即工作成就前景、能力匹配度、收入水平、晋升发展机会、管理水平、工作稳定性和工作压力；将满意度设定为1~5，1代表“非常不满意”，2代表“不满意”，3代表“一般”，4代表“满意”，5代表“非常满意”。受访职工在七个方面的满意度具有如下特点，一是受访职工对工作与能力的匹配度满意度最高，其次为对企业管理水平的满意度，连续三年都是如此。二是受访职工对收入水平的满意度最低，连续三年都是如此。三是从纵向比较来看，受访职工在七个维度上的满意度没有表现出明显递增或明显递减的趋势，很难鉴别出职工在三个年度不同维度满意度的区别。四是受访职工在三年中，对七个方面的满意度均高于3，最高为4.2，最低为3.0（见表21）。这些数据表明，受访职工在满意度上的态度稍微偏向满意的一端。

表21　2016~2018年受访职工满意度

选项	2018年		2017年		2016年	
	满意度	样本数	满意度	样本数	满意度	样本数
工作成就前景	3.4	887	3.4	1471	3.5	1040
能力匹配度	4.2	887	3.9	1472	4.1	1039
收入水平	3.1	887	3.2	1458	3.0	1039
晋升发展机会	3.3	887	3.3	1452	3.3	1028
管理水平	3.9	887	3.7	1460	4.0	1031
工作稳定性	3.3	887	3.2	1449	3.2	1028
工作压力	3.7	866	3.5	1443	3.4	1027

八　研究结论

本研究通过连续三年的问卷调查，揭示了大连市金普新区职工队伍的基本状况和稳定特征，主要有如下几个特点。

（一）高素质与稳定性

从人口特征来看，金普新区职工队伍具有年龄偏大、教育水平较高的特点，职工以本地户籍尤其是本地城镇户籍为主，在居住方面大多有产权房或保障房，在同一个企业工作的时间比较长、流动性比较弱，多签署无固定期或三年及以上固定期劳动合同。从工作特点来看，本研究受访职工大多来自制造业、日资企业，工作岗位分布较为均匀。这是一个工作和生活都比较稳定的高素质的职工队伍。

（二）收入低，但工作环境良好

与稳定性相对应的是，金普新区职工总体收入水平不高。绝大多数受访职工月收入在2000~4000元，月收入5000元以上的比较少。受访职工的工作环境比较健康，受过工伤或有职业病的受访职工比例很小。大部分职工认为自己的工作环境影响身体健康的因素不多，企业已经采取相应的防护措施。

（三）权益保障机制比较健全

绝大多数受访者认为，企业比较遵守劳动法律，尤其是在工作时间和休息加班问题上。绝大多数受访职工反映，工作时间符合“每周五天，每天8小时，每周40小时”的法律规定。即便有加班的情况，企业也兑现了法定赔偿，如加班费和补休等。

在法律机制之外，受访职工受到工会和职工代表大会等社会对话机制的保护。绝大多数受访职工是工会会员，受访职工者对企业工会和区总工会的认知程度、满意度和信任度都比较高。在认知和信任的前提下，“劳动权益受损找工会”的理念已经在金普新区工人中普遍建立起来，找工会是职工首选的维权方法。与此同时，受访者对工会工作也寄予厚望，他们认为在接下来的一年里，区总工会应当重点加强的工作排前三位的分别是“维护职工劳动权益”“开展技术技能培训”“开展困难职工帮扶”工作，这三项工作恰好对应了工会的“维权、服务和帮扶”三大职能。

职工对集体协商和集体合同的认同程度比较高，大部分受访职工表示，所在企业曾经开展过工资集体协商，集体合同在维护职工权益方面作用很大或者作用比较大。不过，企业工会对集体合同的传达程度还不够，宣传力度还需要加强。职工代表大会也是职工权益保障的机制之一。在连续三年的调研中，大部分受访职工所在企业召开过职工代表大会或职工大会。

（四）劳动争议少、劳动关系和谐

连续三次调研的数据都显示，受访职工与企业发生劳动争议的情况比较少，遭遇拖欠工资情况的职工也是极少数。大部分受访职工认为本企业劳动关系比较和谐或非常和谐。在职工看来，影响职工与企业关系的最主要因素依次是收入水平低和收入分配不平衡。

（五）焦虑的社会心理

连续三年的调研表明，部分受访职工处于比较严重的焦虑状态，感觉到生活有压力，而且生活压力一年比一年重。部分受访职工普遍认为自己的收入水平在本地处于中等水平以下。受访职工连续三年最担心的是“看病太贵，不敢生病”和“收入增长赶不上物价增长”的问题。数据的稳定性反映了受访职工在总体上对医疗卫生和物价增长等方面的担忧。除此之外，部分受访职工对自身养老和子女教育就业表示出担忧。虽然本研究的样本是一个教育水平较高、工作稳定的中上层职工样本，但他们依然感受到生活的巨大压力。这一点应引起高度重视。

（六）满意度比较高

总的来说，受访职工对工作的满意度比较高，尤其是对工作与能力的匹配度满意度和对企业管理水平的满意度比较高。受访职工对工作满意度的态度稍微偏向满意的一端。

九　政策建议

在上述分析的基础上，本报告提出以下几个建议。

（一）加大宣传力度，创新工作方法

无论是企业工会还是区总工会，“联系职工群众”无疑是工作的核心内容。数据显示，工会对自身的宣传力度还不够，职工对工会的了解还不充分。如何适应互联网时代传播的特点，结合新一代职工自身的特点和需求，加强宣传工作和方法的创新，是摆在各级工会面前的重要议题。当然，联系职工不仅是宣传问题，职工对工会的认知与认可，大部分来自工会的实际工作，以及这些工作在职工中产生的影响。

（二）建立健全劳动关系监测和预警机制

虽然数据显示，职工对本企业劳动关系的满意程度比较高，但是从职工对社会总体劳动关系的认知情况看，其对本企业劳动关系的满意程度中有不少的水分。而且在社会心理方面，部分职工表达出强烈压力和焦虑，这种社会心理状况容易在经济形势发生明显变化的时候迅速激化为社会矛盾，进而影响到企业与地区的劳动关系状况，对此应引起足够的重视。

（三）加强劳动关系领域社会组织建设

职工队伍的组织化是由其社会性决定的。在加强工会建设、努力使工会成为职工信赖的娘家人基础上，工会工作还可以扩展一下思路，加强劳动关系领域社会组织建设，培育一批可靠的、专业的社会化工会工作者，发挥其灵活性与专业性，使其承担体制内工会难以承担的业务，使其成为工会工作的得力助手。

参考文献

何金苗、刘一、李艳萍、高丽光：《基于社会阶层视角的非公企业女职工工作生活状况与阶层流动——来自黑龙江省的调查》，《中国劳动关系学院学报》2014 年第 6 期。

胡放之、邵一持：《大力开展集体协商　推进企业一线职工工资正常增长——基于湖北省部分行业一线职工收入状况的调查》，《湖北社会科学》2011 年第 2 期。

刘向兵：《准确把握中国职工状况发展趋势的新作——〈中国职工状况研究报告(2017)〉评析》，《经济纵横》2018 年第 4 期。

梅爱冰、潘胜文：《我国垄断行业职工工资外收入状况分析》，《湖北社会科学》2011 年第 4 期。

覃其宏、徐健、覃妹锦、任伟宇、麦善军：《当前广西职工队伍思想状况及加强职工思想政治工作的调查研究》，《中国劳动关系学院学报》2014 年第 1 期。

吴湘玲、陈超阳：《我国非公企业职工的心理压力状况及应对策略——以湖北省为例》，《江汉论坛》2012 年第 2 期。

杨雄、张亮：《当前上海青年职工的思想动态和生活状况》，《青年研究》2000 年第 10 期。

张俊浦：《兰州市城市青年职工住房分层状况研究》，《中国青年研究》2009 年第 7 期。

钟雪飞、陈芝：《民营企业职工薪酬状况的结构方程分析》，《财经问题研究》2010 年第 9 期。

去产能行业职工生活状况调查

郭宇强*

摘　要：　近年来，随着供给侧结构性改革的稳步推进，职工分流安置工作成为党和政府高度关注的一项重要任务。本文通过访谈等方法对山西省D市M公司的职工开展个案调查，从当初的选择、奔波的日常、身份的转化、有限的社会支持、想象的未来等方面记录宏大历史进程中微观个体的所思、所想与日常，并提出一些工作思路与对策建议。

关键词：　去产能　职工　生活状况

一　前言

近年来，随着供给侧结构性改革稳步推进，党和政府对去产能行业的职工安置工作给予更高地关注。2015年12月，中央经济工作会议提出“去产能、去库存、去杠杆、降成本、补短板”五大任务，要求在“积极稳妥化解产能过剩”的过程中要“做好职工安置工作”。自2016年开始，国务院以及各相关部委陆续颁布了《关于钢铁行业化解过剩产能实现脱困发展的意见》《关于在化解钢铁煤炭行业过剩产能实现脱困发展过程中做好职工安置工作的意见》等文件，对妥善安置职工做了系统部署与安排。2016年，化解钢铁、煤炭过剩产能工作平

* 郭宇强，中国劳动关系学院副教授，劳动关系与工会研究院研究员，主要研究领域为劳动关系与工会。

稳有序，涉及28个省份的1905家企业，安置72.6万人，[①] 没有出现突出的矛盾和问题；2017年，化解过剩产能工作安置职工50万人。

2017年3月，人社部、国家发改委等五部门《关于做好2017年化解钢铁煤炭行业过剩产能中职工安置工作的通知》中要求："拓宽安置渠道、确保职工权益。"2017年4月，国务院通过《关于做好当前和今后一段时期就业创业工作的意见》，提出坚持实施就业优先战略、支持新就业形态发展、促进以创业带动就业等意见，并明确提出要稳妥安置化解钢铁、煤炭、煤电行业过剩产能企业职工。在这样的背景下，各级党委、政府、工会与企业积极采取多种措施，确保职工安置工作平稳、有序进行，社会秩序总体保持了稳定。2019年6月，人社部、国家发改委等八部门发布《关于切实做好化解过剩产能中职工安置工作的通知》，进一步要求各地坚持把职工安置作为化解过剩产能工作的重中之重，稳妥推进职工分流安置工作。

二　调查说明

M公司位于山西省D市，始建于1958年，是全国地方钢铁骨干企业之一。经过多年建设与发展，逐步成为集采矿、炼焦、炼钢、轧钢于一体的钢铁联合企业，具有年产钢200万吨、铁140万吨、材120万吨的能力，在册职工14900人，1998年被L公司[②]兼并重组。[③] 随着国内钢铁行业面临严峻形势，钢铁产能严重过剩，化解淘汰过剩落后产能势在必行。2016年9月，该公司过剩铁产能生产线全部关闭，主体生产工序仅保留一条中厚板轧制生产线及配套的热处理酸洗生产线。

M公司职工安置方式包括三大类共9种方式。第一类，上岗。包括转移到L

① 《去产能职工安置工作基本上平稳有序》，中国政府网，http：//www. gov. cn/xinwen/2017 - 04/07/content_ 5183998. htm，2017年4月7日。

② L公司总部位于山西省T市，在省内其他地区有多家子（分）公司。

③ 李学锋：《国有钢铁企业去产能人员分流安置案例分析》，中国劳动学会劳动科学教育分会2017年年会报告，2017年9月。

公司就业、企业内部转岗2种方式。第二类，退养。包括内部退养、到龄退休、灵活安置、工伤大病休息4种方式。第三类，创业。主要包括职工自主创业、协议保留劳动关系自主创业、协商一致解除劳动合同自主创业3种方式。2016年11～12月，M公司完成1万多名职工分流安置任务。其中，转移到L公司就业，与L公司及其所属各子（分）公司签订劳动合同，成为正式职工即“异地安置就业”的人数最多，总计为4083名，占分流安置职工的38.3%。①

本调研聚焦于“异地安置就业”的职工个案分析。访谈对象一共5名，男性，均属于M公司的正式职工，自小就学习、生活、工作在D市；年龄在43～45岁，属于70后；学历涵盖初中、高中、大专等类型；工龄普遍在20年以上，A、B、C3名职工一直在基层做炉前工、电工、天车工等岗位工作，D、E2名职工曾在生产一线工作，后从事办公室文职工作，目前分流到L公司基层一线从事技术或者服务保障工作。

本调研主要关注以下三个方面。一是这些职工当初是如何做出选择的；二是这些职工现在的生活状况如何，面临着哪些困难与焦虑，如何解决这些新问题等；三是这些职工对未来有何期望。调研主要通过访谈与实地观察的方式进行。在调研过程中，笔者也通过一些论坛、贴吧、微信公众号等渠道了解其他职工、家属等群体的想法与观点。这些个案虽然不能代表全部职工，但是能够从一个侧面记录宏大历史进程中微观个体的所思、所想与日常，反映在社会变革大潮中普通劳动者个体的选择与适应过程，为进一步推进和完善职工安置工作提供个案借鉴。

三　调查结果

（一）当初的选择

社会主义市场经济发展多年，对我国的社会经济结构产生了巨大影响。

① 李学锋：《国有钢铁企业去产能人员分流安置案例分析》，中国劳动学会劳动科学教育分会2017年年会报告，2017年9月。

由于计划经济的制度惯性，M 公司仍旧呈现出一些单位制的特征。虽然“双重依赖结构”有所弱化，但其仍在一定范围内发挥着作用。当去产能改革的大潮到来时，职工们经历了一个从观望到选择的过程。

开始的时候，M 公司的多数职工处于观望阶段。这 5 名职工与企业中的多数普通职工一样，工作在基层第一线，也具有一定的职业技能。他们是家庭生活的重要支柱，既要照顾年迈的父母，还要承担教育子女的重任。如果去外地工作，这些职工就会面临着吃住行、工资收入、回家探亲、孩子上学、夫妻分离、融入与适应等一系列现实事项。这些事项涉及面广、解决难度大，无论对个体还是企业，都需要支付较大的成本。“能否解决、如何解决、谁来解决”就成为职工关心的重要事项。在政策不明确的状况下，“观望”成了多数职工的选择。与此同时，关于 M 公司未来的各种消息开始在职工中传播，“争取更多的倾斜政策”成为职工的普遍心理预期。

> 不敢相信，这么大的企业说不行就不行了。大家还是不想离开，总觉得条件低。离开家去外面工作，很多事情都不不知道咋弄，如果在外面过得不行，你说咋办？还能回来吗？ （A 职工，访谈记录 SX－JH）
>
> 谁能想到，我们公司有一天会到这个地步。以前我们这的一家国有纺织厂，一直效益不好，总听说要破产、职工上访啥的，那时候，感觉这些事情离我们很远。没想到，这种事情，我们企业也会摊上……社会变化太快了，我们适应不了了。以前有人说，我们在国企待得太久了，没有想法了。现在想想也可能是这样。 （B 职工，访谈记录 SX－GL）

在职工观望的过程中，M 公司的经营形势并没有得到根本扭转。一些来自官方的消息则预示着政策的演进趋势，并朝着职工不希望的方向持续发展。按照国家调控政策宏观和 L 公司的工作部署，于 2013 年开始，M 公司开始加速淘汰落后产能工作。2013 年 12 月，炼钢分厂所有炼钢工艺装备关停；2015 年 4 月，炼铁分厂高炉生产系统停产；2015 年 5 月，焦化分厂封炉停产。至此，M 公司三大主营项目分厂完成历史使命，进入全面停产阶段。

2013年前后，M公司就开始通过推行“援职+协力”的新型用工模式安置富余职工进入L公司从事相关工作。当时有2100多名职工充实到L公司分（子）公司的新岗位工作。与此同时，其他人员的分流安置工作也开始进行前期准备工作。这一政策与效果在企业内得到广泛宣传，公司电视台、报纸等媒体进行了多次报道，公司机关报开设了专栏，连载多期对相关政策进行详细解读。这其实已经为后续的职工安置工作进行了铺垫，成为更大规模职工安置工作的序幕。2016年11月，《M公司职工分流安置方案》经过职工代表大会讨论通过。职工们终于意识到，这次的改革是真的发生了。

分流安置政策与条件成为那个时期企业职工茶余饭后的热点话题。一是岗位要求。这要求身体健康，能够适应长期在外工作，满足岗位工作所需要的健康状况；具有技能资质，具备企业所需岗位与工种的工作技能，持有相关资质等级证书优先；职工必须充分理解工作要求、安置政策等信息，自愿选择安置方案。二是选择流程。基本流程是L公司及所属分（子）公司公布人员需求计划，包括岗位名称、岗位类别、技能要求、人员数量；职工根据自身情况，采取自愿原则进行报名；M公司汇总人员名单，并对照条件进行初审；L公司各分（子）公司择优选择职工，确定人员名单；M公司通知入选职工，并要求职工做好出发到岗准备；M公司派出专车将职工送到L公司用人单位。这些入选职工分布在L公司及其分（子）公司所在的TY、YX、YQ等地。三是工资待遇。职工的工资水平参照L公司同类岗位的工资水平进行确定。L公司所在地区的经济发展水平高于M公司所在地区，因此这些被分流的职工工资水平均高于原工资水平。目前，在生产一线岗位的职工收入在4000元左右，在辅助生产岗位的职工收入在2500～3500元，在管理岗位的职工收入则在4000元以上。如果工作完成情况良好、企业效益得到提升，会有额外的奖金。[①]

① 这是对5名职工访谈结果的汇总，虽然不能代表全体职工的情况，但是有助于了解、分析这个企业普通职工的工资水平状况。

选方案的时候，我其实不想来，孩子在读高中，比较关键，我不来，你说咋办。领导说，我是先进，让我带个头。我以前是先进工作者。在定了的那几天，父母都哭了，但是能有啥办法，大家都得走，又不是我一人。家里都是媳妇一个人忙里忙外，每次打电话，总吵架。现在吵得少了，主要是说一些家里的事情，说是让我做主，我也基本做不了主。不在家啊，离家远，听媳妇的就行了。

（A 职工，访谈记录 SX－JH）

选择（去哪里）不是一下完成的，有的先去，有的后去。待遇是按 L 公司给的，比现在要高一些；起码收入还行。我媳妇总说我挣钱少，要我早点出去多挣钱，说去了 LX① 的收入翻了一倍。我是觉得不能只看钱，你咋不说不能常回家照顾家呢。另外，还要看岗位合适不合适，对吧。

（D 职工，访谈记录 SX－YF）

岗位不是你想去就能去的，得看 L 公司的需要；厂里说，要报（名）就早点报（名），开始人家（L 公司）需要的人多，后面可能就少了，那就不是想去就能去的了。现在主动点还来得及。后来好像竞争得挺厉害，我是报了几次，第三批才被选上。

（E 职工，访谈记录 SX－XG）

在访谈中，我们也能感到职工矛盾与复杂的心态。一方面职工能够理解国家面临的紧迫形势与经济压力，因此需要齐心协力，共渡难关；另一方面职工也有面对方案选择的无奈感。

我想国家也是没办法。有办法，还能这样？以前碰到很多困难，我们厂都挺过来了。我记得小时候，大街上到处都是面包铁，卖不出去，就堆在家属区，我们就在那上面玩。这够困难了吧？不还是挺过来了？后来（面包铁）都卖出去了。看来这次真的是没有办法了，我们得靠

① 山西省的一个县城名，L 公司在当地有分厂。

自己了。（E 职工，访谈记录 SX－XG）

M 公司在制定与推行方案的过程中，通过厂务会议、车间会议、班组会议、座谈会、社区调查等多种渠道与干部职工进行沟通联系，实现了政策发布、意见收集、政策解读、沟通协调等多种功能。访谈中发现，这些政策的沟通过程并不是完美有效的，比如就有职工提到，“方案涉及名词比较多，不好懂”，一些工作人员的解释属于“用专业词去解释文件中的专业词”。加之存在讨论时间较短、职工参与不充分等情况，形成了职工与企业之间的沟通障碍。在这种情况下，一些职工会产生：我是“支持方案的多数人”“提出意见的少数人”“政策关注的局内人”“方案决策的局外人”的心理感受与认知。

（征求意见）这个过程看起来很长，其实时间很短。这么重要的事情，让我们马上就定下来。我每天上班，然后家里还有事情，怎么会这么快就定下来？……上头说有文件，我也没有弄明白。等我想问的时候，车间里说，征求意见的时间已经过了。你说这是什么事呀！感觉还什么都不知道，就完了。（B 职工，访谈记录 SX－GL）

征求意见也有。主要是开会，有时候在群里也问一下。每次开会反映问题，他们（工作人员）都在记，说是把问题记下来，会和上级反映；但是最后结果出来后，看不出对我的问题有什么回应；领导说是根据大多数人的情况定的；基本每次都这样，我咋觉得自己是“少数人”呢。（D 职工，访谈记录 SX－YF）

（二）职住分离

M 公司的职工曾经拥有较为稳定的生活，稳定的工资收入，完备的养老、医疗等社会保险；年长的职工曾享受到福利分房政策，在住房货币化改革中，以优惠的价格获得了住房产权；随着生活水平的提高，部分职工也拥有了私家车。

M公司的生产区与家属区距离很近，家属区主要分为一生活区、二生活区。一生活区位于M公司的北面，形成于建厂之初，是职工的主要居住区。围绕这一区域逐步形成了众多的配套资源。区域内拥有幼儿园、小学、中学、企业技校等教育资源，超市、饭店、理发、浴室、菜市场、宾馆等多种配套实施一应俱全，此外还有篮球场、职工俱乐部、广场等活动场所。二生活区位于M公司生产区的东南方向，是随着企业生产规模的扩大而形成的职工生活新区。从二生活区进入中心城区需要穿过M公司的生产区。M公司虽处于市区边缘，但拥有两条干道连接中心市区，一条公交巴士可以从二生活区穿越生产区经过一生活区直接到达中心城区，交通十分便利。

去产能改革将这些职工强力挤出了传统的、熟悉的、封闭的单位空间，他们怀揣忐忑与不安，进入新的陌生环境与单位空间。原有的稳定工作与生活预期开始呈现出不确定性，候鸟式工作与生活成为新常态，一场新的生活展现在前方。

异地就业首先要解决的就是食宿问题，这也是职工担心的首要问题。L公司多是通过为职工安排集体宿舍的方式解决这一问题，来自M公司的职工以“外来者”的身份进入已经存在的住宿空间。D职工刚来的时候居住在L公司的职工宿舍。职工宿舍是筒子楼，处于当地职工的家属区，周边交通、出行与生活相对便利。一栋宿舍楼内有上百名职工，房间面积15~20平方米，2~3人一间，房间内提供给每人一个小柜子，可以存放自己有限的私人物品；在宿舍公共空间内，基本没有自己的个人隐私。宿舍由管理员统一进行管理，其主要承担开门锁门、宿舍安全、住宿管理等职责，管理员由L公司统一安排；宿舍楼里的“原住民”是L公司的原有职工，以单身职工居多。A职工居住在LX县分厂①的职工宿舍，但是工作地与居住地较为偏僻，周边比较荒凉，没什么可以消费与消遣的地方。

尽管住宿条件有差异，但是各企业均有内部食堂，可以满足职工的基本

① 山西省某县，L公司在当地有分厂。

饮食需求。集体宿舍是国有企业制度与文化的重要载体，是规训企业职工的重要手段与方式。这种住宿安排以及集体化生活在形式上延续了原来国有企业的制度安排，在异地营造了一种相对熟悉的制度文化与单位空间，客观上形成了国有企业福利制度的异地迁移，减缓了对异地就业职工的心理冲击，具有一定的心理补偿效应。

> 刚开始新鲜了两天，我以前住过单工宿舍（即集体宿舍），下班就叫几个同事一起聚聚、聊天啥的。后来赶上分房了，就搬出去了，结婚生孩子，上班下班，也就这些（事情）。刚来这儿，不太适应了，啥也不适应，一个车间没几个认识的，设备也不熟，得慢慢磨合。住的地方也就凑合。这与家的感觉还是不一样……以前在家，比较自由，想干啥就干啥；现在就一个宿舍，啥也没有，也没有啥可以干的，只能看看手机，有时候到别的宿舍看看下棋、斗斗地主（一种扑克牌的玩法）。娃不在身边，还挺想的。（C职工，访谈记录SX-HG）

在这个过程中，有家庭的职工再次以个体的名义重新进选职工宿舍，家庭化生活转向了集体化生活，原先一体化的劳动就业与家庭生活关系因地理空间变化而解体，呈现出“劳动力生产和再生产的分离”的特征。

第一，在地理空间方面，以前家庭所在地与居住地是重合的，并且与工作地均处于城市的东部，属于地理距离相对较近的区域内；现在家庭所在地与居住地是分离的，并且分属距离较远的两个不同区域，地理距离在200~400公里。

第二，在通勤时间方面，以前从居住地到工作地上下班，一般需要10~20分钟，交通工具以自行车、摩托车等为主；现在从居住地到工作地则需要乘坐火车、长途汽车或私家车等交通工具（见表1）。从这种典型的异地就业职工的通勤情况可以看出：他们换乘车的次数增加，总计通勤时间也较以往有明显增加。

表 1　职工从原居住地到现在工作地通勤情况

时期	交通方式	通勤时长
异地就业前	自行车、摩托车	10～20 分钟
异地就业后	火车	从住所到公交车站走 5～8 分钟 乘公交到高铁站 40～50 分钟 乘高铁 1 小时 30 分钟左右 乘公交车到家 40 分钟左右,乘出租车 20 分钟左右
	长途汽车	从住所到公交车站 5～8 分钟 乘公交到长途汽车站 30～40 分钟 乘长途汽车 3 小时左右 乘公交车到家 20 分钟左右,乘出租车 10 分钟左右
	拼车	从约定地点直接到家附近需 2～3 小时

第三，在劳动力生产和再生产方面，家庭中的职工在新工作地工作并获取劳动收入，维持原居住地家庭的日常生活；职工的体力与智力的恢复、维持与更新等在新工作地完成；家庭中的子女在原居住地学习与生活，多由孩子的爷爷、奶奶或者姥姥、姥爷等长辈或者妈妈照顾他们的上学与日常，进而实现劳动力的再生产。

第四，在家庭内涵方面，职工也有不同的心理感受。这些职工普遍认为，原来在 M 公司生活区的居住地是真正意义上的“家”，是一个心理与精神意义上的家，家里有亲人（妻子/丈夫、孩子、父母、亲戚、同学等），有较为熟悉、交往频繁的社会关系网络，能够满足职工的生理、安全、社会尊重等多种需要；在新工作地居住，无论是集体宿舍还是出租房里，其仅是一个满足居住需要的临时场所

探亲频率是一个无法回避的现实问题。对多数职工来说，是否把原来的家迁移到现在的工作地是一个极为重要的家庭议题，由于受到租（买）房成本、家庭经济实力、生活水平期望、父母养老、子女教育等多种因素影响，多数职工选择了维持现状，定期回家探望。在访谈中发现，刚到异地工作初期，职工回家频率具有多样性，包括一周一次、两周一次、一个月一次等多种类型。随着时间的延长，职工回家的次数相对比较固定，一周一次的

频率基本消失了。

现在一般两个礼拜回一次，（如果）家里没啥事情，也有一个月回一次的。刚来那会儿，（回家的次数）多一点，那会儿刚来，啥也不习惯，吃住都不习惯，家里的各种事情也得安顿安顿。后来，觉得这样（一周一次）费时间，太累了，基本回去就是想睡觉，没住几天就上班……孩子考试、爸妈身体不好、同事家娃结婚啥的，我就回得多一点。（C职工，访谈记录SX-HG）

与此对应的是，职工家属探亲则成为次要选择。在访谈中职工也有提及配偶或者配偶带子女来其工作地探亲。但是，由于受居住条件、交通成本、住宿成本、时间协调等因素影响，探望成为一种奢望。那些一起出来、异地工作的双职工，有时候成为职工羡慕的群体。

家里人想来（探亲），也不方便，还得找宿舍；有的同事在外面租房住，合租的多；不然不划算；住旅店，费钱。我媳妇说，有这钱，不如攒着给娃上学。（C职工，访谈记录SX-HG）

有时候觉得挺好笑的。在老家，我可是住着100多平方米的房子，到这还得租房子住。（A职工，访谈记录SX-JH）

有的是和媳妇一起出来的，总能经常见面。刚来的时候，他们还都在宿舍住，后来熟悉了（环境），就在外面租了房子。累是累点，但是能在一块，也有个照应，总是好事儿。我是一个人来的。上次，我病了，晚上挺晚的，赶紧给同事打电话，同事马上开车把我送到医院，幸亏及时啊。（D职工，访谈记录SX-YF）

技能学习是调研中关注的一个话题。产业升级与去产能改革意味着职工原来所学的技能失去了发挥的空间。产业升级改造对职工的技能也提出了新的要求。调查发现，这部分职工的学习意愿与行动并不如预期的那样强烈，也存在一定的迷茫。

学习？我们还能学什么？原来选岗位的时候，基本就是你原来干啥，将来还干啥。技术强的岗位，没有学过，人家也不要。有些岗位，干一段时间就熟悉了。如果是电工之类的工种，可能还需要学习新的东西；像那些钳工、天车工，多数是熟练工种，已经干了十几年了。干一段时间，很快就熟悉（操作）了。我是做物业的，原来没有干过，开始也学习了一些知识，这没什么特别难的，公司也好像不需要我们懂太多。（D职工，访谈记录SX－YF）

现在培训很少……我们都是熟练工，对于企业来说，我们帮他们省了钱，要不然他们到哪里找这么多熟练工……都说要学习、要学习的，也不知道学啥。（A职工，访谈记录SX－JH）

（三）身份转化

随着安置工作的推进，职工逐渐意识到自己已从“企业主人翁”到“市场中的求职者”，“我是谁”成了职工心中的一个困惑。一些职工认为自己失去了国有企业主人翁的光环，处于边缘化的处境，成为救助对象与被照顾者。

在这种情况下，在国有父爱庇护下形成的工作与生活经历成为职工集体记忆的重要部分。当问起“平常是否会想起过去在企业工作的情景”时，这些职工普遍表现对既往国有企业的恋恋不舍。工作环境、生产节奏、生活福利、人际关系等主题均呈现在他们的话语表达中。甚至曾经抱怨过诸如上级随意批评、不合理克扣奖金等不公平“现象”，也成为这一群体的“集体记忆”。经过时间“清洗”与记忆整理，这些“现象”曾经带来的愤怒与不快则被选择性忽略，“现象”嵌入的制度环境、单位空间以及附着的主人翁地位与意识等心理感知得到进一步强化。在这个特殊语境下，职工不是“旁观者”，不是“他者”，而是“当事人”“参与者”。这些因“参与”而形成的体制性知识与经验会引起职工的群体共鸣，进一步强化了原有的集体记忆，成为抚慰他们内心的重要心理资源。

> 还是以前的日子好啊，每天只要把任务完成了就行；离家不远，孩子就在子弟学校上学，接送都很方便；还经常会有些福利或者文体活动。我的媳妇还是工会帮着介绍的。那时候，我们穿着工作服在大街上、商店里买东西，别人都会高看我们一眼。为啥？我们收入高啊，福利也好。（E 职工，访谈记录 SX－XG）
>
> 我们有单位的（餐）卡，每月（厂里）会打钱，这些钱取不出来，可以在单位食堂买东西。经常就去买一些馒头、菜啥的，省得家里做了。（D 职工，访谈记录 SX－YF）
>
> 记得有一次，我们去参加市里的歌咏比赛。别的单位都是几十人的小合唱队，在大的体育场里根本体现不出什么。我们是公司派出车队送过去的，十多辆车，几百名职工，都是崭新的工作服，安全帽，白毛巾，一出场，就镇住了，口号还特别整齐响亮，真是工人的力量体现出来了，特别自豪。就凭借这种气势和这种规模，我们就得拿个奖。
>
> （A 职工，访谈记录 SX－JH）

国有企业的思想政治工作与企业文化建设在该群体上烙下了深深的印记。在感慨自己命运变化的同时，这些职工仍会将自身命运与国家命运联系在一起。“想办法”这个词汇中既包括企业责任，也包括个体责任。在这个话语表述中，职工在呈现自身国有企业正统性的同时，也展现出一种集体自豪感与主人翁责任感。

> 国家肯定也遇到困难了，也不容易，我们也能理解。有人天天抱怨，那时还有人去上访了。这么多人，都按照自己想法来，也不现实。走之前，领导说共渡难关，我觉得就是要都努力，还是得踏实干活。我

们现在这个地方（物业）人也挺多，但是没有多少活儿。

（D 职工，访谈记录 SX－YF）

我爸一参加工作就到企业了，然后就在一直到退休。（我）小时候，（我爸）经常跟我说企业事儿，我也不太懂，但是感觉（他）每天都很忙。我是读了技校，毕业后就分到厂里了……有段时间，钢铁不值钱，厂里号召我们一起努力渡难关。企业一直帮我们想办法，我们也得自己想点办法……你说是不是？（C 职工，访谈记录 SX－HG）

要说苦吧，也苦，两头跑；要说不苦，也对，家里啥都有。不过话说回来了，有的企业好像说裁员就裁员，我们这边还没有那么惨吧……上周领导开会，问我们愿不愿意到别地方去干活，让报名，说是劳务输出。这也算是领导帮我们想办法吧。（B 职工，访谈记录 SX－GL）

与此同时，共享经济快速发展对劳动力就业形成吸纳效应，这也对一些职工的心理产生了新的冲击与影响。对 M 公司的职工来说，他们在原来的企业已经具有较为完善的职业安全与教育、职工福利、社会保障等制度保障体系，具有较高的职业平台与起点。因此，在重新进入劳动力市场、选择新职业的时候，他们不仅仅会比较不同职业之间的收入水平，还会比较社会保障、职业安全等制度内容。移动互联网的迅猛发展为职工获取各类信息提供了技术上的可能，新就业领域的就业信息、网络热点、新闻报道、周边同事的工作体验、自身的观察等均进入职工的决策体系中。在身份转换的背后，职工对其权益的关注进一步显现出来。职工开始以市场中就业者身份关注其就业环境、就业保障等权益事项。就业基础上的权益保障与就业质量具有优先级是这一转变背后的选择逻辑。

我听说有同事去学了“滴滴”，他有一亲戚在干这个，他去帮忙，也顺便学了学。还有的送快递，说有物流企业需要人，有同事去试了试……网上说他们没有社保，我也不清楚这个事情，我觉得社保还是挺重要的。

（D 职工，访谈记录 SX－YF）

干啥都行，但是，我总不能比原来差太多吧。比原来还差，你说我为什么要去干那个工作。即使没有办法，必须干，我也不会干长的。

（E 职工，访谈记录 SX - XG）

（四）有限的社会支持

萨拉森等提出，社会支持是一种能促进扶持、帮助或支撑事物的行为或过程，是个人对他人社会需要的反应。李强认为，社会支持是一个人通过社会联系所获得的能减轻心理压力、缓解紧张状态、提高社会适应能力的影响。其中社会联系指来自家庭成员、亲友、同事、团体、组织和社区的精神上和物质上的支持和帮助。① 广义而言，社会支持既涉及家庭内外的供养与维系，也涉及各种正式与非正式的支援与帮助。社会支持不仅仅是一种单向的关怀或帮助，它在多数情形下是一种社会交换。② 广义的社会支持包括物质帮助（提供金钱、实物等有形帮助）、行为支持（分担劳动等）、亲密的互动（倾听，表示尊重、关怀、理解等）、指导（提供建议、信息或指导）反馈（对他人的行为、思想和感受给予反馈）和正面的社会互动（为了娱乐和放松而参与社会互动）6 种形式。林顺利等将转型期弱势群体的需求总结为五个方面，即社会救助需要、制度（政策）需要、人力资本提升或结构优化需要、网络支持需要和专业性技术支持需要。弱势群体需求的多样性，决定了社会支持不可能由单一主体完成，必须形成多主体合作的系统结构。③

在原来的国有企业里，国家直接通过党政、工会、居委会等组织力量进入工作场所，甚至家庭与个人的私人空间，已经形成了一个较为稳定的社会支持系统。随着安置工作的有序推进，M 公司的职工分批、大规模地嵌入异地，原来的社会支持系统面临着“解体—连接—重构”的过程。职工离

---

① 李强：《社会支持与个体心理健康》，《天津社会科学》1998 年第 1 期。

② 载丘海雄等《社会支持结构的转变：从一元到多元》，《社会学研究》1998 年第 4 期。

③ 林顺利、孟亚男：《国内弱势群体社会支持研究述评》，《甘肃社会科学》2010 年第 1 期。

开了原来的社会支持系统，开始面临一系列的环境适应性与融入问题。例如，基于集体生活的同事间的人际关系，基于工作业务的“本地职工”与“外来职工”的关系，基于日常生活的社区与居民关系，基于异地工作后的家庭关系等。职工需要重构其与单位、同事、社区的关系，重构其与家人、朋友的支持与互动模式。在寻求构建这些新型关系过程中，职工会遇到事项分析、信息研判、风险评估、矛盾处理、行为模式选择等一系列的决策过程与行为。这些仅仅依靠职工自己的力量是不够的，需要一定的社会支持力量。

工作地点的切换与变更导致了原居住地与新工作地的社会支持系统之间出现了衔接不畅的现象，职工对原企业党政系统的依附作用下降，新工作地党政系统未能有效接续。因此，在解决了就业、食宿等基本问题之后，来自组织体系的支持力度减弱了，个体的连接与互助系统成为职工重要的社会支持力量。这种系统以其非正式、高速快捷、贴近实际的特点，在寻求工作对策、解决家庭难题、缓解心理不适、排除焦虑不安、化解生活困难等方面提供了重要支持。此外，长期思想政治教育下形成的集体观与大局观使职工自身的支持系统具有一定的自愈与更新功能，在资源共享、信息交流、情感支持等方面发挥了积极的作用，在一定程度上消解了消极因素的影响，客观上维护了职工队伍的稳定。值得注意的是，在这些可能的真空地带中，由于组织与社会力量介入不足，职工个体的互助系统缺乏足够资源，因此存在部分职工游离于社会服务体系之外的情形，这也埋下了不安全、不稳定的社会隐患。

刚来的时候，我们一块的同事，原来一个厂、一个车间的，周末下班后会聚聚。没啥事，就是聊聊天，喝点酒。经常会聊点家里的事情和单位的事情。这里的人把我们当外人，明摆着有时候就欺负人，气得你不行。有时候大家也一起帮着出出主意……现在联系少了，但是有事儿的话，还是和这些人联系多点吧。（B 职工，访谈记录 SX - GL）

有的同事开始还有联系，现在也不知道干啥去了。有一阵子好像家里有什么事情，后来和一些社会上的人天天混在一块，人就变了。

（D 职工，访谈记录 SX－YF）

职工的话题丰富多样。一是围绕“家庭生活”衍生出的话题，包括日常家庭生活、父母照顾、孩子教育成长、回家交通方式等，这是职工最关注的议题。二是目前工作情况，主要包括工作环境、待遇水平、同事关系、请假事由与策略等。三是个人生活情况，主要包括住宿饮食、业余生活、活动场所、群体交往、App 运用等。四是安置政策与未来前景，包括就业信息、岗位持续性、职工身份、退休待遇、医疗保障、就业机会等。五是国内外热点新闻与其他话题。

在日常聊天中，工友的故事是话题的重要呈现形式。在故事的要素构成中，有姓名与单位指向的具体人物，有事件发生、经过与结果，再加上相同的身份背景与场景，这给职工极强的代入感。在访谈中，D 职工谈到有工友辞职或者跳槽到其他单位的情形。这类工友敢于跳出传统的保护带，去尝试一种新的工作方式，这对现在的职工来说具有相当的震撼力；举家迁居、家庭出现重大变故等故事也会引发职工的感慨与讨论。面对复杂的社会变革，由于信息不对称、自身能力不足等因素影响，职工个体难以做出准确的判断。于是，其他职工个体的决策行为、选择效果就对职工产生一定的启发与借鉴意义。这些故事不仅是讲述职工个体的故事，还呈现出职工的喜怒哀乐与生存应对之道，进一步展现出职工的生活态度与价值选择。

（五）想象的未来

关于自己与家庭的未来是职工在异地工作期间思考最多的内容。对于 40 多岁的职工来说，“异地工作”意味着在相当长的时间内要重复这样的节奏，过着候鸟般的生活。让职工比较欣慰的一点是，移动互联网在时空上拉近了职工与原有社会关系的距离，快速发展的省内交通运输体系提供了多样化的出行选择，缩短了两地之间的通勤时间，使职工与家庭的连接较为便利与紧密。关于“国家、企业、个人的未来”，职工的想法并非同质化，而是呈现出多样性特征。在访谈中，职工会例举国家取得的经济、科技、社会发展成就，也会谈论中国外交与国家安全等重大议题，并为国家的发展而自豪。同时，经济社会的快速发展也让这些职工感到时代紧迫感与生存压力。“如何开启个体的未来”并没有一个明确的答案。无论选项如何，与其说是职工选择了方向，不如说是选择了对待不确定性的方法。

总是要向前发展的，总抱怨也不行，总得干点啥，挺过这段时期可能就好了。以前下岗再就业那会儿，不就挺过来了么。现在好像挺苦，但是也不是没吃没喝。现在40多岁了，退休还得20来年，一直就这样下去？好像也不行。社会上都在谈论新经济，都是说钢铁企业落后，好像我们也是落后的，没人要了。我们也曾经做出过贡献，也没有白吃白拿……我也看新闻了，现在互联网、机器人发展挺厉害的，新闻里说很多企业都不用工人了，都是机器人。发展太快了，感觉一天比一天快。我琢磨着学点啥，（但）还没有想好。（A职工，访谈记录SX－JH）

我们买断不了，年龄不够，好像得距离退休年龄还差几年的才行。也不划算，退休，还得十几、二十年……公司说让我们创业，公司成立了创业中心，还开了会，我不知道像我们这样的能创什么业？开个饭店、小超市，或者干个技术活儿？说不好。

（D职工，访谈记录SX－YF）

上一次国企改革的时候，也有下岗，说是减员增效，工人技能低。是不是只有我们的技能比较低？其他群体也有技能低的时候吧，很少听到他们下岗就业的问题。还有，有的是技能低，有的应该还不是技能低的问题吧，比如我技能高，但是这个岗位没有了，这项技能不需要了，你说这怨谁。这应该是适应的问题。……先干着吧，再看看有什么机会。这里有图书馆，我办了卡，休息的时候就去看看书，有时候就骑自行车在城市里转转，看看，有不一样的体会，毕竟这里是大城市。有的同事平常在宿舍待着，看看手机，或者跳跳广场舞。

（E职工，访谈记录SX－XG）

公司说，我们现在遇到了困难，去其他地方是个机会，在这里等是没有机会的。也是，工厂都停了，也不能一直这样下去。希望以后孩子到外地去工作吧，这个地方就业机会太少了。我们这个企业倒了，似乎就没有什么好企业了……前一阵子和同事去劳务市场看了看，了解一下现在都要啥样的，看看以后学点啥。（B职工，访谈记录SX-GL）

结构调整、产业升级、企业消失、岗位变动、重新选择等一系列眼花缭乱的经济与社会变化给职工上了一堂形势课。在这个课堂上，职工不再是原子化的个体，也不再是冰冷的安置职工人数的数字表达符号，无论是主动还是被动，他们开启对另一种生活的人生体验与选择。面对不确定的未来，肩负着家庭与社会重托，他们在适应与调整中，开始具有了主动意识与行为。他们尝试独立思考，做出自我选择，他们试着脱离父爱庇护，尝试掌控自己的命运，开启个体与家庭决策。政策变动、企业动态、职工故事、法律依据等通过微信等平台在职工中形成广泛的传播，在信息扩散与学习中客观上提升了自身素质、拓展了决策视野。尽管过程艰难，他们仍旧迈出了第一步，并在行走的过程中探寻最优的价值判断与行动选择。走进图书馆、关注技能培训与劳动力市场、加入广场舞等行为因而具有别样的社会意义，在变化中努力掌握自己的命运开始成为这一群体的坚定信念。

四　结论与建议

（一）结论

1. 职工的选择是多种力量互动的结果

（1）市场需求变化、产业结构调整、去除过剩产能、企业效益不佳等对原有劳动力形成了挤出效应。

（2）国家力量介入。国家鼓励地方政府与企业采取多种方式解决职工安置问题，并将其上升到“妥善安置职工是化解过剩产能工作的关键，关系供给侧结构性改革的顺利实施，关系职工切身利益和改革发展稳定大局"[①] 的高度。国家以自己的信用为这一政策做了政治背书，给地方政府与企业施加了政治压力。

（3）企业党政系统发挥了政治动员的重要作用，通过会议等多种方式与策略，较为平稳地实现了职工安置工作目标。

（4）职工自身。职工基于形势判断、个人条件、成本收益等因素做出行为选择。在多种力量的互动过程中，国家不可能对职工承担无限责任，但这并不意味着国家放弃了对职工的责任，"有限责任"成为职工安置的主基调。

2. 安置职工对基层治理体系提出了新要求

（1）职工本人脱离原居住地的社会管理体系，这在一定程度上削弱了职工与原有基层治理机构的关系。但是，新就业地的基层治理机构尚未完全把这些职工纳入其服务体系。如果这些职工群体长期处在不稳定的生活状态中，其自身难以有效融入当地的岗位工作与社区生活，可能会引发潜在的冲突状态。同时，这种生活状态会通过其社会关系网络的传播产生涟漪效应，在一定程度上消解政府的公信力。

（2）在职工安置过程中，尽管政府、工会与企业做了很多工作，但是也存在"沟通渠道不畅""政策解释费解""帮扶内容狭窄"等服务工作不佳的状况，这在一定程度上降低了职工对政府决策的信任度。

3. 职工的需求与内在逻辑发生了新变化

在去产能职工安置过程中，职工需求呈现差异化状态。有些职工是生存问题与温饱问题，有些职工则是维持原有生活质量的问题。其背后隐含着一些职工主体性觉醒，意味着职工对权益的进一步需求。当巨大的社会变革带来收益的同时，不可避免地带来了转换成本，政府、企业、社会与家庭等不同主体的收益与成本是不同的，每个主体都会根据其利益最大化原则做出选择与评价。因此，安置政策的实施效果不仅是呈现在政策文本与统计数字

① 《人力资源和社会保障部　国家发展改革委等五部门关于做好2017年化解钢铁煤炭行业过剩产能中职工安置工作的通知》（人社部发〔2017〕24号），2017年3月。

中，也是通过每一位职工、家庭及其社会关系网络的主观感受与实际条件来检验的。

（二）建议

1. 完善职工安置工作的政策体系

进一步提高政治站位，深入贯彻落实党和政府关于职工安置的文件精神与政策要求，把去产能过程中的职工安置工作作为长期工作目标，避免政策的短期化与临时性倾向。以积极就业为导向，从财政、税收、金融等方面给予优惠政策支持，扎实推进去产能过程中的职工安置工作。完善职工参与机制，提高职工参与质量，预防劳动领域风险，确保企业职工队伍的稳定，满足职工美好生活需要。

2. 完善职工安置的全过程工作机制

开展全方位职工需求调查，在就业与技能需求的基础上，关注就业援助、技能培训、心理健康、家庭关系、社区融入、人际关系等多样化需求。依据分类指导原则，建立职工档案，推进开展个性化、精准化服务工作，提高职工安置工作的针对性与有效性。引入第三方评估机制，把职工满意度作为重要事项纳入评估体系，定期开展政策效果评估，对资金投入与政策效果进行检查与评价。

3. 建立完善职工社会支持系统

建立原住地与工作地的党政、群团与社区的联动与协作机制，建立多元化、分层次的社会支持系统，巩固职工安置工作成果。通过工会购买社会组织服务的方式，引入社会组织等力量与资源，积极开展养老扶助、困难帮扶、社区融入、心理调适、情感支持等方面的服务工作。

参考文献

李强：《社会支持与个体心理健康》，《天津社会科学》1998 年第 1 期。

林顺利、孟亚男：《国内弱势群体社会支持研究述评》，《甘肃社会科学》2010 年第 1 期。

丘海雄等：《社会支持结构的转变：从一元到多元》，《社会学研究》1998 年第 4 期。

田毅鹏等：《重回单位研究》，社会科学文献出版社，2015。

詹婧、赵越、冯喜良：《去产能企业职工依赖、就业能力与退出意愿研究》，《中国人口科学》2018 年第 10 期。

大 事 记

Memorabilia

2018年中国职工状况大事记

张佳楠*

2018 年 1 月 25 日 国务院召开全国安全生产电视电话会议。中共中央政治局常委、国务院总理李克强做出重要批示。批示指出：安全生产工作事关经济社会发展大局，不能有丝毫放松。要坚持以人民为中心，牢固树立安全发展理念，统筹推进安全生产领域改革发展，进一步健全完善安全生产责任体系、法治体系、风险防控体系和监管保障体系，抓住重点领域深入排查治理安全隐患，坚决防范遏制重特大事故，为推动经济高质量发展和民生改善做出新的贡献。

2018 年 1 月 29 日 全国安全生产工作会议在京召开。会议指出：2017 年，全系统广大干部职工认真履行安全监管监察职责，推动安全生产实现“三下降两好转”的明显成效：事故总量下降，各类事故起数、死亡人数同比分别下降 16.2% 和 12.1%；较大事故下降，事故起数、死亡人数同比分

* 张佳楠，中国劳动关系学院科研处，研究领域为马克思主义中国化。

别下降18.2%和18.3%；重特大事故下降，事故起数、死亡人数分别减少7起228人，同比分别下降21.9%和40%，其中特别重大事故1起，同比减少3起，为2001年安全监管监察体制改革以来最少的一年。

2018年3月13日 国务院机构改革方案公布，改革后国务院设置组成部门26个。其中与职业卫生和安全领域相关的内容包括组建国家卫生健康委员会，不再保留国家卫生和计划生育委员会，不再设立国务院深化医药卫生体制改革领导小组办公室；组建应急管理部，不再保留国家安全生产监督管理总局。

2018年3月16日 人社部、国务院扶贫办印发《关于做好2018年就业扶贫工作的通知》，要求以促进有劳动能力的贫困人口都能实现就业为目标，加大就业扶贫力度，确保零就业贫困户至少有一人实现就业。

2018年3月22日 中共中央办公厅、国务院办公厅印发《关于提高技术工人待遇的意见》。这是为落实《新时期产业工人队伍建设改革方案》，创新技能导向的激励机制，进一步鼓励辛勤劳动、诚实劳动、创造性劳动，增强生产服务一线岗位对劳动者吸引力，建设知识型、技能型、创新型劳动者大军，从薪酬待遇、人才培养、评价、选拔等各个环节全面改善技术工人的待遇提出意见。

2018年3月 全总下发《推进货车司机等群体入会工作方案》（以下简称《方案》），要求各级工会把推进货车司机等八大群体入会工作作为“一把手”工程，精心谋划部署，不断加大工作力量和投入。根据《方案》安排，河北、浙江、安徽、广东、广西5省份以及上海宝山、江苏南京、河南郑州、陕西西安、贵州贵阳5市（区）成为开展货车司机入会集中行动试点单位，试点工作重点从五个方面推进，包括推动物流园区和龙头企业建会，带动其他货运企业建会和货车司机入会；积极稳妥推进道路货运行业工会建设，扩大对中小微货运企业和货车司机的有效覆盖；推进以挂靠方式运营的企业工会建设，引导其积极吸纳货车司机入会；依托乡（镇，街道）、村（社区）工会等，组织灵活就业的货车司机入会；推行“互联网+”工会普惠性服务，借助货运网络平台等宣传动员货车司机入会。

2018年4月8日 国务院办公厅印发《2018年政务公开工作要点》。该文件提出：需要坚持统筹兼顾、突出重点，大力推进决策、执行、管理、服务、结果公开，不断提升政务公开的质量和实效，推动转变政府职能、深化简政放权、创新监管方式，促进经济社会持续健康发展，助力建设人民满意的服务型政府。在“着力加强公开解读回应工作”部分强调：围绕社会重大关切加强舆情回应。增强舆情风险防控意识，密切监测收集苗头性舆情，特别是涉及经济社会重大政策、影响党和政府公信力、冲击道德底线等方面的政务舆情，做到及时预警、科学研判、妥善处置、有效回应。做好就学就医、住房保障、安全生产、防灾减灾救灾、食品药品安全、养老服务等民生方面的热点舆情回应，准确把握社会情绪，讲清楚问题成因、解决方案和制约因素等，更好地引导社会预期。

2018年4月12日 《国务院关于落实〈政府工作报告〉重点工作部门分工的意见》（国发〔2018〕9号）发布。其中，由应急管理部牵头的重点工作有两项：一是坚持不懈抓好安全生产。统筹推进安全生产领域改革发展，严格落实安全生产责任，强化安全法治规范约束作用，加强安全风险管控和隐患排查治理，坚决防范遏制重特大事故。二是提高防灾、减灾、救灾能力。做好地震、气象、地质等工作，推进防灾、减灾、救灾体制机制改革，强化自然灾害监测预警和应急处置，加强防灾、减灾工程建设，完善防灾、减灾、救灾社会动员机制，统筹做好灾后恢复重建工作。

2018年4月17日 国家统计局在一季度国民经济运行情况新闻发布会上发布了调查失业率。这是官方统计首次正式公开发布基于劳动力调查获得的失业率数据，引起了社会广泛关注。社会各界在关注失业率数据本身的同时，对失业率统计方法也给予极大的关注。从我国劳动力调查问卷所设调查项目看，涵盖了国际劳工组织劳动力市场关键指标所列的绝大多数项目。此外，还根据我国国情，设置了反映高校毕业生、农民工等重点人群就业创业情况项目，既可满足国际比较的需要，也满足了我国就业工作对重点人群进行观测的需要。

2018年4月25日至5月1日 全国开展第16个《职业病防治法》宣

传周活动，宣传主题是“健康中国，职业健康先行”。4 月 26 日，国家卫生健康委员会疾控局联合广东省卫生计生委、广东省总工会在广东省举行《职业病防治法》宣传周主题活动。

2018 年 4 月 27 日 国家统计局发布《2017 年农民工监测调查报告》。2017 年农民工总量达到 28652 万人，比上年增加 481 万人，增长 1.7%，增速比上年提高 0.2 个百分点。在农民工总量中，外出农民工 17185 万人，比上年增加 251 万人，增长 1.5%，增速较上年提高 1.2 个百分点；本地农民工 11467 万人，比上年增加 230 万人，增长 2.0%，增速仍快于外出农民工增速。在外出农民工中，进城农民工 13710 万人，比上年增加 125 万人，增长 0.9%。2017 年农民工月均收入 3485 元，比上年增加 210 元，增长 6.4%，增速比上年回落 0.2 个百分点。外出务工农民工月均收入 3805 元，比上年增加 233 元，增长 6.5%；本地务工农民工月均收入 3173 元，比上年增加 188 元，增长 6.3%。外出务工农民工月均收入比本地务工农民工多 632 元，高 20%，增速比本地务工农民工高 0.2 个百分点。

2018 年 5 月 8 日 《国务院关于推行终身职业技能培训制度的意见》（国发〔2018〕11 号）发布，提出要建立并推行覆盖城乡全体劳动者、贯穿劳动者学习工作终身、适应就业创业和人才成长需要以及经济社会发展需求的终身职业技能培训制度，这是当前和今后一个时期推进职业技能培训工作的指导性文件。

2018 年 5 月 15 日 国家统计局公布了 2017 年全国城镇单位就业人员年平均工资情况，其中全国城镇非私营单位就业人员年平均工资为 74318 元，与 2016 年的 67569 元相比，增加了 6749 元，同比名义增长 10.0%，增速比 2016 年加快 1.1 个百分点；扣除物价因素，全国城镇非私营单位就业人员年平均工资实际增长 8.2%。全国城镇私营单位就业人员年平均工资为 45761 元，与 2016 年的 42833 元相比，增加了 2928 元，同比名义增长 6.8%，增速比 2016 年回落 1.4 个百分点；扣除物价因素，2017 年全国城镇私营单位就业人员年平均工资实际增长 5.0%。

2018 年 5 月 25 日 《国务院关于改革国有企业工资决定机制的意见》

（以下简称《意见》）发布，提出了建立健全灵活、高效的国有企业经营机制，推动国有企业全面提升发展质量和效率。《意见》的颁布标志着与中国特色现代国有企业制度相适应的国有企业工资分配制度体系基本形成。《意见》颁布后全国各个地区和国有企业陆续出台了相应的实施方案细则。

2018 年 5 月 29 日 《财政部、税务总局、科技部关于科技人员取得职务科技成果转化现金奖励有关个人所得税政策的通知》发布，对从职务科技成果转化收入中给予科技人员的现金奖励，可按 50% 计入科技人员当月“工资、薪金所得”，依法缴纳个人所得税。

2018 年 5 月 31 日 国务院安委会贯彻落实《地方党政领导干部安全生产责任制规定》电视电话会议在京召开。中共中央政治局常委、国务院总理李克强做出重要批示。批示指出：扎实做好安全生产工作，健全和严格落实安全生产责任制是关键保障。各地区要以习近平新时代中国特色社会主义思想为指导，认真贯彻党中央、国务院决策部署，坚持以人民为中心，牢固树立安全发展理念，切实把《地方党政领导干部安全生产责任制规定》落实到位，强化细化各环节管理和责任追究制度，形成科学加强安全生产基础设施、及时排查风险隐患、安全第一警钟长鸣的有效机制。各部门要加大指导支持力度，与地方形成合力。同时要根据党和国家机构改革部署，加快建立健全应急管理体制机制，持续提升安全生产风险防控能力，坚决遏制重特大事故发生，切实保障人民群众生命财产安全。

2018 年 6 月 1 日 国务院安委会办公室在江苏省江阴市华西村举行 2018 年全国“安全生产月”和“安全生产万里行”活动启动仪式。2018 年是第 17 个全国“安全生产月”和“安全生产万里行”活动，也是应急管理部组建后的首个“安全生产月”和“安全生产万里行”活动，2018 年活动主题为“生命至上、安全发展”。

2018 年 6 月 12 日 《人力资源社会保障部办公厅关于开展用人单位遵守劳动用工和社会保险法律法规情况专项检查的通知》发布。通知指出，专项检查对象为各类用人单位，重点是招用农民工较多的建筑、制造、采矿、餐饮等劳动密集型企业以及劳务派遣单位。专项检查内容为用人单位遵守劳动用工和社会保险法律法规的情况，包括用人单位劳动合同签订情况；用人单位特别是建筑施工企业按月足额支付工资情况；劳务派遣单位及用工单位遵守劳务派遣规定情况；用人单位遵守工时、休息休假规定情况；用人单位遵守高温津贴规定情况；禁止使用童工规定执行情况；用人单位参加社会保险并缴纳社会保险费情况；用人单位遵守其他劳动用工和社会保险法律法规的情况。

2018 年 6 月 13 日 《国务院关于建立企业职工基本养老保险基金中央调剂制度的通知》（国发〔2018〕18 号）发布，明确在现行企业职工基本养老保险省级统筹基础上，建立中央调剂基金，对各省份养老保险基金进行适度调剂，确保基本养老金按时足额发放。通知指出，中央调剂基金由各省份养老保险基金上解的资金构成。按照各省份职工平均工资的 90% 和在职应参保人数作为计算上解额的基数，上解比例从 3% 起步，逐步提高。

2018 年 6 月 26 日 《人力资源社会保障部 财政部关于使用失业保险基金支持脱贫攻坚的通知》发布，要求提高深度贫困地区失业保险金标准、企业稳岗补贴标准，放宽深度贫困地区参保职工技能提升补贴申领条件，允许吸纳建档立卡贫困人员就业并签订劳动合同的事业单位享受稳岗补贴政策和技能提升补贴政策，充分发挥失业保险功能作用，支持精准扶贫、精准脱贫。

2018 年 6 月 29 日 国务院公布《人力资源市场暂行条例》，规范人力资源市场活动，促进人力资源合理流动和优化配置，促进就业创业。

2018 年 7 月 20 日 中共中央办公厅、国务院办公厅印发《国税地税征管体制改革方案》，明确从 2019 年 1 月 1 日起，将基本养老保险费、基本医疗保险费、失业保险费、工伤保险费、生育保险费等各项社会保险费交由税务部门统一征收。

2018 年 8 月 21～22 日 全国宣传思想工作会议在北京召开。中共中央总书记、国家主席、中央军委主席习近平出席会议并发表重要讲话。他强调，完成新形势下宣传思想工作的使命任务，必须以新时代中国特色社会主义思想和党的十九大精神为指导，增强“四个意识”、坚定“四个自信”，自觉承担起举旗帜、聚民心、育新人、兴文化、展形象的使命任务。要把握正确舆论导向，提高新闻舆论传播力、引导力、影响力、公信力，巩固壮大主流思想舆论。

2018 年 9 月 6 日 人社部发布《解决企业工资拖欠问题部际联席会议关于印发〈2018 年度保障农民工工资支付工作考核细则〉的通知》，将保障农民工工资支付工作纳入对地方政府的考核内容。

2018 年 9 月 13 日 《中共中央办公厅　国务院办公厅关于调整国家煤矿安全监察局职责机构编制的通知》下发。国家煤矿安全监察局的职业安全健康监督管理职责划入国家卫生健康委员会，原国家安全生产监督管理总局综合监督管理煤矿安全监察职责划入国家煤矿安全监察局。

2018 年 9 月 24 日 《人力资源社会保障部　国务院国资委关于深入推进技工院校与国有企业开展校企合作的若干意见》发布，要求根据经济转型升级、产业结构优化需要和劳动者就业创业需求，大力发展校企双制、工学一体的技工教育，充分发挥国有企业重要主体作用，促进人才培养供给侧和产业需求侧全方位对接，为增强企业核心竞争力，建设知识型、技能型、创新型劳动者大军提供有力支撑。

2018 年 10 月 12 日 《人力资源社会保障部　财政部关于全面推行企业新型学徒制的意见》发布。要求按照政府引导、企业为主、院校参与的原则，在企业全面推行以“招工即招生、入企即入校、企校双师联合培养”为主要内容的企业新型学徒制，进一步发挥企业主体作用，通过企校合作、工学交替方式，组织企业技能岗位新招用和转岗等人员参加企业新型学徒培训，促进企业技能人才培养，壮大发展产业工人队伍。

2018 年 10 月 29 日 中共中央总书记、国家主席、中央军委主席习近平在中南海同中华全国总工会新一届领导班子成员集体谈话并发表重要讲话。习近平强调，我国工运事业是党的事业的重要组成部分，工会工作是党治国理政的一项经常性、基础性工作。要坚持党对工会工作的领导，团结动员亿万职工积极建功新时代，加强对职工的思想政治引领，加大对职工群众的维权服务力度，深入推进工会改革创新，勇于担当、锐意进取，积极作为、真抓实干，开创新时代我国工运事业和工会工作新局面。习近平指出，完成党的十九大提出的目标任务，必须充分发挥工人阶级主力军作用。要引导职工以“当好主人翁、建功新时代”为主题，深入开展各类竞赛活动。要加强产业工人队伍建设，加快建设一支宏大的知识型、技能型、创新型产业工人大军。劳动模范是民族的精英、人民的楷模。大国工匠是职工队伍中的高技能人才。工会要协同各个方面为劳动模范、大国工匠发挥作用搭建平台、提供舞台，培养造就更多劳动模范、大国工匠。

2018 年 11 月 30 日　国务院副总理孙春兰出席职业病防治工作推进会并讲话。她强调指出：防控职业病要关口前移、重在抓防。要适应产业发展趋势和职业健康防护需求，完善职业卫生防护标准，强化防尘、防毒、防辐射等措施，提升职业场所安全水平。健全职业健康监测网络，扩大职业病种和危害因素监测覆盖范围，严格报告制度，早发现、早报告、早处置。加强职业健康体检，简化诊断认定程序，落实工伤、医保、救助等政策，做好尘肺病等重点职业病患者救治保障。认真开展职业健康宣传教育，健全劳动用工制度，增强劳动者主动防护意识。职业病是严重危害劳动者健康的重大公共卫生问题。各地各有关部门要提高政治站位，认真落实职业病防治法，强化联防联控，健全防治技术支撑体系，严格监督检查，督促企业狠抓防控责任落实，加快提升职业病防治能力和水平，为实施健康中国战略做出更大贡献。

2018 年 12 月 5 日　《国务院关于做好当前和今后一个时期促进就业工作的若干意见》（国发〔2018〕39 号）下发，针对当前经济运行稳中有变、经济下行压力有所加大的背景，重点突出“稳”，着力加强“促”，提出支持企业稳定发展、鼓励就业创业、积极实施培训、及时开展下岗失业人员帮扶等政策措施，打出促进就业政策组合拳。

《人力资源社会保障部　国家发展改革委　财政部关于推进全方位公共就业服务的指导意见》发布，要求完善城乡统筹的公共就业服务制度，扩大服务供给，创新运行机制，提供覆盖全民、贯穿全程、辐射全域、便捷高效的全方位公共就业服务，以全方位公共就业服务促进就业增长，以就业增长支撑经济发展和民生改善。

2018 年 12 月 7 日　根据《国务院安委会安全生产约谈实施办法（试行）》，国务院安委会办公室会同国务院国资委约谈了中国化工集团有限公司主要负责人。约谈指出，中国化工集团河北盛华化工有限公司“11・28”重大爆燃事故（造成 23 人死亡）是近年来中央企业发生在化工生产企业伤亡最严重的事故，也是自 2012 年河北克尔化工有限公司“2・28”重大爆炸事故（造成 29 人死亡）后，全国死亡人数最多的化工事故，影响恶劣，与中央企业形象严重不符。约谈要求，中国化工集团有限公司及其他有关中央企业要深刻吸取“11・28”重大爆燃事故教训，正视当前中央企业危险化学品安全生产工作中存在的突出问题，举一反三，强化责任落实，全面排查安全风险，有效落实管控措施，切实加强危险化学品安全生产工作，坚决避免类似事故发生。

2018 年 12 月 27 日　《国务院办公厅关于推进政务新媒体健康有序发展的意见》（国办发〔2018〕123 号）发布。该意见提出，政务新媒体是移动互联网时代党和政府联系群众、服务群众、凝聚群众的重要渠道，是加快转变政府职能、建设服务型政府的重要手段，是引导网上舆论、构建清朗网络空间的重要阵地，是探索社会治理新模式、提高社会治理能力的重要途径。各地区、各部门要遵循政务新媒体发展规律，明确政务新媒体定位，充分发挥政务新媒体传播速度快、受众面广、互动性强等优势，以内容建设为根本，不断强化发布、传播、互动、引导、办事等功能，为企业和群众提供更加便捷实用的移动服务。具体功能建设任务包括：推进政务公开，强化解读回应；加强政民互动，创新社会治理；突出民生事项，优化掌上服务。

2018 年 12 月 29 日　第十三届全国人民代表大会常务委员会第七次会议通过《关于修改〈中华人民共和国劳动法〉等七部法律的决定》第四次修正），其中包括《中华人民共和国职业病防治法》。

2018 年　全国有 15 个省份调整了最低工资标准，调整省份平均工资涨幅为 11.39%。截至 2018 年 12 月，上海、广东、北京、天津、江苏、浙江 6 个省份的月最低工资均超过 2000 元人民币。其中，上海月最低工资标准达到 2420 元，为全国最高。

图书在版编目（CIP）数据

中国职工状况研究报告 . 2019 / 燕晓飞主编. --北京：社会科学文献出版社，2019. 12
ISBN 978 -7 -5201 -4219 -9

Ⅰ. ①中… Ⅱ. ①燕… Ⅲ. ①职工构成 - 研究报告 - 中国 - 2019 Ⅳ. ①D412. 7

中国版本图书馆 CIP 数据核字（2019）第 300909 号

中国职工状况研究报告（2019）

主　　编 / 燕晓飞
副 主 编 / 信卫平

出 版 人 / 谢寿光
组稿编辑 / 任文武
责任编辑 / 高　启

出　　版 / 社会科学文献出版社 · 城市和绿色发展分社（010）59367143
地址：北京市北三环中路甲 29 号院华龙大厦　邮编：100029
网址：www. ssap. com. cn
发　　行 / 市场营销中心（010）59367081　59367083
印　　装 / 三河市尚艺印装有限公司

规　　格 / 开 本：787mm × 1092mm　1/16
印 张：23　字 数：349 千字
版　　次 / 2019 年 12 月第 1 版　2019 年 12 月第 1 次印刷
书　　号 / ISBN 978 -7 -5201 -4219 -9
定　　价 / 98. 00 元

本书如有印装质量问题，请与读者服务中心（010 -59367028）联系